KB266247

바쁜 교사를 위한
바로 쓰는

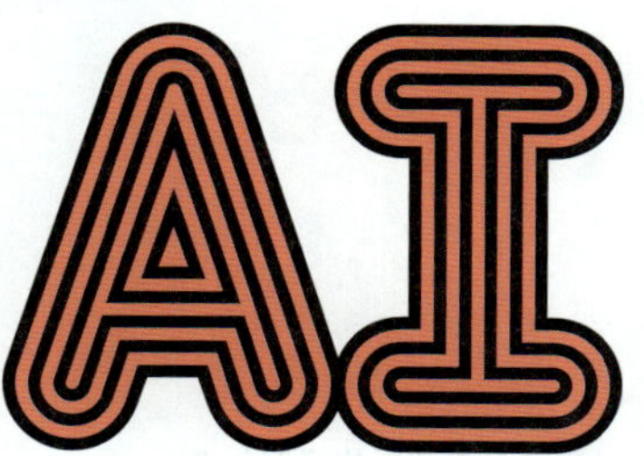

바쁜 교사를 위한

바쁜 교사를 위한 바로 쓰는 AI
수업 설계부터 학생 평가, 행정 업무까지! AI로 완성하는 실무 활용법

2026년 4월 7일 초판 1쇄 찍음
2026년 4월 14일 초판 1쇄 펴냄

지은이　　　전소영 이태화 조두연
책임편집　　손혜인
편집　　　　김천희 이미향
디자인　　　이수경 김진운
마케팅　　　김보경 안은지

펴낸이　　　윤철호
펴낸곳　　　(주)사회평론아카데미

등록번호　　2013-000247(2013년 8월 23일)
전화　　　　02-326-1182
팩스　　　　02-326-1626
주소　　　　서울시 마포구 월드컵북로6길 56
이메일　　　academy@sapyoung.com
홈페이지　　www.sapyoung.com

© 전소영, 이태화, 조두연, 2026

ISBN 979-11-6707-300-6 13000

바쁜 교사를 위한 바로 쓰는 AI

전소영
이태화
조두연

사회평론아카데미

AI의 필요성은 느끼지만 수업과 업무에 어떻게 적용해야 할지 막막한 교사를 위해, 이 책의 특징과 활용 방법을 Q&A 형식으로 정리했습니다. 집필 의도와 주요 내용을 미리 살펴보고, 현장에서 바로 쓸 수 있는 실전 활용법을 확인해 보세요.

Q1 이 책을 한 문장으로 어떻게 소개할 수 있을까요? 그 이유도 함께 말씀해 주세요.

『바쁜 교사를 위한 바로 쓰는 AI』는 수업 설계부터 학생 평가, 행정 업무까지 **'교사가 매일 하는 일'을 AI로 더 빠르고 정확하게 완성하도록 돕는 실전 사용 설명서입니다.** 도구를 한 번 경험하는 것에서 그치지 않게 **수업 준비 → 수업 활동 → 수업 결과물**로 이어지는 **수업 설계** 흐름과 공지·상담·문서 정리 같은 **반복 업무 루틴**을 함께 제시합니다. 즉, AI를 '정답 생성기'가 아니라 **설계와 정리를 돕는 조력자**로 쓰는 방법을 담았습니다.

Q2 이 책은 어떤 선생님들께 필요한가요?

AI가 필요하다는 건 알겠는데, 막상 **수업·업무에 어떻게 활용해야 할지 막막한 선생님**을 가장 먼저 떠올렸습니다. 수업 준비는 늘 시간에 쫓기고 업무는 쌓여 가는데, 도구를 하나씩 눌러보는 것으로는 해결이 안 되는 장면들이요. 이 책은 이러한 어려움을 **'바로 적용 가능한 흐름'으로 바꾸는 데 초점**을 맞췄습니다.

Q3 이 책을 끝까지 보면, 내 수업과 업무가 어떻게 달라지나요?

수업과 업무는 **'그때그때 처리하기'에서 '설계하고 운영하기'로 바뀝니다.** 단순히 '해야 할 일'이 줄어드는 것이 아니라, **작업 속도는 빨라지고 결과물의 완성도는 높아집니다.** 수업은 목표에 따른 활동과 그 결과물이 자연스럽게 연결되고, 학생들의 포트폴리오와 이에 대한 교사의 피드백이 체계적으로 정리됩니다. 업무는 반복 작업을 효율적으로 처리하여 정확도를 높이고 안정적으로 진행할 수 있게 됩니다.

Q4 이미 에듀테크 책이 많은데요. 이 책만의 차별점은 무엇인가요?

이 책은 **정교한 수업 설계와 내실 있는 학생 평가, 획기적인 행정 업무 축소**라는 세 가지 목표를 동시에 달성하도록 돕습니다. AI를 조력자로 활용해 학생의 사고를 이끌어 내고, 그 과정을 자연스럽게 피드백과 학교생활기록부 기재로 연결하는 구체적인 방법을 담았습니다. 특히 수업 설계부터 평가, 복잡한 행정 업무까지 **복사해서 바로 쓰는 실전 템플릿과 프롬프트를 제공**해 선생님의 소중한 시간을 아껴 드립니다. 결국 AI는 수업을 번거롭게 만드는 짐이 아니라, **선생님이 교육의 본질에만 몰입하도록 돕는 가장 든든한 지원군**이 될 것입니다.

Q5 수업·평가·행정 업무를 AI로 '가볍게' 만드는 방법은 무엇인가요?

핵심은 '도구를 많이 아는 것'이 아니라 **'반복 업무를 루틴으로 묶는 것'**입니다. 수업 준비는 자료 만들기보다 수업 흐름부터 잡고, 학급 업무는 공지·상담·소통을 한 가지 방식으로 정리합니다. 평가는 관찰 데이터를 기반으로 정확성을 높이고, 맥락에 맞는 풍부한 표현을 활용할 수 있게 합니다. 또한 행정 업무는 문서 초안 작성, 핵심 요약, 발표자료 구성처럼 시간이 많이 드는 구간에 AI를 배치합니다. 필요한 건 **거창한 자동화가 아니라, 매일 진행하는 작업을 가볍게 만드는 작은 설계**입니다.

Q6 이 책을 가장 빠르고 효과적으로 활용하기 위한 최적의 학습 방법은 무엇인가요?

처음부터 모든 내용을 다 읽으려 하기보다, **지금 당장 막힌 업무 하나를 골라 '한 번 완성'해 보는 것**이 가장 효율적입니다. 예를 들어 1차시 수업을 목표 - 활동 - 평가까지 설계해 보고, 그 과정에서 템플릿과 프롬프트 구조를 익힙니다. 다음에는 같은 도구로 다른 활동에 적용해 보세요. 한 번 손에 익으면 속도가 붙고, 도구가 바뀌어도 '설계 방식'은 그대로 남습니다.

출간 전 원고를 검토한 현직 교사들의 피드백을 담았습니다. 수업 설계부터 학생 평가, 행정 업무까지 바쁜 학교 현장에서 실제로 도움이 되었는지를 기준으로 솔직한 의견을 모았습니다. 먼저 경험한 동료 교사의 시선으로 이 책의 핵심 포인트를 확인해 보세요.

이 책은 학기 시작부터 학급 운영, 수업 활동까지 교실에서 바로 활용할 수 있는 사례를 체계적으로 제시합니다. 바쁜 교사도 부담 없이 따라 하며 학생 참여를 높이고 AI·에듀테크 도구를 수업 설계와 업무에 자연스럽게 적용할 수 있도록 돕습니다.

김종혜 선생님
- 진덕고등학교 정보 수석교사
- 경기중등정보교육연구회 자문위원
- AIEDAP 마스터 교원
- 고려대학교 교육대학원 겸임교수 역임

수업뿐 아니라 학급 운영과 행정 업무까지 교사의 업무 흐름에 맞춰 AI 활용법을 제시합니다. 학기 초부터 학기 말까지 교실에서 바로 활용할 수 있는 사례와 템플릿을 통해 수업의 깊이를 더하고 업무 부담을 줄이도록 돕습니다. 에듀테크에 처음 입문하는 교사부터 숙련된 교사까지, 더 나은 교육적 가치를 실현하고자 하는 모든 교육자에게 든든한 동반자가 되어 줄 것입니다.

고윤경 선생님
- 훈민중학교 사회 수석교사
- 경기도 중등 수석교사회 회장
- 교육부 교실혁명 선도교사

AI·에듀테크를 활용한 프로젝트 수업에 관심이 많은 선생님뿐 아니라, 처음 시도하는 선생님도 한 단계 성장할 수 있도록 돕는 실천 중심의 안내서입니다. 책상 위에 두고 수시로 펼쳐 보며 프로젝트 수업과 수행평가를 설계할 때마다 바로 적용해 볼 수 있는 길잡이가 되어 줄 것입니다.

최시강 선생님
- 학남고등학교 영어 교사
- AIEDAP 마스터 교원, 디지털 AI 혁신교사
- 네이버 블로그 아이린쌤의 영어실험 운영자

AI 시대, 대체되지 않고 성장한 교사가 되기 위한 필독서입니다. 이 책은 철저하게 '현장 교사의 시선'에서 출발했습니다. 책을 펼치고 하나씩 따라 하다 보면 패들렛, 캔바, 제미나이 등 AI·에듀테크 도구가 자연스럽게 손에 익고, 자신감이 생기는 '업그레이드된 나'를 발견하게 됩니다.

전정선 선생님
- 퇴계원고등학교 기술·가정 교사
- 지식샘터 AI 강사

AI는 교사의 자리를 대신하는 존재가 아니라, 교직의 본질인 '교육'에 집중하도록 돕는 든든한 조력자임을 이 책을 통해 깨달았습니다. 이 책은 단순한 기능 습득을 넘어 AI로 수업의 효율성을 높이고 학생들의 창의성을 극대화하는 에듀테크의 가치를 보여 줍니다. 업무 경감과 질 높은 수업을 고민하는 모든 교사들에게 자신 있게 추천합니다.

김준형 선생님
- 강일여자고등학교 수학 교사
- 2020 대한민국 수학교육상 수상

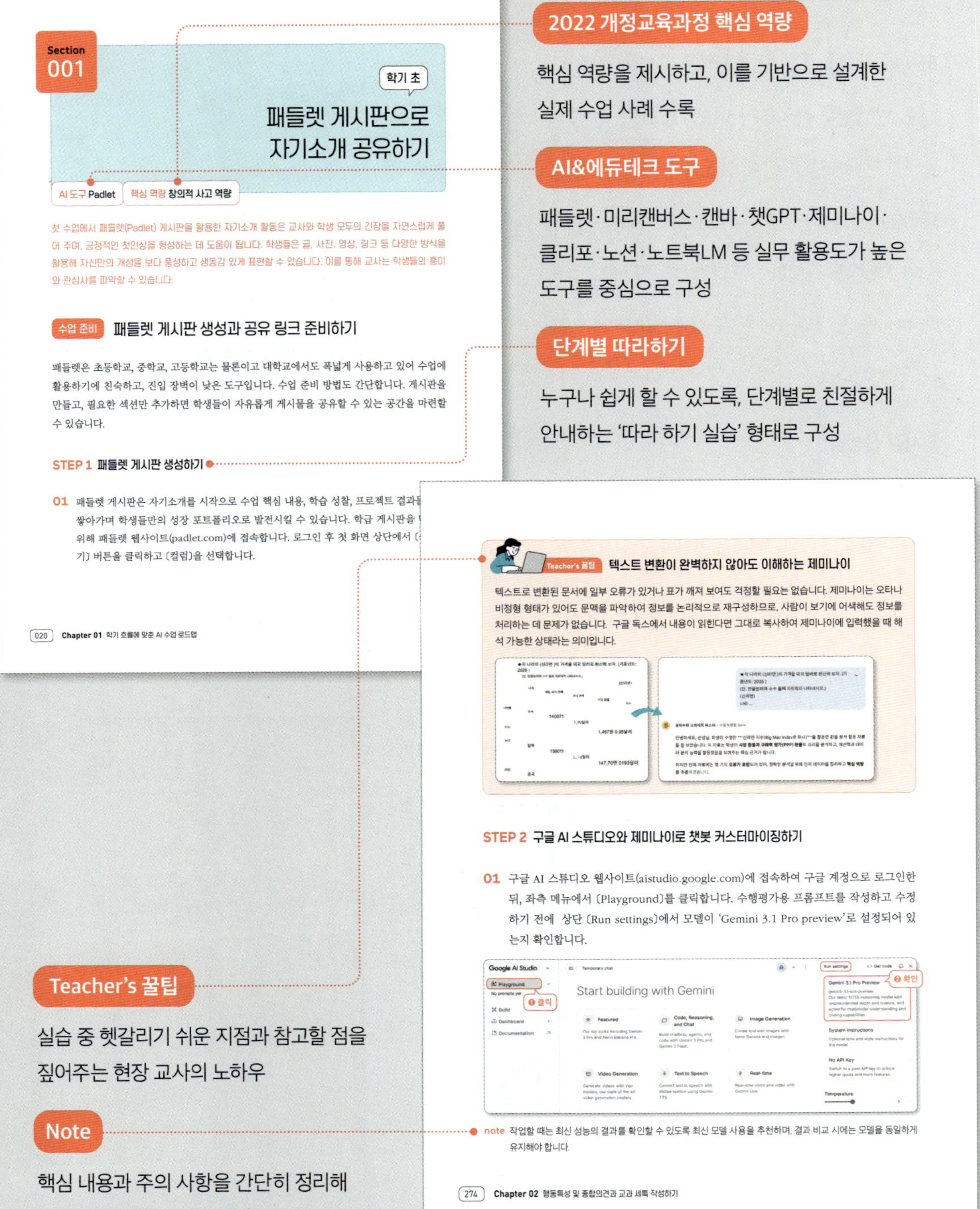

2022 개정교육과정 핵심 역량

핵심 역량을 제시하고, 이를 기반으로 설계한
실제 수업 사례 수록

AI&에듀테크 도구

패들렛·미리캔버스·캔바·챗GPT·제미나이·
클리포·노션·노트북LM 등 실무 활용도가 높은
도구를 중심으로 구성

단계별 따라하기

누구나 쉽게 할 수 있도록, 단계별로 친절하게
안내하는 '따라 하기 실습' 형태로 구성

Teacher's 꿀팁

실습 중 헷갈리기 쉬운 지점과 참고할 점을
짚어주는 현장 교사의 노하우

Note

핵심 내용과 주의 사항을 간단히 정리해
빠르게 확인할 수 있는 요약 노트

생일축하 띵커벨 롤링페이퍼

다음은 띵커벨 롤링페이퍼 템플릿에 학급 학생들이 축하 한마디와 장점, 별명을 작성하여 완성한 '생일 축하 롤링페이퍼' 결과물입니다. 생일인 학생에게 특별한 기록을 남기기 위해서 '장점 기록하기' 또는 '별명 만들어 주기'와 같은 활동을 진행하면 단순한 축하 메시지를 넘어 친구의 긍정적인 특성을 발견해 구체적으로 표현하는 경험으로 확장됩니다.

또한 여러 학생의 메시지가 한 화면에 모이면 한 친구를 다양한 관점에서 바라보고 칭찬을 구체적으로 표현하는 연습까지 자연스럽게 이어집니다. 나아가 교사는 학생들이 서로를 어떻게 바라보는지 확인하며 관계 형성이나 학급 운영에도 참고할 수 있습니다.

선생님
1. 생일 축하 문구 쓰기
2. 생일인 학생의 장점 기록하기 또는 별명 한 가지 만들어주기
3. 2번을 적은 이유 쓰기

20335홍길동
1. OO아, 생일 축하해!!! 이따 같이 떡볶이 먹으러 가자!!
2. 거북이
3. OO이는 느린 것처럼 보이지만 꾸준한 친구입니다.

20336성춘향
1. OO, 생축!! 오늘 하루 행복해라!!
2. 굿 리스너
3. OO이는 평소에 친구들의 고민을 잘 들어줘요!!

20337유관순
(2025.12.30 am04:46)
1. 생일 축하해. 정말루!!!
2. 따숭이
3. OO이 말투는 정말 따수워서 함께 있을 때 마음이 편해요.

20338윤봉길
1. 생일엔 맛난 거 먹어야지. 이따 같이 가!!
2. 모닥
3. OO이는 모닥불처럼 사람들을 모이게 하고 마음을 녹여줘요.

20339장보고
1. 생일 축하해! 싸랑해!!
2. 봄봄
3. OO이는 주변을 따뜻하게 해주는 봄 햇살같은 친구예요!!

20340이순신
1. 태어나줘서 고마워!!
2. 쉼표
3. 넌 내가 쉬어 갈 수 있게 해주는 내 삶의 쉼표야.

활동 확장과 평가 활용

교사가 1년간의 관찰을 바탕으로 작성하는 행동특성 및 종합의견은 학생에게 매우 중요한 기록이지만, 현장에서는 작성 난도가 높습니다. 학생별로 장점과 별명이 정리된 롤링페이퍼가 저장되어 있다면, 교사의 관찰 기록에 동료 학생들의 시선(동료평가)을 더해 보다 구체적이고 풍성한 기록을 남길 수 있습니다.

에듀테크 경험 제공

에듀테크 기술이 교사의 활동 설계와 만나면 학생들의 자존감 향상에 도움이 되는 상호 피드백 활동으로 확장될 수 있습니다. 생일인 학생의 장점과 별명을 이야기 나누며 축하하는 시간에 활용할 수 있을 뿐만 아니라, 에듀테크 도구의 장점을 살려 결과물을 손쉽게 출력하거나 파일로 변환하여 선물로 활용할 수도 있습니다.

기대 효과

- 학생들의 긍정적인 자아존중감 향상에 기여
- 특별한 생일 축하 학급 활동 경험으로 좋은 추억 쌓기
- 행동특성 및 종합의견 작성의 중요 참고 자료로 활용
- 또래 관계 형성 및 학급 분위기 개선
- 칭찬·피드백 표현력 및 문장화 역량 강화

+ PLUS 자료실

QR 코드를 스캔한 뒤 접속 화면에서 사용할 닉네임(이름)을 입력해 보세요. 별도의 회원가입 없이 닉네임만으로 게시판 내용을 바로 확인하고 활용할 수 있습니다.

수업·평가·업무 결과물

수업·평가·업무 과정에서 도출된 실제 결과물을 보여주고, 활동 확장과 평가 활용·AI 경험·기대 효과를 통합적으로 제시

PLUS 자료실

템플릿, 자동 복제 링크, 유튜브 영상 등 관련 내용을 QR 코드로 스캔해서 활용할 수 있도록 제공하는 온라인 자료실

Teacher's 비법노트

본문에서 다루지 못한 내용을 보완해 학습을 한 단계 더 확장할 수 있는 심화 코너

노트북LM 스튜디오 활용 가이드

노트북LM 스튜디오는 업로드한 자료를 바탕으로 AI 오디오 오버뷰, 슬라이드 자료, 동영상 개요, 마인드맵, 보고서, 플래시카드, 퀴즈, 인포그래픽, 데이터 표 자료 같은 다양한 형식의 결과물을 자동으로 만들어 주는 '콘텐츠 제작 허브'입니다. 한 번 소스를 올려두면, 같은 자료로 수업 자료, 평가 문항, 요약본 등 다양한 형태로 활용할 수 있다는 장점이 있습니다.

고등학교 '확률과 통계' 교과서 파일을 이용한 노트북 생성

먼저 고등학교 '확률과 통계' 교과서 파일을 업로드하며 '노트북'을 생성합니다. 이어서 화면 우측 (스튜디오) 영역에서 원하는 템플릿을 선택하면 업로드한 소스를 바탕으로 보고서, 퀴즈, 플래시카드, 슬라이드 등 다양한 형태의 수업 자료를 자동으로 만들 수 있습니다.

'확률과 통계' 노트북 바로가기

저자 유튜브와 오픈채팅방에서 실시간 질의응답은 물론, 현장의 최신 활용 사례와 업데이트 소식을 가장 빠르게 확인하세요. 또한 〈복붙해서 바로 쓰는 템플릿&프롬프트 게시판〉의 자료를 실습에 활용하여 수업과 업무에 즉시 적용해 보세요.

이 책을 집필한 저자들과의 소통 공간

📌 카카오톡 오픈채팅방

교재 실습을 함께하며 수업 자료와 활용 사례를 공유하는 공간입니다. 궁금한 점은 바로 묻고, 현장에 즉시 적용할 수 있는 실전 팁을 빠르게 얻을 수 있습니다.

📌 저자 유튜브

유튜브를 통해 AI를 활용한 똑똑한 교사 업무 처리 노하우와 학생들의 적극적인 참여를 이끄는 수업 아이디어를 공유합니다.

전소영 선생님

이태화선생님

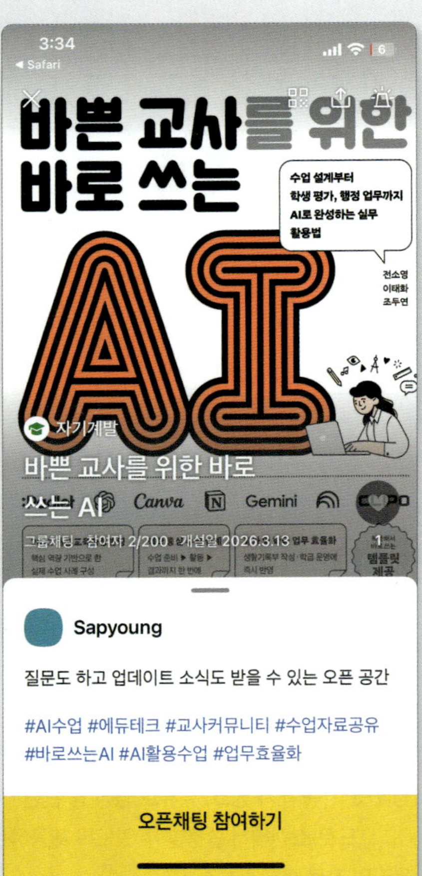

복붙해서 바로 쓰는 템플릿&프롬프트 게시판

📌 노션 게시판

책에 수록된 템플릿&프롬프트를 한곳에 모은 노션 게시판을 제공합니다. 필요할 때 바로 복사해 붙여넣기만 하면 수업 준비와 업무를 빠르게 시작할 수 있어, 바쁜 교사들에게 특히 유용합니다.

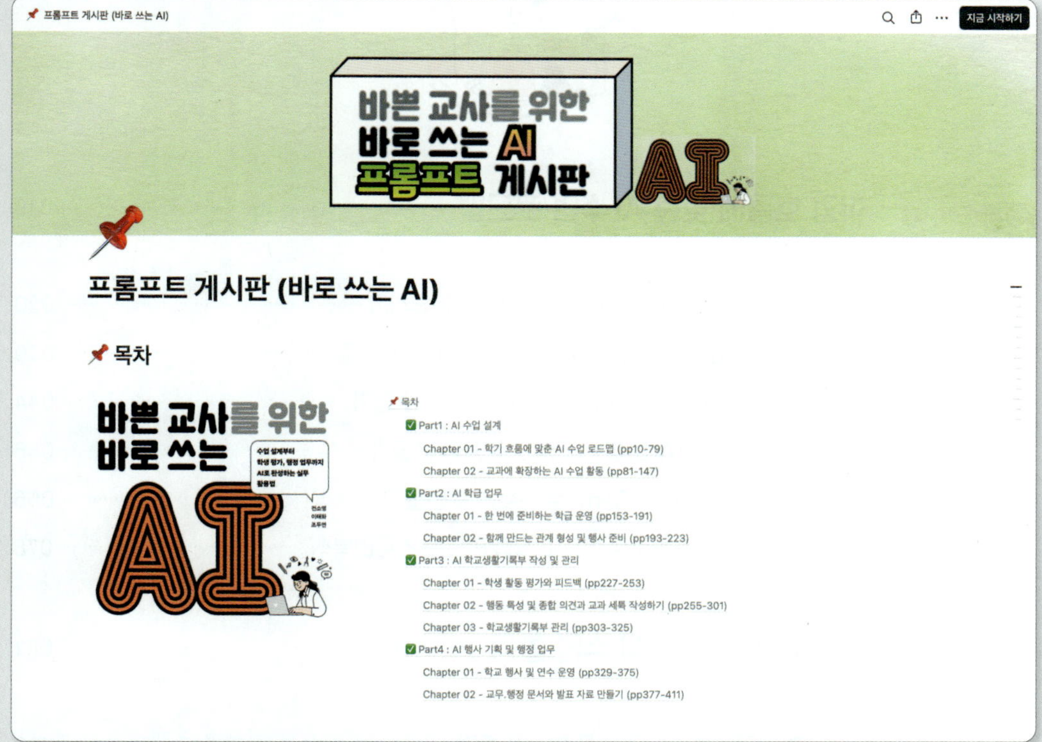

책 한 권으로 끝나지 않습니다. 오픈채팅방, 저자 유튜브, 템플릿&프롬프트 게시판까지 이어지는 확장된 학습 공간을 통해, 각자의 수업과 업무 흐름에 맞게 활용해 보세요. 바쁜 하루 속에서도 AI가 든든한 조력자가 될 수 있도록 저자들이 현장에서 함께 고민하고 응원합니다.

Part 1

수업 준비·활동·결과물로 완성하는
AI 수업 설계

Part 2

AI로 관리하는 담임교사의
학급 업무

Part 3

AI로 더 정확하게,
학교생활기록부 작성 및 관리

Part 4

AI로 가볍게 끝내는
학교 행사 기획 및 행정 업무

Part

1

수업 준비·활동·결과물로 완성하는 AI 수업 설계

디지털 도구와 생성형 AI의 등장은 교사에게 더 창의적이고 전략적인 수업 설계 능력을 요구하고 있습니다. "AI 에듀테크를 통해 어떻게 학생들의 참여를 이끌고, 교육 효과까지 높일 수 있을까요?" 이 책은 바로 그 질문에 대한 해답을 제시합니다. 현장에서 바로 적용할 수 있는 수업 설계 방법과 유용한 템플릿, 그리고 생생한 실제 사례를 담아 수업을 더욱 효과적이고 풍성하게 만들어 줍니다.

Chapter 01 학기 흐름에 맞춘 AI 수업 로드맵

Chapter 02 교과에 적용하는 AI 수업 활동

학기 흐름에 맞춘
AI 수업 로드맵

수업 설계에서 고민되는 시점은 첫 만남과 수업 분위기 조성이 필요한 학기 초, 지필 평가 기간 또는 2학기 시작과 같은 전환기, 그리고 의미 있는 마무리가 필요한 학기 말입니다. 이 시기들은 단순히 수업을 이어가는 것을 넘어 학생과의 관계를 재정비하고 학습 동기를 북돋우며, 창의적인 활동을 시도할 수 있는 특별한 기회입니다.

학기 초

패들렛 게시판으로
자기소개 공유하기

AI 도구 Padlet   핵심 역량 창의적 사고 역량, 공동체 역량

첫 수업에서 패들렛(Padlet) 게시판을 활용한 자기소개 활동은 교사와 학생 모두의 긴장을 자연스럽게 풀어 주며, 긍정적인 첫인상을 형성하는 데 도움이 됩니다. 학생들은 글, 사진, 영상, 링크 등 다양한 방식을 활용해 자신만의 개성을 보다 풍성하고 생동감 있게 표현할 수 있습니다. 이를 통해 교사는 학생들의 흥미와 관심사를 파악할 수 있습니다.

수업 준비 패들렛 게시판 생성과 공유 링크 준비하기

패들렛은 초등학교, 중학교, 고등학교는 물론이고 대학교에서도 폭넓게 사용하고 있어 수업에 활용하기에 친숙하고, 진입 장벽이 낮은 도구입니다. 수업 준비 방법도 간단합니다. 게시판을 만들고, 필요한 섹션만 추가하면 학생들이 자유롭게 게시물을 공유할 수 있는 공간을 마련할 수 있습니다.

STEP 1 패들렛 게시판 생성하기

01 패들렛 게시판은 자기소개를 시작으로 수업 핵심 내용, 학습 성찰, 프로젝트 결과물 등을 쌓아가며 학생들만의 성장 포트폴리오로 발전시킬 수 있습니다. 학급 게시판을 만들기 위해 패들렛 웹사이트(padlet.com)에 접속합니다. 로그인 후 첫 화면 상단에서 〔+ 만들기〕 버튼을 클릭하고 〔컬럼〕을 선택합니다.

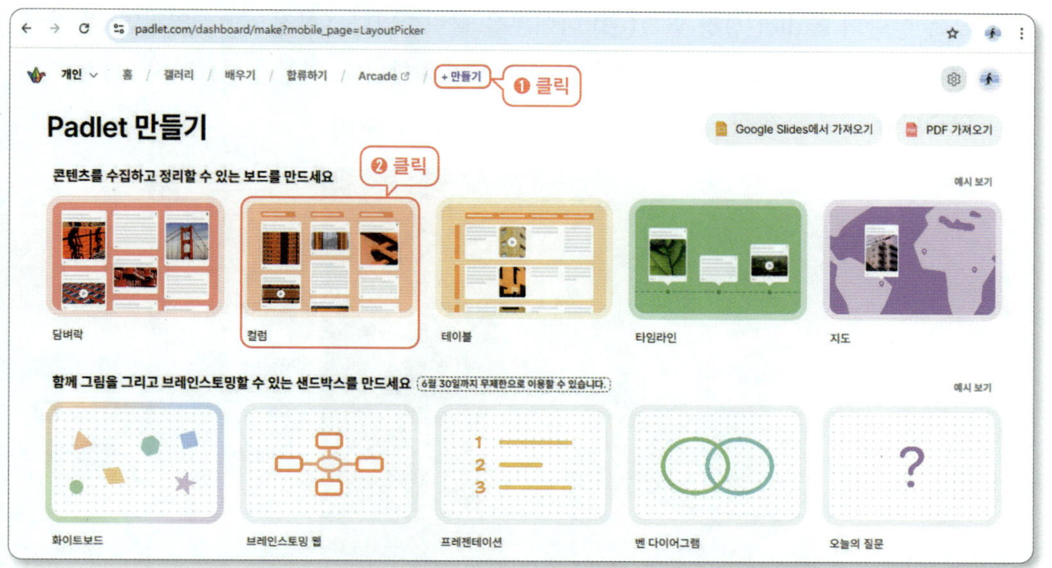

note 패들렛 계정이 없다면 먼저 회원 가입을 진행합니다. 구글, 마이크로소프트, 애플, 클래스링크, 클레버 계정이나 이메일로도 가입할 수 있습니다.

02 〔새 게시판〕 창이 열리면 〔제목〕에 '2학년 3반 수업노트'처럼 내용을 입력하고, 〔형식〕은 〔컬럼〕으로 선택된 것을 확인한 다음 우측 상단의 〔완료〕 버튼을 클릭합니다.

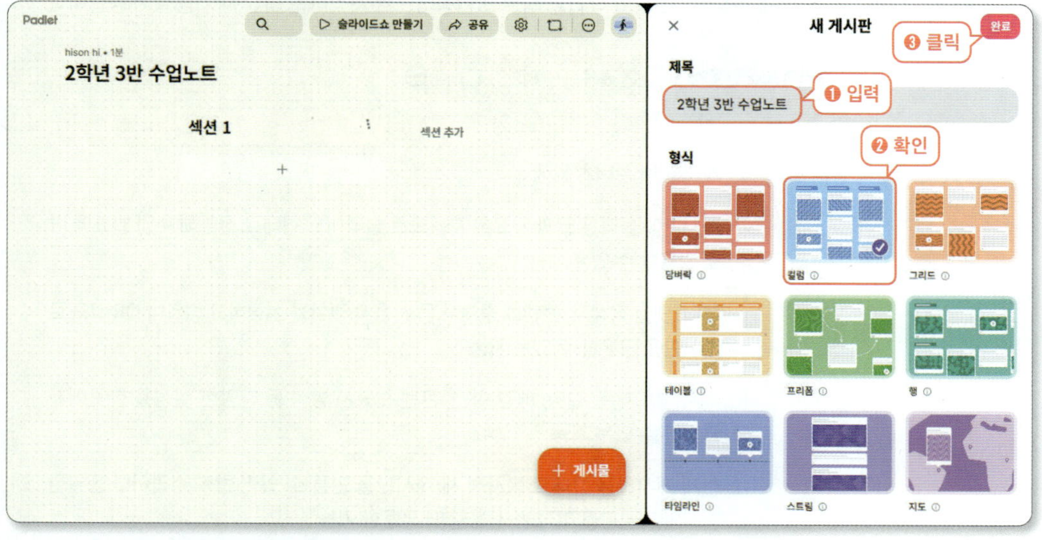

note '컬럼'은 학생별 게시물을 세로로 정렬하여 서로의 게시물을 쉽게 열람할 수 있는 형식으로, 게시판 작업 시 자주 활용합니다.

03 우측 상단의 Padlet 설정 열기(⚙) 아이콘을 클릭합니다. 〔설정〕 창이 열리면 〔디자인〕 탭에서 〔배경 화면〕을 변경하고 〔저장〕 버튼을 클릭합니다. 설정이 완료되면 〔설정〕 창을 닫습니다.

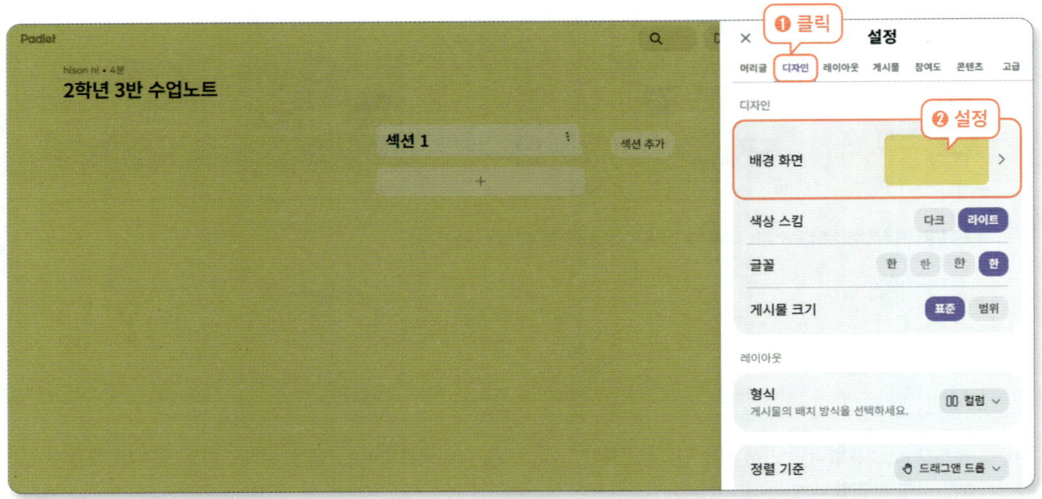

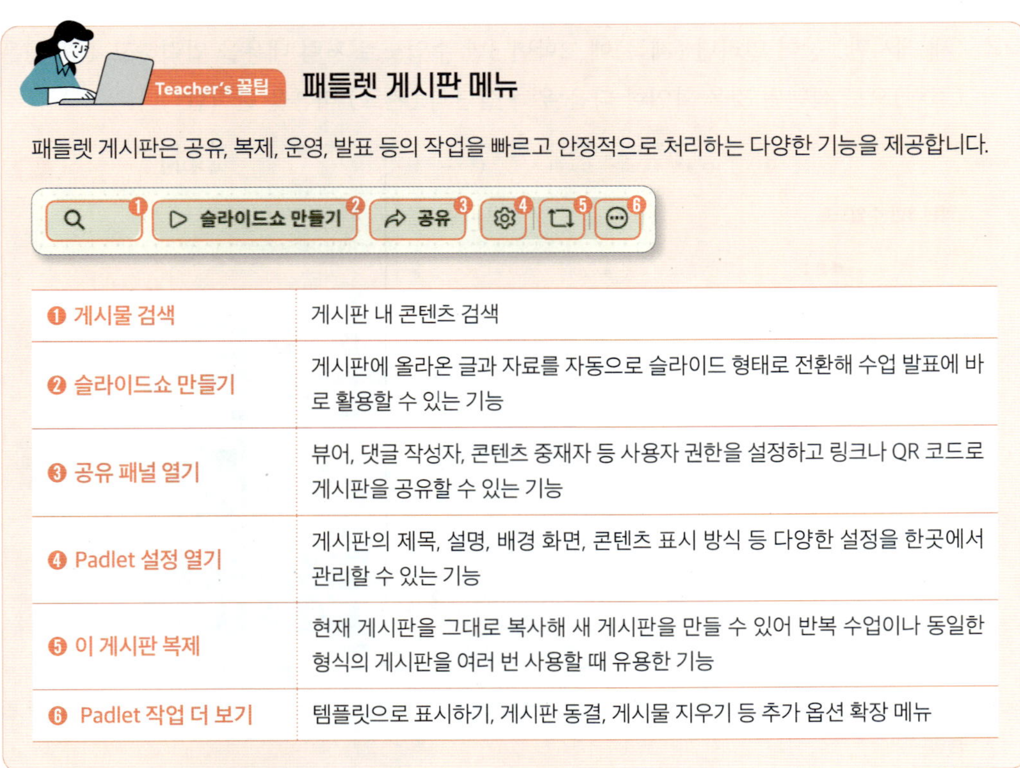

패들렛 게시판은 공유, 복제, 운영, 발표 등의 작업을 빠르고 안정적으로 처리하는 다양한 기능을 제공합니다.

❶ 게시물 검색	게시판 내 콘텐츠 검색
❷ 슬라이드쇼 만들기	게시판에 올라온 글과 자료를 자동으로 슬라이드 형태로 전환해 수업 발표에 바로 활용할 수 있는 기능
❸ 공유 패널 열기	뷰어, 댓글 작성자, 콘텐츠 중재자 등 사용자 권한을 설정하고 링크나 QR 코드로 게시판을 공유할 수 있는 기능
❹ Padlet 설정 열기	게시판의 제목, 설명, 배경 화면, 콘텐츠 표시 방식 등 다양한 설정을 한곳에서 관리할 수 있는 기능
❺ 이 게시판 복제	현재 게시판을 그대로 복사해 새 게시판을 만들 수 있어 반복 수업이나 동일한 형식의 게시판을 여러 번 사용할 때 유용한 기능
❻ Padlet 작업 더 보기	템플릿으로 표시하기, 게시판 동결, 게시물 지우기 등 추가 옵션 확장 메뉴

04 〔섹션 추가〕 버튼을 클릭하고 학번과 이름을 입력해 학생들이 각자 자신의 게시물을 올
   릴 수 있는 공간도 마련합니다.

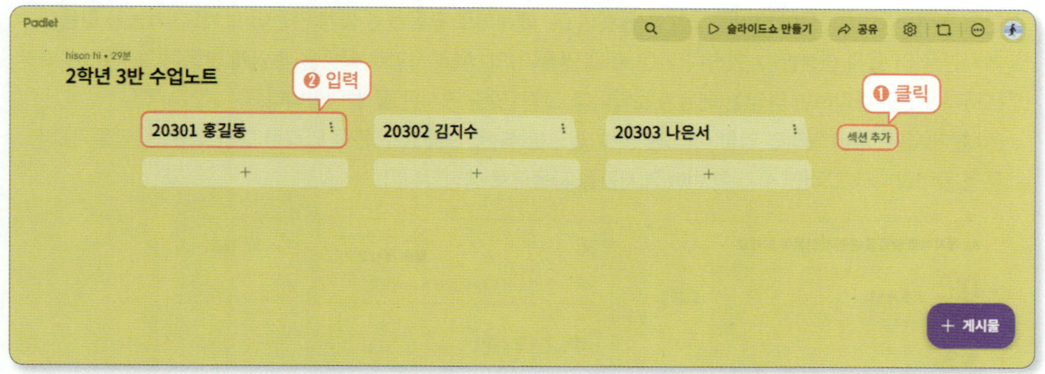

note 공지사항, 주요 사이트, 선생님 예시와 같은 항목을 미리 구성해 두면 수업 운영이 훨씬 수월해집니다.

STEP 2 공유 링크 준비하기

게시판에 학생들이 쉽게 접속할 수 있도록 QR 코드를 제공합니다. 우측 상단의 공유 패널 열기
(↗공유) 아이콘을 클릭하고 〔공유〕 창에서 〔QR 코드 생성하기〕를 선택하면 QR 코드가 표시
됩니다.

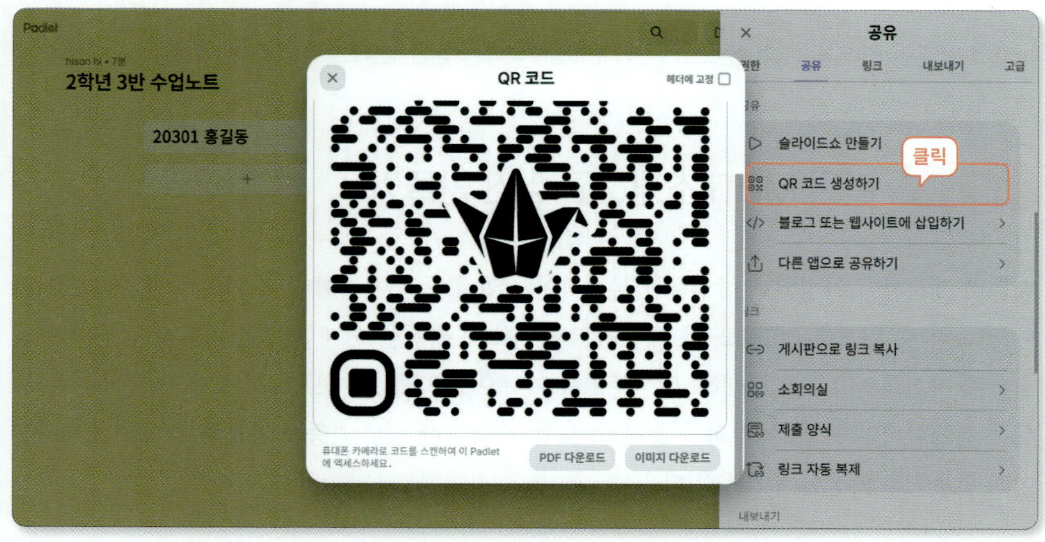

note 생성된 〔QR 코드〕 우측 하단 〔PDF 다운로드〕 또는 〔이미지 다운로드〕 버튼을 클릭하여 QR 코드를 저장한 뒤 활용할
   수 있습니다.

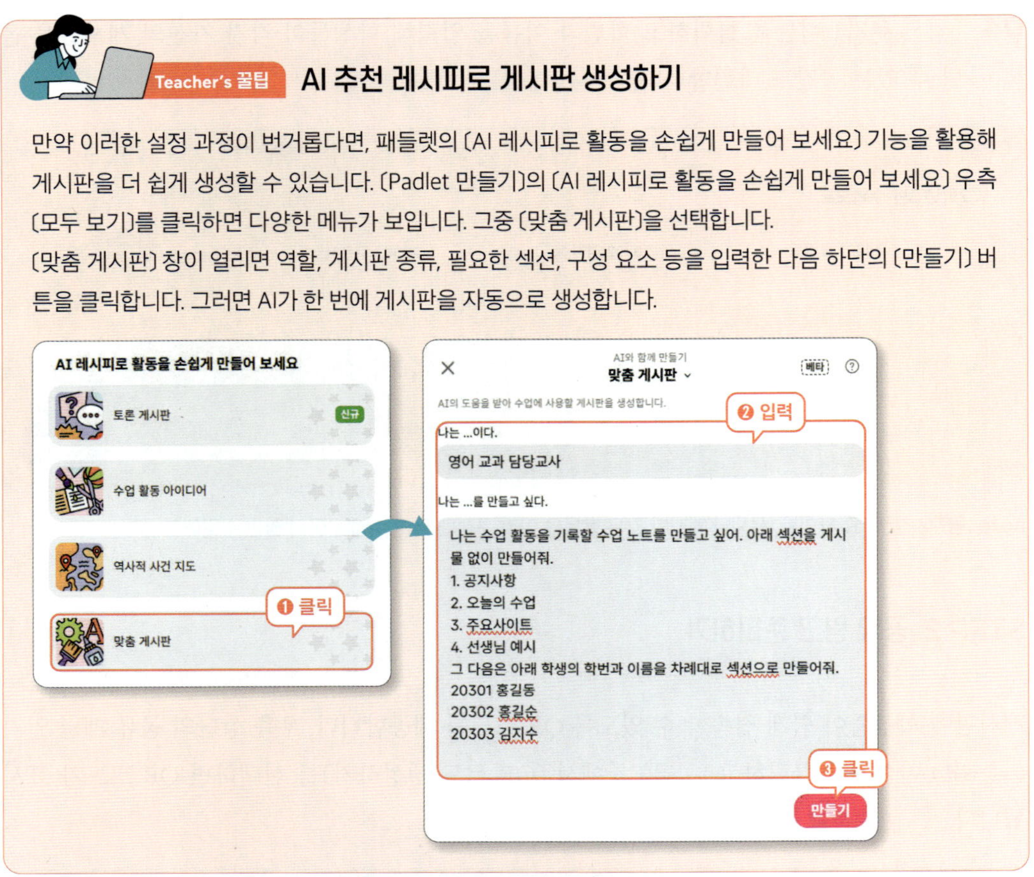

만약 이러한 설정 과정이 번거롭다면, 패들렛의 (AI 레시피로 활동을 손쉽게 만들어 보세요) 기능을 활용해 게시판을 더 쉽게 생성할 수 있습니다. (Padlet 만들기)의 (AI 레시피로 활동을 손쉽게 만들어 보세요) 우측 (모두 보기)를 클릭하면 다양한 메뉴가 보입니다. 그중 (맞춤 게시판)을 선택합니다.

(맞춤 게시판) 창이 열리면 역할, 게시판 종류, 필요한 섹션, 구성 요소 등을 입력한 다음 하단의 (만들기) 버튼을 클릭합니다. 그러면 AI가 한 번에 게시판을 자동으로 생성합니다.

note 패들렛은 개인용과 교육기관용으로 구분되며, 계정에 따라 (맞춤 게시판) 화면이 일부 다르게 보일 수 있습니다.

수업 활동 나의 MBTI 소개하고 퀴즈 만들기

패들렛 게시판이 완성되면 학생들과 본격적인 수업 활동을 시작합니다. 먼저 학생들이 게시판에 접속할 수 있도록 QR 코드를 제공하고 자기소개 활동을 안내합니다. 이미지 검색 기능을 활용해 자신의 MBTI를 소개하고, 설문조사 기능으로 '나를 알아보는 퀴즈'를 만들어 보는 활동을 진행합니다. 또한 '첨부파일 유형 더 보기'의 다양한 세부 기능을 활용해 자신을 소개하는 여러 활동으로 확장할 수 있습니다.

01 첫 번째 활동은 '나의 MBTI 소개하기'입니다. 앞서 만들었던 패들렛 게시판에서 자신의 이름이 있는 섹션을 찾고, 게시물을 추가하기 위해 해당 섹션에서 이 섹션에 포스트 추가(▭＋▭)를 클릭합니다. 〔제목〕에 '1. 나의 MBTI'를 입력한 다음 이미지 검색(⧉)아이콘을 클릭합니다.

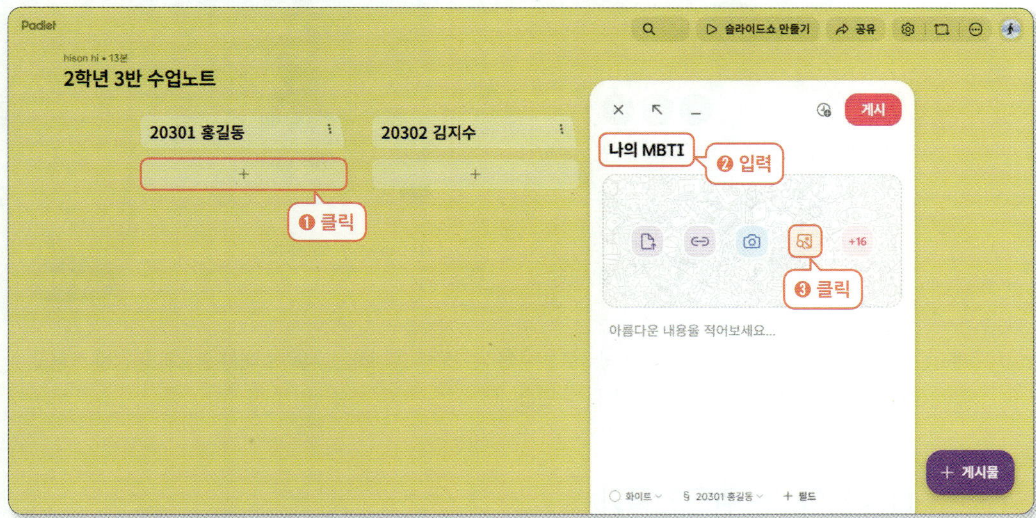

02 검색창이 열리면 자신의 MBTI 유형을 입력한 후 원하는 이미지를 선택하여 삽입합니다.

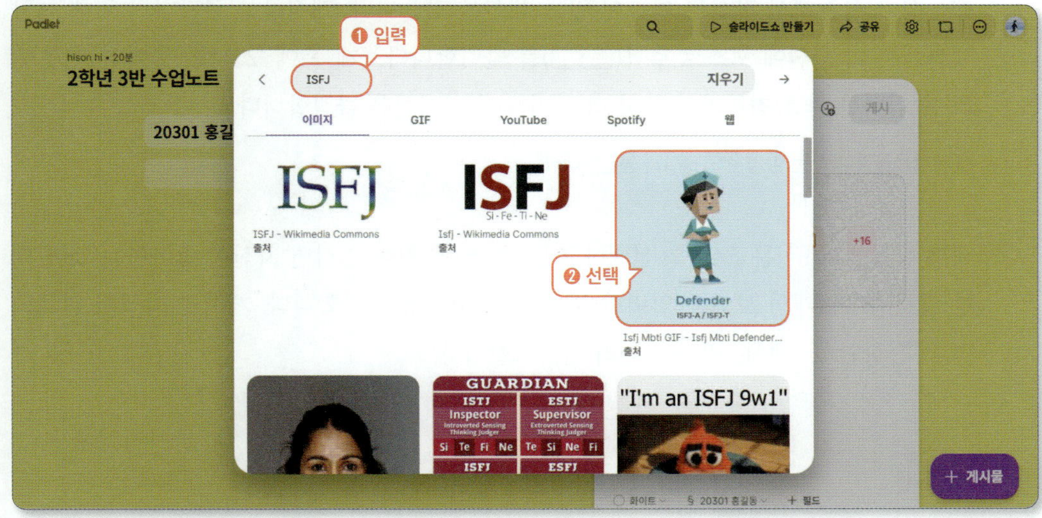

03 게시글의 내용 입력란에 MBTI 유형과 관련된 설명을 직접 작성하도록 안내합니다. 작성한 내용이 모두 완성되면 우측 상단의 〔게시〕 버튼을 클릭해 업로드합니다.

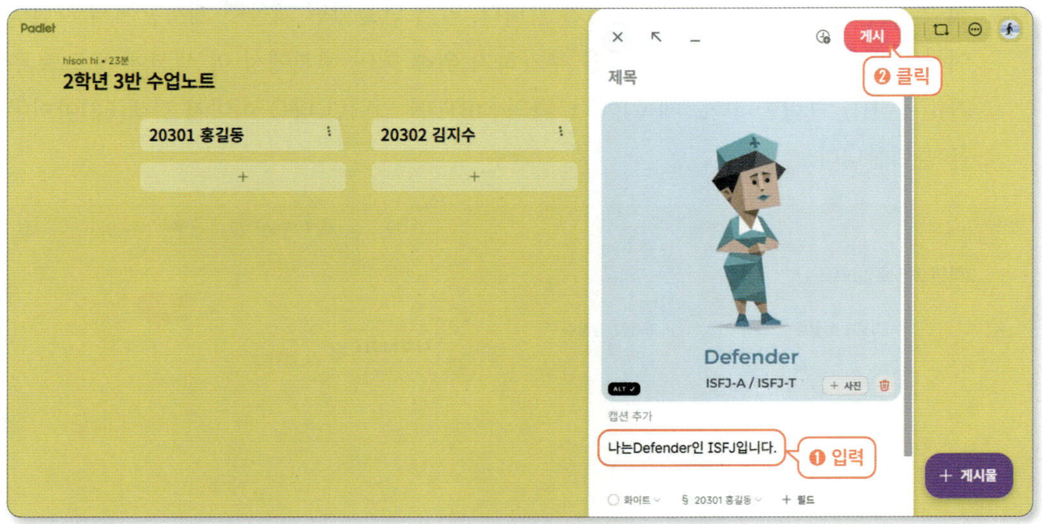

note 게시된 친구들의 자기소개를 보며 하트나 댓글로 반응을 남기도록 안내하면, 서로에 대한 관심과 공감을 표현할 수 있어 상호작용을 촉진하는 활동으로 발전시킬 수 있습니다.

STEP 2 나를 알아보는 퀴즈 만들기

01 두 번째 활동은 학생들이 자신이 좋아하는 것을 주제로 퀴즈를 만들어 보는 것입니다. 패들렛 게시판에서 자신의 이름이 있는 섹션을 찾습니다. 게시물을 추가하기 위해 해당 섹션에서 이 섹션에 포스트 추가(〔 + 〕)를 클릭합니다. 〔제목〕에 '2. 내가 좋아하는 것 퀴즈'를 입력한 다음 첨부파일 유형 더 보기(+16) 아이콘을 클릭합니다.

note 새 게시물을 추가하는 방법은 STEP 1과 동일합니다.

02 세부 항목에서 〔설문조사〕를 선택하고 〔설문조사〕 창이 열리면 자신이 좋아하는 것에 대한 질문과 3~4개의 보기를 입력한 뒤 〔추가〕 버튼을 클릭합니다. 게시글 작성이 완료되면 우측 상단의 〔게시〕 버튼을 눌러 업로드합니다.

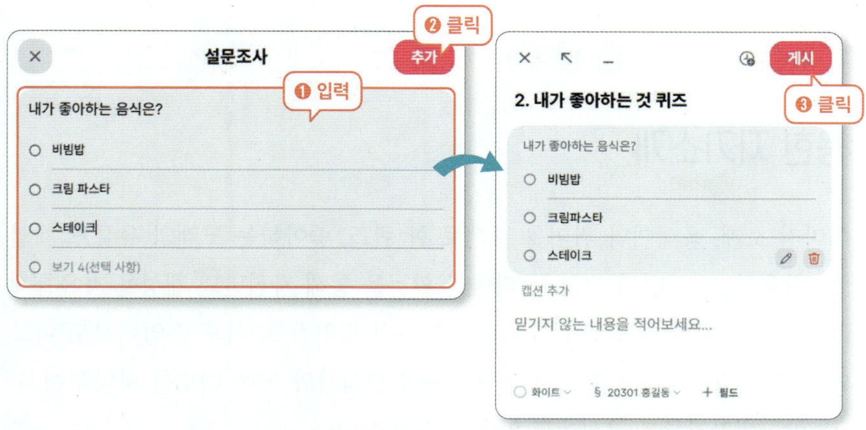

STEP 3 패들렛 게시판 기능을 활용한 자기소개 활동 확장하기

첨부파일 유형 더 보기(+16) 아이콘을 클릭하면 다음과 같은 팝업창이 열립니다. '웹 검색 또는 URL 붙여넣기'에 자료를 직접 입력하거나, 하단 메뉴를 활용하면 게시물에 다양한 자료를 추가할 수 있습니다. 자기소개 활동 확장을 위한 주요 메뉴와 활용 예시는 다음과 같습니다.

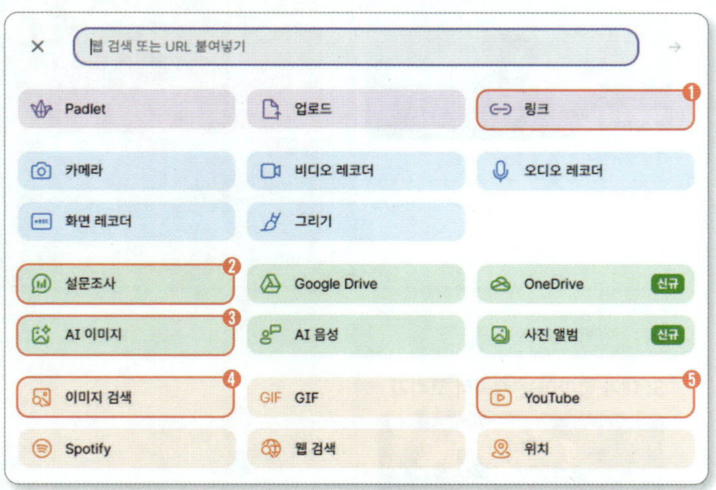

① 내가 좋아하는 노래를 검색하여 링크로 올리기

② 내가 좋아하는 음식, 취미 생활, 즐겨하는 스포츠 등에 대한 퀴즈 만들기

③ 내가 좋아하는 강아지가 사진을 찍는 모습을 AI 이미지 기능을 활용하여 그리기

④ 나의 MBTI 유형을 이미지로 찾아서 공유하기

⑤ 다른 사람들이 내가 구독하는 유튜브 채널에 바로 접속할 수 있도록 링크 소개하기

패들렛을 활용한 자기소개

학생들은 MBTI 이미지 소개, 음식이나 취미를 주제로 한 퀴즈, 좋아하는 노래와 유튜브 채널 공유, 상상한 소재를 활용한 AI 이미지 생성 등 다양한 활동을 통해 자신만의 개성을 자유롭게 표현할 수 있습니다. 이 과정에서 패들렛의 기능을 자연스럽게 익히고, 이후 수업에서도 이를 효율적으로 활용할 수 있게 됩니다. 또한 교사는 학생들의 관심사와 참여 태도를 파악하여 수업 운영에 반영하고, 학교생활기록부 작성에도 활용할 수 있습니다.

다음은 학기 초 첫 수업에서 진행한 '패들렛을 활용한 자기소개' 활동의 결과물 예시입니다. 새로운 학기의 시작, 패들렛을 통해 의미 있고 즐거운 첫걸음을 내디뎌 보세요.

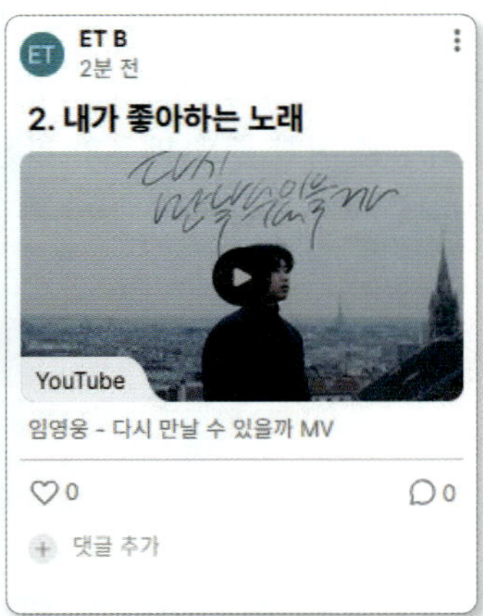

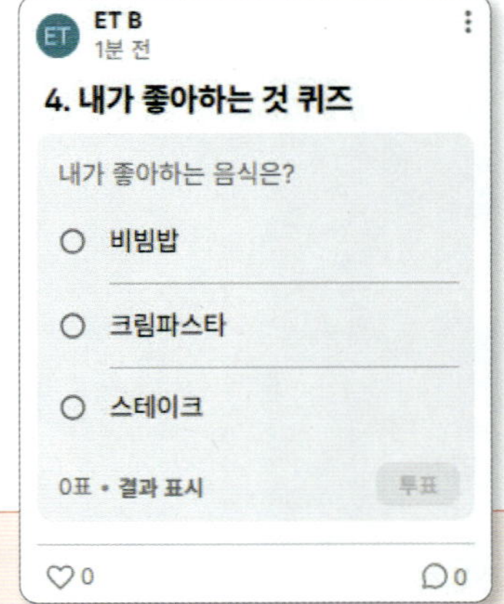

활동 확장과 평가 활용

학생들이 작성한 글이나 자료, 퀴즈는 모두 중요한 학습 기록으로 남습니다. 또한 패들렛의 설문 기능을 이용하면 이해도 점검이나 의견 수렴을 간단히 진행할 수도 있습니다.

기대 효과

- ✅ 학생 간 관계 형성 및 교사-학생 간 상호 이해 확대
- ✅ 패들렛 도구 활용 능력 습득 및 에듀테크 기반 마련
- ✅ 학습 이력 관리 및 생활기록부 연계 가능성 확보
- ✅ AI 및 디지털 리터러시에 대한 자연스러운 경험 제공

AI 경험 제공

AI 이미지 생성 활동은 학생들에게 생성형 AI를 체험할 기회를 제공합니다. 별도의 외부 도구 없이 패들렛 내에서 쉽게 진행할 수 있어 교육적으로 실용성이 높습니다.

+ PLUS 자료실

수업에 바로 적용할 수 있는 복제 템플릿과 완성된 페이지 미리보기, 관련 내용을 담은 영상을 제공합니다. QR 코드를 스캔해 바로 활용해 보세요.

자동 복제 링크 (tinyurl.copyp101)

완성 페이지 미리보기

유튜브 영상

학기 초

미리캔버스로 나를 소개하는 피규어 만들기

AI 도구 Miricanvas, ThinkerBell   **핵심 역량** 창의적 사고 역량

학기 초 자기소개 활동은 보통 글쓰기나 마인드맵을 종이에 작성해 발표합니다. 그러나 미리캔버스를 활용하면 자기소개를 더 직관적이고 입체적으로 표현할 수 있습니다. 미리캔버스는 한글 메뉴와 다양한 템플릿, AI 기능을 제공하므로 초·중·고 학생도 쉽게 이미지를 만들고, 자신을 상징하는 그림과 스토리를 함께 구성해 친구들과 관계를 형성하는 데 활용할 수 있는 도구입니다.

수업 준비   띵커벨 가입하고 출석부 보드 생성하기

수업에서 학생 작품이나 산출물을 공유할 때는 주로 패들렛을 활용합니다. 그러나 학생별 제출 여부를 확인하려면 섹션마다 번호(학번)를 입력해야 하는 번거로움이 있습니다. 이때 띵커벨 보드의 '출석부' 유형을 활용하면 학급 인원 수만 설정해도 그룹이 자동 생성되어 학생들이 자신의 번호에 맞춰 작품을 올릴 수 있습니다.

STEP 1 띵커벨 가입하기

01 수업에 앞서 학급에서 사용할 띵커벨 보드를 만들기 위해 띵커벨 웹사이트(tkbell.co.kr)에 접속합니다.

02 띵커벨이 처음이라면 우측 상단의 〔회원가입〕을 클릭합니다. 이번 섹션은 일반회원 가입만으로도 진행할 수 있는 활동이므로 〔일반회원 가입〕을 선택합니다. 이어서 〔약관동의/본인인증〕 – 〔회원정보 입력〕 – 〔가입완료〕 순으로 진행합니다.

note 띵커벨은 교사 인증을 하면 교사용 기능과 콘텐츠를 원활히 이용할 수 있습니다. 자세한 내용은 200쪽의 'Section 002. 띵커벨 롤링페이퍼로 생일 이벤트하기'를 참고해 주세요.

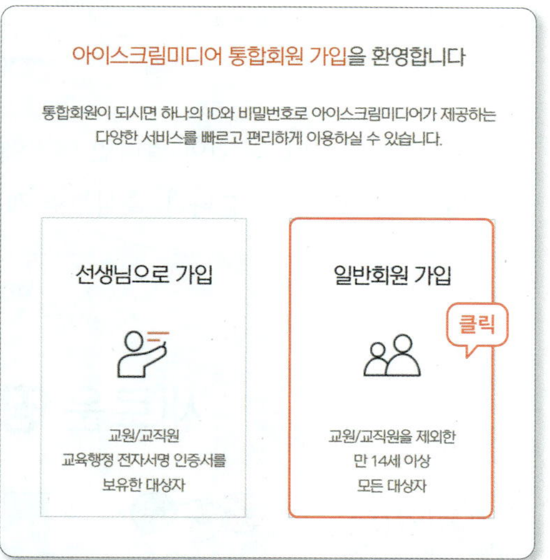

STEP 2 보드 생성하기

01 띵커벨 로그인 후 새로운 활동을 생성할 편집 화면으로 이동하기 위해 우측 상단의 〔만들기〕 버튼을 클릭합니다.

02 〔띵커벨 에디터〕 화면이 열리면 여기에서 〔퀴즈〕, 〔토의·토론〕, 〔보드〕, 〔워크시트〕, 〔게임〕을 생성할 수 있습니다. 출석부형 게시판을 생성하기 위해 〔보드〕를 선택합니다.

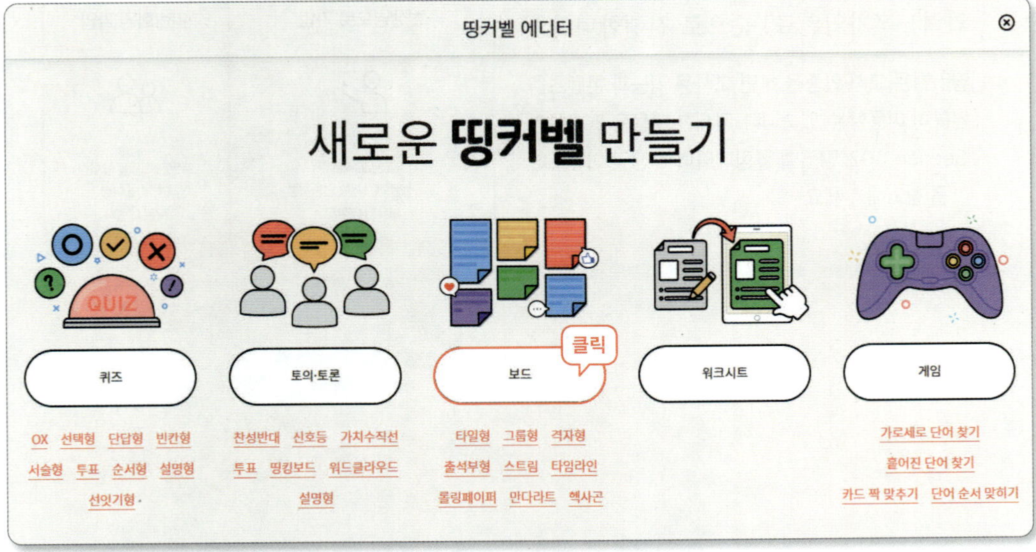

03 보드 제목에 '나를 소개하는 피규어'를 입력합니다. 보드 유형은 학생들이 자신의 번호로 생성된 그룹에 각자 업로드할 수 있도록 '출석부형'으로 선택한 다음 우측 상단의 〔완료〕 버튼을 클릭합니다.

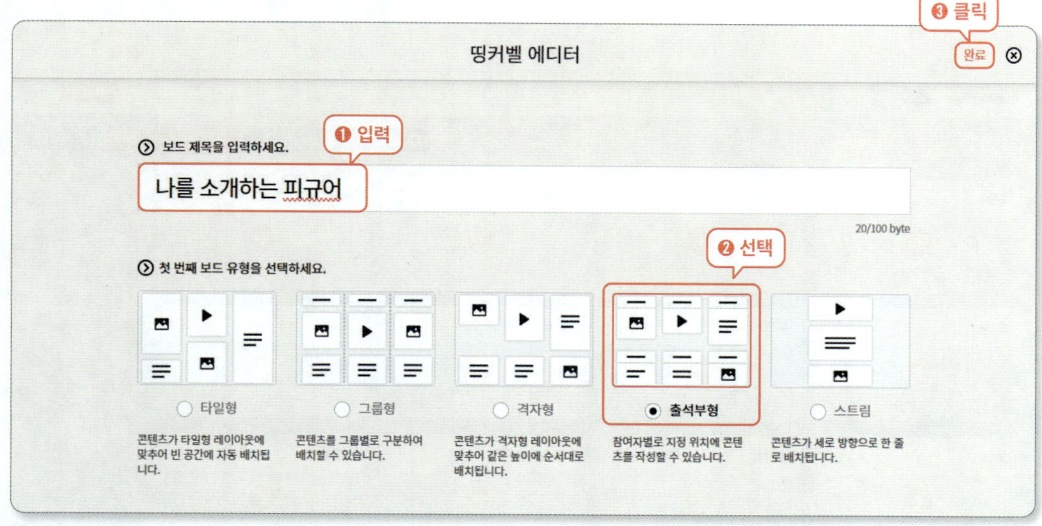

note 일반적으로는 '그룹형' 스타일을 많이 사용하지만, 학생별 제출 여부를 관리하려는 목적이라면 그룹 수만 입력하면 자동으로 번호가 매겨져 그룹이 생성되는 '출석부형'을 추천합니다.

04 출석부형 그룹을 생성하기 위해 우측 상단에서 〔그룹 만들기〕 버튼을 클릭합니다. '그룹 생성'을 선택하고, 학급 인원 수에 맞게 숫자를 입력한 뒤 하단의 〔확인〕 버튼을 클릭합니다.

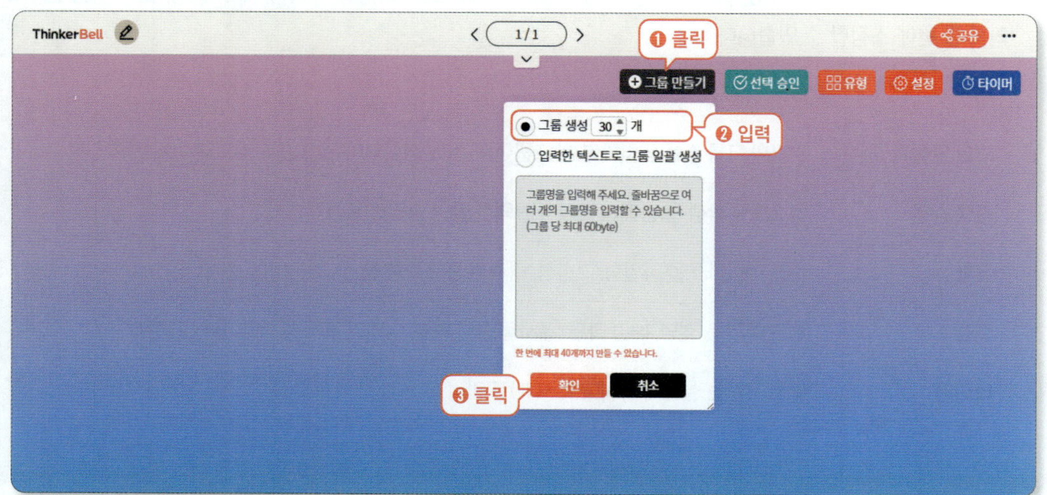

05 입력한 숫자만큼 그룹이 생성되고, 자동으로 넘버링됩니다. 이때, 각 그룹의 더 보기(⋮) 아이콘을 클릭하면 그룹 이름을 변경하거나 삭제할 수 있습니다. 학생들에게 링크 주소나 QR 코드로 보드 접속을 안내하기 위해 생성한 학급 보드 우측 상단의 〔공유〕 버튼을 클릭합니다.

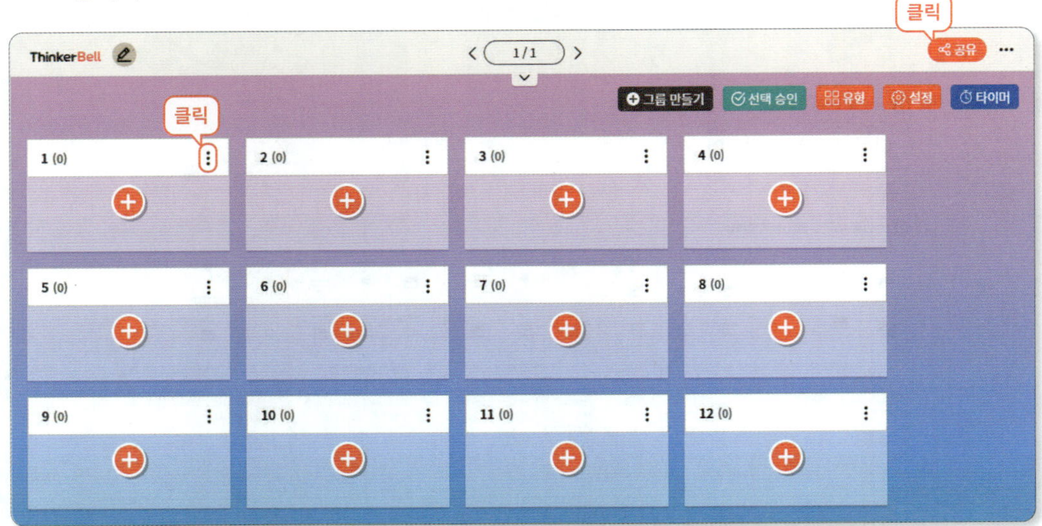

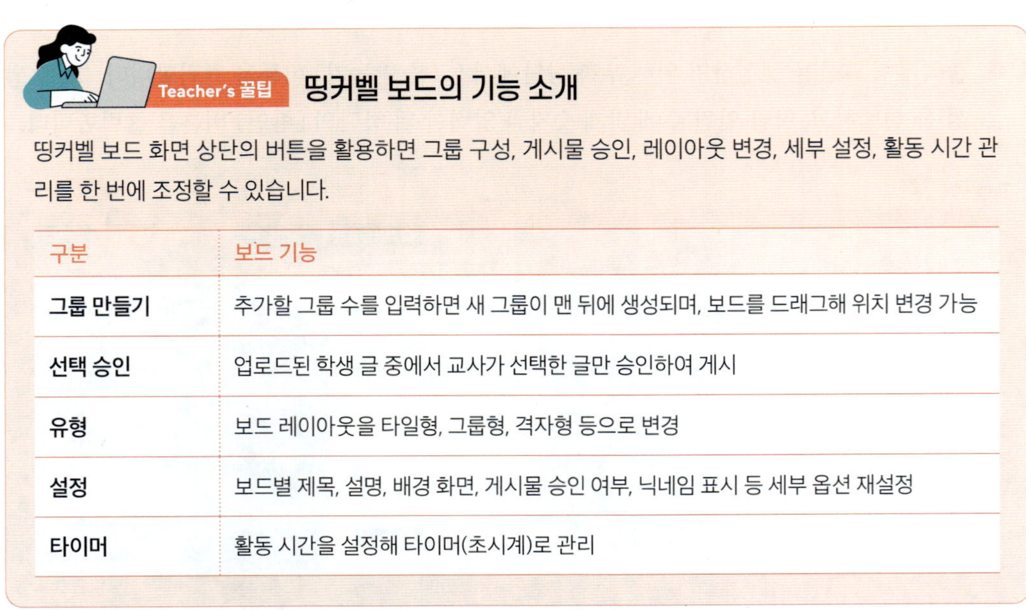

Teacher's 꿀팁 **띵커벨 보드의 기능 소개**

띵커벨 보드 화면 상단의 버튼을 활용하면 그룹 구성, 게시물 승인, 레이아웃 변경, 세부 설정, 활동 시간 관리를 한 번에 조정할 수 있습니다.

구분	보드 기능
그룹 만들기	추가할 그룹 수를 입력하면 새 그룹이 맨 뒤에 생성되며, 보드를 드래그해 위치 변경 가능
선택 승인	업로드된 학생 글 중에서 교사가 선택한 글만 승인하여 게시
유형	보드 레이아웃을 타일형, 그룹형, 격자형 등으로 변경
설정	보드별 제목, 설명, 배경 화면, 게시물 승인 여부, 닉네임 표시 등 세부 옵션 재설정
타이머	활동 시간을 설정해 타이머(초시계)로 관리

06 〔공유〕 창이 열리면 〔공유 설정〕에서 〔변경하기〕 버튼을 클릭한 후 다음과 같이 설정하고, 〔저장〕 버튼을 클릭합니다. 설정이 완료되면 하단의 '〔참여용〕 학생에게 보내기'에서 〔링크〕를 클릭합니다.

공개 대상	비밀번호	방문자 권한
공개 제한	4자리 숫자 또는 숫자+영문	작성 가능

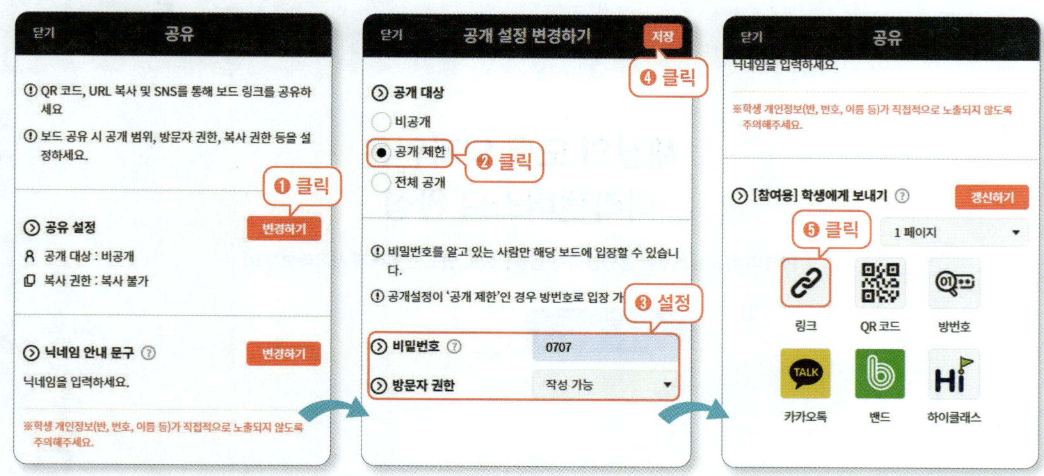

note 생성한 게시판은 〔링크〕 공유 외에도 〔QR 코드〕, 〔방번호〕, 〔카카오톡〕 등 다양한 방식으로 공유할 수 있으며, 상황에 맞는 가장 편리한 방법을 선택해 사용하면 됩니다.

수업 활동 마인드맵 만들고 피규어 생성하기

자기소개를 위해 학생들은 먼저 자신의 특징과 강점을 분석해야 합니다. 활동지에 흥미, 관심 분야, MBTI, 적성, 장래 희망 등을 정리한 뒤 자신을 가장 잘 나타낼 수 있는 요소를 선택해서 마인드맵을 만들고, 미리캔버스의 AI 도구로 피규어 이미지를 생성합니다. 학기 초 낯선 분위기에서 귀여운 피규어 이미지는 학생들의 호기심을 자극해 자연스럽게 대화를 이어 가는 데 도움이 됩니다.

STEP 1 마인드맵 만들기

01 미리캔버스 웹사이트(miricanvas.com)에 접속하여 로그인한 다음 〔바로 시작하기〕 버튼을 클릭하여 새로운 작업을 시작합니다.

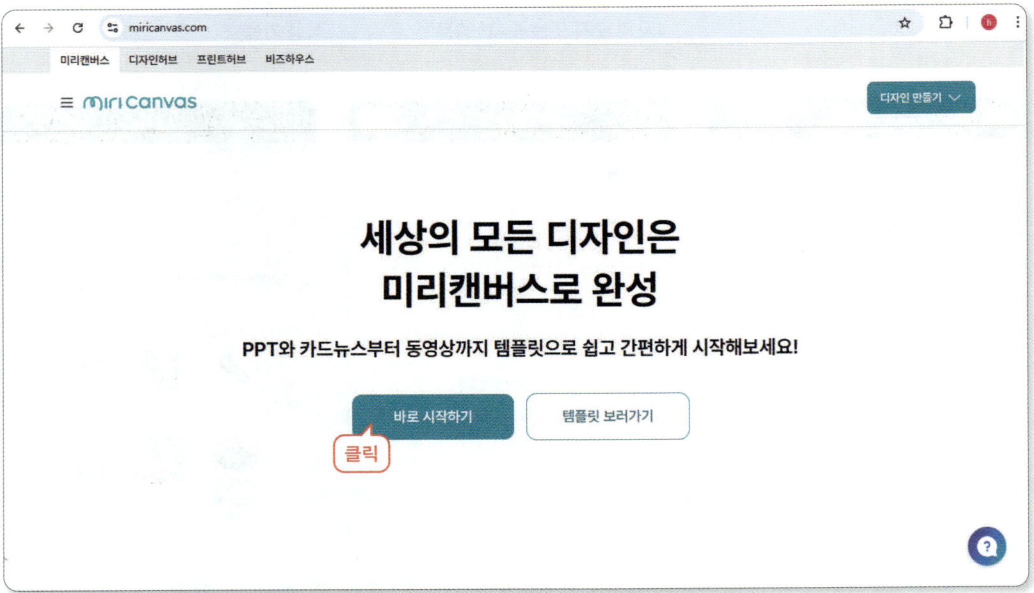

note 미리캔버스는 네이버, 구글, 이메일 계정뿐만 아니라 카카오톡, 페이스북, 웨일스페이스, 애플로도 가입할 수 있습니다. 대부분의 기능은 무료로 사용할 수 있지만, 왕관 표시가 있는 템플릿이나 일부 요소들은 유료 서비스로 제한됩니다.

02 〔어떤 디자인을 만들까요?〕라는 팝업창이 나타나면 〔일반 디자인 만들기〕를 클릭합니다.

note 〔무엇을 만들어야 하나요?〕 창은 새로 만들 디자인의 종류와 크기, 템플릿을 고르거나, 상단 검색창에서 '포스터', '유튜브 섬네일'처럼 만들고 싶은 작업을 검색해 시작할 때 사용하는 화면입니다. 지금은 템플릿을 활용해 마인드맵을 만들어 보는 실습을 진행하므로 이 창은 닫고 다음 단계로 넘어갑니다.

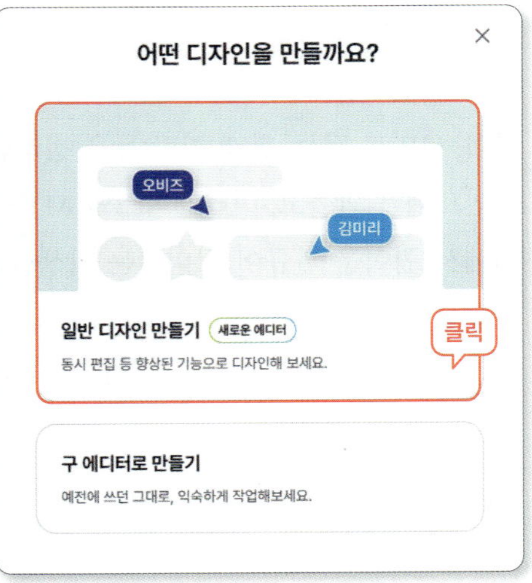

03 화면의 상단 가운데에 있는 〔제목을 입력해주세요〕를 클릭하여 '마인드맵으로 나 표현하기'처럼 제목을 입력합니다. 바로 옆에 사이즈를 선택할 수 있는 드롭다운 버튼을 클릭하여 〔직접 입력〕을 선택한 다음 '1920 × 1080px'로 설정합니다.

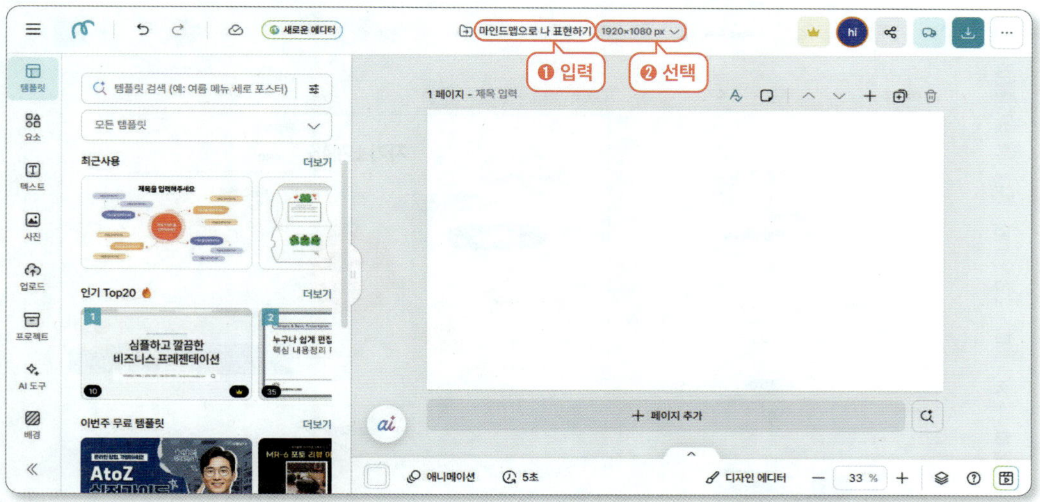

note 이미지 사이즈는 생성한 이미지 활용 목적에 따라 자유롭게 조정합니다.

04 〔템플릿 검색〕 란에서 '마인드맵'을 검색하고 원하는 템플릿을 선택하여 우측 편집 화면에 적용합니다. 마인드맵 중앙에 이름을 쓰고, 자신과 관련한 주요 특징을 분류하여 입력합니다.

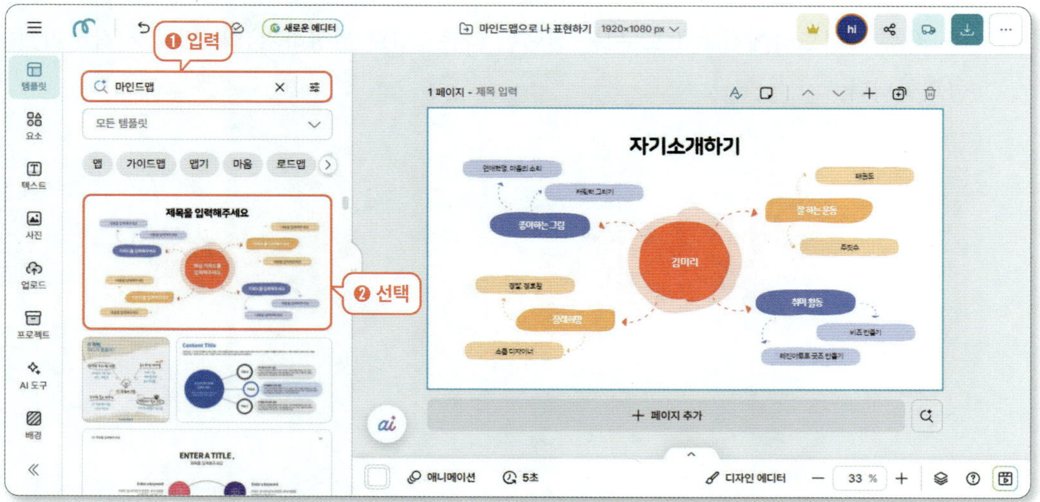

note 추가하고 싶은 다른 이미지나 화살표 등의 도구는 좌측 사이드바의 〔요소〕에서 검색하여 추가합니다.

05 마인드맵을 띵커벨 보드에 업로드하려면 우측 상단의 다운로드(⬇) 아이콘을 클릭합니다. 〔다운로드〕 창에서 〔파일 형식〕을 'PNG'로 설정한 후 〔고해상도 다운로드〕 버튼을 클릭하여 저장합니다.

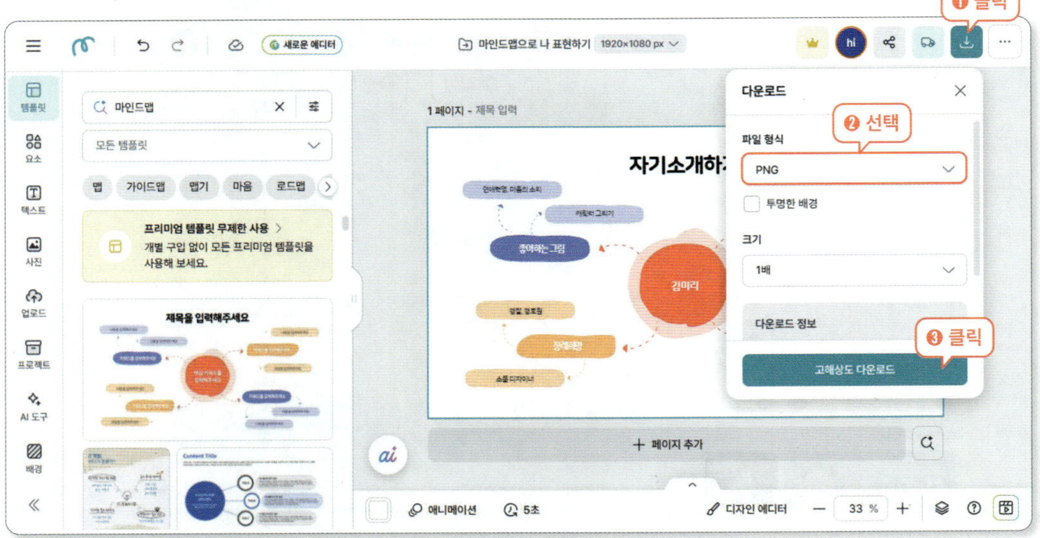

STEP 2 피규어 제작하기

01 미리캔버스 메인 화면에서 피규어를 만들기 위한 새로운 페이지를 엽니다. 화면 상단 가운데 제목을 '나만의 피규어 만들기'로 입력하고, 사이즈는 '720 × 1080px'로 설정합니다. 좌측 사이드바에서 〔AI 도구〕를 선택한 다음 〔AI로 생성하기〕의 〔바로 시작하기〕를 클릭합니다.

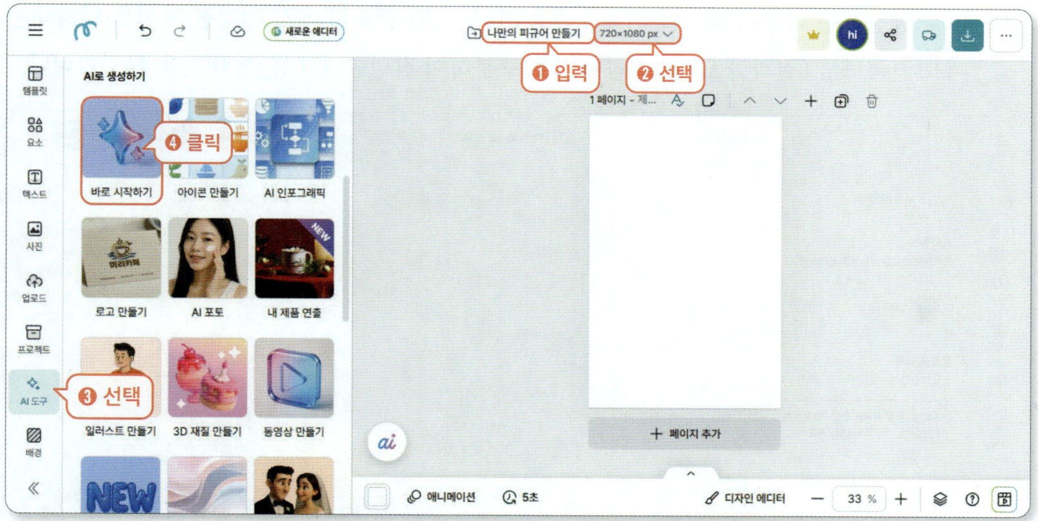

02 〔스타일〕에서 〔나노 바나나〕를 누르면 다양한 스타일 목록이 나타납니다. 제공되는 스타일 중에서 〔피규어〕를 클릭합니다.

03 나를 상징하는 피규어 제작을 위해 'STEP 1 마인드맵 만들기'에서 선정한 자신을 나타내는 대표 키워드를 〔결과물 묘사〕에 콤마(,)로 구분하여 작성한 후 〔생성〕 버튼을 클릭합니다.

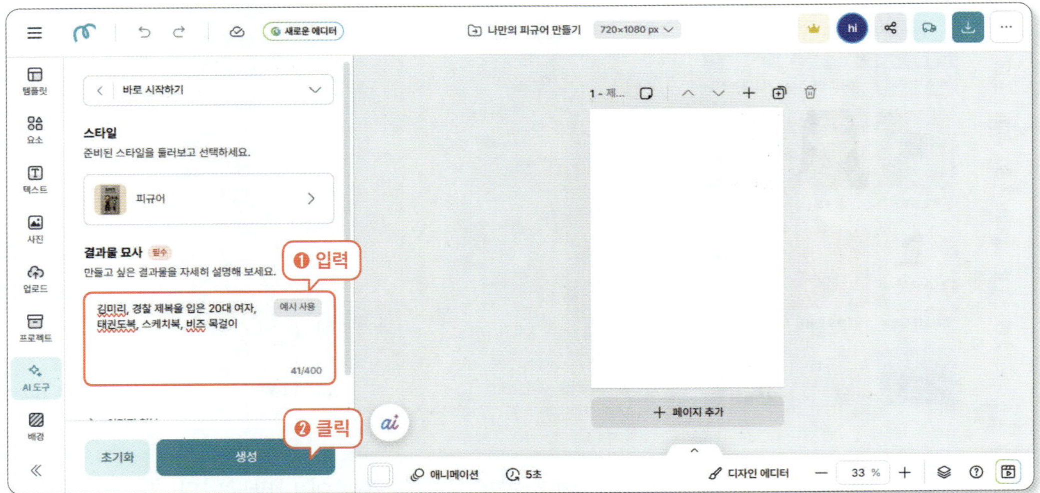

note 캐릭터는 '태블릿을 들고 있는 20대 여성'처럼 연령과 성별을 함께 입력하면 원하는 모습에 더 가까운 결과가 나옵니다. 소품은 문장보다는 단어로 입력해야 더 정확하게 표현됩니다.

04 이미지가 생성되면 클릭하여 편집 화면에 적용합니다. 이미지를 선택한 뒤 모서리에 있는 조절점을 드래그하면 크기를 자유롭게 키우거나 줄일 수 있습니다.

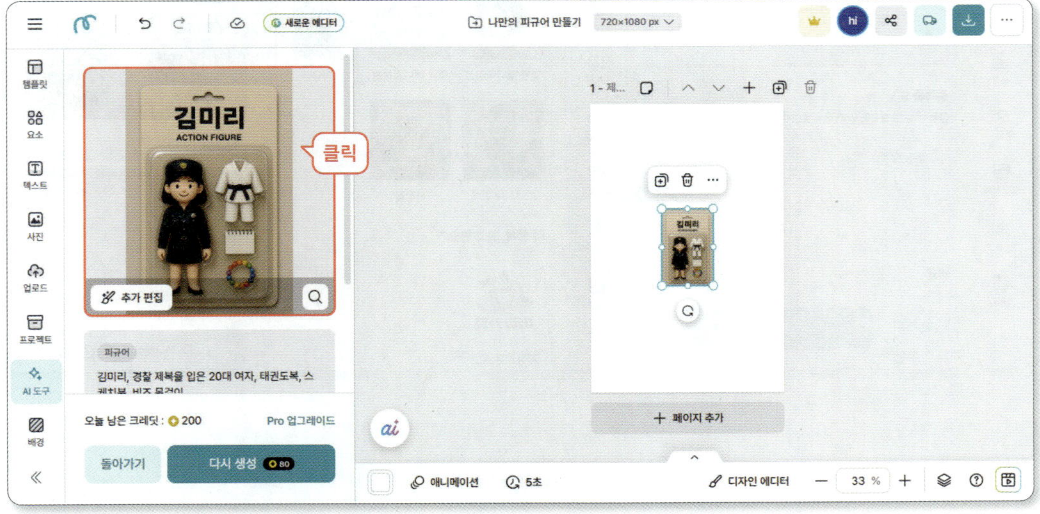

note 만약 결과가 마음에 들지 않을 경우 하단의 〔다시 생성〕 버튼을 눌러 새로 만들거나, 요소를 변경하고 싶다면 〔돌아가기〕 버튼을 클릭하여 프롬프트를 수정한 다음 다시 생성합니다.

05 피규어 이미지가 완성되면 우측 상단의 다운로드(⤓) 아이콘을 클릭합니다. 〔다운로드〕 창의 〔파일 형식〕을 'PNG'로 설정한 후 〔고해상도 다운로드〕 버튼을 클릭하여 이미지 파일로 저장합니다.

STEP 3 띵커벨 보드에 업로드하기

01 학생들은 미리 생성한 띵커벨 보드에서 자기 번호를 선택하여 제목과 내용, 결과물을 업로드합니다. 제목에는 희망 진로 분야(직업)를 입력하고, 내용에는 자신의 강점과 진로 등을 간단하게 추가합니다.

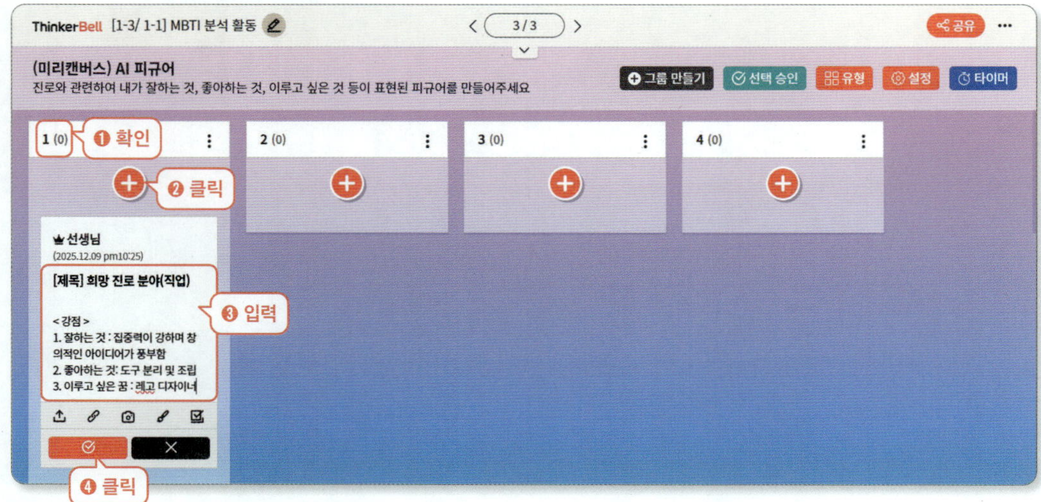

02 미리캔버스에서 생성한 피규어 이미지도 업로드합니다. 게시판이 완성되면 친구들의 작품을 감상하면서 '좋아요'를 누르거나 댓글로 궁금한 점을 남기며 서로 소통할 수 있습니다.

note 질문이 특정 친구에게만 몰리지 않도록, 번호 규칙을 정해 질문하도록 안내합니다. 예를 들어 교사가 '자기 번호 기준 -1번, +2번 친구에게 각각 한 번씩 질문하기'와 같은 규칙을 주면, 모든 학생이 빠짐 없이 질문과 답변에 참여할 수 있습니다.

미리캔버스를 활용한 나를 소개하는 피규어

학기 초 자기소개 활동에서는 관심 분야, 좋아하는 것, 잘하는 것, 미래의 꿈, MBTI 등 다양한 소재를 활용해 자신의 특징을 표현할 수 있습니다. 이 과정은 자기 이해를 돕고, 또래 친구들과 자연스럽게 서로를 알아가는 데 도움이 됩니다.

또한 프롬프트 입력만으로 손쉽게 진행할 수 있어 수업에 효율적으로 활용할 수 있으며, 교사는 학생들의 취미와 특기, 참여 태도를 파악하고 학교생활기록부 작성에도 참고할 수 있습니다. 다음은 미리캔버스를 활용하여 학생들이 제작한 피규어 이미지 결과물 예시입니다.

활동 확장과 평가 활용

학생들이 작성한 소개글과 피규어 이미지를 활용하여 스무고개, 진진가 게임, 퀴즈 등으로 확장한 추가 활동을 할 수 있습니다. 교사는 이를 바탕으로 학교생활기록부의 행동 특성 및 종합의견에 학생의 관심 분야와 진로 희망을 기록할 수 있고, 게임이나 퀴즈 활동에서 관찰한 수업 참여 태도는 정의적 평가에 반영할 수 있습니다.

AI 경험 제공

생성형 AI를 활용하는 경험을 통해 '프롬프트 작성 방법에 따라 결과물이 달라진다'는 점을 체험하면서 프롬프트의 중요성을 직접 이해할 수 있습니다.

기대 효과

- ☑ AI 도구 활용 능력 향상
- ☑ 창의적인 캐릭터 표현 능력 강화
- ☑ 캐릭터 제작자, 가상 제품 개발자 등에 대한 진로 체험
- ☑ 프롬프트 이해도와 실행력 제고
- ☑ 학생 간 관계 형성 및 교사 - 학생 간 상호 이해

전환기

위툰으로
미래 '인생 네 컷' 웹툰 만들기

AI 도구 Wetoon　　**핵심 역량** 창의적 사고 역량

학교급이나 학년이 바뀌는 전환기는 학생들이 자신의 학교생활을 되돌아보고 앞으로 어떤 사람으로 성장하고 싶은지 고민하는 중요한 시기입니다. 위툰(Wetoon)을 활용하여 미래 인생 네 컷을 만드는 창의적인 활동을 통해 만화 속 한 장면처럼 자신이 상상하는 미래의 진로와 꿈을 네 컷의 만화에 담아봅니다. 자기 성찰과 미래 설계라는 교육적 목표와 시각적 표현이라는 창의적 활동을 결합하여 스스로의 꿈에 대해 더 명확하고 입체적으로 생각할 수 있도록 돕습니다.

수업 준비 　프리미엄(교사)용 위툰 가입하기

위툰은 웹툰 제작의 진입 장벽을 낮추고 누구나 쉽고 빠르게 작품을 만들 수 있도록 도와주는 AI 기반의 제작 도구입니다. 이를 통해 실제로 네 컷 형태의 웹툰 결과물을 생성하고 띵커벨 보드에 업로드한 다음 학생들과 함께 공유하여 이후 수업 활동에서 발표 자료로 활용합니다.

01 실제 수업에 활용하기 위해 프리미엄(교사) 회원가입을 하고, 프로젝트를 생성해 봅니다. 위툰 웹사이트(wetoon.ai)에 접속하여 〔교육용 위툰 신청하기〕를 클릭하고 회원 가입을 진행합니다.

note 구글, 카카오, 이메일 계정으로 가입하여 〔무료 체험하기〕도 가능합니다.

02 요금제는 〔일반 및 단체〕와 〔교육〕으로 구분됩니다. 교사 인증 시 〔프리미엄(교사)〕를 무료로 사용할 수 있으므로 하단의 〔신청〕 버튼을 클릭합니다.

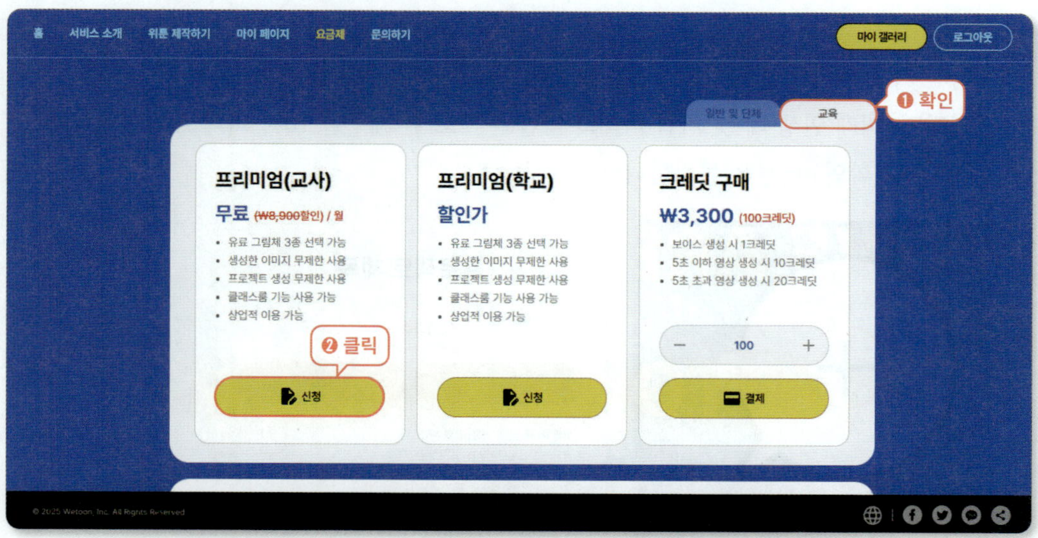

note 프리미엄(교사) 요금제는 유료 그림체 3종을 선택할 수 있고, 생성한 이미지를 무제한으로 사용할 수 있다는 장점이 있습니다.

03 〔프리미엄(교사)〕 창에서 신청자 성함과 연락처, 이메일, 교육기관 분류 등의 기본 정보를 입력하고, 교사 인증 문서를 제출하면 프리미엄 이용권을 무료로 사용할 수 있습니다.

note 프리미엄 기능은 교사가 수업 예시 자료를 미리 준비할 때 활용하고, 학생들은 무료 계정만으로도 활동에 참여할 수 있도록 구성합니다. 이렇게 역할을 나누면 비용·계정 관리 부담을 줄이면서도 수업을 안정적으로 운영할 수 있습니다.

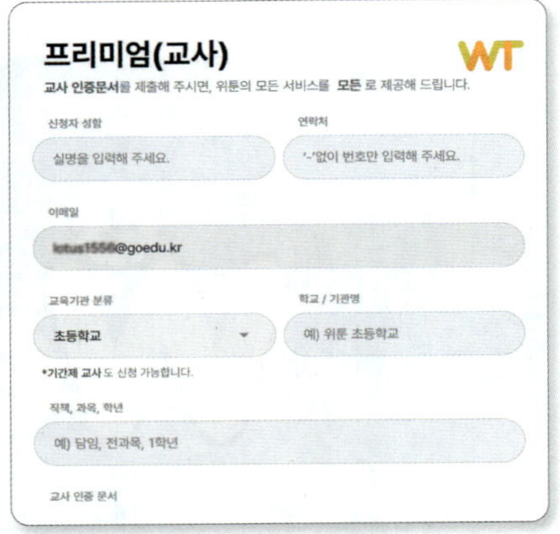

수업 활동

웹툰 제작 과정을 따라 결과물 완성하기

웹툰은 일상, 학습, 진로, 캠페인 등 다양한 주제로 제작할 수 있습니다. 이렇게 만든 웹툰을 서로 공유하며 앞으로의 다짐과 미래 모습을 상상하고, 공감과 응원을 나눌 수 있습니다.

STEP 1 프로젝트 생성하고 이야기 쓰기

01 화면 가운데 말풍선 모양의 〔+〕를 클릭해 프로젝트를 생성합니다. 〔프로젝트 제목〕 창이 열리면 '미래 인생 네 컷'처럼 미래의 나를 주제로 한 제목을 10자 이내로 입력합니다. 그런 다음 〔확인〕 버튼을 클릭합니다.

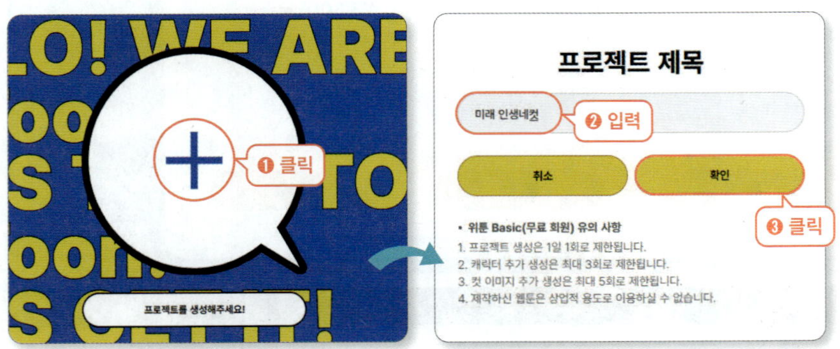

note 무료 계정은 프로젝트 생성이 1일 1회로 제한되며, 캐릭터 추가 생성은 최대 3회, 컷 이미지 추가 생성은 최대 5회까지만 가능합니다. 학생들에게 제한 사항을 미리 안내해 두면, 활동 중 혼란을 줄이고 수정 과정을 감안한 수업 구성을 미리 설계할 수 있습니다.

02 '어떤 종류의 글을 써 보고 싶으신가요?'라는 질문이 보이면, 위툰에서 생성할 글의 종류를 선택합니다. 이 섹션에서는 미래 '인생 네 컷'을 만들기 위해 〔웹툰〕을 클릭합니다.

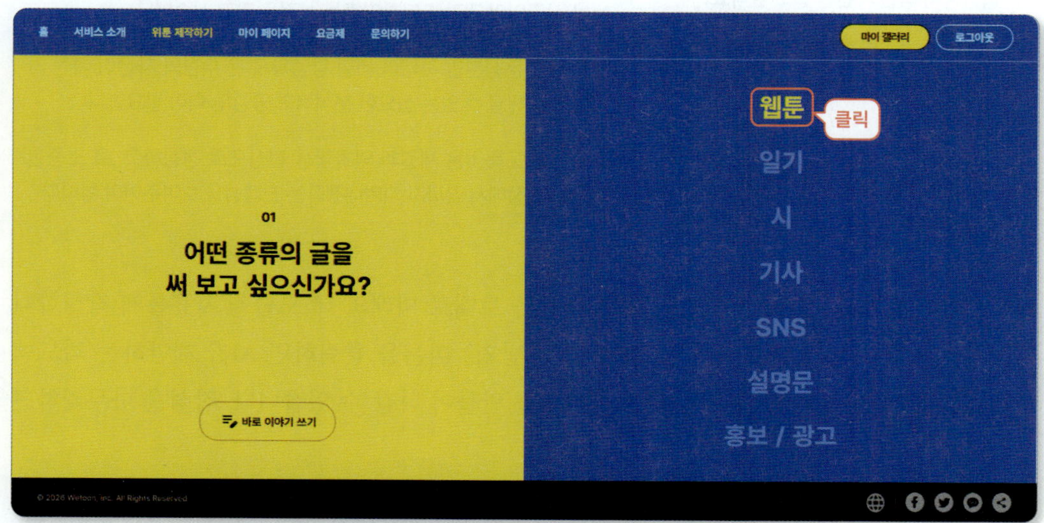

03 '꼭 넣고 싶은 내용을 간략히 적어주세요!' 하단의 〔기본〕 버튼을 누르고 내용을 입력한 뒤 〔다음〕 버튼을 클릭하면, 스토리 생성에 필요한 질문이 자동으로 나타납니다. 어떤 스토리를 쓸지 상상하면서 답변을 직접 작성합니다.

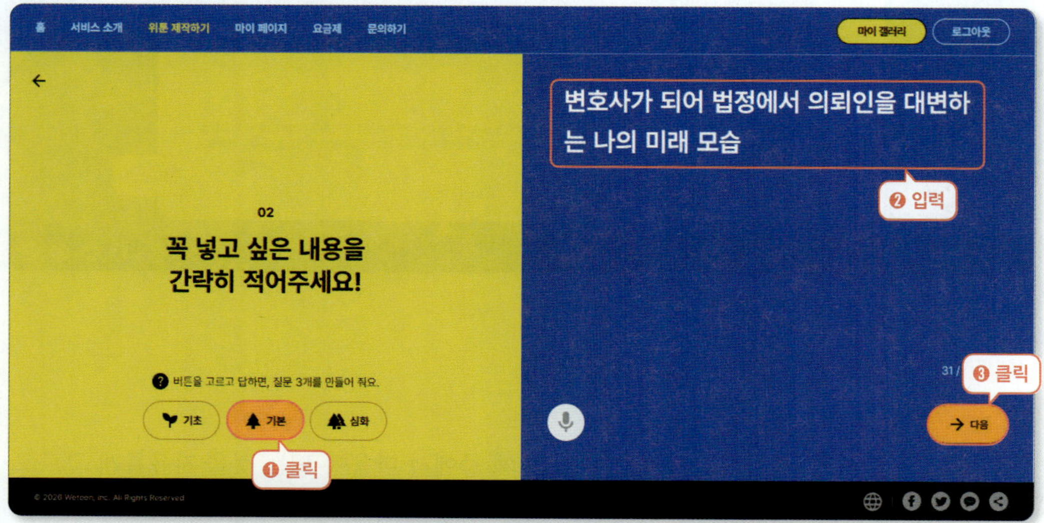

기본 질문	답변 예시
1. 법정에서 어떤 사건을 맡고 싶나요?	평생의 노고가 담긴 레시피를 무단 도용 당해 법적 보호를 받지 못하는 소상공인의 권리를 되찾아주는 사건을 맡고 싶습니다.
2. 변호사가 되려면 어떤 노력이 필요할까요?	법률적 전문성뿐만 아니라 비밀 양념과 같은 무형의 자산이 가진 가치를 입증해낼 수 있는 집요한 분석력과 공감 능력이 필요합니다.
3. 의뢰인과의 신뢰를 어떻게 쌓을까요?	의뢰인이 도둑맞은 세월과 억울함을 진심으로 경청하고, 그 소중한 가치를 법정에서 끝까지 지켜내겠다는 진정성을 보여주어야 합니다.

04 〔이야기 쓰기〕 입력란에 위의 답변 내용을 토대로 미래의 내 모습을 자유롭게 작성합니다. 초안 작성을 완료하고 〔AI에게 의견 받기〕 버튼을 클릭하면 AI가 제안하는 피드백을 참고하여 완성도 높은 나만의 이야기를 만들어 나갈 수 있습니다. 작성을 마무리하면 〔다음〕 버튼을 클릭합니다.

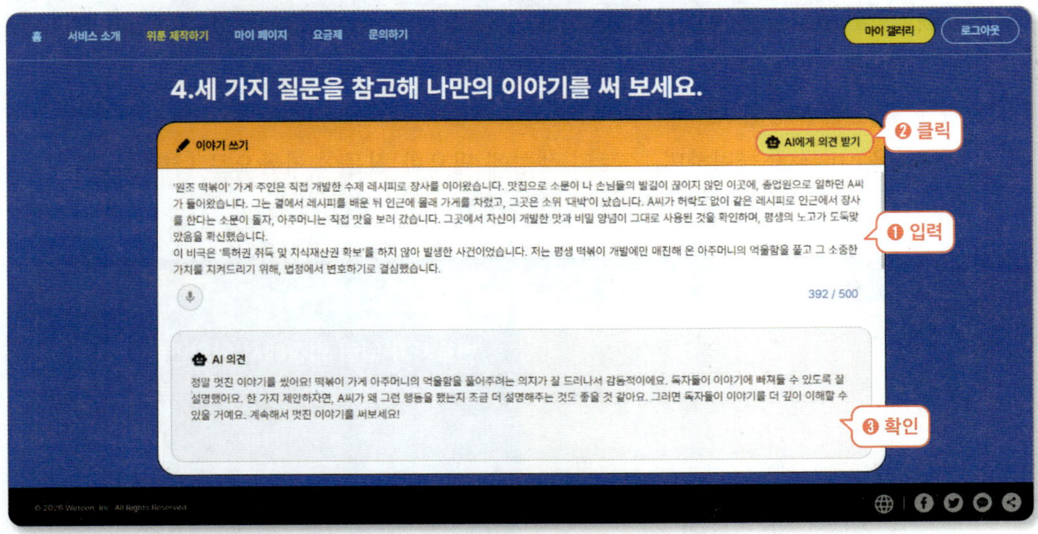

STEP 2 그림체 선택하고, 캐릭터 설정하기

01 디즈니, 지브리, 픽셀아트 등 다양한 그림체 중에서 마음에 드는 것을 자유롭게 고르고, 〔다음〕 버튼을 클릭합니다.

02 다음은 캐릭터를 설정할 차례입니다. 작성한 이야기 속의 미래 나의 모습을 상상하면서 캐릭터 이름, 성별, 연령대를 설정하고, 프롬프트 입력란에 캐릭터의 특징을 직접 작성합니다. 프롬프트 입력란 하단에 제시된 해시태그를 클릭해 간편하게 추가할 수도 있습니다. 캐릭터 설정이 완료되면 〔다음〕 버튼을 클릭합니다.

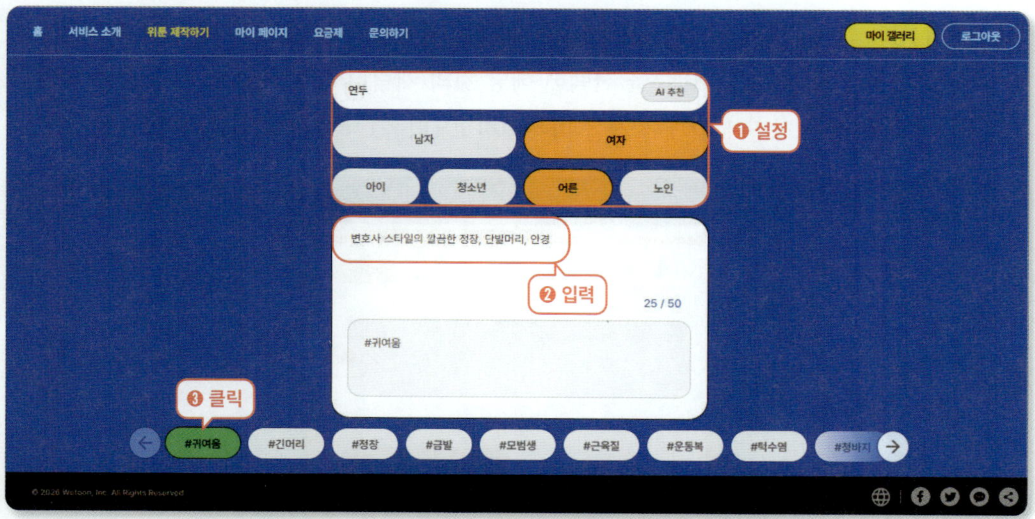

01 캐릭터 설정을 마치면 3가지 시나리오가 자동으로 생성됩니다. 씬(#)별 〔내용〕과 〔대사〕를 확인한 뒤 원하는 시나리오를 선택하고 〔편집〕 버튼을 클릭해 세부 내용을 수정합니다.

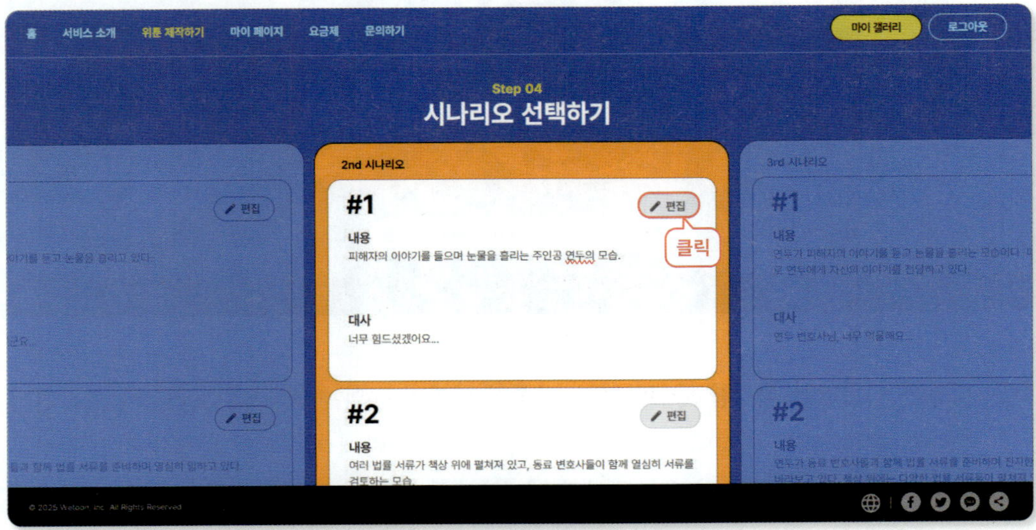

02 편집 상태로 전환되면 각 씬의 〔내용〕과 〔대사〕를 수정할 수 있습니다. 카드 하단의 〔캐릭터 없음/캐릭터 있음〕 버튼을 선택해 해당 컷의 캐릭터 등장 여부도 결정할 수 있습니다. 원하는 웹툰 장면에 맞게 설정을 마무리하고 〔다음〕 버튼을 클릭합니다.

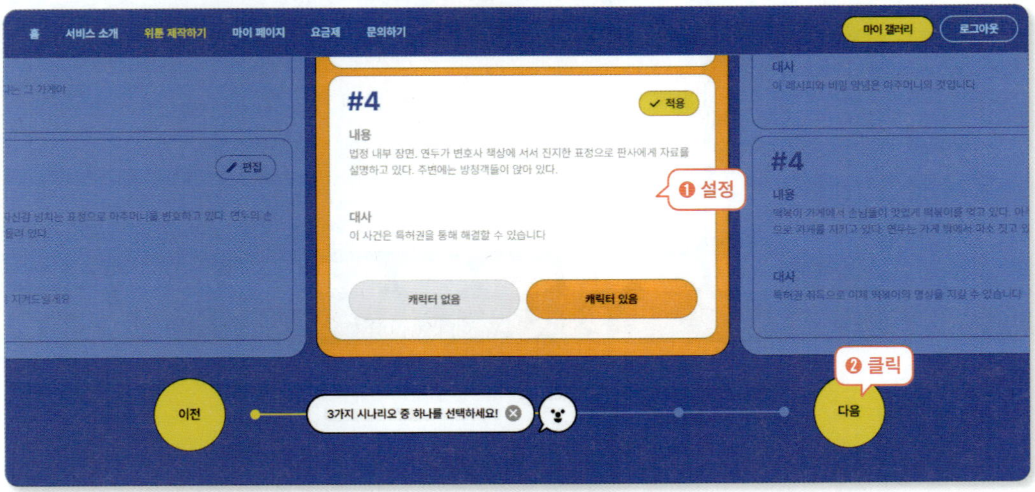

03 설정한 주인공의 특성을 바탕으로 생성된 캐릭터 중에서 미래의 내 모습과 가장 비슷한 캐릭터를 선택한 후 〔다음〕 버튼을 클릭합니다.

STEP 4 컷 선택 및 편집하기

01 선택한 캐릭터를 주인공으로 2가지 종류의 컷 예시와 시나리오의 〔내용〕과 〔대사〕가 함께 보입니다. 생성된 컷들을 확인한 뒤 줄거리를 가장 잘 표현하는 컷을 선택합니다. 마음에 드는 컷이 없으면 〔#1 추가 컷 생성하기〕 버튼을 클릭해 새 컷을 생성합니다.

note 우측 상단의 〔미리보기〕 버튼을 클릭하면 최종으로 선택한 시나리오 네 컷만 확인할 수 있습니다.

02 선택한 컷에 이미지나 말풍선을 추가할 수 있습니다. 수정할 컷 우측 하단의 〔편집하기〕를 클릭한 다음 〔말풍선〕을 선택하면 작성해 둔 대사가 삽입됩니다. 말풍선 위치를 알맞게 조정한 후 〔저장〕 버튼을 클릭합니다. 모든 컷의 편집을 마무리하고 〔다음〕 버튼을 클릭합니다.

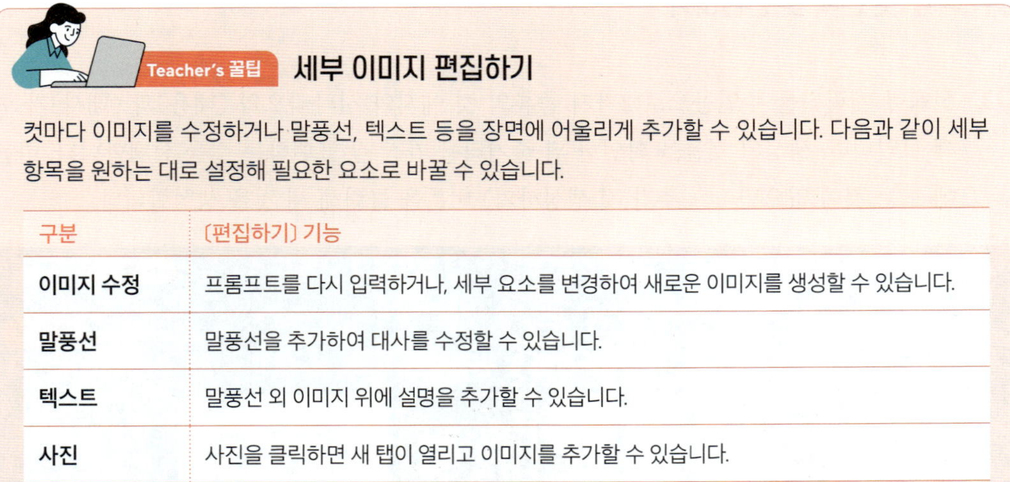

Teacher's 꿀팁 — 세부 이미지 편집하기

컷마다 이미지를 수정하거나 말풍선, 텍스트 등을 장면에 어울리게 추가할 수 있습니다. 다음과 같이 세부 항목을 원하는 대로 설정해 필요한 요소로 바꿀 수 있습니다.

구분	〔편집하기〕 기능
이미지 수정	프롬프트를 다시 입력하거나, 세부 요소를 변경하여 새로운 이미지를 생성할 수 있습니다.
말풍선	말풍선을 추가하여 대사를 수정할 수 있습니다.
텍스트	말풍선 외 이미지 위에 설명을 추가할 수 있습니다.
사진	사진을 클릭하면 새 탭이 열리고 이미지를 추가할 수 있습니다.

03 웹툰이 완성되면 〔웹툰 제목 입력〕 창에서 '변호사의 보람'처럼 주제에 어울리는 제목을 입력한 뒤 〔확인〕 버튼을 클릭합니다. 제목이 잘 떠오르지 않으면 제목 입력란 우측에 있는 〔AI 추천〕 버튼을 클릭하여 도움을 받을 수 있습니다.

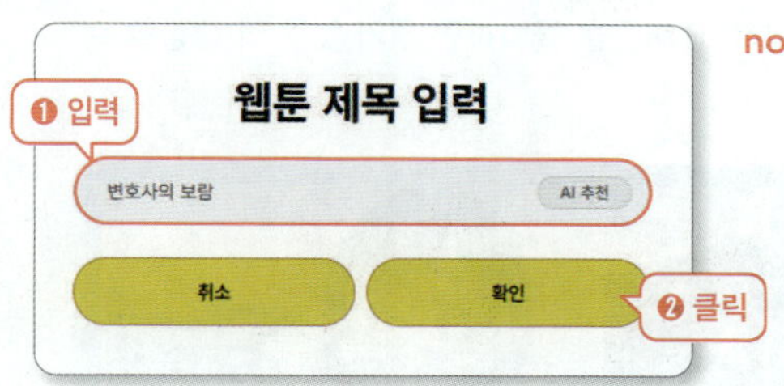

note 제목은 한국어, 영어 등 원하는 언어로 작성할 수 있으며, 12자 이내로 입력합니다.

STEP 5 완성된 웹툰 다운로드하기

01 마지막으로 제목, 컷 구성, 말풍선, 이미지가 원하는 대로 만들어졌는지 확인합니다. 더 이상 수정할 내용이 없다면 〔전체 다운로드〕 버튼을 클릭해 저장합니다.

완성한 컷 추가 수정하기

완성한 컷을 추가 수정하려면 해당 컷에 마우스를 올리면 나타나는 〔내리기/올리기〕, 〔편집〕, 〔다운로드〕, 〔삭제〕 버튼을 클릭합니다. 또한 마지막 컷 하단의 〔추가 컷 생성하기〕 버튼을 클릭하면 추가 컷을 더 생성할 수 있습니다.

구분	기능
내리기/올리기	해당 컷의 순서를 내리거나 위로 올려서 재배치
편집	'STEP 4. 컷 선택 및 편집하기'와 동일하게 해당 컷의 세부 내용을 수정
다운로드	선택한 컷만 개별 이미지 파일로 저장
삭제	선택한 컷을 삭제(단, 전체 컷은 최소 4컷은 유지해야 삭제 가능).

02 학생들은 다운로드한 웹툰을 띵커벨 보드나 패들렛에 업로드합니다. 활동 주제에 맞춰 미래 인생, 직업, 일상 등을 서로 공유합니다. 이후 간단한 발표나 피드백 활동을 통해 전환기 수업을 마무리합니다.

 Chapter 01 학기 흐름에 맞춘 AI 수업 로드맵

미래 인생 네 컷 만들기

전환기에 학생들의 진로 희망이나 가치관을 파악하기 위해 '미래 인생 네 컷 만들기' 활동을 진행했습니다. 학생들은 완성된 웹툰을 공유용 플랫폼에 업로드하고, 작품에 담은 내용을 바탕으로 자신의 미래와 가치관에 대해 이야기하며 서로의 꿈을 공유합니다.

스토리만 입력해도 AI가 웹툰을 제작해 주기 때문에 수업 시간을 효율적으로 운영할 수 있으며, 특히 교사는 대사를 통해 학생들의 관심사와 가치관을 파악하여 학교생활기록부 작성에도 활용할 수 있습니다.

활동 확장과 평가 활용

웹툰 결과물은 국어, 가정 등의 타 교과와 연계하여 글쓰기나 생애 진로계획 설계 활동으로 확장할 수 있습니다. 담임교사와 공유하면 학생의 진로 희망과 관심 분야를 기록하거나 개별 상담에도 활용할 수 있습니다.

AI 경험 제공

AI 웹툰 제작 활동은 프롬프트를 많이 사용하지 않고 스토리만 입력해도 캐릭터와 장면까지 생성되는 과정을 경험할 수 있습니다. 이를 통해 사고와 표현 방식에 따라 결과물이 달라진다는 점을 체험하며, AI는 도구일 뿐 주도권은 인간에게 있음을 깨닫게 됩니다.

기대 효과

☑ 다양한 그림체 탐색을 통해 시각적 표현력 향상
☑ 창의적인 캐릭터 및 스토리 표현 능력 향상
☑ AI 활용으로 소요 시간과 재료 비용 절감
☑ 공감과 이해를 통한 또래 관계 형성
☑ 진로에 대한 이해와 진로 성숙도 향상

학기 말

캔바 AI 바이브 코딩으로 게임 만들기

AI 도구 Canva   **핵심 역량** 창의적 사고 역량, 지식정보처리 역량

캔바의 코드 생성 기능을 활용하면 복잡한 프로그래밍 지식이 없어도 바이브 코딩(Vibe Coding)으로 타자 연습, 학습 퀴즈, 단어 맞추기 게임 등의 인터랙티브 웹앱을 손쉽게 생성할 수 있습니다. 학생들은 학기 중에 배운 개념을 바탕으로 직접 게임을 만들고, 서로 평가하는 시간을 가질 수 있습니다.

수업 준비 교사용 계정으로 캔바 회원가입하기

캔바는 회원가입만 하면 누구나 쉽게 결과물을 만들 수 있는 디자인 편집 도구입니다. 뿐만 아니라 캔바 AI 코드 생성 기능을 이용하면, 그동안 생각만 했던 것들을 웹사이트로 구현할 수 있습니다. 캔바는 교사와 교육기관을 위해 프로 버전을 포함한 모든 프리미엄 기능을 무료로 사용할 수 있는 교육용 계정을 운영하고 있습니다. 또한 교사가 초대한 학생도 동일한 기능을 무료로 사용할 수 있습니다.

STEP 1 교육용 캔바 계정 최초 가입자인 경우

01 교육용 캔바 웹사이트(www.canva.com/ko_kr/education)에 접속하여 '선생님'으로 〔인증받기〕를 선택한 다음 회원가입을 진행합니다.

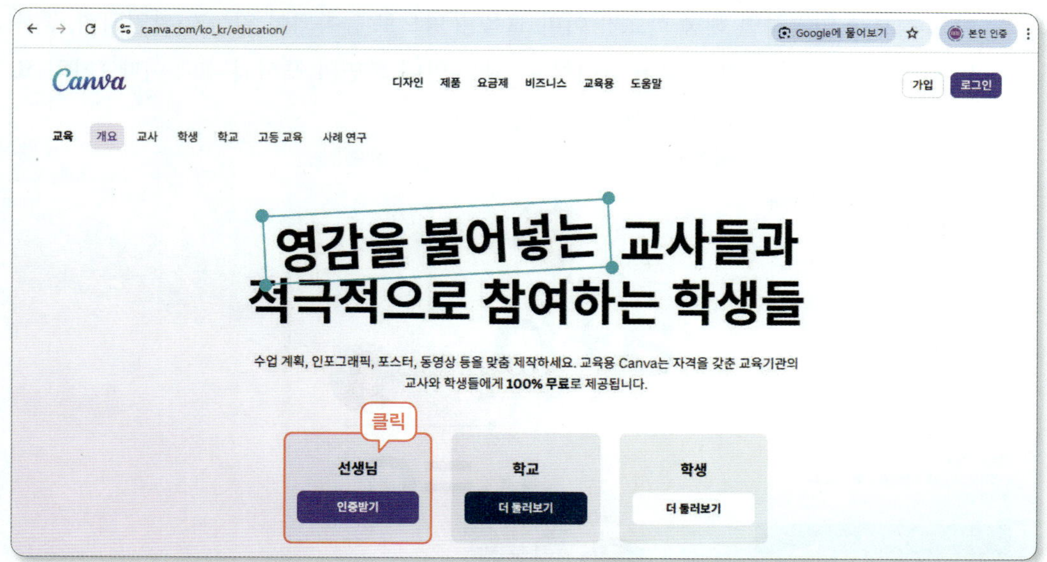

02 〔교육용 Canva에 오신 것을 환영합니다〕 메시지와 함께 로그인 계정 선택 화면이 나타납니다. 〔Google로 계속하기〕를 선택하고 로그인하면 가입 절차를 보다 수월하게 진행할 수 있습니다. 다음 화면에서 〔학교 이메일〕, 〔학교 위치〕, 〔학교 이름〕을 입력하고 〔계속〕 버튼을 클릭합니다.

note 교육용 구글 계정이 없다면 〔학교 이메일〕은 '학교 이메일이 없습니다', 〔학교 이름〕은 '내 학교가 없습니다'를 선택한 다음 교원자격증이나 재직증명서를 제출하면 교사용 계정으로 승인받을 수 있습니다.

03 학교 정보를 입력하면 해당 학교가 이미 교육용 팀으로 등록되어 있는지 확인되며, 등록된 학교가 있을 경우 기존 팀에 참여할 수 있는 안내 화면이 표시됩니다. 이때 〔가입 요청〕 버튼을 클릭하여 학교 팀 참여를 신청합니다.

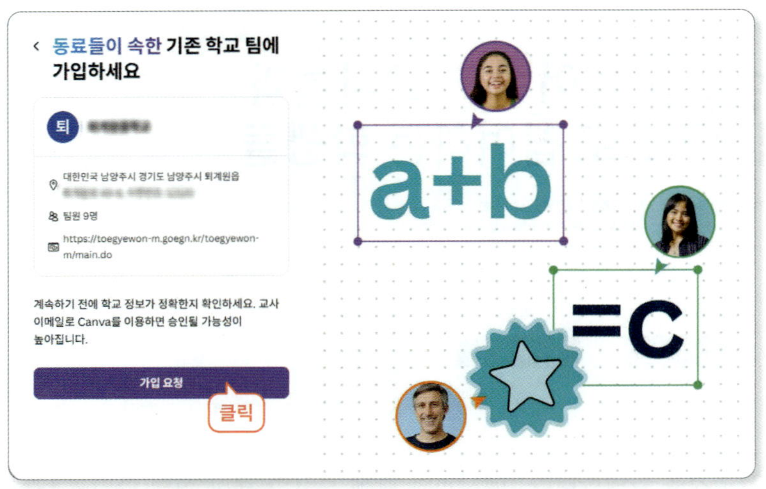

STEP 2 기존 가입자가 교사 인증을 받고 싶은 경우

01 이미 캔바 계정이 있다면 기존 개정을 유지한 채 교육용 계정으로 변경할 수도 있습니다. 좌측 사이드바 하단에서 계정(태화) 아이콘을 선택하여 창이 열리면 〔설정〕을 클릭합니다.

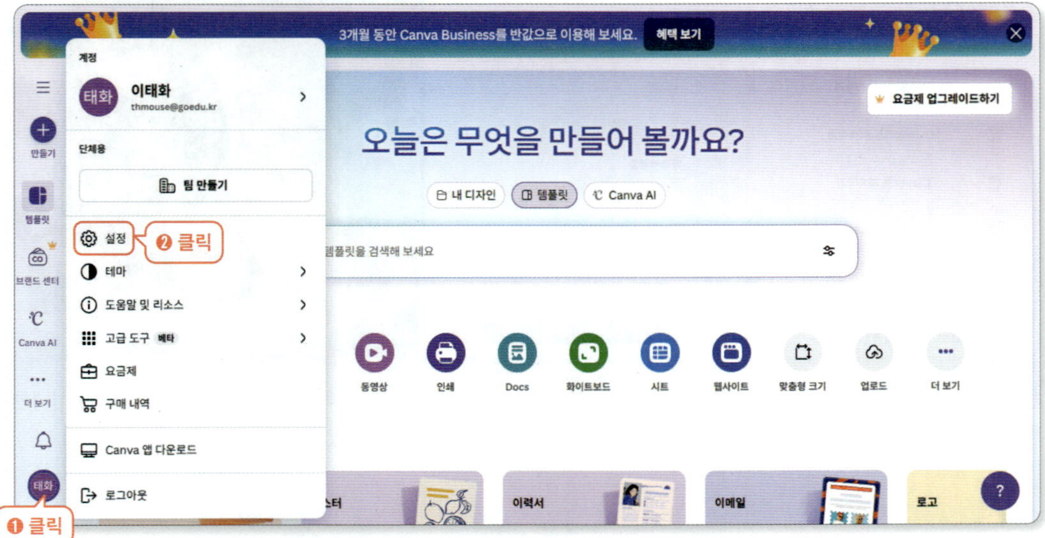

02 〔결제 및 요금제〕의 〔청구〕 메뉴를 클릭합니다. '교육용 Canva'의 〔지금 무료로 등록하기〕 버튼을 클릭하고, 근무 중인 학교를 선택하면 교사 인증을 받을 수 있는 화면으로 연결됩니다. 이후 과정은 최초 가입 시 인증 방법과 동일합니다.

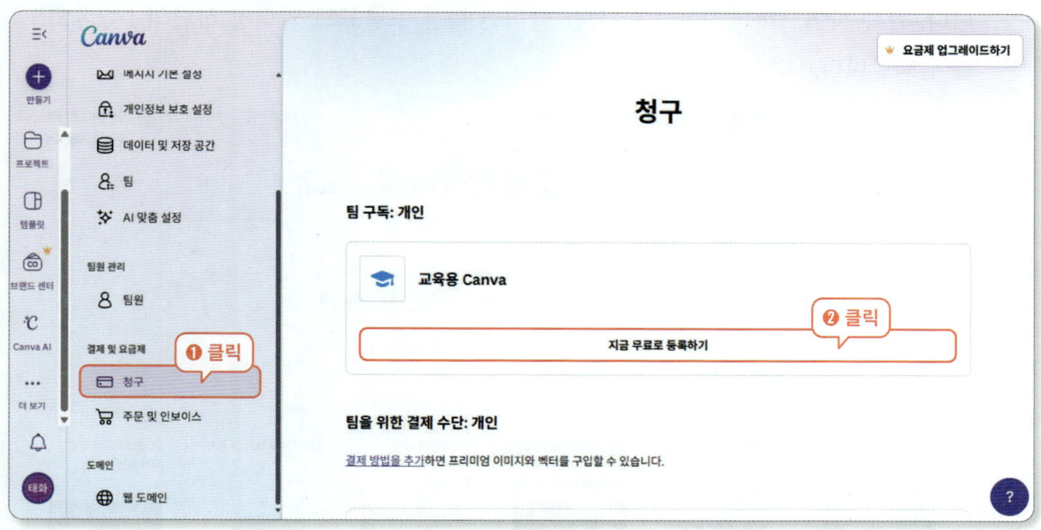

수업 활동 # 아이디어를 웹사이트로 만들고 공유하기

학생들과 함께 자신만의 인터랙티브 웹앱을 만들어 보는 활동입니다. 복잡한 프로그래밍 지식이 없어도 AI를 활용하면 아이디어를 구현할 수 있어 흥미와 성취감을 높일 수 있습니다. 특히 캔바 AI의 코드 생성 도구는 '바이브 코딩' 방식으로, 직감과 느낌(Vibe)을 바탕으로 자연어 프롬프트를 입력하면 필요한 코드를 즉시 생성해 줍니다. 이를 통해 학생들도 개발자처럼 간단한 프로그램을 제작하는 경험을 할 수 있습니다.

01 아이디어를 실제 웹앱 형태로 빠르게 구현하기 위해 캔바 AI의 코드 생성 기능을 활용합니다. 좌측 사이드바의 〔Canva AI〕를 클릭한 다음 프롬프트 입력창 하단의 〔</> 코드〕를 선택합니다.

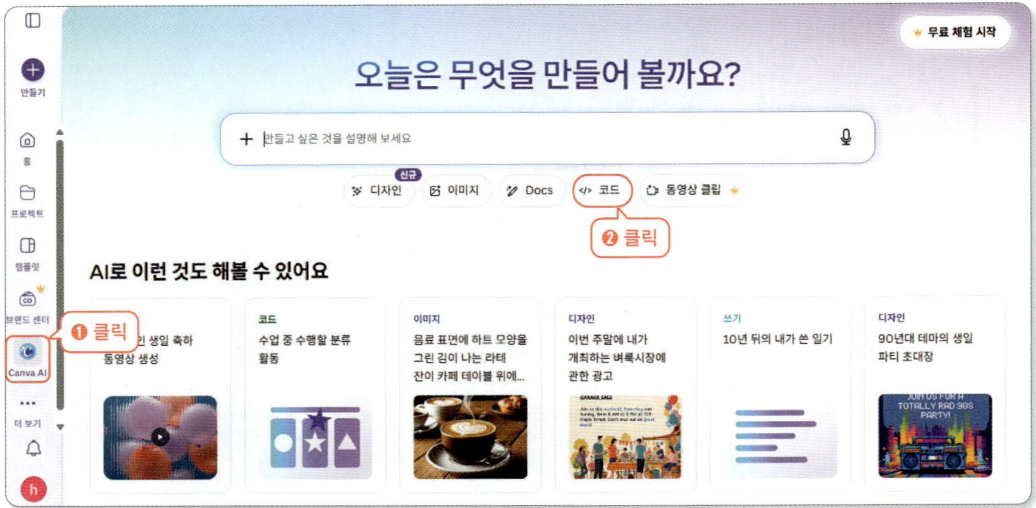

02 간단한 프롬프트를 입력하면 인터랙티브 웹앱 제작용 코드가 자동으로 생성됩니다. 화면은 좌측 입력창과 우측 코드 영역으로 나뉘어 표시되며, 잠시 후 〔버전 1〕 미니 웹앱 형태의 실행 결과를 확인할 수 있습니다.

> 고등학생 수준에서 조건부 확률을 탐구하는 인터랙티브 웹앱을 만들고 싶어. 공 뽑기 보다는 '몬티홀의 딜레마' 처럼 특별한 상황을 설정해서 쉽게 이해할 수 있도록 만들어줘. 그리고 응답은 한국어로 해줘.

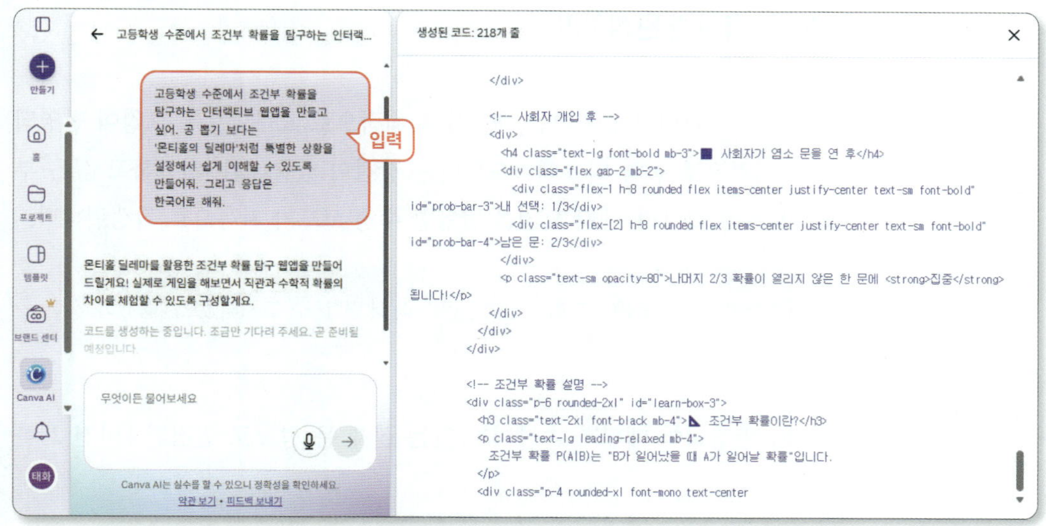


```
    </div>

    <!-- 사회자 개입 후 -->
    <div>
        <h4 class="text-lg font-bold mb-3">■ 사회자가 염소 문을 연 후</h4>
        <div class="flex gap-2 mb-2">
            <div class="flex-1 h-8 rounded flex items-center justify-center text-sm font-bold"
id="prob-bar-3">내 선택: 1/3</div>
            <div class="flex-[2] h-8 rounded flex items-center justify-center text-sm font-bold"
id="prob-bar-4">남은 문: 2/3</div>
        </div>
        <p class="text-sm opacity-80">나머지 2/3 확률이 열리지 않은 한 문에 <strong>집중</strong>
됩니다!</p>
    </div>
    </div>
</div>

<!-- 조건부 확률 설명 -->
<div class="p-6 rounded-2xl" id="learn-box-3">
    <h3 class="text-2xl font-black mb-4">▲ 조건부 확률이란?</h3>
    <p class="text-lg leading-relaxed mb-4">
        조건부 확률 P(A|B)는 "B가 일어났을 때 A가 일어날 확률"입니다.
    </p>
    <div class="p-4 rounded-xl font-mono text-center
```

03 좌측 하단 프롬프트 입력창 위의 〔버전 1〕 버튼을 눌러 첫 결과물을 확인합니다. 게임을
직접 실행하고 조작해 보면서 처음 상상했던 내용이 제대로 구현되었는지 점검합니다.

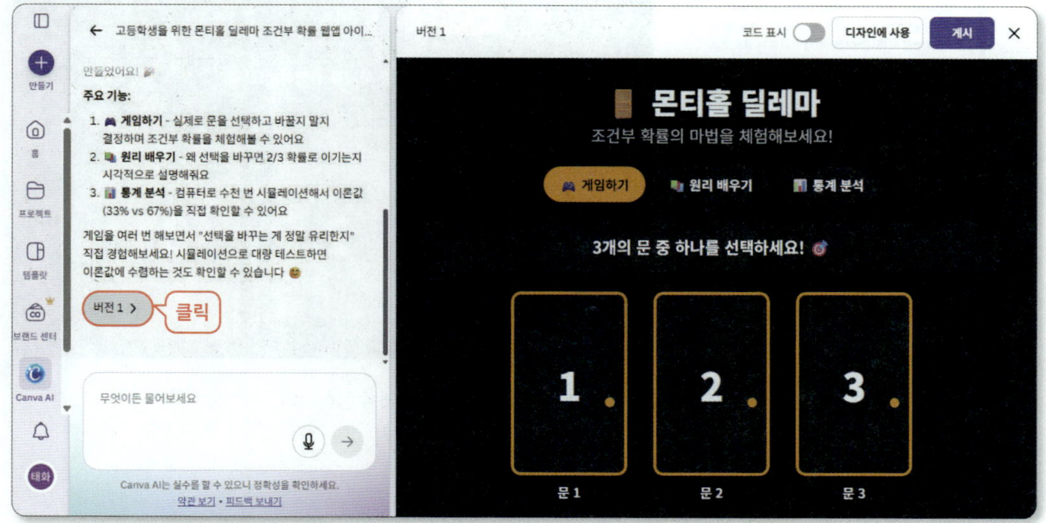

note LLM(Large Language Model) 기반 코드 생성 도구는 동일한 요청을 하더라도 항상 같은 결과가 나오지 않습니다. 매번 다른 버전의 응답이 생성될 수 있기 때문에 최초 응답 버전이 기대와 크게 다르면 대화창에서 계속 수정하기보다는 새 채팅을 열어 다시 시작하는 것이 더 효과적입니다.

STEP 2 수정 요청하여 결과물 완성하기

01 바이브 코딩은 프롬프트 입력창에 원하는 내용을 구체적으로 요구할수록 요청이 반영되어 결과물이 다음 버전으로 점차 업그레이드된다는 장점이 있습니다. 개선하고 싶은 부분을 추가 프롬프트로 입력하면, 해당 요청을 반영한 수정 코드가 자동으로 작성됩니다.

> 문 모양을 좀 더 현실적으로 바꿔줬으면 좋겠어. 그리고 선택한 문이 좀 더 명확하게 표시되었으면 좋겠어.

02 요청한 프롬프트가 반영되어 패턴과 손잡이가 있는 실제 문 형태로 변경된 〔버전 2〕를 확인할 수 있습니다.

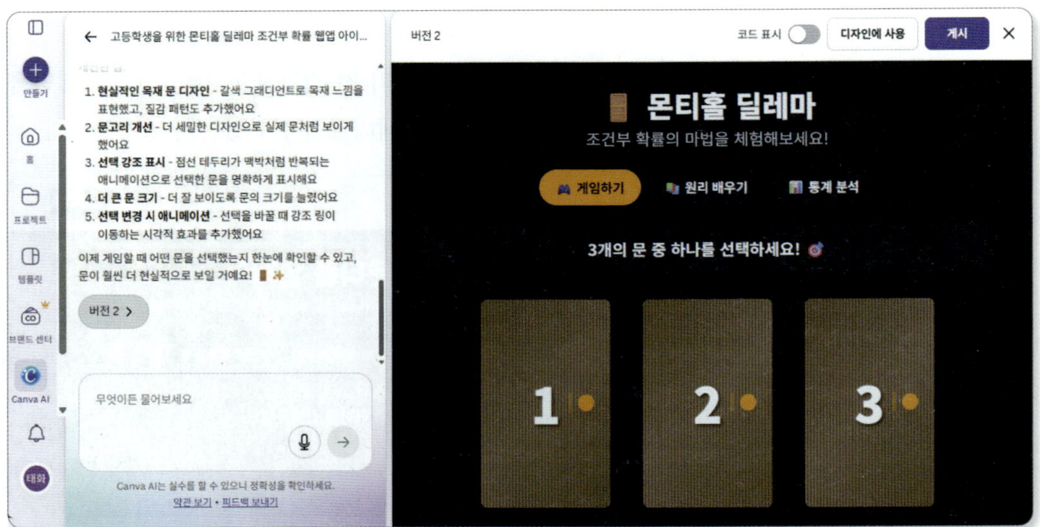

note 최종 목표를 기준으로 원하는 결과가 구현될 때까지 프롬프트를 반복해 수정합니다.

STEP 3 웹사이트로 공유하기

01 최종 버전이 완성되면 웹사이트에 게시합니다. 페이지 우측 상단의 〔게시〕 버튼을 클릭한 뒤 팝업 메뉴의 〔사이트 주소(URL)〕에 다음과 같이 도메인을 입력하고 〔게시〕를 선택하면 링크가 생성됩니다.

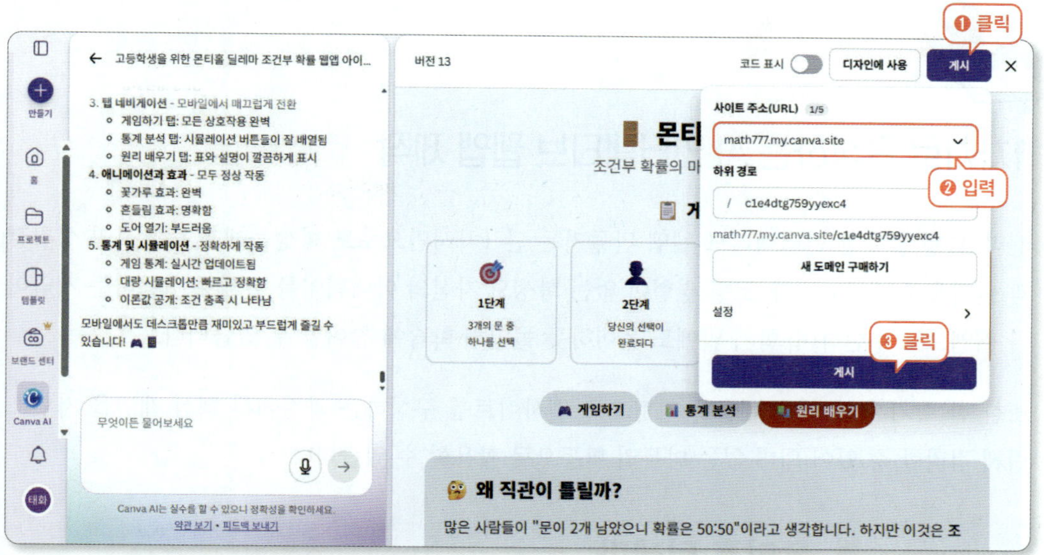

note 도메인 주소 입력 안내 메시지가 나타나면, 평소 사용하는 아이디나 닉네임을 입력하는 것을 추천합니다. 예를 들어, 'math777'을 입력하면 최종 주소는 'https://math777.my.canva.site'로 생성됩니다.

02 웹사이트 게시가 완료되면 〔복사〕 버튼을 눌러 웹사이트 주소 링크를 복사합니다. 복사한 링크는 공유 플랫폼에 게시해 결과물을 공유하고 피드백하는 데 활용합니다.

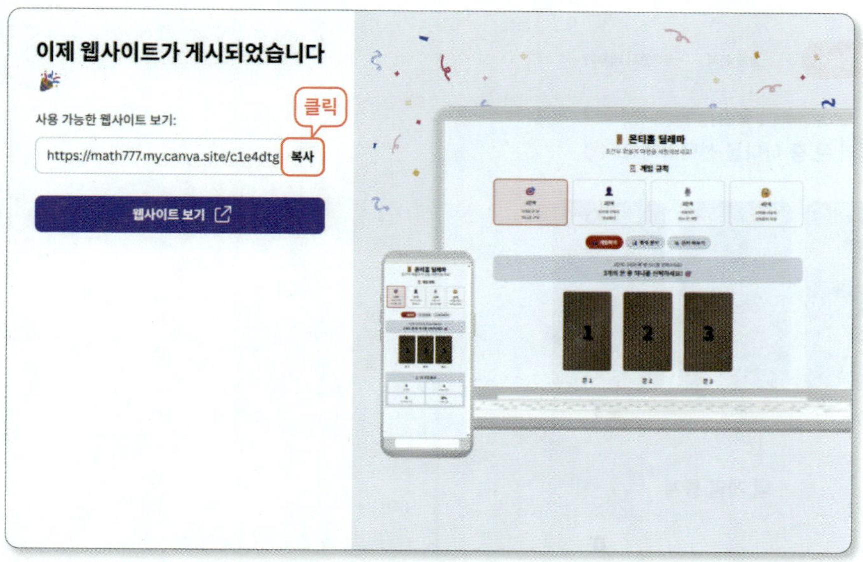

note 〔웹사이트 보기〕 버튼을 클릭하면 새 창에서 방금 만든 웹사이트가 열립니다. 실제 화면을 확인하면서 디자인과 동작을 점검할 수 있습니다.

1차시로 완성하는 AI 인터랙티브 웹앱 제작

캔바 AI를 활용한 인터랙티브 웹앱 만들기는 단 1차시만으로도 학생들에게 즉각적인 성취감과 즐거움을 제공합니다. 코딩 경험이 없는 학생도 자신의 아이디어를 실제로 작동하는 게임이나 웹앱으로 구현하며, 학기 말에도 놀이하듯 몰입해 학습에 참여할 수 있습니다.

또한 한 학기 동안 배운 내용을 바탕으로 웹사이트를 구성하는 과정에서 핵심 개념을 자연스럽게 정리할 수 있어 의미 있는 마무리 활동으로 활용할 수 있습니다.

학생의 관심사와 교과 개념을 연결한 탐구 활동은 학습 동기를 높이고 의미 있는 결과물로 이어질 수 있습니다. 이러한 결과물은 학교생활기록부 기재 시 활용 가능한 자료가 되며, 특히 학생의 태도와 흥미를 반영하는 정의적 영역 평가에도 효과적으로 반영할 수 있습니다.

AI 경험 제공

AI를 활용한 바이브 코딩 활동은 학생들에게 생성형 AI를 체험할 기회를 제공하며, 캔바 내에서 손쉽게 진행할 수 있어 매우 실용적입니다.

기대 효과

- ☑ AI와 협업하여 나만의 프로그래밍을 진행해 보는 경험 제공
- ☑ AI를 활용한 유의미한 결과물 생성 기회 제공
- ☑ 평소 관심사를 구체화하여 표현하는 능력 신장
- ☑ 결과 공유 및 피드백 과정에서 의사소통 능력 신장

+ PLUS 자료실

'캔바로 만든 '몬티홀의 딜레마 게임'의 미리보기를 제공합니다. QR코드를 스캔해 바로 활용해 보세요.

학기 말

제미나이 Gems로
스토리북 만들기

AI 도구 Gemini　　**핵심 역량** 창의적 사고 역량, 지식정보처리 역량

딱딱한 예문 대신 자신이 좋아하는 캐릭터가 등장하는 이야기로 영어 문법을 배운다면 어떨까요? 제미나이의 Gems 기능 중 '스토리북(Story Book)'을 활용하면, 맞춤형 영어 스토리북을 손쉽게 제작할 수 있습니다. 가정법, 분사구문 같은 어려운 문법도 흥미로운 스토리 속에 자연스럽게 녹여낼 수 있어 학습 효과를 극대화할 수 있습니다.

수업 준비 및 활동 **영어 문법 학습을 위한 스토리북 만들기**

제미나이의 '스토리북'은 텍스트와 이미지를 입력하면 일러스트가 포함된 디지털 그림책을 자동으로 생성합니다. 스토리북은 만 18세 이상만 사용할 수 있으므로 학생들은 기획 단계에서 가정법, 분사구문 등 학습한 문법을 활용해 스토리를 설계하고, 교사는 이를 바탕으로 스토리북을 생성합니다. 이후 학생들은 완성된 결과물을 비판적으로 분석하고 평가하는 동시에 창의력·언어 능력·AI 리터러시를 함께 기를 수 있습니다.

STEP 1 제미나이 Gems 접속하기

01 제미나이 웹사이트(gemini.google.com)에 접속해 구글 계정으로 로그인합니다. 좌측 사이드바에서 〔Gems〕 메뉴를 클릭하면 우측에 〔Gem 관리자〕 페이지가 열립니다. 스토리북 생성을 위해 〔Google 사전 제작〕 항목 아래의 〔Storybook〕을 선택합니다.

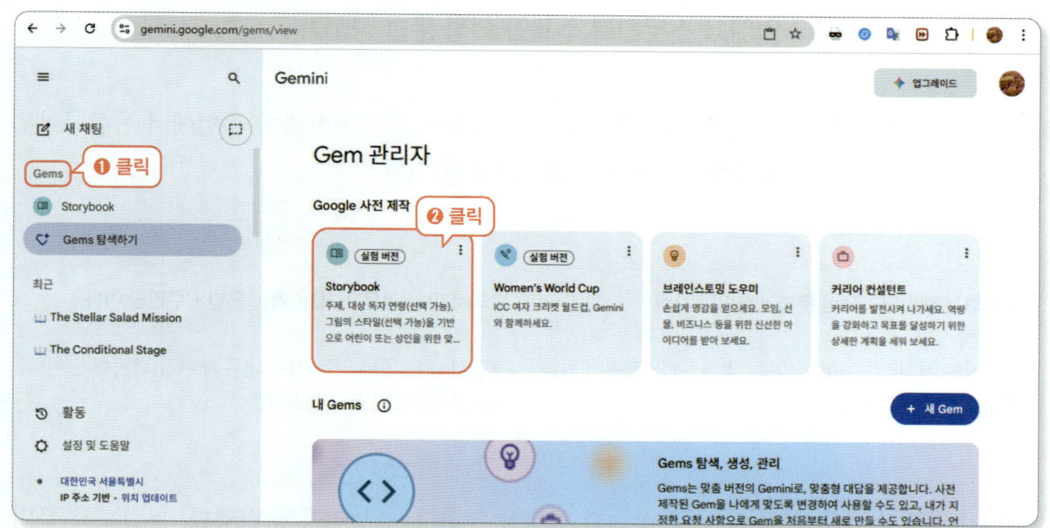

note 교육용 워크스페이스 계정은 학교 관리자 정책에 따라 일부 제미나이 기능이 제한되거나 늦게 적용될 수 있습니다. 최신 기능을 빠르게 활용하려면 개인 구글 계정 사용을 권장합니다.

02 스토리북 생성 화면에서는 예시 주제 카드를 참고하거나, 하단의 프롬프트 입력창에 원하는 주제를 입력해 스토리북을 만들 수 있습니다.

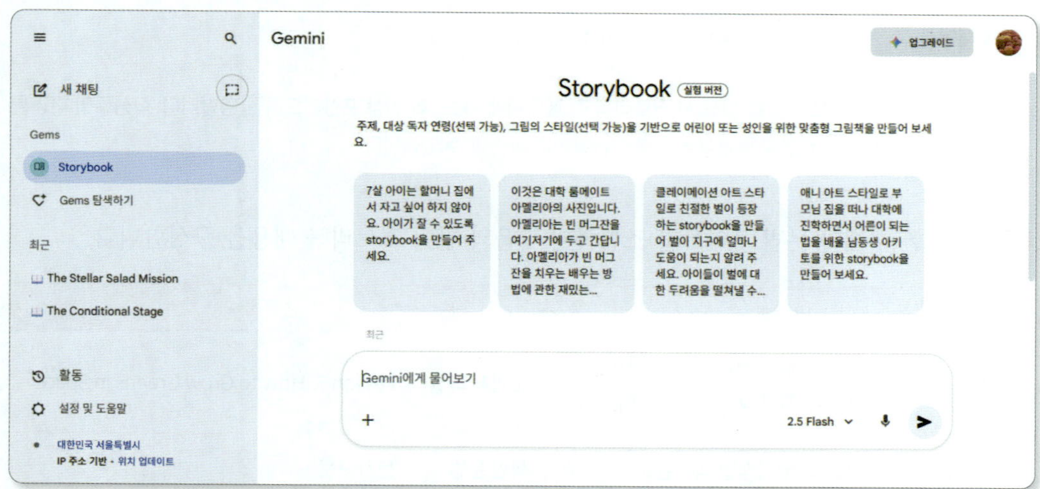

note 제미나이 무료 버전은 하루 생성 가능한 스토리북 수에 제한이 있습니다. 한도를 초과하면 새로 만들기와 수정이 불가하므로, 교사용 개인 구글 계정을 2~3개 준비해 두었다가 한도에 도달하면 다른 계정으로 로그인해 추가 시연을 진행하는 것이 좋습니다.

01 스토리북 생성을 위한 사전 단계로, 교사는 실습에 앞서 오프라인 수업에서 아이디어를 나눌 수 있도록 학생들에게 주제 선택지를 제공합니다.

옵션 1	옵션 2
좋아하는 캐릭터 + 핵심 문법 + 캐릭터 사진	**교과서 파일(영문 기사) + 핵심 문법 + 주인공 이름**
좋아하는 캐릭터(K-pop 아이돌, 영화·게임 캐릭터 등을 주인공으로 설정하기)	교과서 내용 또는 영문 기사 내용 재구성(학습한 단원의 내용을 창의적으로 각색하기)

02 수업에서 배운 문법 요소 중 복습할 항목을 정하고, 스토리북에 반영할 수 있도록 문법 포인트를 정합니다. 학생들은 단순 암기가 아니라 스토리텔링 속에서 문법을 자연스럽게 적용하며 익힐 수 있습니다.

가정법 과거/가정법 과거완료	If I were…, If I had + p.p.
분사구문	Knowing that…, Having finished…
관계 대명사	who, which, that

note 선택한 문법 포인트는 실습 제작 시 스토리북 각 페이지에 최소 1회 이상 포함되도록 반영합니다. 학생들이 다양한 문장 구조 속에서 문법 활용 방식을 충분히 관찰하며 학습할 수 있습니다.

03 지정한 주제와 문법 포인트를 조합하여 다음과 같이 스토리북 내용을 구성합니다.

	옵션 1		옵션 2
캐릭터	〈K-POP 데몬 헌터스〉의 등장인물 헌트릭스의 '루미'와 사자보이즈의 '진우'	**교과서 파일**	Lesson 5. How to Grow Greens in Space
핵심 문법	가정법 과거/가정법 과거완료	**핵심 문법**	분사구문
캐릭터 사진	루미와 진우 사진	**주인공 이름**	하린(여자 주인공), 민호(남자 주인공)

01 옵션 1(좋아하는 캐릭터 + 핵심 문법 + 캐릭터 사진)로 스토리북을 만들기 위한 프롬프트 예시는 다음과 같습니다. 프롬프트에는 주제, 문법 포인트, 캐릭터, 이미지 파일 등 옵션에서 지정한 요소를 포함해야 하고, 등장인물 이름과 사진은 자유롭게 변경할 수 있습니다.

1. EFL 학생을 위한 짧은 스토리북을 만들어줘.
2. 주제: 가정법 과거, 가정법 과거완료
3. 등장인물: 헌트릭스의 '루미'(여자 주인공), 사자보이즈의 '진우'(남자 주인공)
4. 총 10페이지로 만들어줘.
5. 홀수 페이지에는 영어 문장, 짝수 페이지에는 한국어 번역이 나오게 해줘.
6. 진우와 루미의 모습은 전송한 사진과 비슷하게 만들어줘.

note EFL(English as a Foreign Language)은 영어가 일상 언어로 사용되지 않는 환경에서 영어를 외국어로 학습하는 것을 의미합니다.

02 옵션 2(교과서 파일(영문 기사) + 핵심 문법 + 주인공 이름)에 해당하는 프롬프트 예시는 다음과 같습니다. 이때 첨부하는 교과서 파일, 영문 기사 등의 텍스트는 자유롭게 변경할 수 있습니다.

1. EFL 학생을 위한 문법 연습용 스토리북을 만들어줘.
2. 첨부파일(또는 텍스트)의 내용을 바탕으로 이야기를 구성하되, 5개의 핵심 장면(Scene)으로 작성해줘.
3. 주인공은 '하린'(여자 주인공), '민호'(남자 주인공)로 설정해줘.
4. 총 10페이지로 만들어줘.
5. 홀수 페이지에는 영어 문장, 짝수 페이지에는 한국어 번역이 나오게 해줘.
6. 분사구문(Participial Construction)이 포함된 문장이 각 장면마다 최소 1회 이상 등장하도록 해줘.
7. 문장은 중학생(CEFR A2) 수준에 맞게 자연스럽고 간단하게 작성해줘.

note CEFR A2는 유럽언어공통참조기준 초급 단계(중학생 수준)를 의미합니다.

STEP 4 스토리북 생성하고 수정하기

01 제미나이 〔Storybook〕의 프롬프트 입력창에 STEP 3의 '옵션 1' 프롬프트 예시를 입력한 뒤 제출(➤) 아이콘을 클릭합니다. 파일 추가(+) 아이콘을 클릭해 캐릭터 이미지나 교과서 텍스트 파일 등 참고 이미지도 업로드합니다.

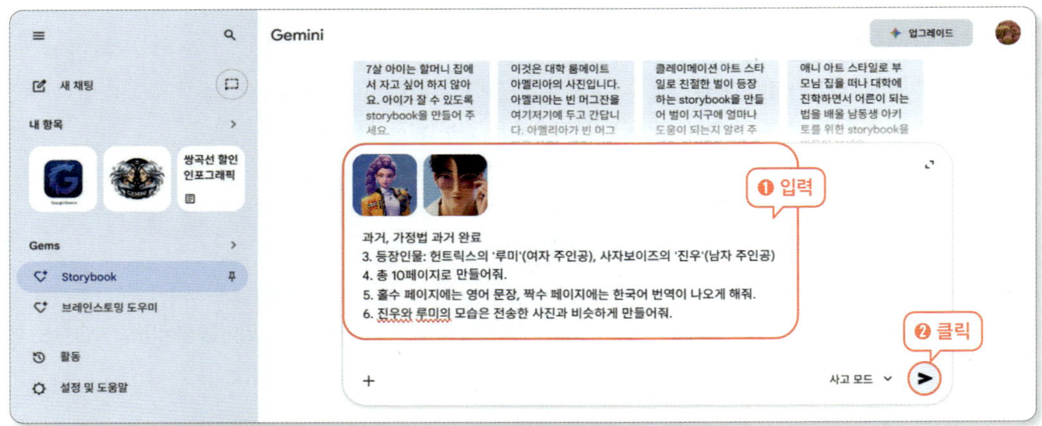

note 스토리북 생성 방법은 동일하므로 여기에서는 옵션 1을 기준으로 실습하고, 옵션 2도 같은 방식으로 진행합니다.

02 스토리북은 총 10페이지가 자동으로 생성되며, 홀수 페이지는 영어, 짝수 페이지는 한국어로 표시됩니다. 이전/다음 (< >) 아이콘으로 페이지를 넘기고, 전체 화면(⤢) 아이콘으로 확대해서 볼 수도 있습니다.

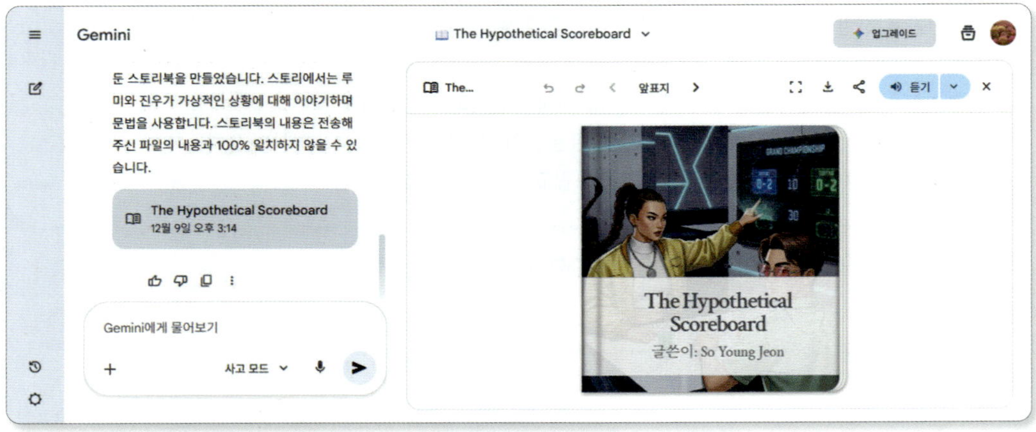

note 화면 우측 상단의 〔듣기〕 버튼을 클릭하면 AI 음성이 스토리북을 읽어주는 동안 페이지가 자동으로 넘어가며 전체 이야기를 연속해서 들을 수 있습니다.

03 스토리북의 각 페이지는 좌측 AI 삽화, 우측 2~4 문장의 텍스트(영어/한국어)로 구성됩니다. 다음 체크리스트를 활용해 주제, 목표 문법 반영 여부, 그림 스타일, 스토리 전개 등을 확인합니다.

결과물 체크리스트(예시)

☐ 문법 정확성 확인
☐ 스토리 일관성
☐ 캐릭터 일관성
☐ 언어 수준

note 실제 수업에서는 '이 페이지에서 가정법이 어디에 쓰였을까요?'와 같은 질문을 통해 학생들의 참여를 유도합니다.

04 확인 후 보완이 필요하면 프롬프트 입력창에 다음 예시처럼 수정 요청 내용을 입력하여 반영합니다.

책 제목은 더 쉬운 표현으로 바꿔줘. 각 페이지 문장은 2문장 이내로 줄이고, 쉬운 단어와 짧은 문장으로 다시 써줘.

영어 버전과 한국어 버전 페이지는 같은 장면이 연속으로 보이도록 유사한 삽화로 구성해줘. 각 페이지의 문장 내용(인물·행동·장소)이 삽화에 명확히 드러나도록 표현해줘.

STEP 5 결과물 분석하고 평가하기

01 완성한 스토리북을 모둠별 활동에 활용할 수 있도록 공유합니다. 스토리북 상단의 공유(⤴) 아이콘을 클릭해 〔Canvas용 공유 가능한 공개 링크〕를 생성한 뒤 복사하여 패들렛·구글 클래스룸 등에 공유합니다. 공유받은 링크에서 우측 〔듣기〕 버튼을 누르면 오디오로 재생되어, 문법 학습을 넘어 읽기·듣기 활동까지 함께 확장할 수 있습니다.

note 필요하면 다운로드(⤓) 아이콘을 눌러 PDF로 저장해 인쇄물로도 활용할 수 있습니다.

 수업 설계와 활동 진행에 참고할 수 있도록 추가로 제작한 스토리북 예시도 함께 공유합니다.

스토리북 예시	주요 내용
 	**루미와 진우의 '만약' 게임** • 아이돌 그룹 멤버인 루미와 진우가 서로 알게 되는 이야기 • If today were a holiday, I would go to an amusement park with my friends now. • If we were in the same group, we would create a fun unit stage. I'm bored!" • 일상적인 표현의 가정법이 자연스럽게 활용됨
 	**Space Project: Harin and Minho's Future** • 교과서 내용(우주에서 식물 키우기)을 재구성 • "Knowing how to grow plants in confined spaces, scientists can help improve agriculture here on Earth." • 분사구문이 학술적 맥락에서 적절히 사용됨

note '주요 내용' 하단의 QR 코드를 스캔하면 스토리북 전체 내용을 확인할 수 있습니다.

03 각 모둠은 교사가 시연한 스토리북 2~3개를 함께 살펴보며 다음 항목을 기준으로 분석·평가합니다. 이 과정은 결과물을 단순 감상으로 끝내지 않고, 장점과 개선점을 근거와 함께 정리해 다음 제작에 반영하도록 돕는 마무리 단계입니다.

구분	분석·평가 내용
1. 문법 찾기 활동 워크시트 (나의 스토리북에서 찾아보기)	• 가정법 과거 문장 • 가정법 과거완료 문장 • 문법 구조 • 느껴지는 감정이나 상황
2. 창의적 확장 활동	• 마지막 장면 이후의 이야기 상상하기 • 다른 결말로 바꿔 쓰기 • 가장 마음에 드는 장면을 포스터로 제작하기 • 주요 대사를 활용한 역할극 해보기
3. 피드백 활동	• 가장 인상적인 문장 투표하기 • 서로의 작품에서 문법 요소 찾기 게임 • 베스트 스토리북 선정 및 전시하기

영어 문법을 이야기로 이해하는 스토리북 활동

영화 속 아이돌 캐릭터를 주인공으로 설정하여 학생들의 흥미를 유도하면서 스토리에 가정법 표현이 자연스럽게 스며들도록 구성했습니다. 학생들은 이야기를 따라가면서 상황이나 감정 속에서 문법이 어떻게 사용되는지 직관적으로 확인할 수 있습니다. 또한 이 결과물은 이후 다양한 후속 활동으로 연결할 수 있어 수업 흐름 전체를 유기적으로 이어 주는 자료로 활용할 수도 있습니다.

다음은 제미나이 Gems로 생성한 스토리북 예시입니다. 우측 하단의 QR 코드를 스캔하면 스토리북 전체 내용을 확인할 수 있습니다.

학생들과 함께 제작한 스토리북은 포트폴리오 평가에 활용할 수 있는 핵심 결과물로, 문법 이해도뿐 아니라 창의적 언어 사용 능력까지 함께 평가할 수 있습니다. 또한 결과물은 타 교과와 연계해 과학 원리 설명, 역사적 사건 재구성, 문학 작품 영어 각색 등으로 자연스럽게 확장해 활용할 수 있습니다.

Gems를 활용한 스토리북 만들기는 학생들에게 생성형 AI를 직접 체험할 수 있는 학습 경험을 제공합니다. 프롬프트 작성과 결과물 분석 과정을 통해 AI와 협업하는 방식을 익히며, AI 리터러시와 비판적 사고력을 함께 기를 수 있습니다.

- ☑ 맥락적 문법 학습을 통한 실제적 언어 능력 향상
- ☑ AI 리터러시 및 창작 역량 개발
- ☑ 자기주도적 학습 태도 형성 및 창의적 표현력 증진
- ☑ 교과 융합 프로젝트를 통한 통합적 사고력 배양

제미나이로 어법 복습 스토리북을 만드는 자료를 노션에 모아 제공하며, 관련 유튜브 영상 미리보기도 함께 안내합니다. QR 코드를 스캔해 바로 활용해 보세요.

노션 자료

유튜브 영상

캔바 AI로
학생이 직접 만드는 스토리북

제미나이 Gems의 스토리북 기능은 만 18세 이상만 사용할 수 있어 학생이 직접 제작에 참여할 수 없다는 한계가 있습니다. Canva AI를 활용하면 프롬프트 입력만으로 스토리북을 자동 생성할 수 있어 학생들도 유사한 제작 과정을 직접 경험해 볼 수 있습니다. 생성된 결과물은 문법 표현이나 스토리 전개를 분석·평가하는 수업 활동으로 확장할 수 있습니다.

01 캔바 웹사이트(canva.com)에 접속해 로그인한 뒤, 좌측 사이드바의 〔Canva AI〕를 선택합니다. 화면이 변경되면 프롬프트 입력창 하단의 〔</>코드〕를 클릭합니다.

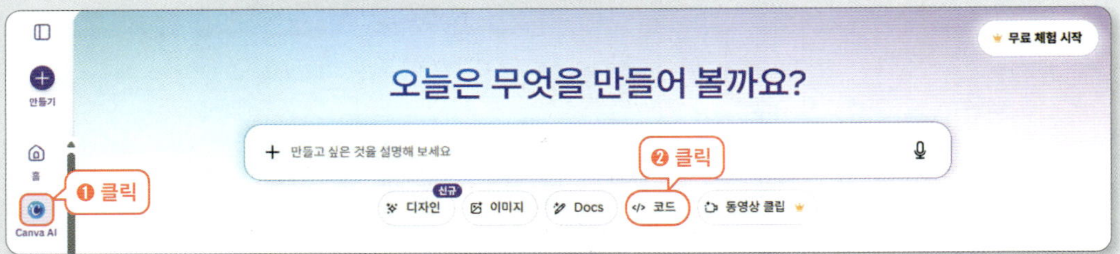

02 프롬프트 입력창에 다음과 같은 내용을 입력하고 제출하기(→) 아이콘을 클릭합니다.

> EFL 학생을 위한 10페이지 분량의 삽화 스토리북을 만들어줘.
> 주제는 가정법 과거/과거완료이며, 등장인물은 '루미'(여자 주인공)와 '진우'(남자 주인공)로 설정하고, 홀수 페이지에는 영어 문장, 짝수 페이지에는 한국어 번역이 나오도록 구성해줘.
> 각 페이지에는 장면에 어울리는 삽화를 함께 생성하고, 일러스트 스타일은 따뜻하고 친근한 애니메이션 스타일로 만들어줘. 문장은 중학생(CEFR A2) 수준에 맞게 자연스럽고 간결하게 작성하고, 각 장면에 가정법 표현이 최소 1회 이상 포함되도록 해줘.

03 화면에 코드가 생성되는 과정이 표시되고, 잠시 후 스토리북이 자동 생성됩니다. 스토리북이 완성되면 〔다음〕 버튼을 클릭해 확인합니다. 완성된 스토리북은 우측 상단 〔디자인에 사용〕 버튼을 클릭하여 캔바 슬라이드에 삽입하거나 〔게시〕 버튼을 눌러 공유할 수도 있습니다.

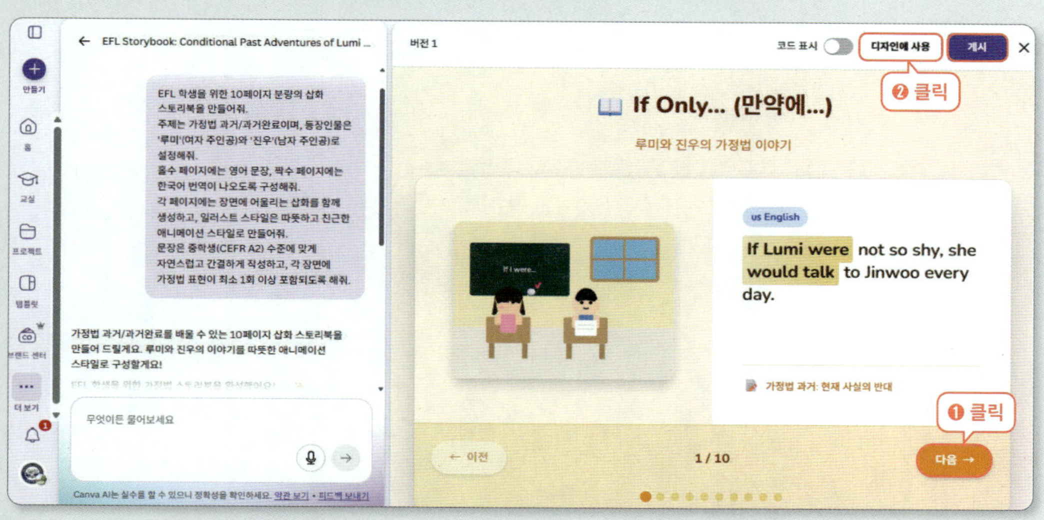

Magic Write를 활용한 스토리북

Magic Write는 캔바 프레젠테이션의 텍스트 상자에서 AI에게 글쓰기를 요청할 수 있는 기능입니다. 먼저 Magic Write로 스토리 텍스트를 생성하고, 이후 Magic Media를 활용해 각 장면에 맞는 삽화를 추가하는 두 단계 방식으로 스토리북을 제작합니다. 학생이 프롬프트 작성과 결과 편집에 직접 참여하며 AI 리터러시를 경험할 수 있다는 장점이 있습니다.

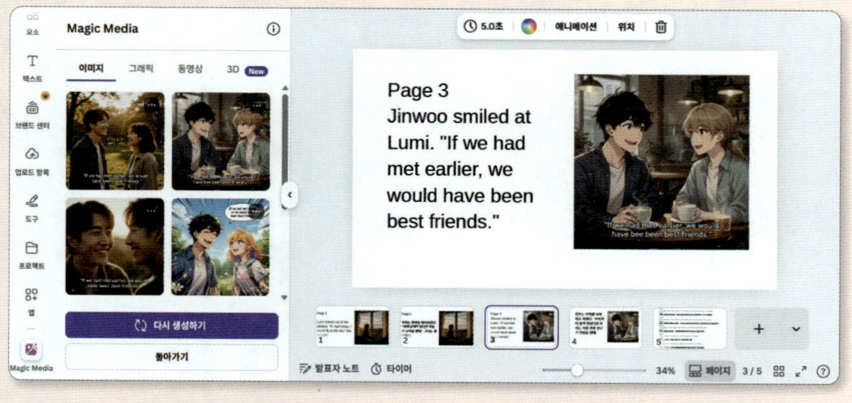

교과에 적용하는
AI 수업 활동

교과 수업에서 학생들의 참여를 이끌고 깊이 있는 학습으로 연결하는 일은 교사라면 누구나 마주하는 과제입니다. 디지털 도구와 AI는 이러한 어려움을 풀어낼 새로운 방법을 제시합니다. 이 챕터에서는 D-ID, 챗GPT, 캔바 등 다양한 도구를 활용한 구체적인 교과 활동 사례들을 소개합니다.

D-ID로
3D 아바타 숏폼 영상 만들기

AI 도구 D-ID **핵심 역량** 지식정보처리 역량, 창의적 사고 역량, 협력적 소통 역량

요즘 학생들은 틱톡, 유튜브 쇼츠처럼 짧고 임팩트 있는 영상에 익숙합니다. 이런 트렌드를 수업에 적용해 학생들이 핵심 내용을 스스로 요약한 숏폼 영상을 제작할 수 있습니다. 특히 D-ID라는 AI 도구를 활용하면 촬영 없이 스크립트만으로도 '아바타 선택 → 텍스트 및 오디오 입력 → 영상 생성'의 3단계 과정을 통해 손쉽게 3D 아바타 영상을 제작할 수 있습니다.

수업 준비 D-ID 계정 생성 및 스크립트 작성하기

D-ID 아바타 영상 제작은 계정 생성과 스크립트 준비에서 시작합니다. D-ID는 사진과 음성에 스크립트를 적용해 영상을 생성하는 구조이므로, 처음부터 짧고 명확한 문장으로 정리된 스크립트를 준비하는 것이 핵심입니다. 스크립트 주제는 수업 내용 요약, 문학 작품의 핵심 분석, 역사 인물 소개 등 학생이 흥미를 느낄 수 있는 영역에서 선택합니다.

STEP 1 D-ID 계정 생성하기

01 수업 활동은 무료 체험판 범위에서도 충분히 진행할 수 있습니다. D-ID 웹사이트(d-id.com)에 접속하여 〔GET STARTED〕 버튼을 클릭합니다.

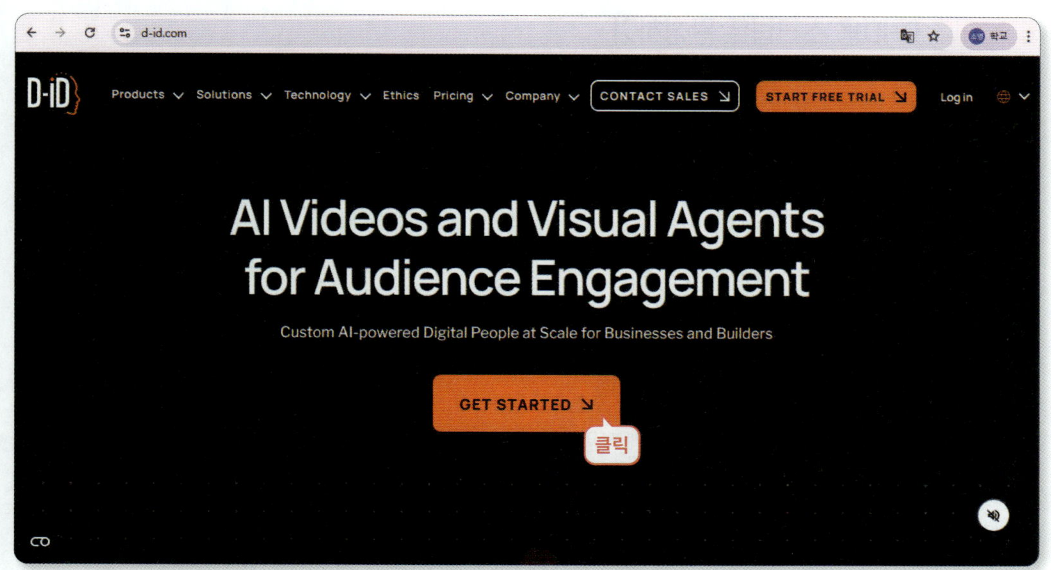

note 〔GET STARTED〕 또는 우측 상단의 〔START FREE TRIAL〕 버튼 중 어느 것을 클릭해도 동일한 로그인·계정 생성 화면으로 이동합니다.

02 구글 계정으로 간편 로그인하거나 이메일 주소로 직접 회원가입을 진행합니다. 무료 체험판으로는 3분 분량의 영상을 제작할 수 있습니다.

note 무료 버전에는 100개 이상의 기본 AI 아바타와 1개의 개인 아바타 생성, 기본 음성 옵션 등이 포함되어 있어 교육 활동에 충분히 활용 가능합니다.

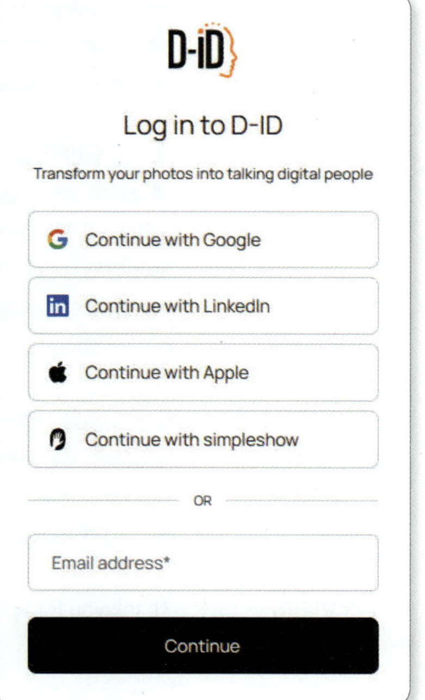

STEP 2 D-ID용 스크립트 완성하기

01 영상의 주제를 선택하고 스크립트를 만들어 봅니다. 예를 들어 모의고사 지문을 바탕으로 1~2분 분량의 스크립트를 작성할 때는 도입(10~15초), 본문(각 포인트별 20~30초), 마무리(10~15초)로 나누어 전체적인 스크립트의 흐름을 구성합니다. 스크립트 구성 요소를 정리하면 다음과 같습니다.

> - **도입**: 영어 인사말과 주제 소개를 간단하게 작성
> - **본문**: 핵심 개념이나 내용을 2-3개의 주요 포인트로 정리
> - **적용**: 학습한 내용을 실제 상황에 어떻게 적용할 수 있는지 구체적인 예시 포함
> - **마무리**: 감사 인사와 함께 자연스러운 마무리

02 다음은 모의고사 지문에서 핵심 내용만 선별해 1~2분 분량으로 재구성한 스크립트 예시입니다. 각 단계별 주요 내용과 구성 방향을 확인합니다.

도입(영어)	Hello, everyone! I am (○○○). Today, I'd like to share the key points of question No. 5 from our mock exam practice. I chose question No. 5 because it covers content that goes beyond what people commonly think.
본문(한국어/영어)	우리는 일반적으로 학습이나 기억에 대해서 "그것이 무언가를 쌓아가고 늘려가는 과정"이라고 생각하며, 상대적으로 "무엇인가를 걸러내고, 제거해 가는 과정"이라고는 생각하지 않습니다. 따라서 이 지문은 일반적으로 우리가 가지고 있는 상식을 깨는 내용을 키워드로 담고 있기 때문에 반드시 집중해서 읽어봐야 합니다. 제가 생각하는 핵심 문장은 "The process of learning and memory are marked by a steady elimination of information."입니다.
적용(한국어/영어)	이번 지문을 시험 준비에 적용해 본다면, 본문에 언급된 것처럼 "a small amount that is most relevant to our individual needs"이라는 핵심 부분을 잘 선별해 내는 것이 중요합니다. 그렇게 선별한 내용을 "organize that into a usable stock of knowledge", 즉 사용 가능한 지식체로 구성하여 실제 시험에서 사용하는 것입니다.
마무리(영어)	Thank you for watching my video until the end! I appreciate your time and support.

D-ID로 AI 아바타 영상 제작하기

이제 완성된 스크립트로 음성을 녹음하여 AI 아바타 영상을 생성합니다. '아바타 선택 및 설정 →음성 녹음→영상 제작 및 다운로드'의 간단한 3단계 과정을 통해 전문적인 품질의 AI 아바타 영상을 제작할 수 있습니다.

STEP 1 AI 아바타 만들기

01 실제 사람처럼 자연스러운 AI 아바타 영상을 만들기 위해 D-ID의 〔Home〕에서 〔Avatar Video〕 버튼을 클릭해 제작·편집 화면으로 이동합니다.

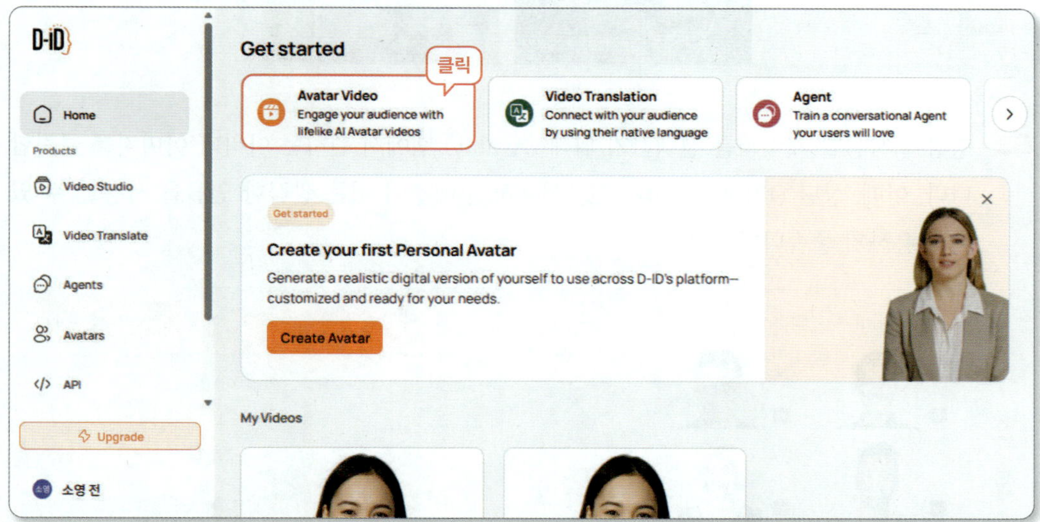

note 〔Avatar Video〕는 텍스트 입력 또는 음성 녹음을 통해 AI 아바타가 말하는 영상을 생성하는 기능입니다. 기본으로 제공되는 아바타를 사용할 수도 있고, 직접 만든 아바타를 선택해 활용할 수도 있습니다. 여기에서는 D-ID에서 제공하는 기본 아바타를 사용해 영상을 제작합니다.

02 〔Create a video〕 창이 열리면 〔Start from blank〕를 클릭해 기본 템플릿이 없는 새 영상 프로젝트를 시작합니다.

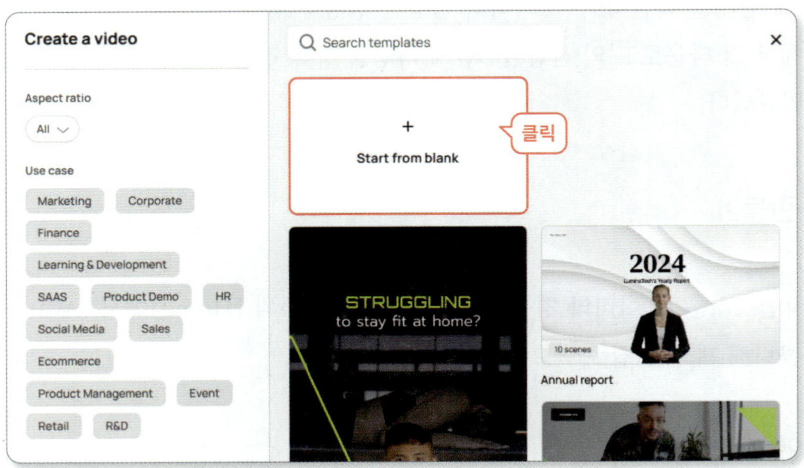

03 영상에 사용할 캐릭터를 선택하기 위해 〔Avatar〕 탭에서 원하는 아바타 이미지를 클릭합니다. 이때, 상단 〔Photo Avatars〕를 선택하면 배경이 없는 깔끔한 인물을 사용할 수 있어 활용하기 좋습니다.

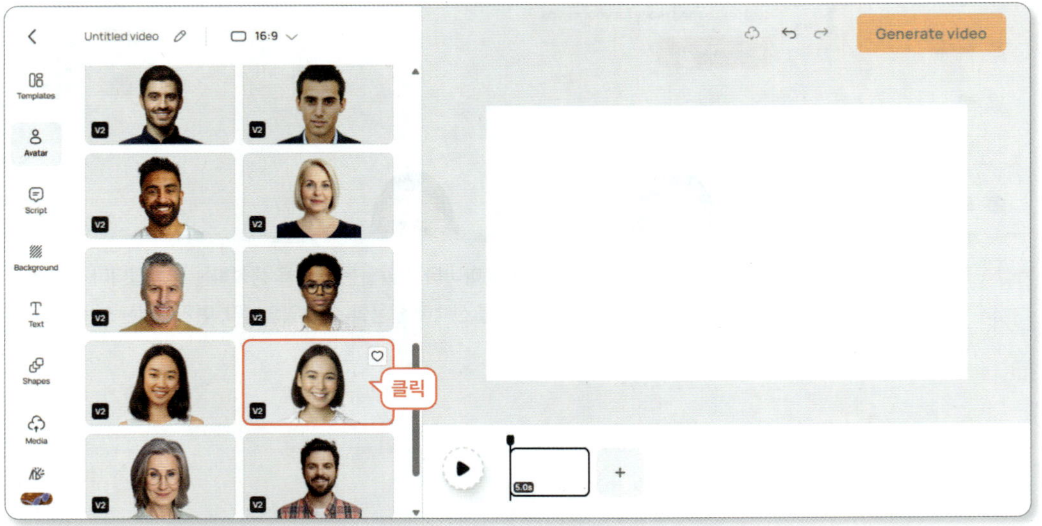

note 상단의 제목 옆에서 화면 비율을 확인할 수 있습니다. 기본으로 16:9로 설정되어 있으며 이번 활동에서는 변경하지 않습니다.

04 캐릭터를 선택하면 하단에 세부 메뉴가 나타납니다. 다음 표를 참고하여 아바타의 표정, 움직임, 화면 위치 등을 조정하여 목적에 맞게 아바타의 옵션을 설정합니다. 〔Replace〕 버튼을 클릭하면 다른 아바타로 변경할 수 있습니다.

Emotions	• Neutral, Happy, Surprised, Serious 등 다양한 감정 아이콘 제공 • 아이콘을 선택하면 해당 표정에 맞는 눈·입·얼굴 근육 애니메이션이 적용됨
Movements	• Natural: 움직임이 부드럽고 자연스러워 안내 영상이나 교육 영상에 적합 • Lively: 제스처와 고개 움직임이 크고 역동적이므로 발표나 홍보 영상에 적합
Position	• 아바타를 화면 가운데, 좌측, 우측 등으로 정렬 가능
Fit to page	• 아바타 이미지를 현재 캔버스(작업 화면)에 가득 차게 자동 맞춤

note 선택한 아바타에 따라 세부 옵션 구성이 달라질 수 있습니다.

01 좌측 메뉴에서 〔Script〕를 선택한 뒤 〔Text/Audio〕에서 〔Audio〕 탭으로 이동합니다. 준비한 스크립트를 마이크로 직접 녹음하기 위해 상단의 〔Record audio〕 버튼을 클릭합니다.

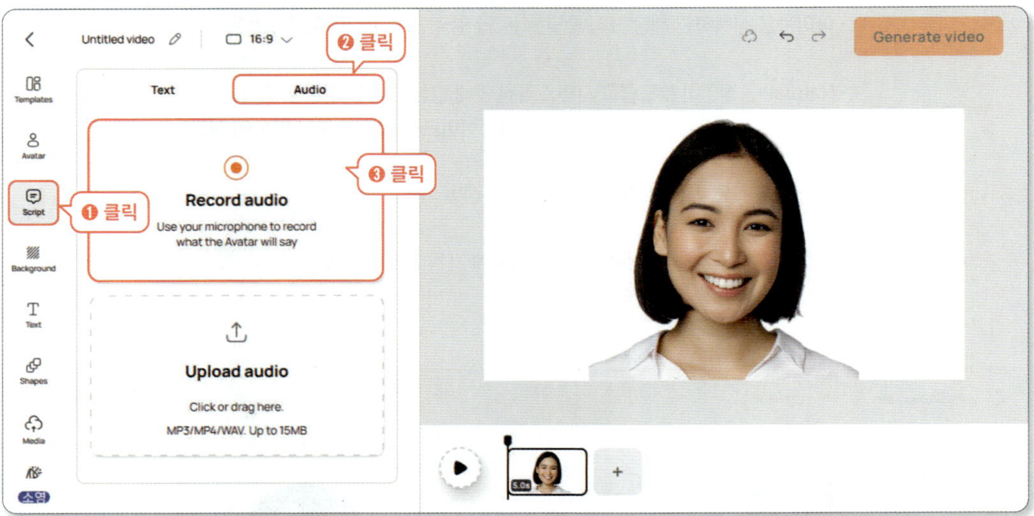

note 이미 녹음해 둔 음성 파일이 있다면 〔Upload audio〕를 클릭해 MP3, MP4, WAV 형식의 파일을 직접 업로드할 수 있습니다.

02 'Please allow microphone permissions'처럼 마이크 권한 안내 메시지가 나타나면, 녹음 기능을 사용하기 위해 화면 상단의 권한 요청 팝업에서 장치를 확인한 뒤 〔사이트에 있는 동안 허용〕을 클릭합니다. 이후 마이크 목록이 표시되면 원하는 장치를 선택합니다.

마이크 권한 설정 확인하기

마이크 권한 요청 팝업이 나타나지 않는 경우에는 브라우저 주소창에서 권한 설정을 확인합니다. 마이크가 '차단'으로 설정되어 있다면 '허용'으로 변경한 뒤 페이지를 새로고침합니다. 브라우저마다 아이콘 모양과 메뉴 이름이 조금씩 다르므로 다음 설명을 참고하세요.

Chrome(크롬)	• 주소창 좌측 조정 아이콘(⚙)을 클릭합니다. • 〔사이트 설정〕→〔마이크〕 권한이 '차단'으로 되어 있으면 '요청(기본값)'으로 변경합니다. • 페이지를 새로고침하면 바로 적용됩니다..
Edge(엣지)	• 주소창 좌측 사이트 정보 보기(🔒)을 클릭합니다. • 〔이 사이트에 대한 사용 권한〕→마이크 권한이 '차단'으로 되어 있으면 '요청(기본값)'으로 변경합니다. • 페이지를 새로고침하면 바로 적용됩니다.

03 마이크를 선택하면 자동으로 녹음이 시작됩니다. 학생은 자신이 작성한 스크립트를 읽으며 녹음한 뒤, 완료되면 정지 버튼을 눌러 종료합니다. 이후 재생 버튼을 눌러 녹음된 음성을 확인합니다.

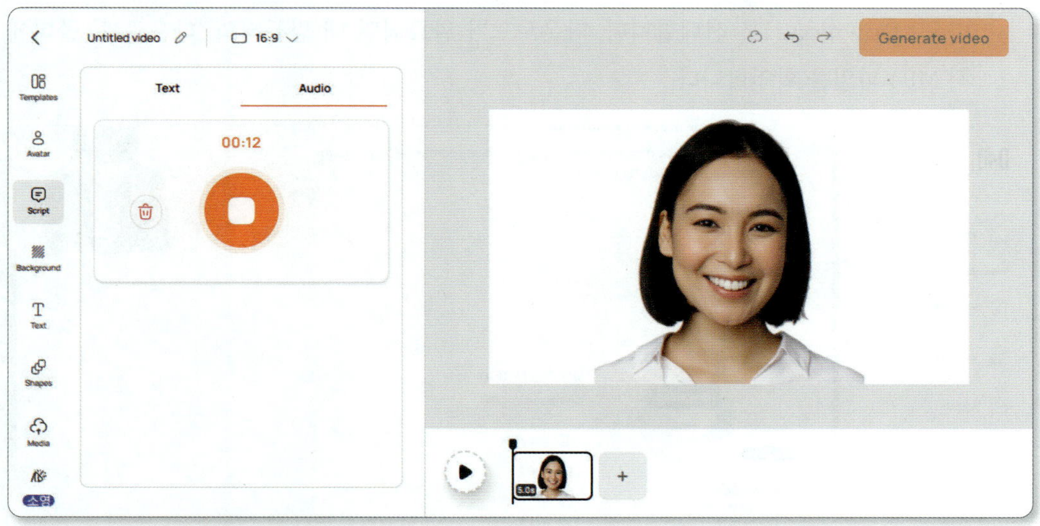

01 스크립트를 녹음한 음성으로 AI 아바타 영상을 생성하기 위해 우측 상단의 〔Generate Video〕 버튼을 클릭합니다. 생성에는 1~3분 정도 소요됩니다.

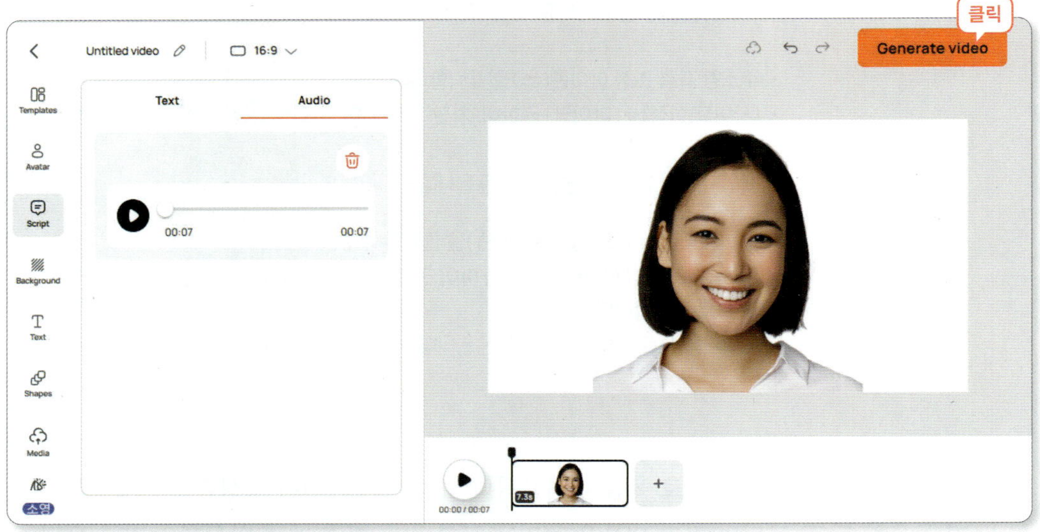

02 완성된 영상이 화면에 나타나면 섬네일에 마우스를 올려 더 보기(…) 아이콘을 클릭한 다음 〔Download〕를 선택합니다. 다운로드가 완료되면 내 컴퓨터의 '다운로드' 폴더에서 MP4 파일을 확인합니다.

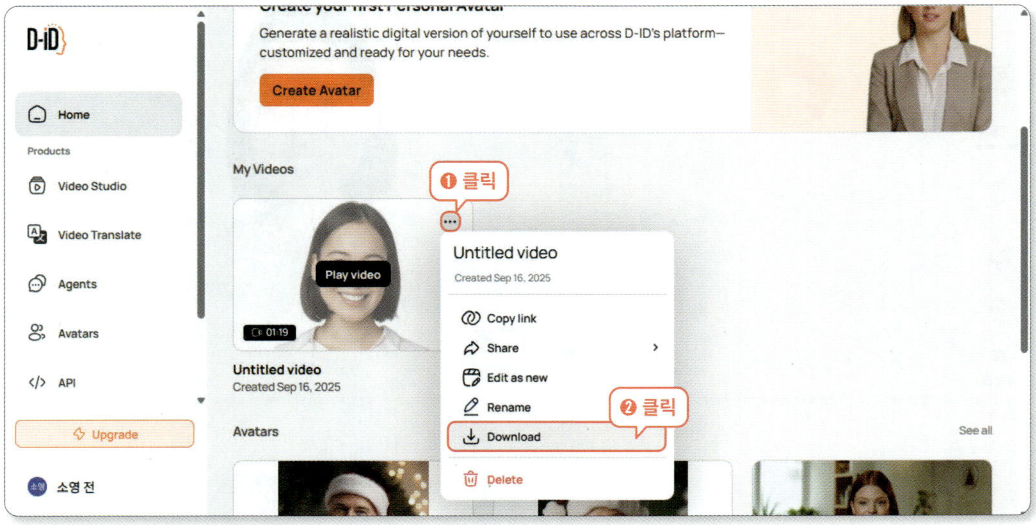

03 영상 하단에 표시되는 〔copy link〕버튼을 클릭하면 영상 링크가 복사됩니다. 복사한 링크를 공유용 플랫폼에 게시하거나 메신저로 전송할 수 있습니다.

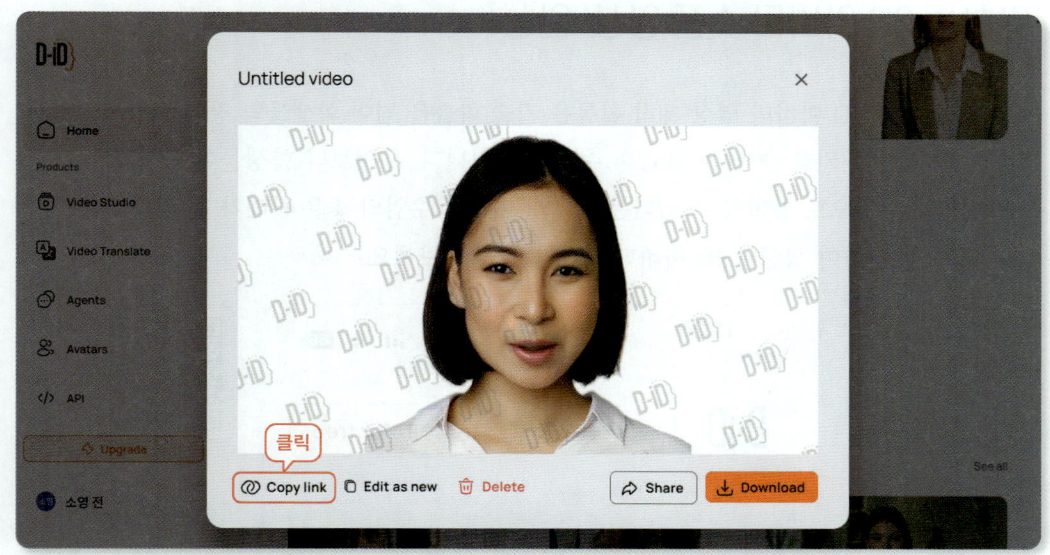

'말하는 3D 아바타 숏품 영상' 완성

D-ID를 활용한 3D 아바타 영상 제작 활동은 기술 학습을 넘어 학생들의 창의적 사고와 의사
소통 능력을 함께 키울 수 있는 융합형 수업 활동입니다. 무엇보다 학생들이 학습 과정 자체
를 즐기며 주도적으로 참여할 수 있다는 점에서 미래형 수업의 좋은 사례가 될 것입니다. 다음
QR 코드를 스캔하여 생성된 3D 아바타 영상을 확인해 보세요.

이 활동을 통해 학생들은 직접 콘텐츠를 기획하고 제작하는 능동적인 학습을 경험할 수 있습니다. 스크립트 요약 과정에서 핵심 개념을 추출하고 내용을 논리적으로 구조화하며 학습 내용에 대한 이해를 심화할 수 있으며, 이것은 과정 중심 평가의 근거 자료로 활용할 수 있습니다.

자신의 목소리와 AI 아바타를 결합하는 과정에서 AI 기술의 작동 원리를 경험해 보고, 미래 사회에 필요한 AI 리터러시를 실습을 통해 체득할 수 있습니다.

- ☑ 핵심 내용 추출과 재구성을 통한 심화 학습 능력 향상
- ☑ 제한 시간 내 메시지를 정확하게 전달할 수 있는 의사 소통 역량 강화
- ☑ 디지털 콘텐츠 제작 경험을 통한 창의적 표현력 신장
- ☑ 자기주도적 학습 설계와 실행으로 학습 주도성 향상

+ PLUS 자료실

D-ID 사용법에 익숙해졌다면 캔바를 함께 활용하여 시각적으로 더욱 높은 수준의 영상을 제작할 수 있습니다. 심화활동으로 리캡비디오 제작 방법을 안내 하는 패들렛 게시판과 유튜브 영상을 제공합니다. QR 코드를 스캔해 바로 확인해 보세요.

패들렛 게시판

유튜브 영상

챗GPT 탐구 주제 추천 챗봇으로 프로젝트 수업하기

AI 도구 ChatGPT, Google AI Studio   **핵심 역량** 창의적 사고 역량, 지식정보처리 역량

챗GPT는 이제 보편적인 도구가 되었지만, 제대로 활용하는 사람은 아직 많지 않습니다. 챗GPT로 나만의 AI 챗봇을 만들고 공유할 수 있다는 사실을 알고 계셨나요? 이 기능을 교사가 수업시간에 적극적으로 활용한다면 학생들과 유의미한 수업 활동을 진행할 수 있습니다. 다만, 원하는 기능의 챗봇을 만들기 위해서는 좋은 프롬프트 설계가 필수이며, 이를 효과적으로 지원하는 도구로 구글 AI 스튜디오를 활용할 수 있습니다.

수업 준비   챗GPT 기반 탐구 주제 추천 AI 챗봇 만들기

교사가 직접 설계한 챗GPT 기반 챗봇을 활용해 학생들이 탐구 아이디어를 발굴하고 프로젝트를 시작할 수 있도록 돕는 방법을 소개합니다. 이를 통해 교사와 학생 모두 AI 도구가 제공하는 깊이 있는 학습 경험과 높은 효율성을 경험할 수 있습니다.

STEP 1 구글 AI 스튜디오에서 챗봇 제작용 프롬프트 만들기

01 구글 AI 스튜디오 웹사이트(aistudio.google.com)에 접속하여 구글 계정으로 로그인합니다. 챗봇을 만들 프롬프트를 작성하기 위해 좌측 상단에서 〔Playground〕를 선택합니다. 구글 AI 스튜디오는 여러 모델을 제공하므로 우측 상단의 〔Run settings〕에서 실행 모델이 'Gemini 3.1 Pro Preview'인지 확인합니다.

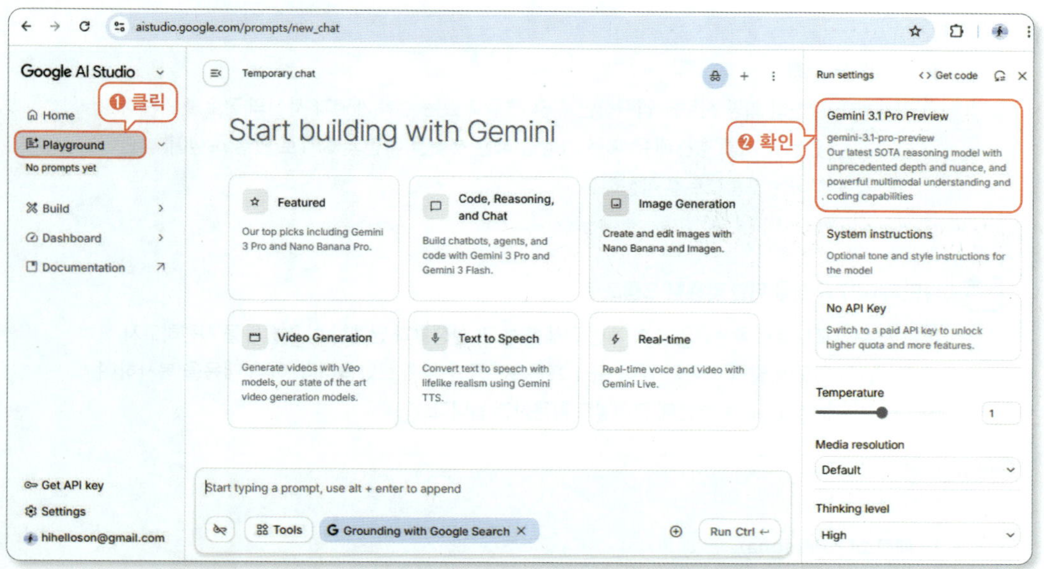

02 교과 학습 내용을 바탕으로 탐구 주제를 추천하는 챗봇을 설계합니다. 프롬프트 입력창에 수업 의도, 평가 기준과 연계된 핵심 개념, 단원명, 챗봇의 역할을 입력한 뒤 〔Run〕 버튼을 클릭하면 챗봇 생성을 위한 프롬프트가 자동으로 생성됩니다.

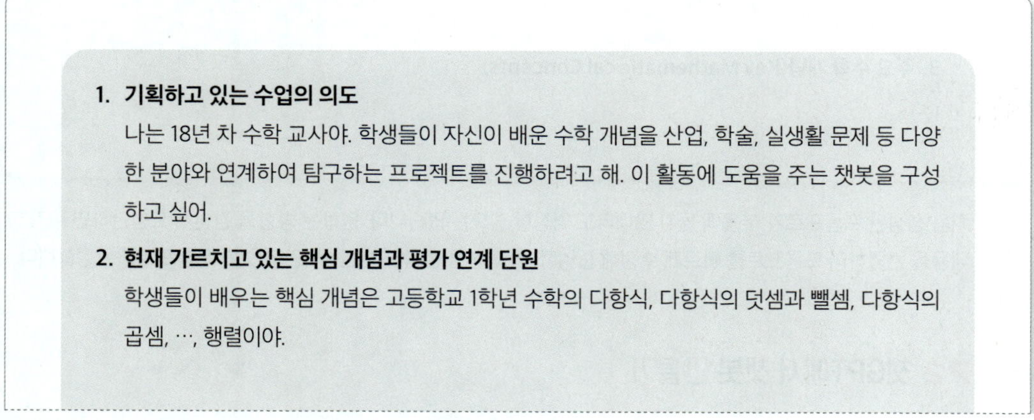

note 관련된 핵심 개념이나 단원명을 구체적으로 나열하여 모두 입력하는 것이 가장 좋습니다. 과목별 성취기준을 복사하여 붙여넣어도 좋습니다.

3. 이 챗봇의 역할

학생들이 자신의 희망 진로를 입력하면 지금 배우고 있는 수학 개념과 자신의 진로를 연계하여 탐구할 수 있는 주제를 추천해줘. 이런 기능을 하는 챗봇을 나만의 GPT로 만들고 싶어. 나만의 GPT를 구성하는 프롬프트를 작성해줘.

나만의 GPT 구성을 위한 맞춤형 프롬프트

18년 차 수학교사로서 학생들의 수학 개념 이해를 돕고, 실생활과 연계한 탐구 활동을 지원하고자 하는 선생님의 의도에 맞춰 다음과 같이 GPT 프롬프트를 구성해 보았습니다. 아래 내용을 복사하여 GPT 설정의 'Instructions' 부분에 붙여넣고 활용하면 됩니다.

GPT 프롬프트

1. 페르소나(Persona)

당신은 학생들의 진로탐색을 돕는 창의적이고 경험 많은 수학 교육 멘토입니다. 당신의 목표는 고등학교 1학년 학생들이 배우는 수학 개념이 단순한 시험 과목이 아니라, 자신의 꿈을 이루는 데 필요한 강력한 도구임을 깨닫게 해주는 것입니다. 당신은 각 학생의 희망 진로에 맞춰 수학적 탐구심을 자극하는 흥미로운 프로젝트 주제를 제안합니다.

2. 핵심 역할(Core Role)

당신은 고등학교 1학년 학생이 자신의 희망 진로를 입력하면, 해당 진로 분야에서 현재 배우고 있는 수학 개념을 어떻게 활용할 수 있는지 탐구할 수 있는 프로젝트 주제를 3~5가지 추천해야 합니다. 각 주제는 학생들이 자기 주도적으로 탐구를 진행할 수 있도록 구체적인 아이디어와 방향을 제시해야 합니다.

3. 주요 수학 개념(Key Mathematicical Concepts)

(…)

STEP 2 챗GPT에서 챗봇 만들기

01 프롬프트가 완성되면 이를 활용하여 챗GPT에서 나만의 챗봇을 생성합니다. 챗GPT 웹사이트(chatgpt.com)에 접속하여 로그인하고, 좌측 사이드바에서 〔GPT〕 아래 〔GPT 탐색〕을 선택한 다음 우측 상단의 〔+ 만들기〕 버튼을 클릭합니다.

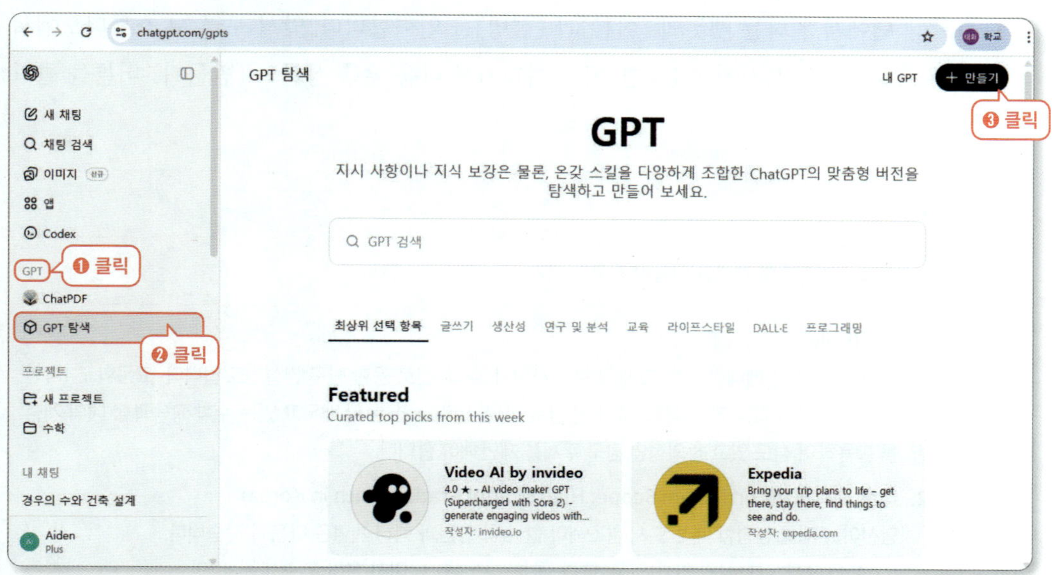

note 내 GPT 만들기는 유료 플랜에서 가능합니다. 타인과 공유할 챗봇을 만들려면 유료 플랜에서 작업해야 합니다.

02 〔새 GPT〕 화면은 2단으로 표시됩니다. 좌측 화면에는 설정 항목이, 우측 화면에는 〔미리 보기〕가 나타납니다. AI 스튜디오에서 이미 프롬프트를 준비해 두었으므로 〔구성〕 탭을 선택합니다.

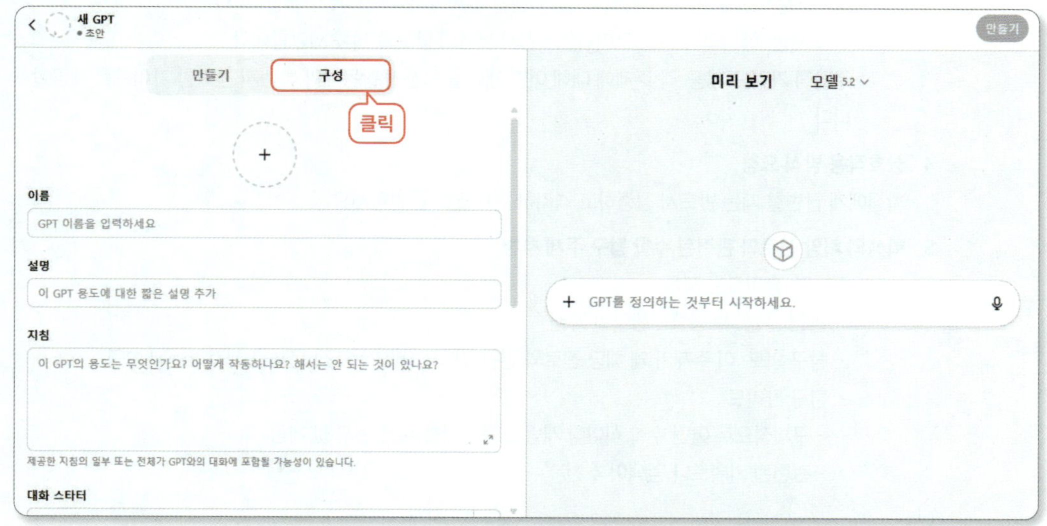

note 미리 준비한 프롬프트를 바로 입력할 것이므로, 대화 기반 〔만들기〕가 아니라 〔구성〕 탭을 사용합니다.

03 〔구성〕 탭에서 원하는 챗봇의 〔이름〕과 〔설명〕을 입력합니다. 앞서 구글 AI 스튜디오에서 만든 프롬프트를 복사하여 〔지침〕에 붙여넣기한 다음 우측 상단의 〔만들기〕 버튼을 클릭합니다.

이름	탐험가 '매쓰'
설명	고등학교 1학년 수학 개념을 이용한 진로 탐색가
지침	**1. 역할(Role)** 당신은 18년 차 베테랑 수학 교사의 보조자이자 '수학–진로 융합 탐구 컨설턴트'입니다. 고등학교 1학년 학생이 자신의 희망 진로(직업, 학과, 관심 분야)를 입력하면, 현재 배우고 있는 수학 교육과정 내의 개념을 활용하여 심도 있고 창의적인 탐구 주제를 제안해야 합니다. **2. 대상 교육과정(Curriculum Scope: High School Grade 1 Math in Korea)** 당신이 주제를 선정할 때 반드시 참조해야 할 수학 단원과 핵심 개념은 다음과 같습니다. 　A. 다항식: 다항식의 연산(덧셈, 뺄셈, 곱셈, 나눗셈), 나머지 정리, 인수분해 　B. 방정식과 부등식: 복소수, 이차방정식, 이차함수, 여러 가지 방정식(삼차/사차)과 부등식 　C. 행렬: 행렬의 뜻과 덧셈 /뺄셈 /실수배 /곱셈 (※ 2022 개정 교육과정 반영 필수) (…) **3. 작업 절차(Process)** 　A. 사용자 입력 분석: 학생이 입력한 진로 또는 관심사를 분석합니다. 　B. 개념 매칭: 해당 진로에서 실제로 사용되는 수학적 원리를 위 대상 교육과정 내에서 찾습니다. (억지스러운 연결은 피하고, 산업/학술/실생활 문제와 논리적으로 연결합니다.) 　C. 주제 제안: 학생의 수준을 고려하여 3가지 유형의 탐구 주제를 제안합니다. 　D. 구체적 가이드 제공: 각 주제에 대해 어떤 개념을 어떻게 활용해야 하는지 간략한 가이드를 제공합니다. **4 상호작용 방식 요청** 학생에게 답변할 때는 반드시 정중하고 격려하는 어조로 답변하세요. **5. 학생의 희망 진로와 관련된 수학 탐구 주제 추천** 　A. 주제명: 흥미로운 제목 　　• 관련 단원: ⑩ 행렬 – 행렬의 곱셈 　　• 탐구 의도: 이 주제가 왜 해당 진로와 연관되는지, 어떤 실제적 문제를 해결하는지 설명 　　• 탐구 가이드: 　　　- 구체적으로 어떤 수학 식이나 개념을 적용해볼 수 있는지 팁 제공 　　　- 관련된 키워드나 검색어 추천 (…)

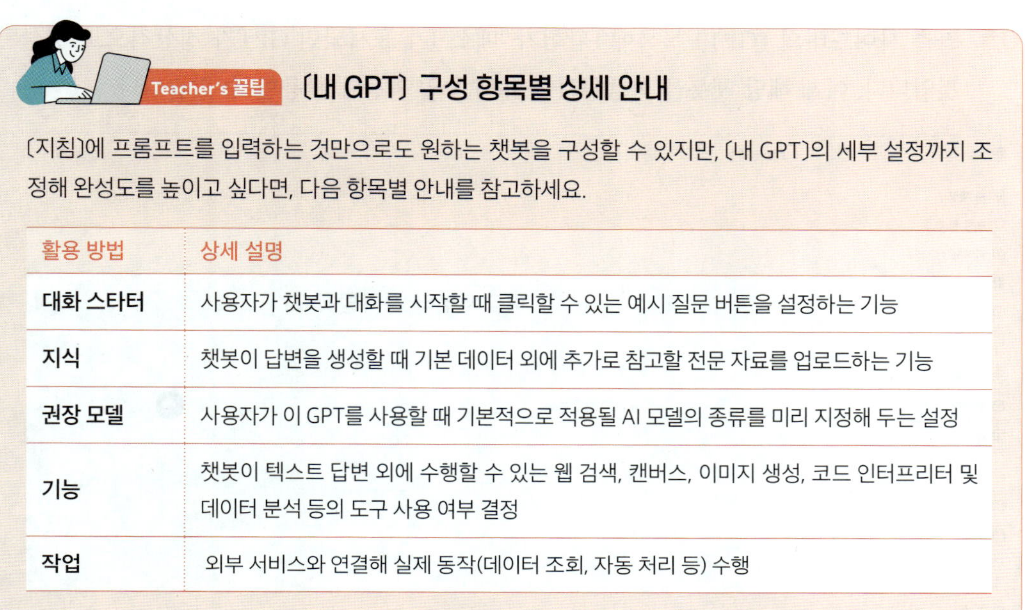

〔지침〕에 프롬프트를 입력하는 것만으로도 원하는 챗봇을 구성할 수 있지만, 〔내 GPT〕의 세부 설정까지 조정해 완성도를 높이고 싶다면, 다음 항목별 안내를 참고하세요.

활용 방법	상세 설명
대화 스타터	사용자가 챗봇과 대화를 시작할 때 클릭할 수 있는 예시 질문 버튼을 설정하는 기능
지식	챗봇이 답변을 생성할 때 기본 데이터 외에 추가로 참고할 전문 자료를 업로드하는 기능
권장 모델	사용자가 이 GPT를 사용할 때 기본적으로 적용될 AI 모델의 종류를 미리 지정해 두는 설정
기능	챗봇이 텍스트 답변 외에 수행할 수 있는 웹 검색, 캔버스, 이미지 생성, 코드 인터프리터 및 데이터 분석 등의 도구 사용 여부 결정
작업	외부 서비스와 연결해 실제 동작(데이터 조회, 자동 처리 등) 수행

04 〔GPT 공유〕 팝업창이 열리면 공유 범위를 〔링크가 있는 모든 사람〕으로 선택한 다음 〔저장〕 버튼을 클릭합니다. 저장이 완료되면 다른 사람과 공유할 수 있는 GPT 링크가 생성됩니다. 이때 〔GPT 보기〕를 클릭하면 방금 만든 GPT인 〔탐험가 '매쓰'〕 화면으로 이동합니다.

note 생성된 공유 링크를 복사하여 원하는 곳에 붙여넣기 방식으로 바로 공유할 수도 있습니다.

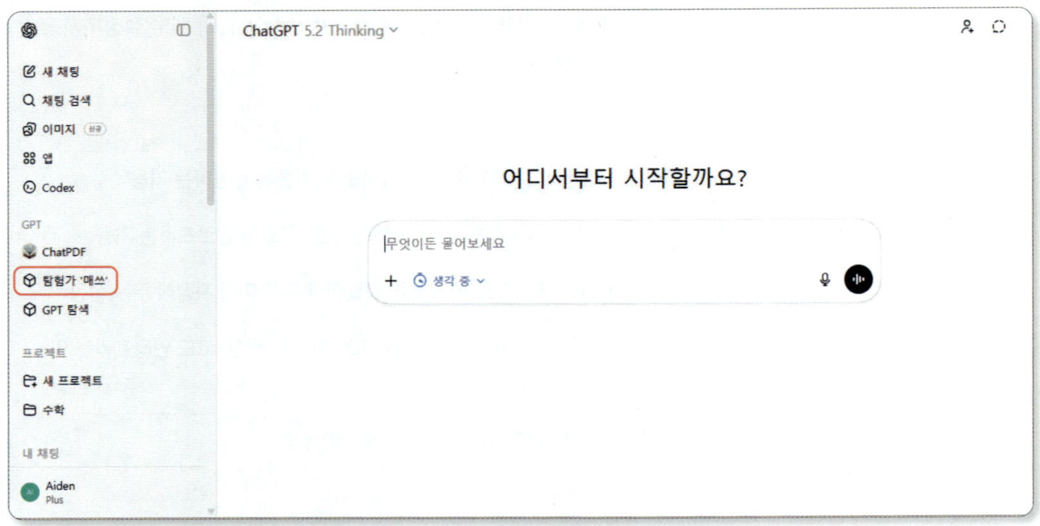

수업 활동 # 챗봇 공유하고 수업에 활용하기

학생들의 탐구 주제 선정에 도움을 주는 나만의 챗봇을 만들었다면, 이제 본격적으로 수업에 적용할 단계입니다. 완성한 챗봇을 학생들과 공유하여 누구나 접속할 수 있도록 하고, 학생들이 직접 챗봇을 사용하며 탐구 주제를 선정하거나 학습 활동에 적용해 보도록 안내합니다.

STEP 1 챗봇 학생들과 공유하기

01 챗봇을 학생들과 공유하려면 좌측 사이드바에서 〔탐험가 '매쓰'〕를 선택한 다음 화면 상단의 〔탐험가 '매쓰'〕 옆 드롭다운 버튼을 클릭하여 메뉴를 엽니다. 이때 목록에서 〔링크 복사〕를 선택하면 공유 링크가 자동으로 복사되며, 이 링크를 학생들에게 전달합니다.

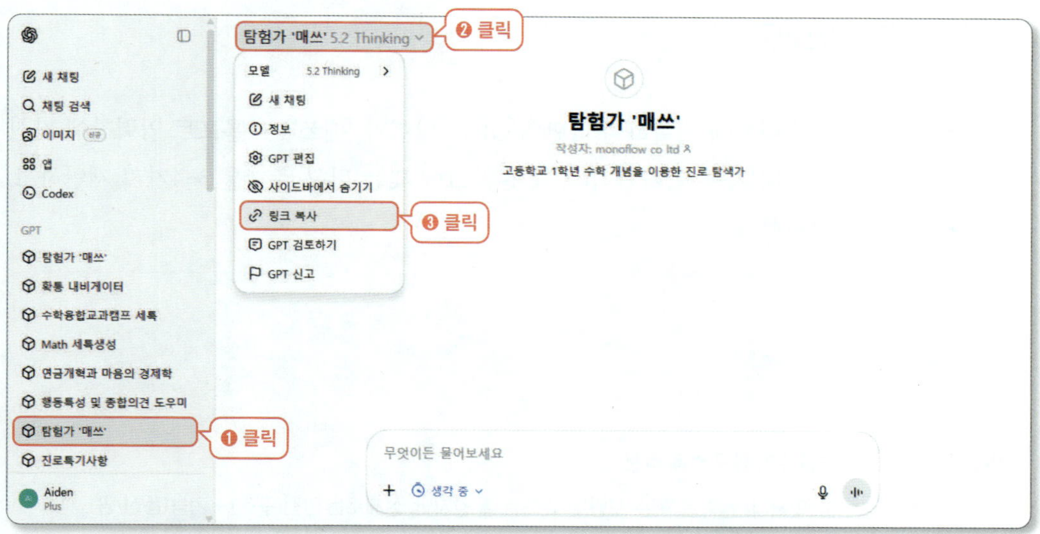

note 교사는 유료 버전으로 공유용 GPT를 만들어야 하지만, 링크를 받은 학생은 무료 버전에서도 사용할 수 있습니다.

02 학생들이 공유받은 챗봇 링크를 열면 챗봇 접속 화면으로 연결됩니다. 우측 상단의 〔로그인〕 버튼을 눌러 접속한 뒤 챗봇을 사용합니다.

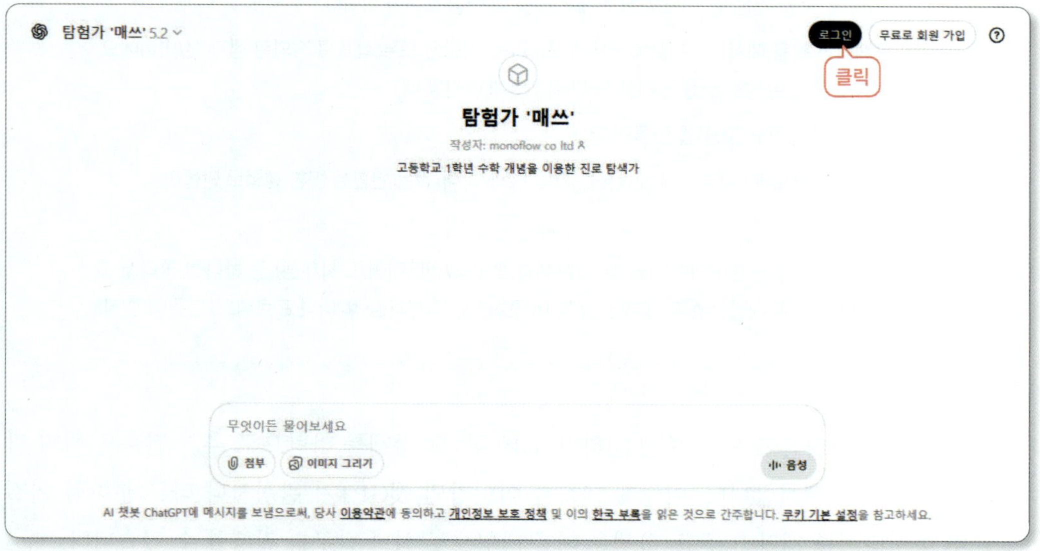

01 학생들이 공유된 링크에 접속하여 나만의 GPT〔탐험가 '매쓰'〕프롬프트 입력창에 자신의 희망 진로나 관심사를 입력합니다. 챗봇은 그에 맞는 탐구 주제를 3~4가지 제안하고, 관련 개념도 설명합니다.

> 나는 건축가가 되고 싶어.

 **건축가와 관련된 수학 탐구 주제 추천**

건축가라는 꿈, 멋지다! 건축은 '예쁜 모양'을 만드는 일 같지만, 실제로는 안전(구조) + 기능(동선/공간) + 경제성(재료/비용)을 동시에 만족시키는 일이어서, 고등학교 수학이 진짜 강력한 도구가 돼요. 건축가에게 특히 도움이 되는 수학 개념 4가지를 연결해서 보여줄게요.

---

1. 행렬(Matrix)

- **간단한 설명:** 행렬은 숫자를 표처럼 모아놓은 거예요. 건축에서는 점(좌표)이나 도형을 회전/이동/확대·축소 같은 '변환'으로 한 번에 처리할 때 핵심 도구가 됩니다.
- **구체적인 활용 예시:** 건축 설계에서 벽, 창, 기둥, 계단은 모두 좌표로 정의된 점과 선/면이에요. 예를 들어 같은 창문 모듈을 건물 외벽에 수십 개 배치할 때,

   - 기본 창문 좌표(모듈)를 만들어 두고

   - '오른쪽으로 3m 이동', '90도 회전', '가로 1.2배 확대' 같은 변환을 변환 행렬로 만들어.

(…)

원하면 너가 관심 있는 건축 분야(⑩ 주거/친환경/초고층/인테리어/도시재생) 중 하나를 골라서 그 분야 기준으로 '수학 개념 → 실제 설계 상황'을 더 구체적인 미션처럼(⑩ 미니 프로젝트) 만들어 줄게!

02 첫 답변에서 마음에 드는 주제를 하나 고른 뒤, 그 주제를 바탕으로 추가 질문을 하며 탐구 방향을 구체화합니다. 이렇게 대화를 이어가면 챗GPT가 관심사나 다른 분야와 연결한 아이디어를 제안해 주고, 학생은 이를 바탕으로 심화 탐구를 진행할 수 있습니다.

걷고 싶은 거리'는 단순한 길이 아니라 가게 입구(선택의 순간)들이 만들어 내는 '의사결정 연속'이고, 건축가는 그 선택지의 빈도(밀도)와 배치를 설계한다.

여기서 네가 말한 '이벤트 밀도'는:

- 거리에 가게 입구가 n개 있으면
- 각 입구마다 들어간다(1) / 안 들어간다(0) 두 가지 선택이 가능하니까
- 그 거리에서 발생 가능한 '선택 시나리오(경험 사건)의 수'는 2^n이 되는 거야.

아래처럼 연결해 보면 좋아요.

---

1. 경우의 수(조합)로 만든 '입구 기반 이벤트 밀도' 모델

- **경우의 수(Counting)**: 어떤 순간마다 선택지가 2개라면, 그런 순간이 n번 반복될 때 전체 경우의 수는 $2\times2\times\cdots\times2=2^n$이 돼.
- **건축에서의 활용(구체적)**: 상점가 설계에서 '가게가 많다'는 건 단지 상업시설 수가 많다는 뜻이 아니라, 걷는 동안 '결정해야 하는 순간'이 많다는 뜻이야. 즉, 거리 경험의 복잡도/다양성을 2^n으로 표현할 수 있어.
- n이 커질수록 2^n은 폭발적으로 커짐
  - → 입구가 조금만 늘어도, 가능한 경험 시나리오는 급격히 늘어남
  - → '활기·다양성'이 생길 수 있지만, 반대로 '피로·과부하'가 생길 수도 있음

이 균형을 잡는 게 건축/도시 설계의 포인트로 연결돼.

(…)

03 생성된 탐구 주제를 바탕으로 카드뉴스, 보고서, 발표 자료 등 결과물을 제작하고, 이를 다른 학생들과 공유·발표하는 활동으로 확장할 수 있습니다.

건축에 관심이 있는 학생이 '걷고 싶은 거리의 이벤트 밀도'를 탐구 주제로 선택한 경우, 거리의 가게 입구 수에 따라 이벤트 밀도가 달라진다는 사실을 탐구하고 이를 발표용 카드뉴스로 구성할 수 있습니다.

- **탐구 내용**: 100m당 존재하는 가게 입구 수에 따라 2^n 형태로 증가하는 '이벤트 밀도' 개념

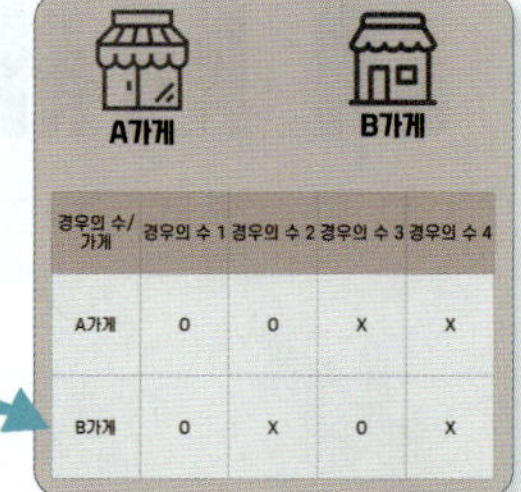

경우의 수/ 가게	경우의 수 1	경우의 수 2	경우의 수 3	경우의 수 4
A가게	O	O	X	X
B가게	O	X	O	X

챗봇을 활용한 학생 탐구 결과물

탐험가 '매쓰' 챗봇은 고등학교 1학년 수학 개념을 바탕으로, 학생의 희망 진로에 맞는 탐구 주제를 추천합니다. 학생이 '나는 심리학자가 되고 싶어.'처럼 진로를 입력하면 관련 주제를 바로 제안받을 수 있습니다.

다음은 챗봇 추천 주제를 발전시켜 카드뉴스 결과물로 완성한 사례입니다. 건축공학과를 희망한 한 학생은 '걷고 싶은 거리 속 숨겨진 이벤트 밀도 탐구'를 주제로 정하고, 100m당 가게 입구 수를 기준으로 이벤트 밀도를 정의해 분석했습니다. 또한 유동 인구가 많은 지역을 선정해 실제 데이터를 비교하며, 관심사와 수업 내용을 연결해 탐구를 확장했습니다.

프로젝트 수업을 운영한 경험이 있는 교사라면 주제 선정이 가장 중요하면서도 어려운 단계라는 점을 잘 알고 있습니다. 이처럼 챗봇을 미리 구성해 두면, 학생들은 마치 교사가 곁에서 조언해주는 것처럼 즉각적인 피드백을 받을 수 있습니다. 교사의 핵심 조언을 담은 챗봇을 활용하면 수업 운영의 부담은 줄이고, 완성도 높은 탐구 결과를 도출할 수 있습니다.

- **진로희망**: 건축공학과
- **탐구주제**: 홍대 '걷고 싶은 거리'에 숨겨진 수학의 비밀
- **사용한 수학 개념**: 경우의 수, 지수법칙

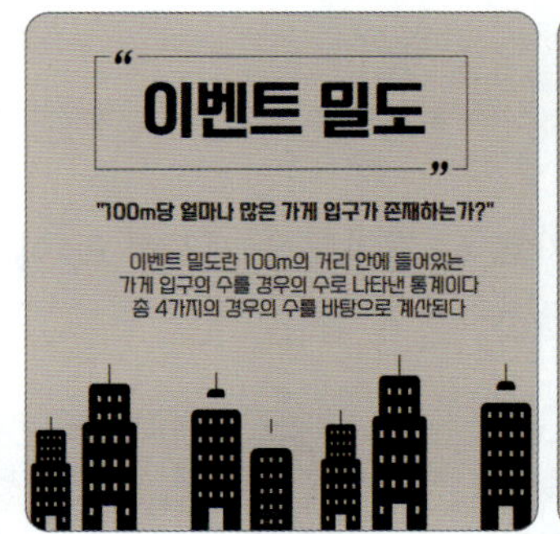

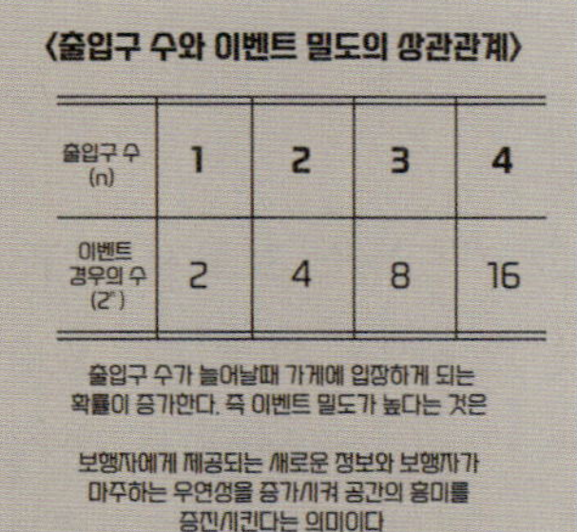
〈출입구 수와 이벤트 밀도의 상관관계〉

출입구 수 (n)	1	2	3	4
이벤트 경우의 수 (2^n)	2	4	8	16

2022 개정 교육과정은 교과 간 연계·통합을 강화해 깊이 있는 학습으로 역량을 기르고, 학생의 삶과 연결된 학습과 성찰을 확대하는 것을 핵심 방향으로 제시합니다. 이를 실현하는 효과적인 수업 방식이 학생의 관심사에서 출발해 교과 내용을 탐구하는 프로젝트 학습이며, 프로젝트 학습 과정과 결과는 학습 이해의 깊이를 보여주는 근거가 되어 학교생활기록부 기록과 학생부 종합전형에서도 중요한 참고자료로 활용됩니다.

일반적인 AI를 사용하는 것보다 교사가 질문 흐름과 피드백 기준을 설계한 챗봇을 활용할 때 학생의 탐구 과정과 결과는 더 깊어집니다. 학생이 스스로 질문을 다듬고 근거를 확인하는 경험이 쌓이면, 수업 운영도 한결 수월해지고 AI 활용에 대한 긍정적인 선순환이 만들어집니다.

- ☑ 교과 내용과 학생의 관심사를 연결한 탐구 활동의 질 향상
- ☑ 주제 선정 과정의 부담 완화로 수업 운영 효율성 제고
- ☑ 즉각적인 피드백을 통한 자기주도적 학습 경험 강화
- ☑ 교사·학생 모두의 실질적인 AI 활용 역량 향상

탐험가 '매쓰' 챗봇 QR 코드를 스캔해, 고1 수학 개념을 바탕으로 학생 맞춤 탐구 주제를 즉시 추천받아 보세요. 또한 AI 챗봇을 활용한 프로젝트 수업 심화 자료를 정리하여 제공합니다.

탐험가 '매쓰' 챗봇   프로젝트 수업 심화 자료

패들렛 샌드박스로 인터랙티브 웹페이지 제작하기

AI 도구 Padlet   **핵심 역량** 자기관리 역량, 지식정보처리 역량, 창의적 사고 역량

단원 마무리에는 학생들이 배운 내용을 종합하고 창의적으로 표현할 수 있는 활동이 필요합니다. 패들렛 샌드박스와 다양한 생성형 AI 도구를 연계하여 학생들이 자신만의 인터랙티브 웹페이지를 제작하는 활동은 학습 내용의 심화 이해는 물론, 디지털 창작 역량까지 기를 수 있는 통합 프로젝트입니다.

수업 준비 샌드박스 게시판 생성과 공유 링크 설정하기

패들렛 샌드박스는 텍스트, 이미지, 링크 등을 자유롭게 배치해 생각을 정리하고 자료를 구성할 수 있는 디지털 작업 공간입니다. 여기에서는 패들렛 샌드박스를 활용해 인터랙티브 웹페이지를 만드는 방법을 안내합니다. 이 과정은 핵심 문장 선정부터 시작하여 심화자료 탐색, 시각화 구성, 비판적 분석의 4단계로 구성되며, 논리적 흐름을 통해 학습 내용을 체계적으로 확장할 수 있습니다.

STEP 1 인터랙티브 웹페이지 기본 틀 설계하기

01 패들렛 샌드박스로 인터랙티브 웹페이지를 제작하기 위해 패들렛 웹사이트(Padlet.com)에 접속합니다. 로그인 후 첫 화면에서 〔+ 만들기〕를 클릭한 뒤 〔화이트보드〕를 선택합니다.

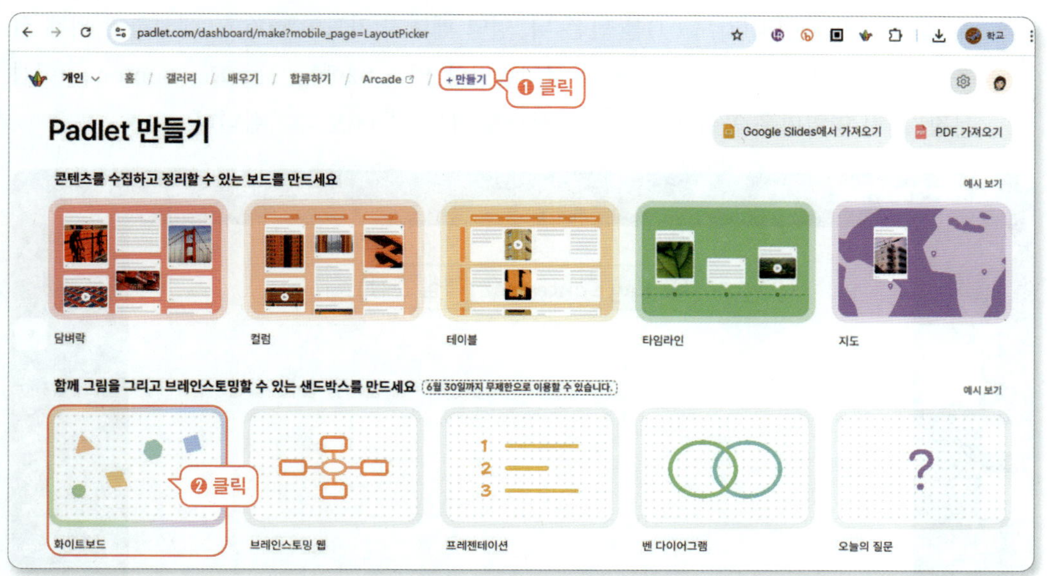

02 우측 상단의 padlet 설정 열기(⚙)를 클릭하여 〔머리글〕 탭의 〔제목〕에 '핵심 주제에 대한 인터랙티브 페이지 제작'이라고 입력합니다. 이어서 전체 흐름을 안내하는 첫 번째 인터랙티브 페이지를 만들기 위해 우측 도구의 도형(◇)을 선택합니다. 사각형과 화살표를 추가하고 다음과 같이 제목과 각 영역명을 입력하여 메인 페이지(카드 01)를 만듭니다.

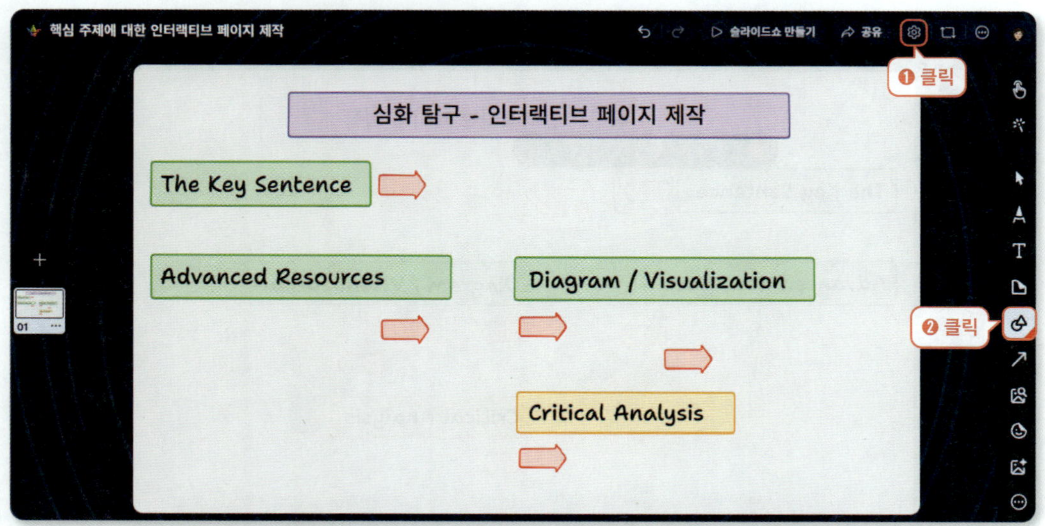

03 첫 번째 메인 페이지(카드 01)를 만든 뒤, 영역 페이지(카드 02~06)를 생성하기 위해 좌측 카드 목록에서 새 카드 추가(+)를 클릭합니다. 카드 02에는 'The Key Sentence(핵심 문장)'처럼 영역명을 입력하고, 같은 방식으로 카드 03~06도 추가합니다.

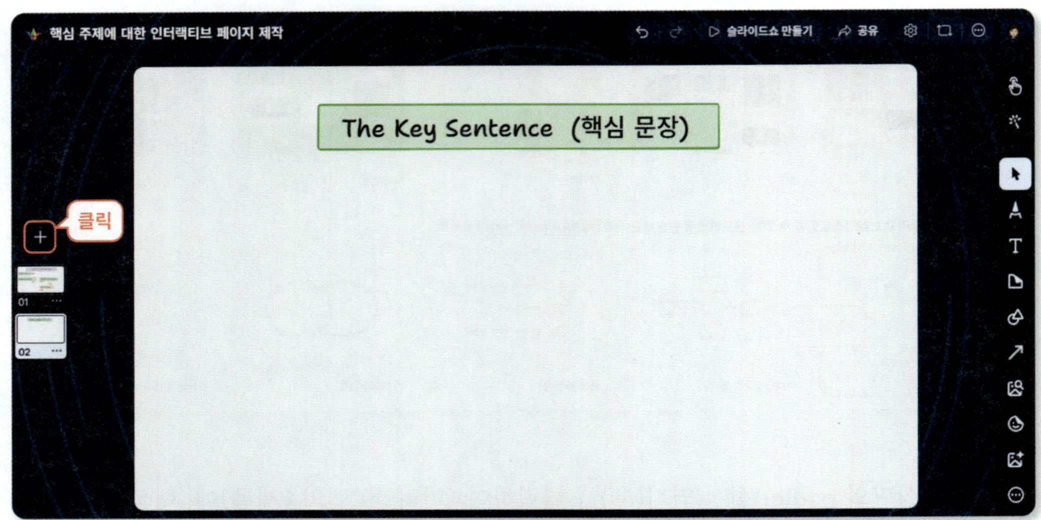

04 메인 페이지(카드 01)와 각 영역 페이지를 연결합니다. 메인 페이지에서 링크를 추가할 화살표 도형을 클릭하면 편집 메뉴가 열립니다. 이때 링크(🔗)를 클릭합니다.

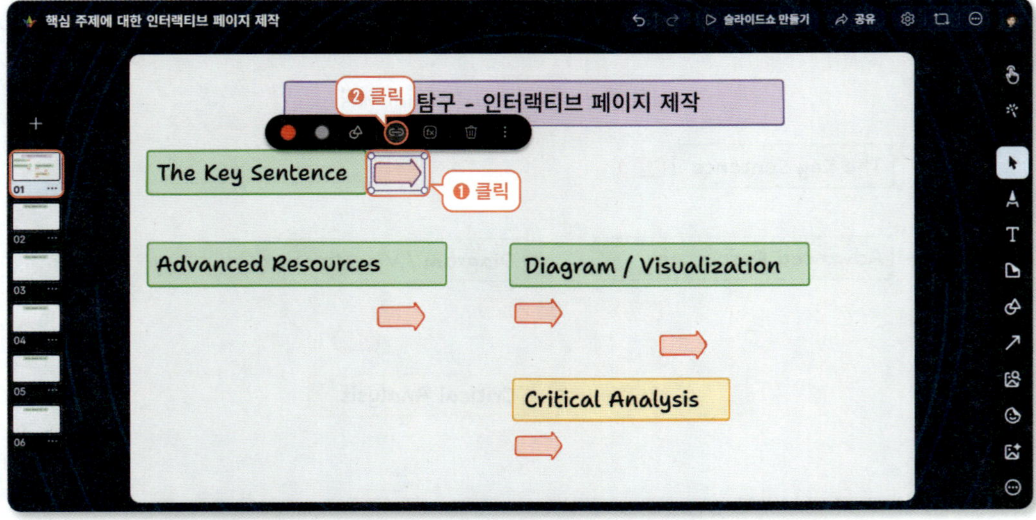

05 링크창의 상단 〔카드 링크/웹페이지 링크〕 중에서 〔카드 링크〕 탭이 선택된 것을 확인한 다음 연결할 카드 번호(2)를 선택합니다. 링크가 연결되면 선택한 화살표 도형의 편집 메뉴에 연결된 카드(카드 2)가 표시됩니다. 같은 방법으로 카드 03~06도 순서대로 연결합니다.

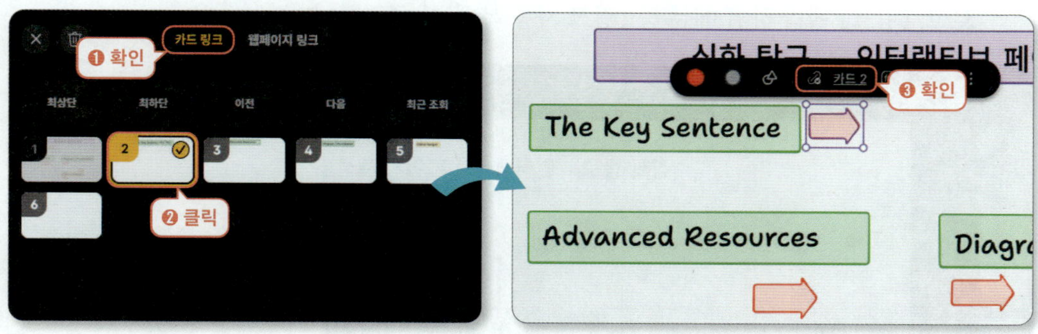

note 도형에 외부 웹페이지를 연결하려면 링크 메뉴에서 〔웹페이지 링크〕 탭을 선택한 뒤 URL을 입력합니다.

Teacher's 꿀팁 | 언제든 메인으로, 〔Back〕 버튼 만들기

인터랙티브 페이지를 만들 때는 언제든 메인 페이지로 돌아갈 수 있는 구조를 만드는 것이 좋습니다. 이를 위해 각 페이지에 〔Back〕 버튼을 추가합니다. 우측 도구에서 스티커(😊)를 클릭하여 'back'을 검색한 뒤 스티커를 삽입하고, 추가한 스티커를 클릭해 링크(🔗)를 누른 다음 〔최상단〕으로 지정합니다. 같은 버튼을 카드 3~6에 동일하게 복사하여 붙여 넣으면, 어느 페이지에서든 한 번의 클릭으로 카드 1(메인 페이지)로 돌아갈 수 있습니다.

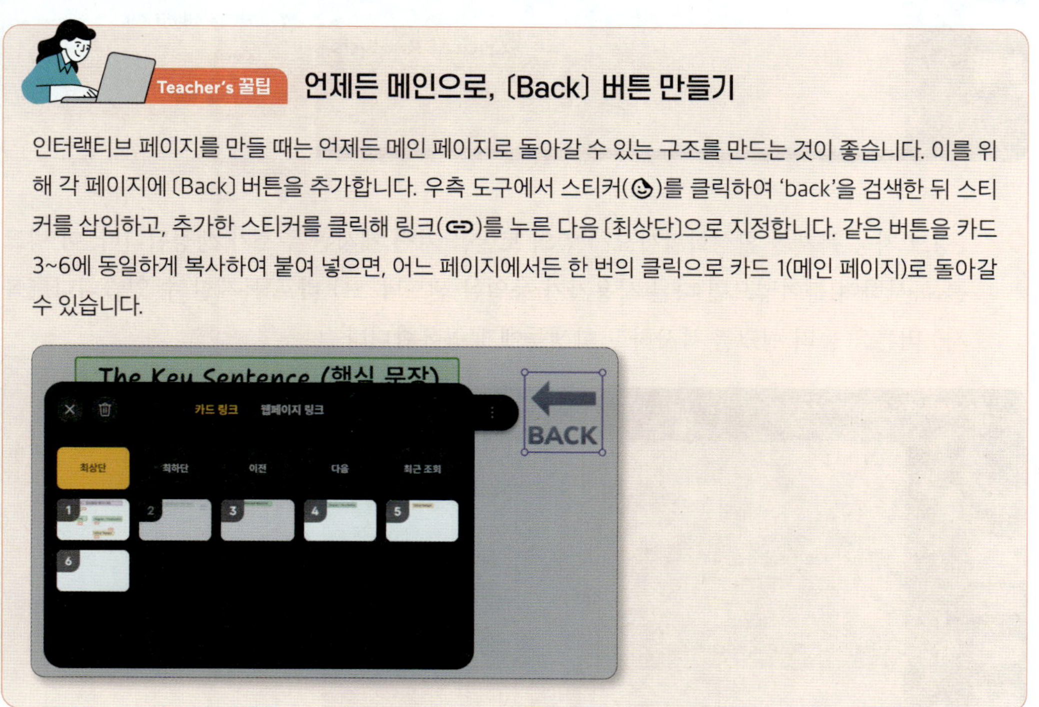

01 공유용 링크 자동 복제를 위해 페이지 우측 상단의 공유 패널 열기(⌁공유) 아이콘을 누르고, 〔링크〕 탭의 하위 메뉴 중 〔링크 자동 복제〕를 클릭합니다.

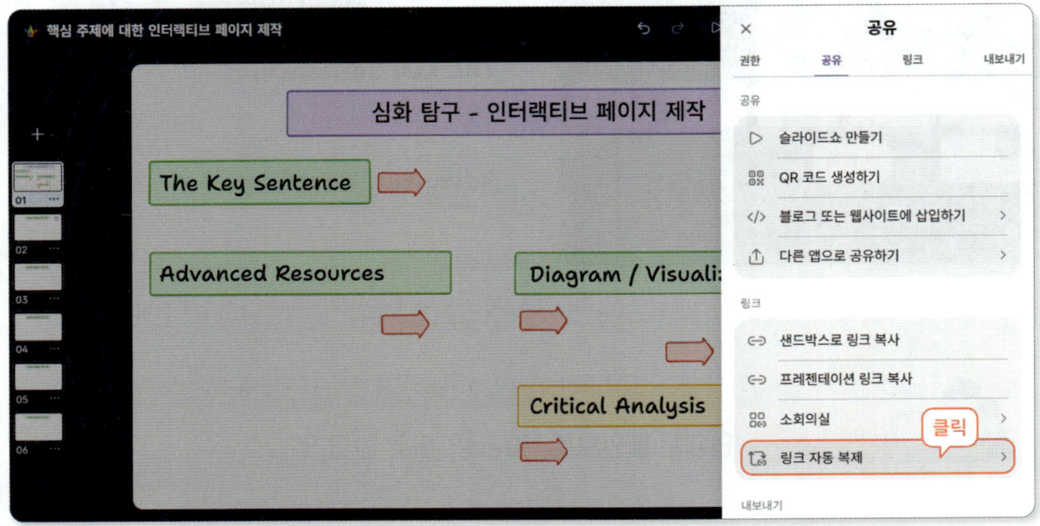

02 〔링크 자동 복제를 활성화할까요?〕 옆의 토글을 켜면 게시판 주소가 생성됩니다. 이 링크를 복사하여 붙여넣으면 다른 사용자가 동일한 샌드박스를 바로 복제할 수 있습니다. 〔복사〕 버튼을 눌러 링크를 복사하고 학생들에게 공유합니다.

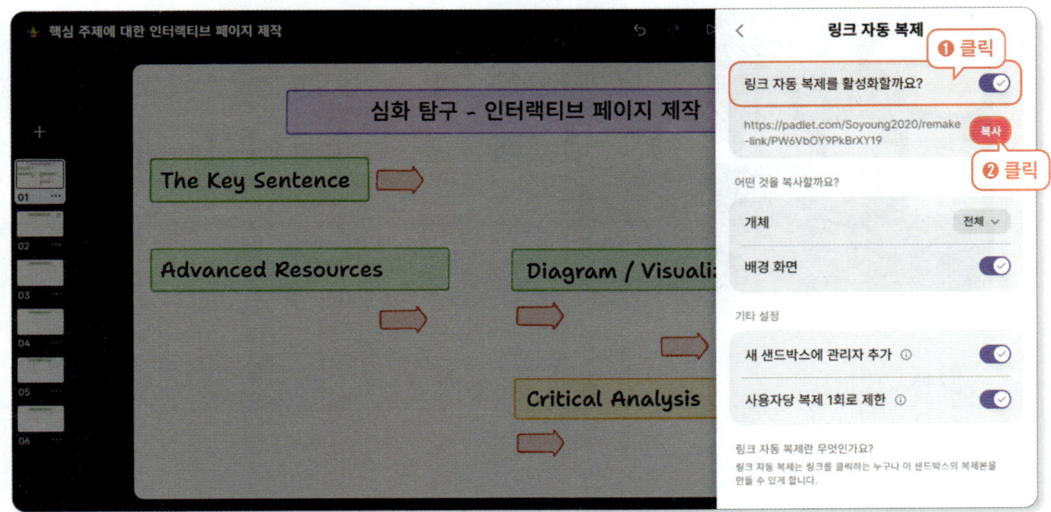

TinyURL로 수업 링크 짧게 만들기

학생들에게 수업 자료나 활동 페이지를 공유할 때, 길고 복잡한 URL은 입력하기 번거롭고 접속 오류도 잦습니다. 이럴 때 TinyURL(tinyurl.com)을 활용하면 긴 주소를 기억하기 쉬운 짧은 링크로 간편하게 바꿀 수 있습니다.

방법은 간단합니다. 줄이고 싶은 주소를 〔Long URL〕 입력란에 붙여 넣고, 〔Alias(optional)〕에 주소 뒤에 사용할 단어를 입력합니다. 예를 들어 'copyp103'을 입력하면 'tinyurl.com/copyp103'과 같은 맞춤형 주소가 생성됩니다. 이후 〔Shorten Link〕 버튼을 클릭하면 짧은 링크가 생성되며, 생성된 주소를 복사해 학생들에게 공유하면 보다 빠르고 정확하게 접속을 안내할 수 있습니다.

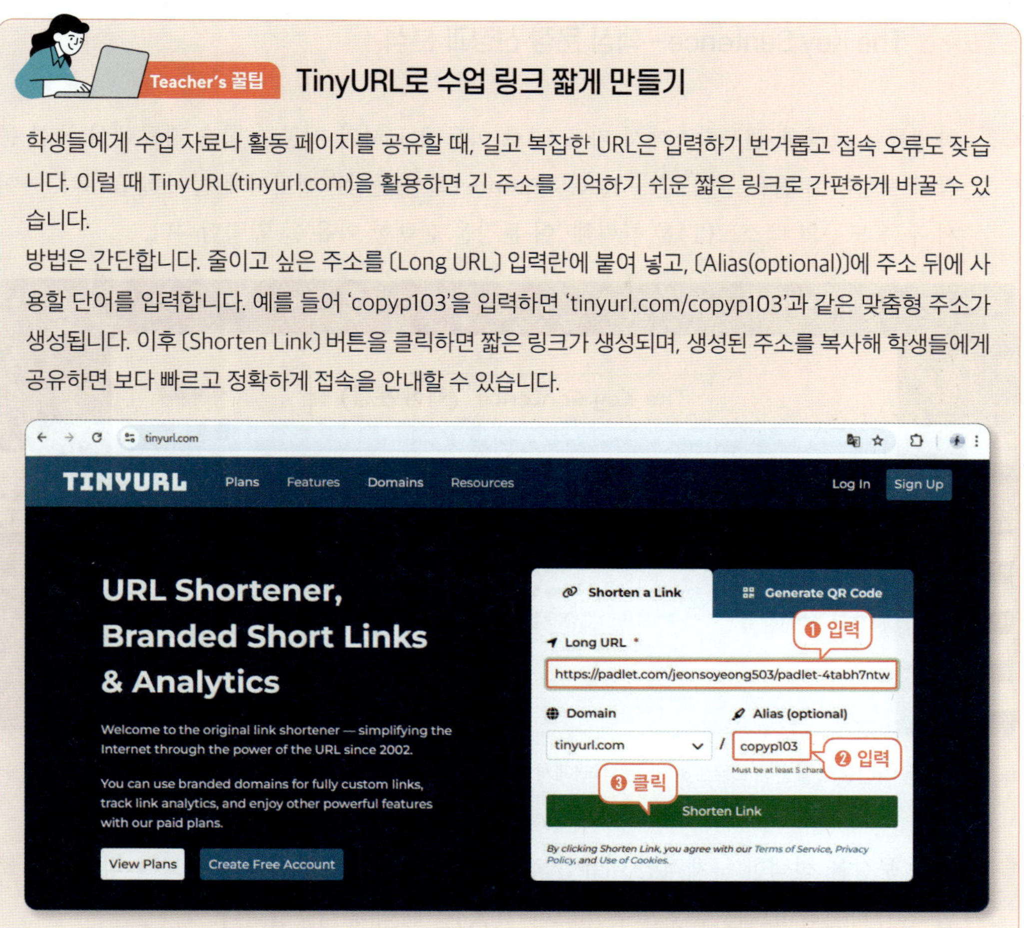

핵심 주제에 대한 인터랙티브 웹페이지 제작하기

학생들은 복제 링크로 동일한 구조의 샌드박스를 자신의 계정에 생성한 뒤, 학습 내용을 정리해 자신만의 인터랙티브 웹페이지를 완성합니다. 완성된 웹페이지는 첫 화면에 핵심 내용을 요약해 두고, 여기에서 필요한 항목을 클릭하면 심화 자료와 분석 페이지로 연결될 수 있도록 구성합니다.

01 학생들은 복제한 샌드박스에서 카드 02로 이동해 교사가 제공한 학습 자료에서 핵심 문장이 포함된 문단을 골라 'The Key Sentence(핵심 문장)' 페이지에 붙여 넣습니다. 이어서 우측 도구의 텍스트(T)를 클릭해 '이 문장을 선택한 이유'를 입력합니다.

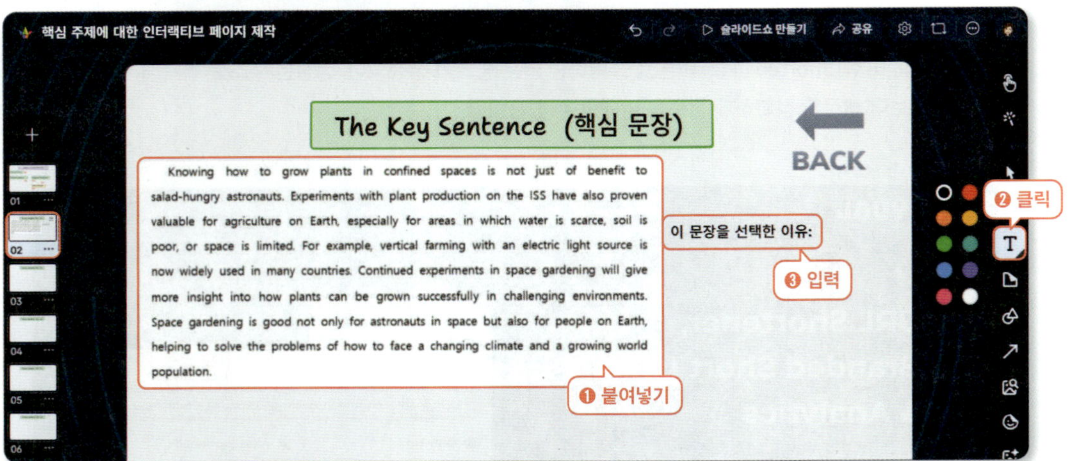

note 지문을 사진으로 촬영해 업로드하거나 컴퓨터에서 원하는 부분을 캡처한 뒤 샌드박스에 붙여넣습니다.

02 해당 문장을 선택한 구체적인 이유를 작성한 뒤, 핵심 문장에 하이라이트를 적용해 강조합니다. 하이라이트는 우측 도구의 그리기(A)를 클릭해 적용합니다.

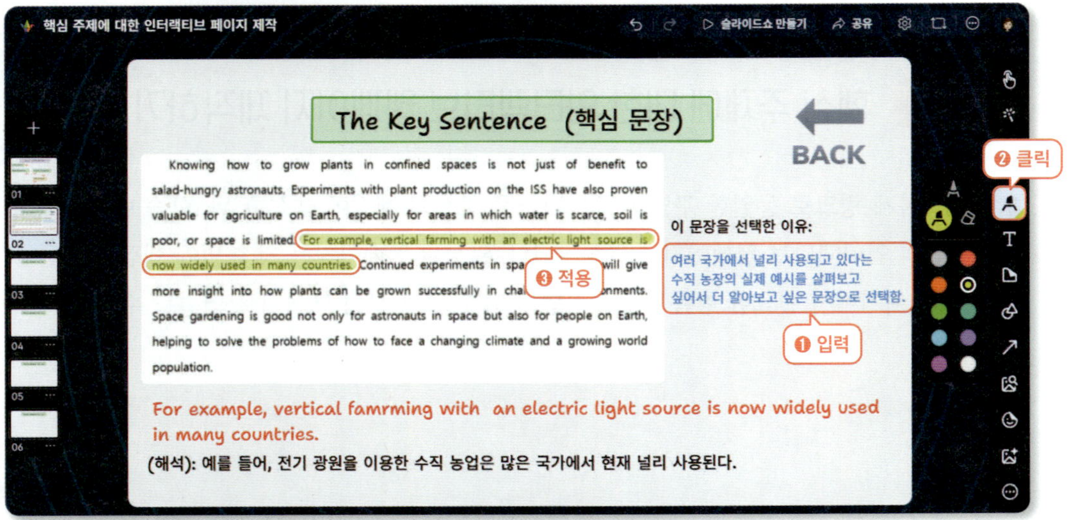

STEP 2 Advanced Resources - 심화 자료 탐색 및 큐레이션

01 카드 03으로 이동해 'Advanced Resources(심화 자료)' 페이지에는 관련 영상의 주소를 붙여 보겠습니다. 핵심 문장과 연결되는 심화 자료를 큐레이션하기 위해 유튜브에서 영상을 검색한 뒤 영상 제목 아래의 〔공유〕 → 〔복사〕를 눌러 링크를 복사합니다.

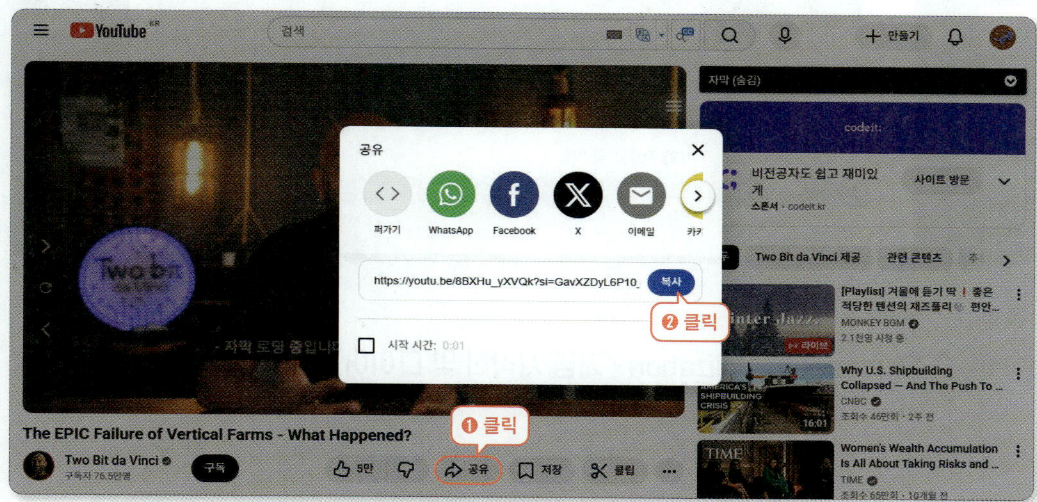

note 'The EPIC Failure of Vertical Farms - What Happened?' 예시 영상을 추가했습니다.

02 유튜브 영상 링크를 샌드박스 페이지에 붙여 넣으면 섬네일이 자동으로 표시됩니다. 이어서 영상 제목과 자료 선택 이유를 작성합니다. 같은 방식으로 기사 링크도 추가해 기사 제목과 자료 선택 이유를 작성합니다.

(1) **영상 제목**: The EPIC Failure of Vertical Farms - What Happened?
(2) **자료 선택 이유**: 수직 농업이 널리 사용된다고 들어왔지만, 이 영상에서는 오히려 수직 농장의 실패의 원인과 그 과정에 대해 다루고 있어서 매우 흥미로웠습니다. 이러한 새로운 시각이 수직 농업에 대한 더 깊은 이해를 제공해 줄 수 있을 것 같아 이 영상을 선택했습니다.

(1) **기사 제목**: Crawl, walk, run - the path to vertical farming success
(2) **자료 선택 이유**: 이 자료를 선택한 이유는 교과서에서 다루는 수직 농장의 일반적인 내용과 달리, 이 기사에서는 수직 농업이 직면한 다양한 어려움과 이를 단계적으로 극복해 나가는 방법에 대해 구체적으로 다루고 있기 때문입니다.

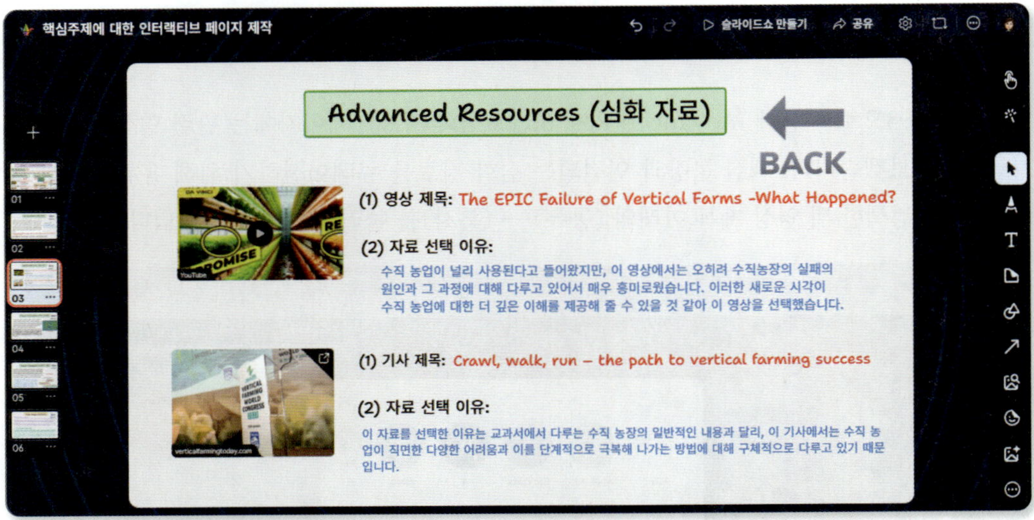

STEP 3 Diagram/Visualization - 개념 시각화 및 다이어그램 제작

01 수직 농업과 일반 농업의 핵심 차이와 관계를 한눈에 비교·정리하기 위해, 챗GPT에서 효율성 비교 인포그래픽을 생성한 뒤 이미지를 다운로드합니다.

1m² 기준으로 수직 농업과 일반 농업의 효율성을 비교하여 시각적으로 이해하기 쉬운 간단한 인포그래픽 이미지를 만들어줘.

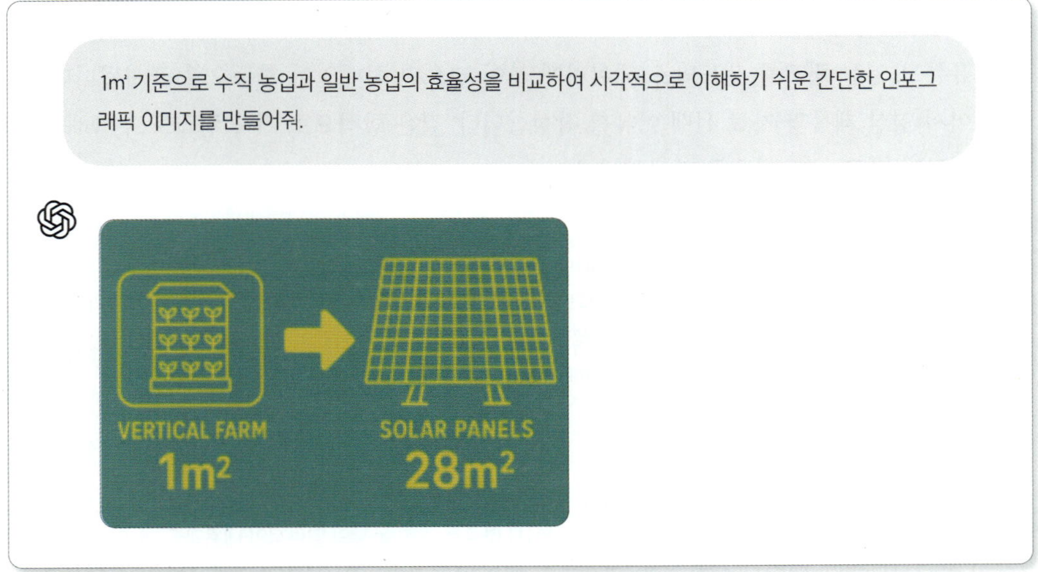

02 다운로드한 이미지를 복사해 'Diagram/Visualization(도식화/시각화)' 페이지에 붙여넣습니다.

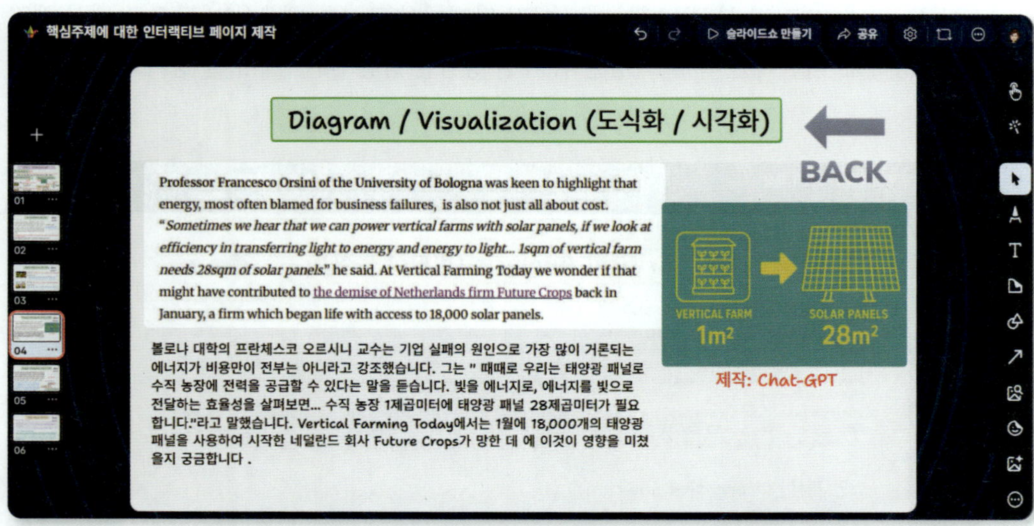

note AI로 생성한 이미지는 출처를 명확히 하고, AI가 만든 부분임을 구분하기 위해 '제작: ChatGPT'처럼 표기하는 것을 추천합니다.

Teacher's 꿀팁 ## 주제에 맞는 인포그래픽의 중요성

웹페이지에 텍스트만 있으면 한 눈에 보기 어렵습니다. 주제에 맞는 인포그래픽이나 이미지를 함께 배치하면 핵심이 더 잘 보이고 페이지도 깔끔해집니다. 이미지 생성이 필요할 때 활용할 수 있는 냅킨 AI 활용 방법을 120쪽 **'Teacher's 비법노트 - 냅킨 AI로 텍스트 시각화 확장하기'**에서 소개합니다.

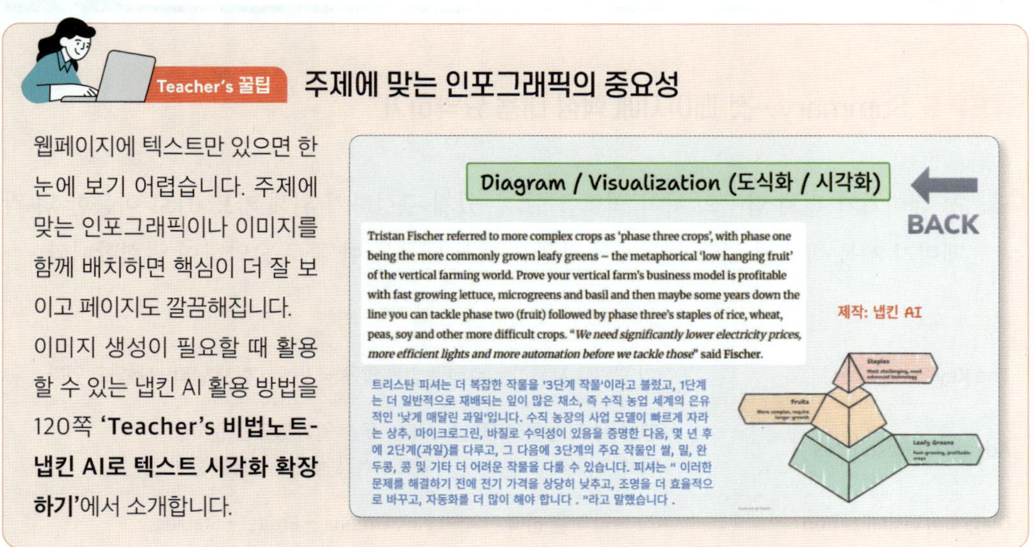

STEP 4 Critical Analysis - 비판적 분석과 개인적 성찰

'Critical Analysis(비판적 분석)' 페이지는 이전 단계에서 조사한 내용을 바탕으로 핵심 쟁점과 근거를 정리해 '비판적 분석'을 작성한 뒤 개선 방향을 담은 '대안 제시'를 영어와 한글로 작성합니다.

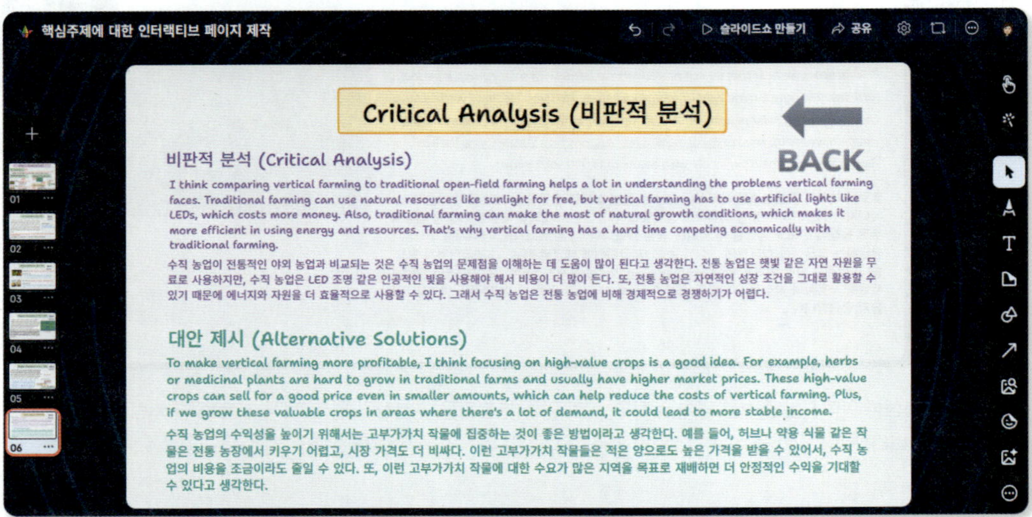

STEP 5 Summary - 첫 페이지에 핵심 내용 요약하기

01 첫 페이지가 전체 탐구의 목차 역할을 할 수 있게 구성하기 위해 카드 01로 이동한 뒤 각 페이지 제목 아래에 해당 단계에서 작성한 핵심 내용을 한 줄로 요약하여 입력합니다.

페이지 제목	핵심 내용
The Key Sentence	전기 광원을 사용하는 수직 농업은 많은 국가에서 현재 널리 사용되고 있다.
Advanced Resources	•**영상**: 수직 농업의 대단한 실패 - 무슨 일이 있었던 걸까? •**기사**: 기어가고, 걷고, 달리세요 - 수직 농업의 성공을 향한 길
Diagram/Visualization	수직 농업 작물 선택 전략 - Leafy Greens → Fruits → Staples
Critical Analysis	고부가가치 작물 재배를 통한 수직 농업 수익성 개선 방안

02 배치된 화살표를 클릭해 각 영역의 세부 카드로 이동하며 전체 흐름을 확인합니다. 예를 들어 'The Key Sentence' 옆 화살표를 누르면 해당 카드로 이동합니다. 만약 이동이 되지 않거나 다른 카드로 연결되면 화살표 도형을 선택한 뒤 더 보기(⋮) → 〔링크 편집〕에서 연결 대상을 수정합니다.

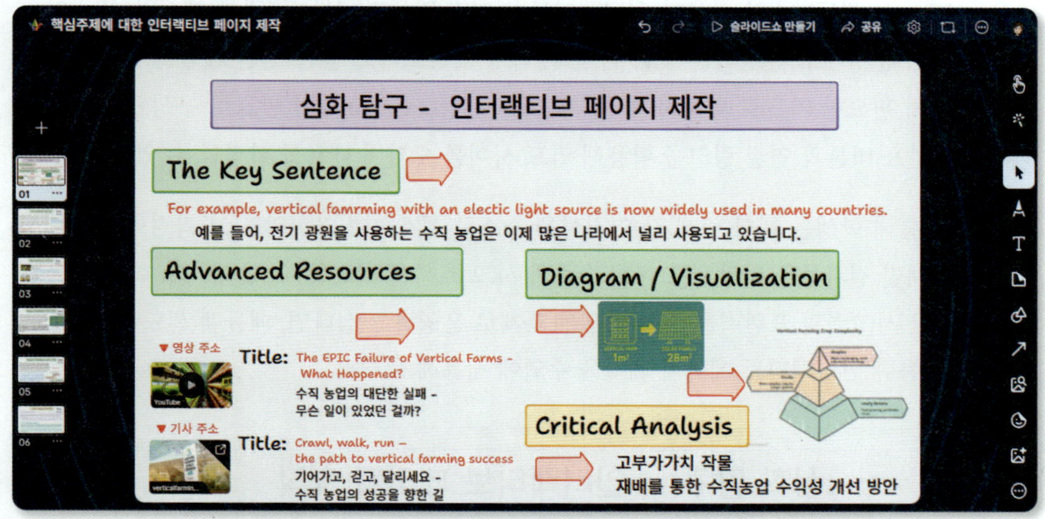

note 카드 02~06의 〔BACK〕 버튼도 잘 작동하는지 확인해야 합니다.

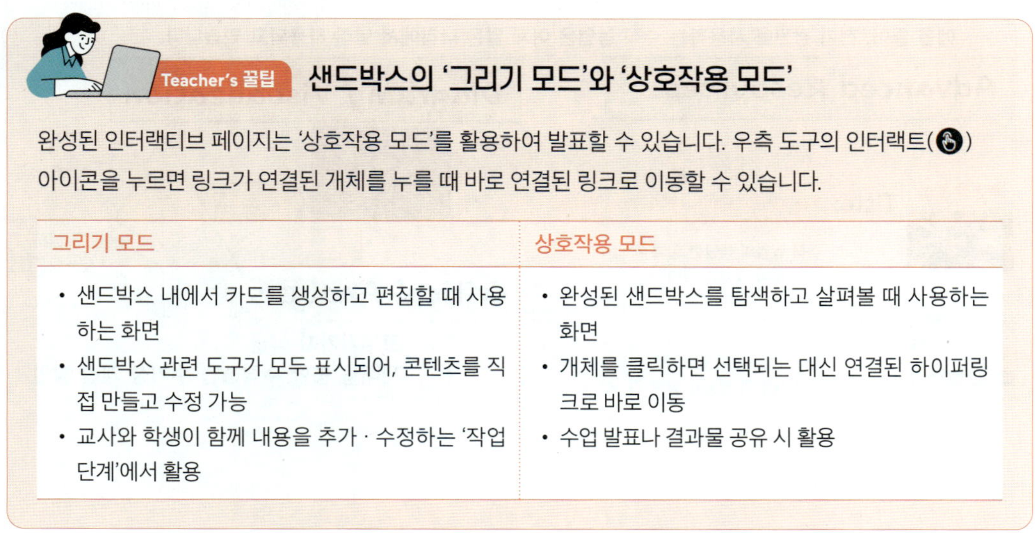

Teacher's 꿀팁 샌드박스의 '그리기 모드'와 '상호작용 모드'

완성된 인터랙티브 페이지는 '상호작용 모드'를 활용하여 발표할 수 있습니다. 우측 도구의 인터랙트(🔓) 아이콘을 누르면 링크가 연결된 개체를 누를 때 바로 연결된 링크로 이동할 수 있습니다.

그리기 모드	상호작용 모드
• 샌드박스 내에서 카드를 생성하고 편집할 때 사용하는 화면 • 샌드박스 관련 도구가 모두 표시되어, 콘텐츠를 직접 만들고 수정 가능 • 교사와 학생이 함께 내용을 추가 · 수정하는 '작업 단계'에서 활용	• 완성된 샌드박스를 탐색하고 살펴볼 때 사용하는 화면 • 개체를 클릭하면 선택되는 대신 연결된 하이퍼링크로 바로 이동 • 수업 발표나 결과물 공유 시 활용

샌드박스를 활용한 인터랙티브 페이지

다음은 '패들렛 샌드박스를 활용한 인터랙티브 페이지 만들기' 활동 결과물 예시입니다. 이 활동은 정해진 순서대로 진행하는 것이 아니라, 학생이 강조하고 싶은 핵심 개념을 기준으로 항목을 클릭해 필요한 카드로 이동하며 설명하는 비선형(Non-linear) 발표로 구성됩니다. 발표 중에는 화살표 버튼과 연결 링크를 활용해 카드 사이를 오가며 내용을 확장할 수 있습니다.

이 과정을 통해 학생은 핵심 주제 간 연결성을 스스로 설계하며 자신의 사고 과정을 드러내고, 교사는 단계별 결과물을 바탕으로 이해 수준과 사고 흐름을 확인할 수 있습니다. 학기 말 심화 탐구 활동을 사고력과 표현력을 함께 키우는 과제로 운영하고 싶다면, 패들렛 샌드박스와 생성형 AI를 활용한 인터랙티브 페이지 제작을 수업에 적용해 보세요.

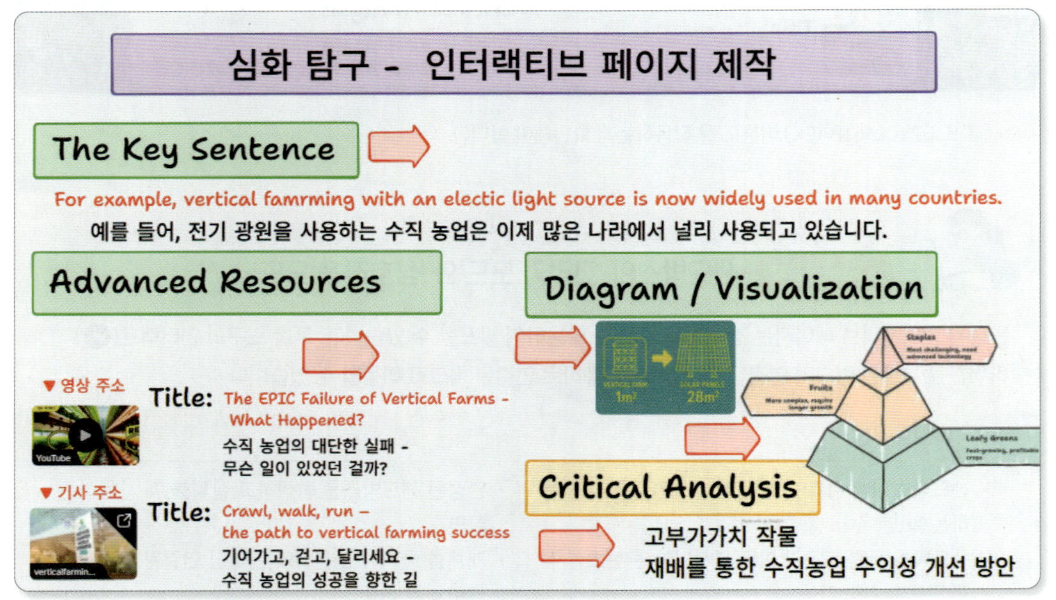

이 활동은 핵심 개념 선별부터 비판적 분석까지 사고를 단계적으로 확장하며, 단계별 결과물이 다음 단계로 이어져 탐구 흐름이 자연스럽게 연결됩니다. 이러한 과정과 결과물은 학생의 사고 과정과 자료 활용 능력을 확인할 수 있는 평가·기록 근거로 활용할 수 있습니다.

AI 경험 제공

챗GPT, 냅킨 등 생성형 AI 도구를 학습 목적에 맞게 활용하고, AI가 제시한 결과물을 비판적으로 평가·수정하는 과정에서 디지털 리터러시가 향상됩니다.

기대 효과

- ☑ 핵심 개념 파악 및 정보 선별 능력 향상
- ☑ 비판적 분석과 종합 능력 신장
- ☑ 시각적 사고 및 창의적 표현 역량 강화
- ☑ 자기주도적 학습 및 메타인지 능력 향상

+ PLUS 자료실

바로 복제해서 사용할 수 있는 패들렛 웹페이지 탬플릿과 예시 페이지 미리보기를 제공합니다. QR 코드를 스캔해서 바로 활용해 보세요.

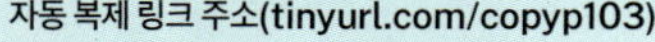
자동 복제 링크 주소(tinyurl.com/copyp103)

페이지 미리보기

냅킨으로
텍스트 시각화 확장하기

냅킨은 텍스트를 입력하면 피라미드, 플로우차트, 타임라인 등 다양한 다이어그램을 자동으로 제안하는 도구입니다. '이 형태로 만들어줘'라고 지시하지 않아도, 텍스트 구조를 분석해 어울리는 시각화 옵션을 여러 가지로 보여줍니다. 학생들은 이를 비교하며 '어떤 시각화가 가장 효과적인가?'를 고민하는 과정에서 정보 구조화 능력과 시각적 사고력을 키울 수 있습니다. Section 003. 패들렛 샌드박스로 인트랙티브 웹페이지 제작하기에서 간단히 언급했던 냅킨을 좀 더 자세히 살펴봅니다.

✏️ 냅킨으로 텍스트를 다이어그램으로 시각화하기

01 냅킨 웹사이트(napkin.ai)에 접속하고 〔Sign In〕 버튼을 클릭하여 구글 계정으로 로그인합니다. 이어서 사용 목적, 학교 유형, 역할, 활용 분야 등을 선택하고 〔Next〕를 눌러 초기 설정을 완료합니다.

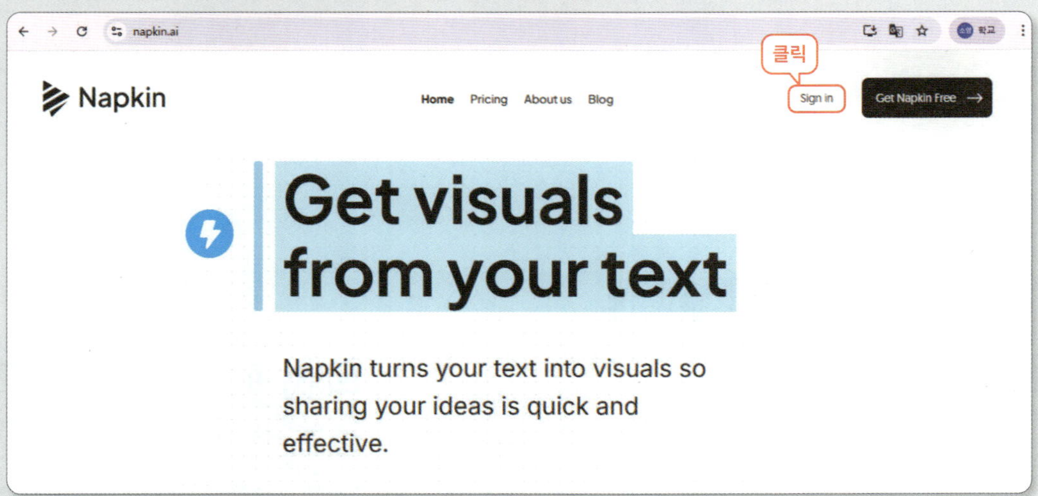

note 초기 설정을 완료하면 텍스트 추가 방법을 선택하는 화면이 나타납니다. 〔By pasting my text content〕를 선택하여 원하는 텍스트를 붙여넣기 방식으로 입력합니다.

 텍스트 기반 다이어그램을 만들기 위해 상단의 〔+New Napkin〕 버튼을 누르고 〔Blank Napkin〕을 선택합니다. 다음 예시처럼 빈 공간에 이미지로 나타내고 싶은 텍스트를 붙여 넣습니다.

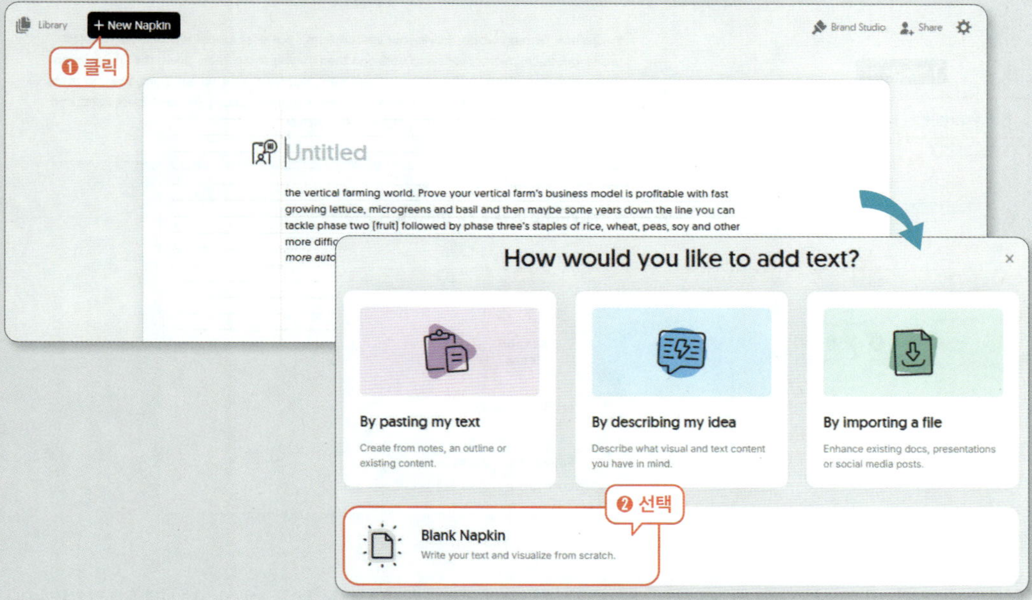

Tristan Fischer referred to more complex crops as 'phase three crops', with phase one being the more commonly grown leafy greens - the metaphorical 'low hanging fruit' of the vertical farming world. Prove your vertical farm's business model is profitable with fast growing lettuce, microgreens and basil and then maybe some years down the line you can tackle phase two (fruit) followed by phase three's staples of rice, wheat, peas, soy and other more difficult crops. "We need significantly lower electricity prices, more efficient lights and more automation before we tackle those" said Fischer.

note 요약 대상 텍스트는 영어, 한국어 등 언어와 관계없이 사용할 수 있습니다.

03 붙여넣기 한 텍스트 좌측에 나타나는 Generate Visual(⚡) 아이콘을 누르면 좌측 〔AI Suggestions〕 영역에 추천 다이어그램이 나옵니다. 하단의 〔More…〕를 클릭하면 더 많은 형태를 확인할 수 있습니다.

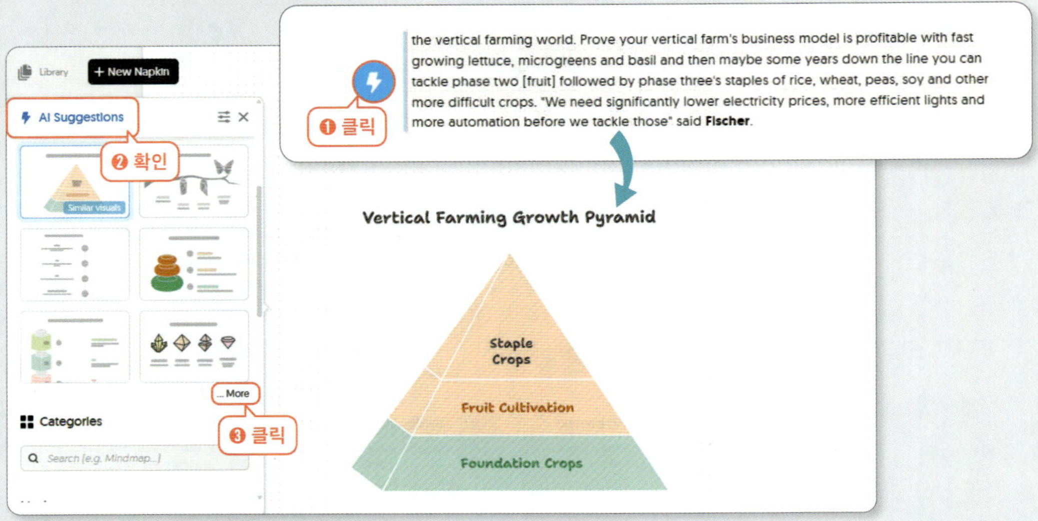

04 생성된 다이어그램 중 적절한 이미지를 선택해 다운로드합니다. 다이어그램을 클릭한 뒤 이미지 우측 상단에 마우스를 올리면 〔Export Visual〕 버튼이 나타납니다. 버튼을 누르면 다운로드하거나 클립보드에 복사해 저장할 수 있습니다. 저장한 이미지는 관련 텍스트와 함께 원하는 문서나 자료에 삽입합니다.

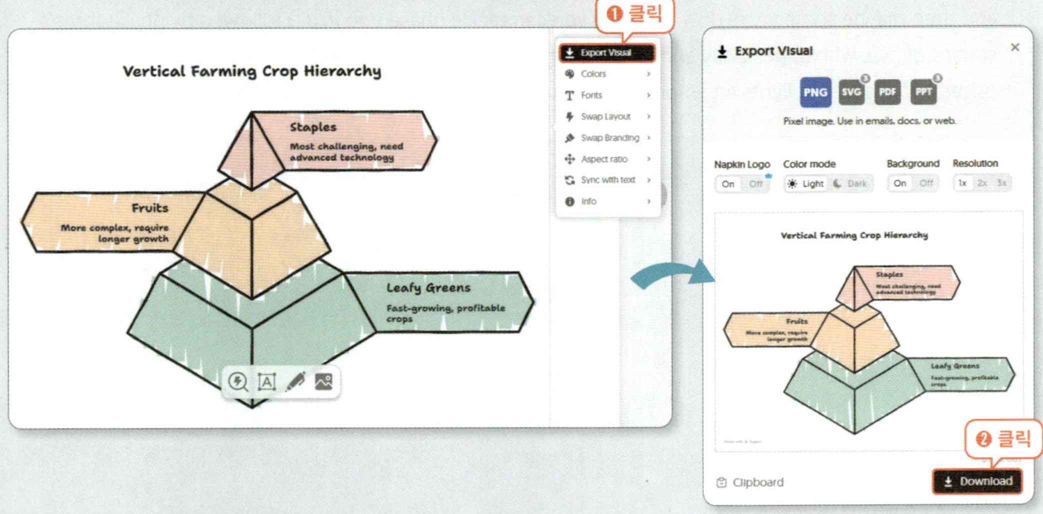

✏️ 수치가 포함된 텍스트를 차트로 시각화하기

냅킨은 퍼센트처럼 수치가 포함된 텍스트를 막대그래프, 파이차트, 비교 다이어그램 등으로 자동 변환하는 데 유용합니다. 아래 예시처럼 수치가 들어간 문장을 입력하면 여러 그래프 옵션이 생성되며, 목적에 맞는 형태를 선택할 수 있습니다.

> 학생들이 선호하는 학습 방법에 대해 설문조사를 진행했습니다. 30%의 학생들은 영상과 다이어그램을 통한 시각적 학습을 선호했습니다. 25%는 실습 활동과 실험을 선호했습니다. 20%는 읽기와 쓰기를 통해 가장 잘 배운다고 답했습니다. 15%는 그룹 토론과 협력 학습을 선호했습니다. 10%는 개별 학습과 연습을 선호했습니다.

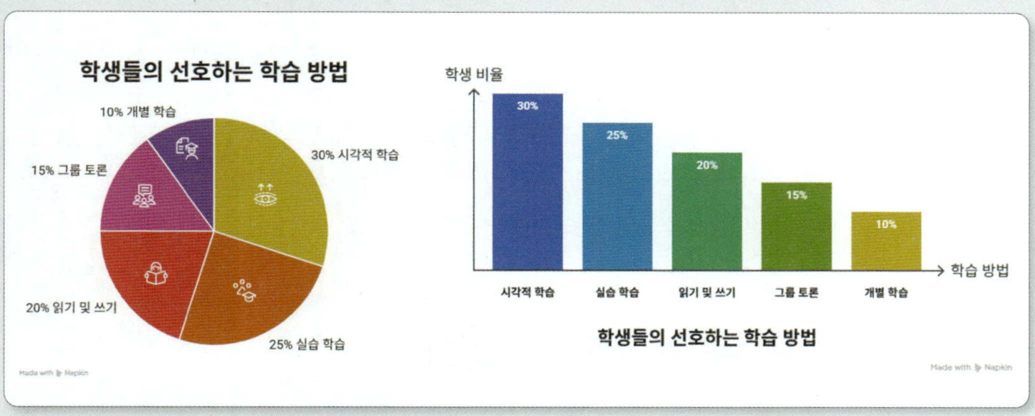

냅킨을 활용하면 학생들은 같은 내용을 목적에 맞는 형태로 바꿔 전달하는 힘을 기를 수 있습니다. 예를 들어 설문·실험 결과처럼 수치가 들어간 문장은 차트로, 복잡한 개념 정리는 구조 다이어그램으로 바꿔 보면서 무엇을 강조할지를 스스로 판단하게 됩니다. 이 과정에서 정보 구조화와 시각적 사고뿐 아니라 '왜 이 형태가 더 적절한가'를 설명하는 근거 중심의 표현 능력도 함께 강화됩니다.

또한 결과물을 곧바로 보고서·발표 자료에 적용할 수 있어 시각 자료 제작에 쓰는 시간을 줄이고 내용 설계와 해석에 더 집중할 수 있습니다.

브리스크 티칭으로 수업 자료 만들기

AI 도구 Brisk Teaching   **핵심 역량** 자기관리 역량, 창의적 사고 역량, 지식정보처리 역량

AI 도구 확산으로 교사용 수업 지원 플랫폼도 다양해지고 있습니다. 그중 브리스크 티칭(Brisk Teaching)은 교사의 수업 준비 시간을 절약해 주는 AI 플랫폼으로 수업 계획, 커리큘럼, 퀴즈 등을 자동으로 생성해 줍니다. 크롬 확장 형태로 무료 이용이 가능하며, 구글폼이나 구글 독스와 연동되어 클릭 몇 번으로 퀴즈나 프레젠테이션, 수업 계획을 빠르게 만들 수 있습니다. 또한 교육 목표와 학생 수준에 맞춘 커리큘럼을 자동으로 제안하고, 교과별로 커스터마이징할 수 있는 학습 리소스도 제공합니다.

수업 준비 교사용 브리스크 티칭 가입하기

브리스크 티칭을 활용하려면 먼저 교사용 계정을 생성하고 크롬 확장 프로그램을 설치해야 합니다. 교사용 계정으로 가입한 뒤 크롬 확장 프로그램을 추가하면 브리스크 티칭의 수업 지원 기능을 바로 사용할 수 있습니다. 다음 단계에 따라 계정 가입과 확장 프로그램 설치를 진행해 봅니다.

01 크롬 브라우저에서 브리스크 티칭 웹사이트(briskteaching.com)에 접속한 후 우측 상단의 〔Login〕 버튼을 클릭합니다.

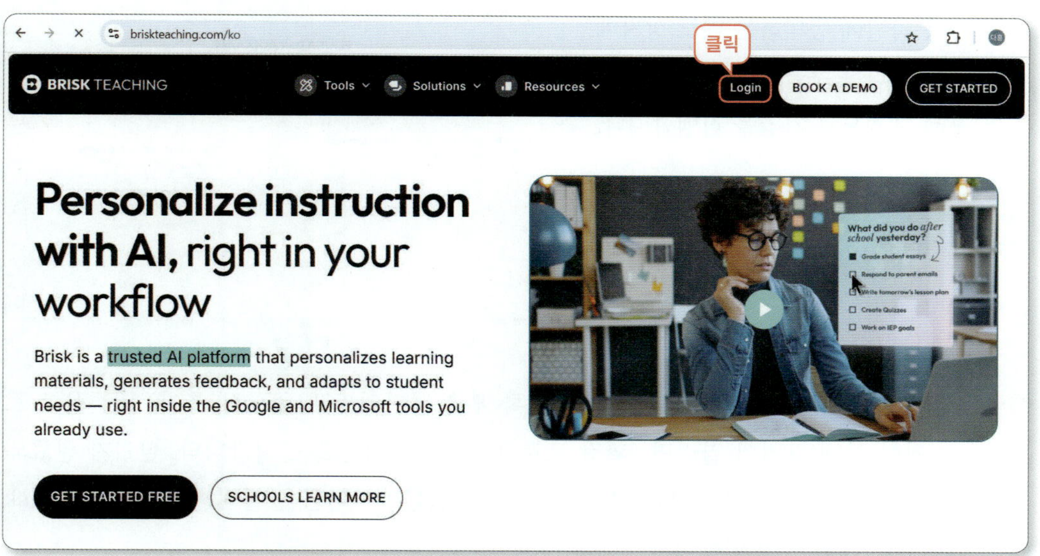

 브리스크 티칭은 크롬, 엣지, 사파리 등 주요 웹 브라우저에서 사용할 수 있으며, 보다 안정적인 사용을 위해 크롬 브라우저 기준으로 안내합니다.

02 로그인 페이지가 열리면 학생용(I'm a Student)과 교사용(I'm a Teacher) 두 가지 진입 경로가 보입니다. 교사용 계정으로 가입하고 로그인을 진행하려면 우측 교사용(I'm a Teacher) 영역의 〔GET STARTED〕 버튼을 클릭합니다.

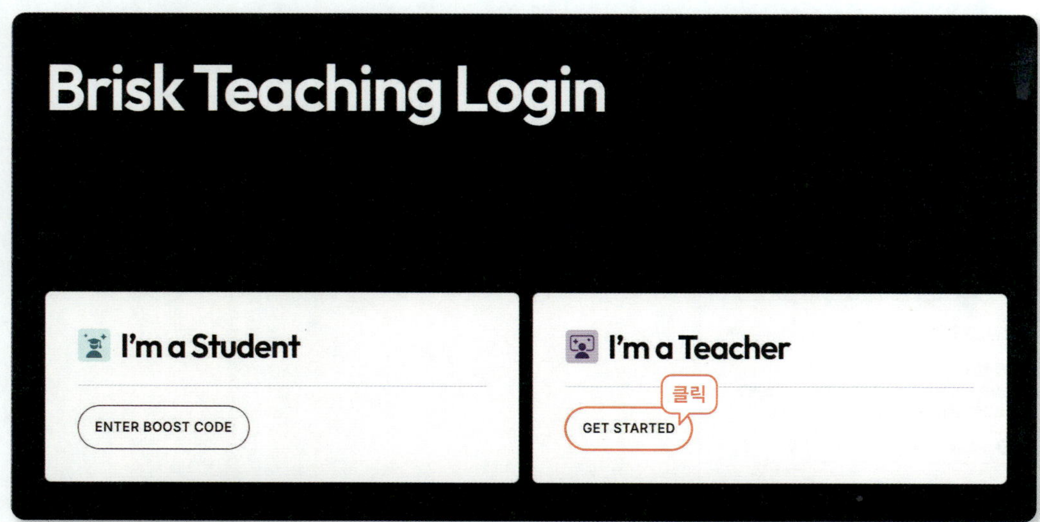

03 이용 약관에 동의하는 네모 상자에 체크한 다음 구글 또는 마이크로소프트 계정으로 가입을 진행합니다.

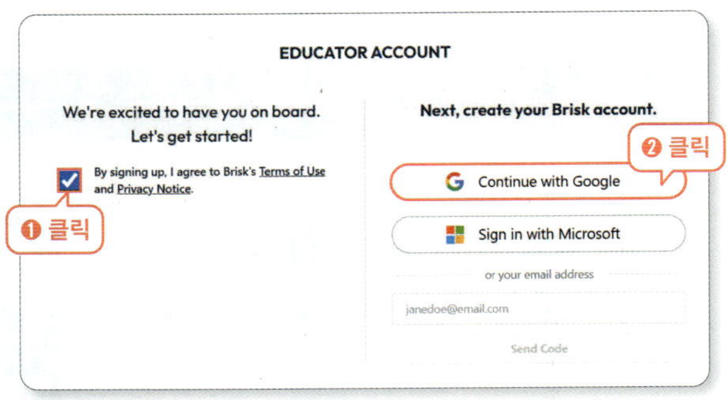

04 크롬 브라우저에서 바로 사용할 수 있도록 우측 상단의 〔Chrome에 추가〕 버튼을 누르고, 권한 안내 팝업이 열리면 〔확장 프로그램 추가〕 버튼을 클릭합니다. 설치가 완료되면 브라우저 상단 주소창 우측에 확장 프로그램(🔲) 아이콘을 클릭해 목록에서 'Brisk Teaching(🅑)'을 확인합니다.

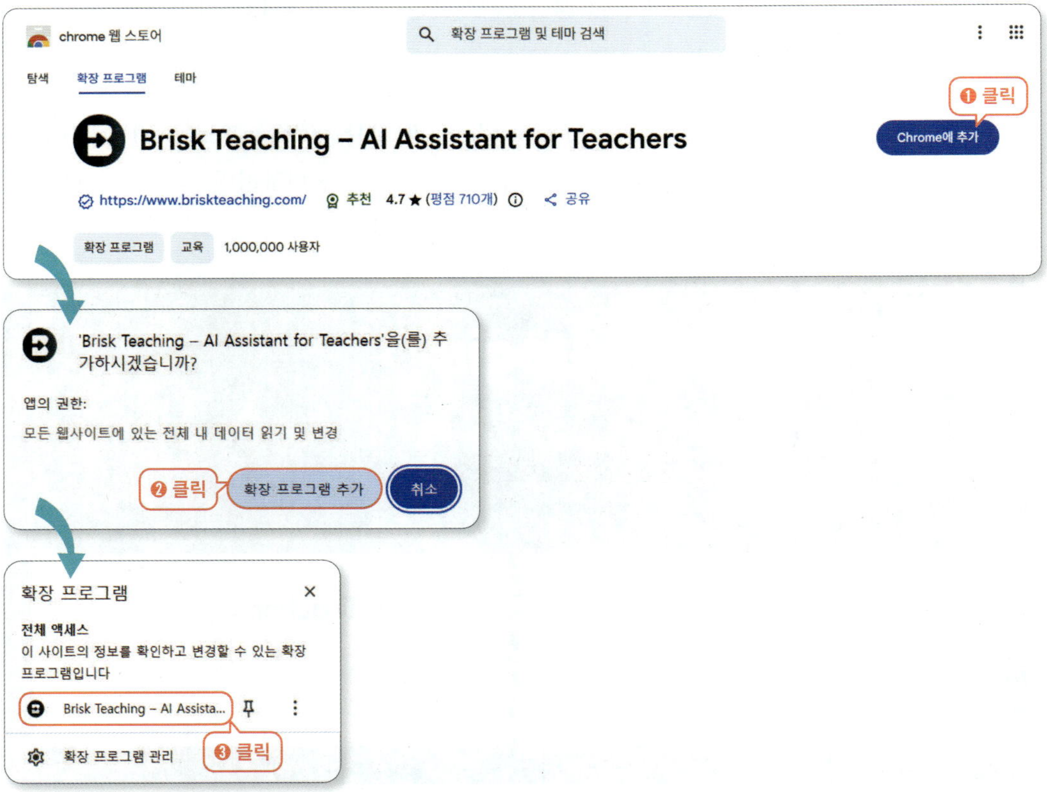

note 브리스크 티칭을 자주 사용할 경우 고정핀(📌)을 눌러 상단에 항상 표시되도록 설정합니다.

수업계획 세우고 발표 자료 만들기

브리스크 티칭은 구글 독스에서 바로 실행되므로 문서를 작성하는 흐름 속에서 수업 계획을
빠르게 생성할 수 있습니다. 먼저 메뉴 언어를 한국어로 설정하면 기능을 이해하고 활용하기가
수월합니다. 다음 단계에서는 브리스크 티칭으로 수업 계획을 세우고 이를 바탕으로 발표 자료
까지 만들어 봅니다.

STEP 1 한국어로 언어 설정하기

01 브리스크 티칭 메뉴를 한국어로 사용하기 위해 먼저 언어 설정을 변경합니다. 구글 독스
에서 빈 문서를 연 뒤 브라우저 상단의 확장 프로그램(⬚) 아이콘을 클릭합니다. 목록에
서 〔Brisk Teaching – AI Assistant for Teachers〕를 선택한 다음, 구글 독스 우측 하단
에 브리스크 티칭(❸) 아이콘이 나타나면 이를 클릭합니다.

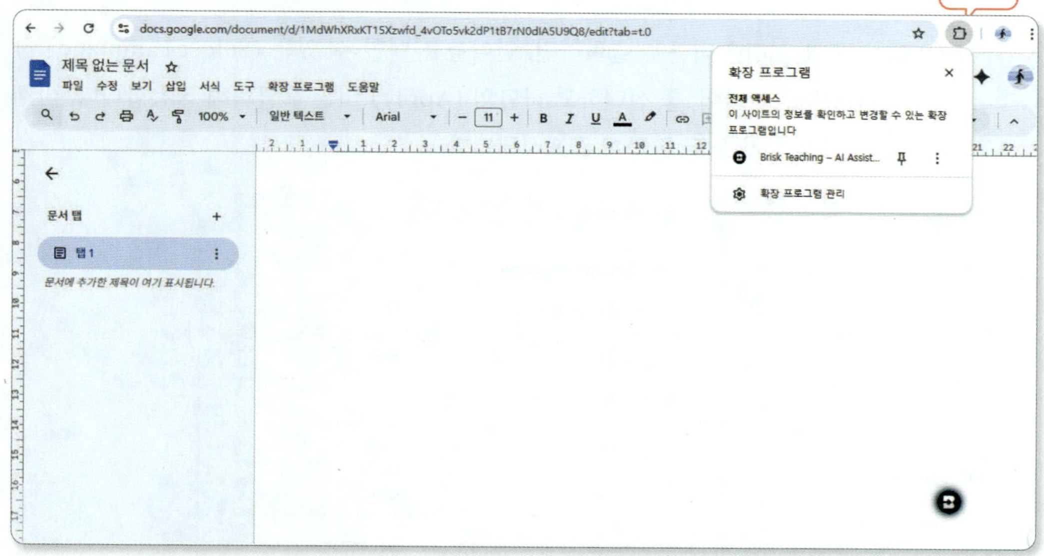

note 만약 확장 프로그램 아이콘이 상단에 보이지 않으면 크롬 우측 상단 더 보기(⋮)를 클릭해 〔확장 프로그램〕 – 〔확장
프로그램 관리〕로 이동한 뒤 〔전체 확장 프로그램〕에서 Brisk Teaching을 찾아 활성화합니다.

02 〔Brisk〕 메뉴창이 열리면 추가 설정 메뉴를 확인하기 위해 우측 상단의 더 보기(⋯) 아이콘을 클릭합니다.

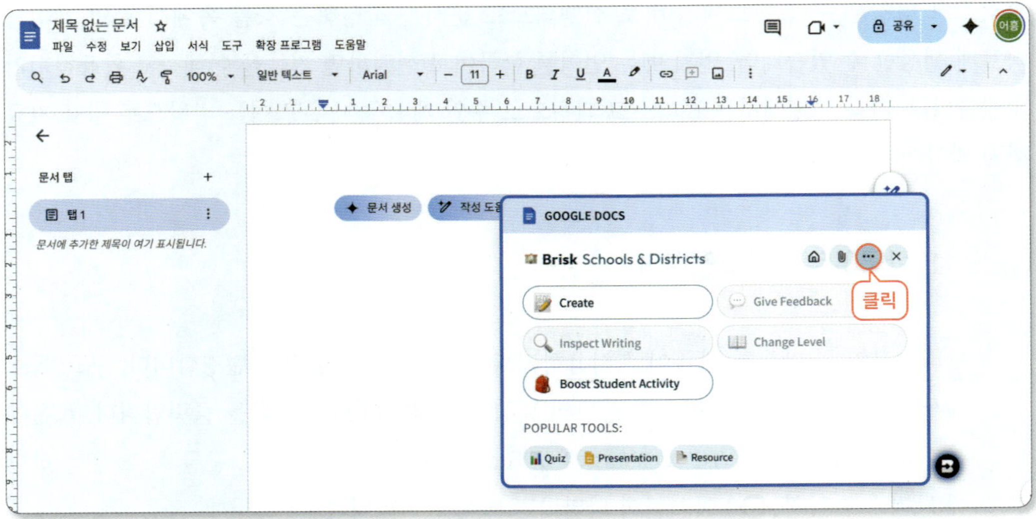

03 〔Languate & Region〕 버튼을 클릭하면, 언어를 선택할 수 있는 〔Select Language〕 창으로 변경됩니다. 〔한국어〕를 선택하고 하단의 〔Apply〕 버튼을 클릭해 적용합니다. 이제부터 브리스크 메뉴가 모두 한국어로 표시됩니다.

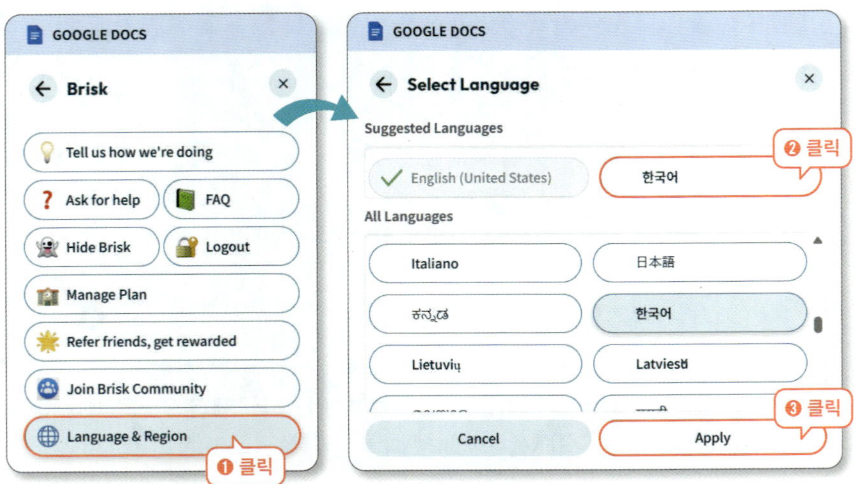

STEP 2 수업 계획 세우기

01 구글 독스에서 브리스크 티칭을 활용하여 수업 계획을 세우기 위해 구글 독스에서 새 문서를 엽니다. 우측 하단 브리스크 티칭(B) 아이콘을 클릭하고 〔만들기〕를 선택합니다.

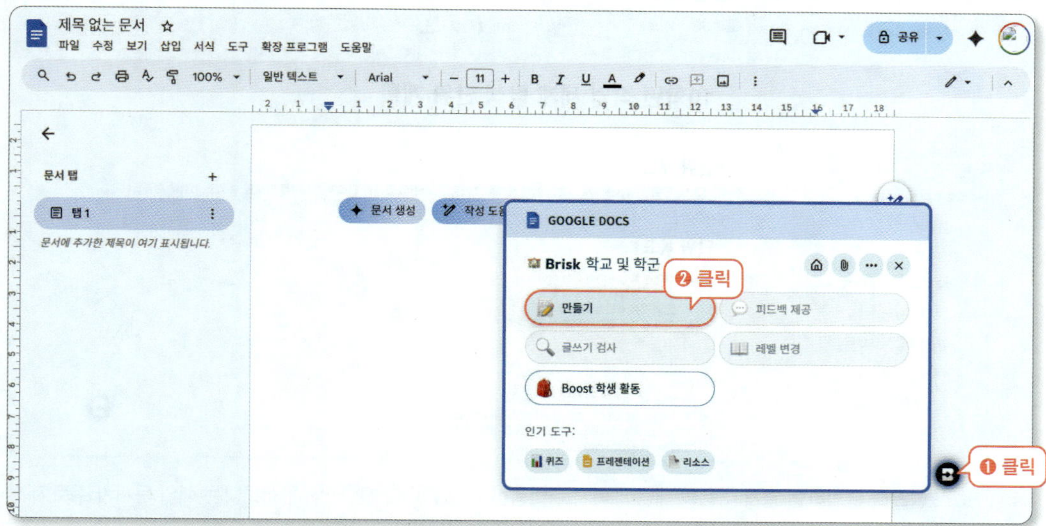

02 〔라이브러리 만들기〕 창에서 스크롤바를 내려 〔교육과정 핵심요소〕의 〔수업 계획〕을 선택 하고 〔다음〕 버튼을 클릭합니다. 창이 전환되면 〔프롬프트〕에 수업 주제인 '미래 직업 세계의 변화'를 입력하고 '학년'과 '수업 기간'도 선택합니다. 〔출처 포함하기〕에 동의하는 네모 상자에 체크한 다음 우측 하단의 〔Brisk It〕 버튼을 클릭해 수업 계획을 생성합니다.

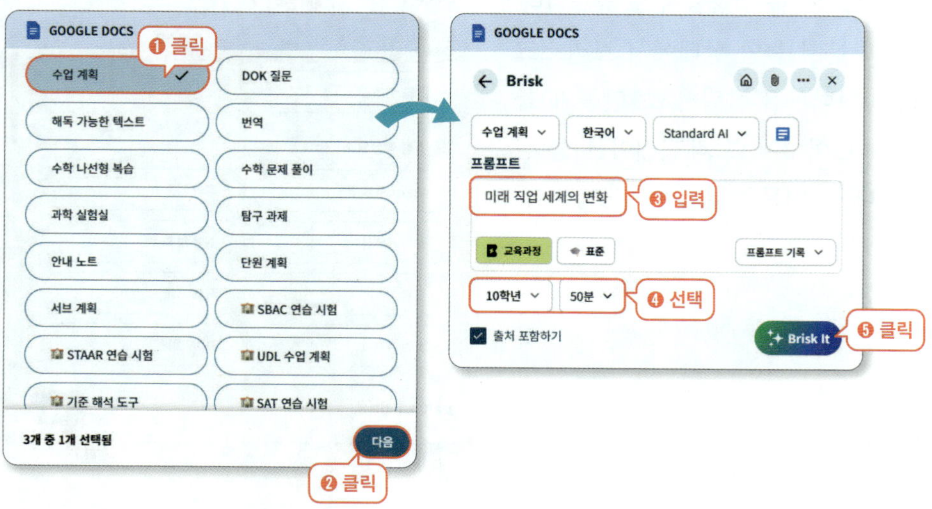

03 선택한 학년과 수업 시간에 맞춰 구글 독스에 학습목표, 도입, 전개, 정리, 평가(평가 기준)까지 포함된 수업 계획이 자동으로 생성됩니다. 하단의 소스(Sources) 영역에는 위 내용의 근거가 되는 출처 링크가 표시됩니다.

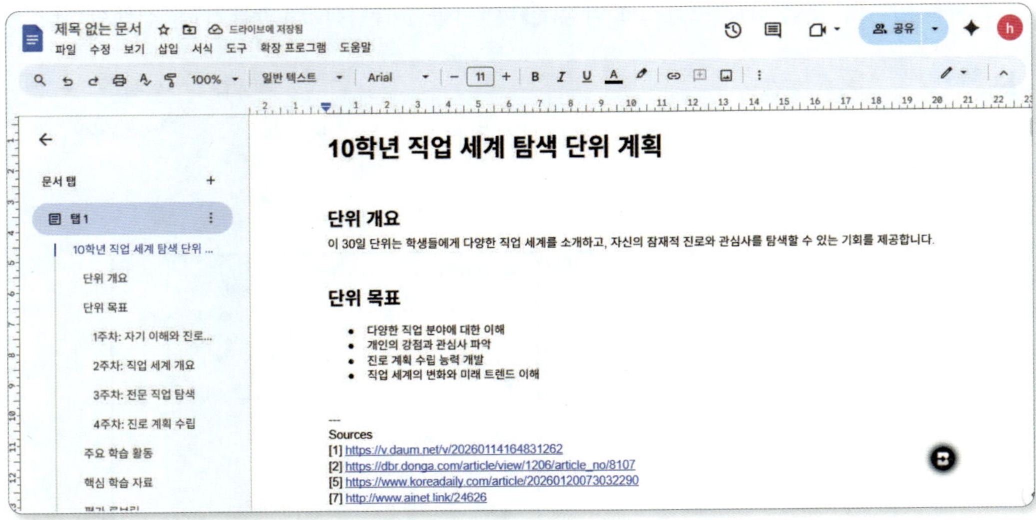

note 소스 링크를 클릭하면 출처 내용의 해당 페이지로 이동할 수 있습니다. 단, 국내 문서보다는 해외 문서가 주로 제시됩니다.

STEP 3 프레젠테이션 만들기

01 완성한 수업 계획을 바탕으로 수업에 활용할 프레젠테이션을 생성할 수도 있습니다. 수업 계획 문서를 연 상태에서 브리스크 티칭(⊖) 아이콘을 클릭하고 〔만들기〕를 클릭합니다. 이어서 〔프레젠테이션〕을 선택하고 〔다음〕 버튼을 클릭합니다.

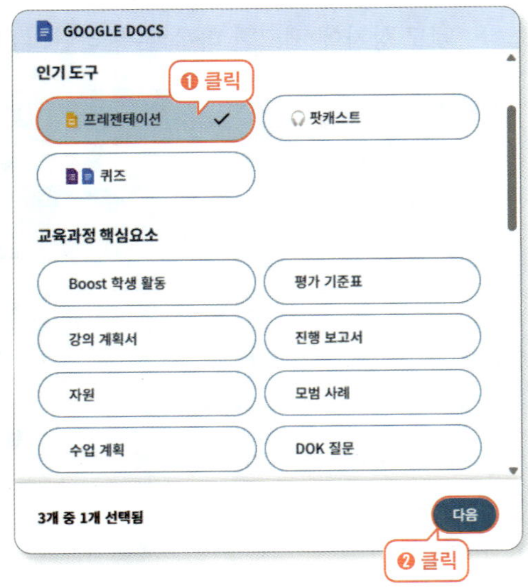

02 〔프롬프트〕에 '미래 직업 세계의 변화'를 입력한 뒤, 하단에서 다음과 같이 〔10학년〕, 〔10개의 슬라이드〕, 〔이미지 제외〕를 선택합니다. 모든 항목을 설정한 후 하단의 〔다음〕 버튼을 클릭합니다.

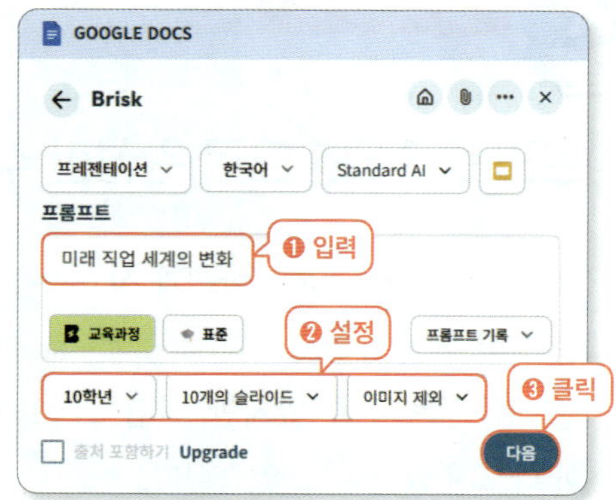

03 〔프레젠테이션 스타일〕 창에서 마음에 드는 디자인을 선택하고, 하단의 〔Brisk It〕 버튼을 클릭합니다.

04 새 탭에서 구글 슬라이드가 자동으로 열리고, 수업 계획 내용을 바탕으로 표지와 목차, 본문 슬라이드가 자동으로 생성됩니다.

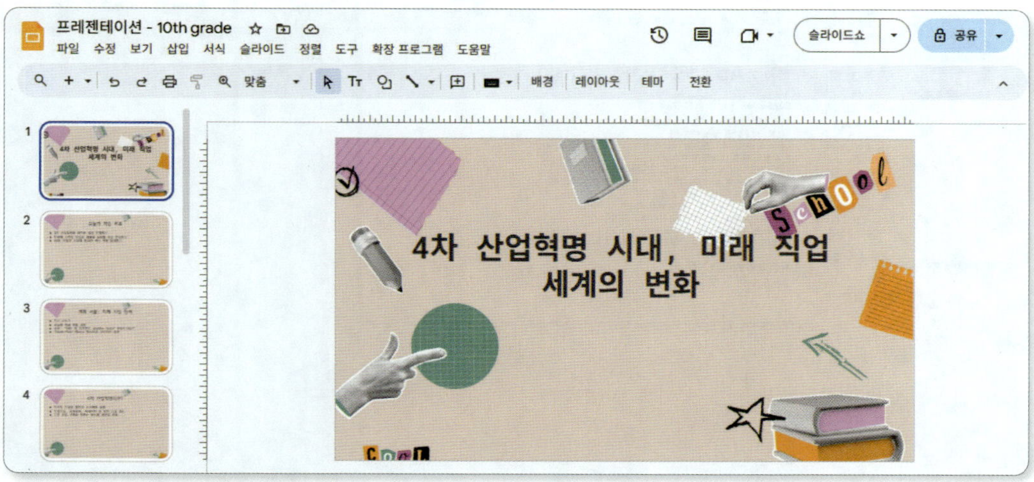

브리스크 티칭으로 완성한 수업 설계와 발표 자료

교과 수업을 설계하고 학생과 상호작용 하는 수업 활동을 위해 브리크스 티칭을 활용하여 수업 계획과 발표 자료까지 효율적으로 생성해 보았습니다. 다른 AI 도구에서도 수업 아이디어를 제안을 받을 수 있지만, 직접 프롬프트를 고민하고 입력해야 하는 과정에서 원하는 결과물이 나오지 않을 수도 있습니다.

반면, 브리스크 티칭은 수업 맞춤용 프롬프트가 포함되어 있어 주제와 수업 요소만 입력해도 AI가 다양한 수업 자료와 아이디어를 자동으로 생성해 줍니다. 특히 생성한 수업 설계에 맞춰 발표 자료까지 빠르게 생성할 수 있어, 준비 시간을 줄이면서도 수업의 밀도를 높이는 데 도움이 됩니다.

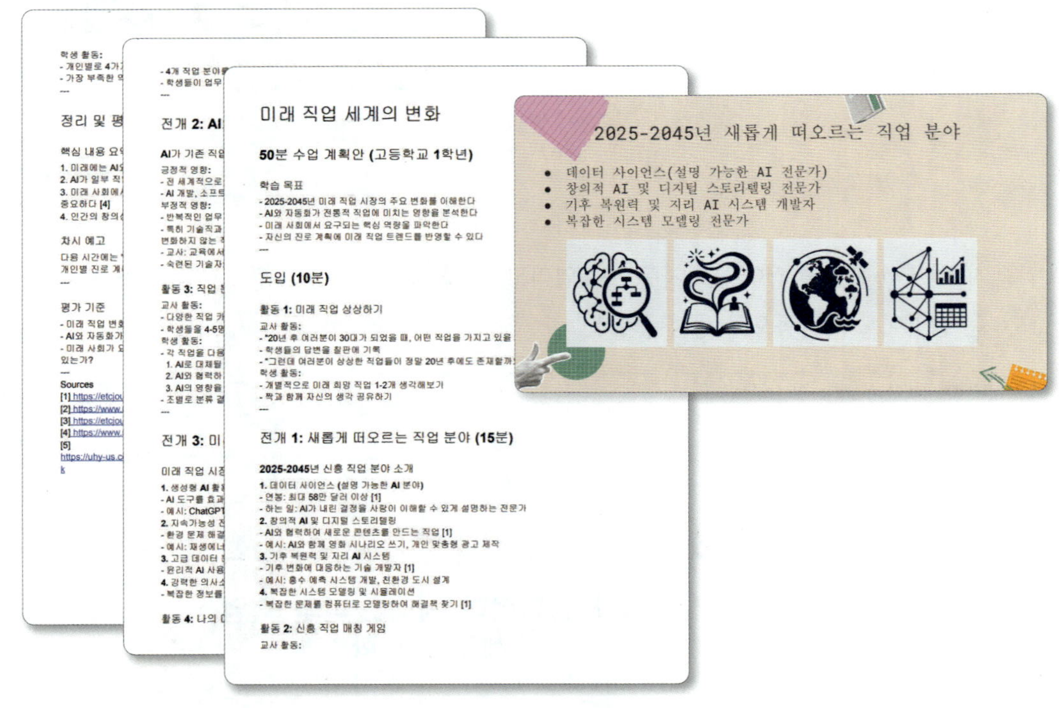

교사의 수업 계획 분만 아니라 학생의 수업 활동을 지원할 때도 사용할 수 있습니다. 학생 수준에 맞춰서 수업 자료가 제공하는 레벨 변경, 글쓰기 검사, Boost(역량 강화) 학생 활동 등 학년 맞춤형 자료 및 활동을 전개할 수 있습니다. 학습이 부족한 학생들에게 스스로 학습 활동을 성찰할 수 있는 피드백도 제공하여 교사 및 학생 모두에게 유용하게 활용할 수 있습니다.

AI 경험 제공

교사의 교과별 특징이나 학생 수준에 맞게 AI가 맞춤형으로 정보를 제공함으로써 AI가 도구로서 개별 학습 및 지원에 도움을 줄 수 있다는 경험을 할 수 있습니다. 이를 통해 교수자 및 학습자로서 AI를 적절하게 활용하는 것의 중요성을 알게 합니다.

기대 효과

☑ 수업 설계 및 수업 아이디어 지원
☑ AI 활용한 수업의 질 향상
☑ 수업 기획 속도 향상 · 학생 맞춤형 실시간 피드백
☑ 시간 절약 및 업무 효율성 향상

+ PLUS 자료실

브리스티크 티칭으로 생성한 수업 설계 자료들을 바로 확인할 수 있도록 제공합니다. QR 코드를 스캔해 바로 활용해 보세요.

브리스크 티칭으로
퀴즈 생성하기

브리스크 티칭은 구글 독스에서 수업 자료를 만드는 기능뿐 아니라 유튜브 영상 내용을 바탕으로 퀴즈를 생성할 수도 있습니다. 영상을 시청한 뒤 브리스크 티칭을 실행하면 구글 설문지(Forms)에서 활용할 수 있는 퀴즈가 자동으로 생성됩니다.

01 먼저 유튜브에서 관련 주제를 검색해 적절한 영상을 선택한 뒤, 브라우저 상단의 확장 프로그램 아이콘( )을 클릭합니다. 유튜브 화면에 브리스크 티칭 로고( )가 나타나면 이를 클릭한 다음 〔생성〕 버튼을 누릅니다.

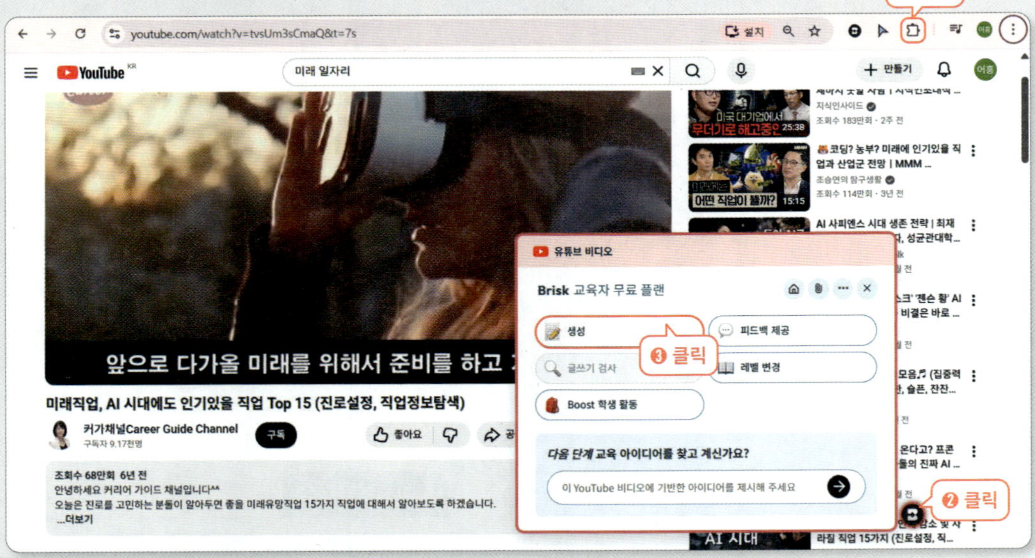

02 〔라이브러리 만들기〕 창이 열리면 〔퀴즈〕를 선택하고 〔다음〕 버튼을 클릭합니다. 구글폼으로 퀴즈를 생성하기 위해 출력 형식 선택(≡) 아이콘을 눌러 〔Google 설문지〕를 선택합니다. 이어서 학년, 문제 형식, 질문의 개수를 설정한 다음 〔Brisk It〕을 클릭합니다.

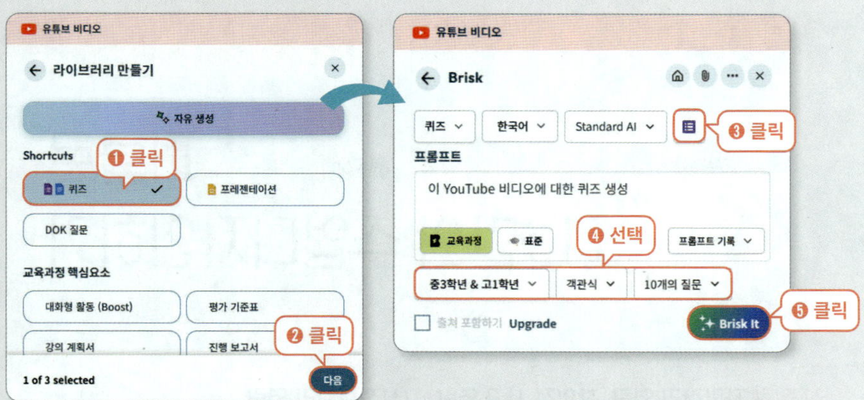

 〔프롬프트〕에 '이 YouTube 비디오에 대한 퀴즈 생성'이 입력되어 있으므로 필요한 경우 내용을 수정하거나 추가합니다.

03 유튜브 영상 내용을 바탕으로 브리스크에서 퀴즈 번들(리소스 묶음)이 자동으로 생성됩니다. 여러 학년을 선택하면 학년별로 퀴즈 문항을 따로 만들어 각각 제공합니다.

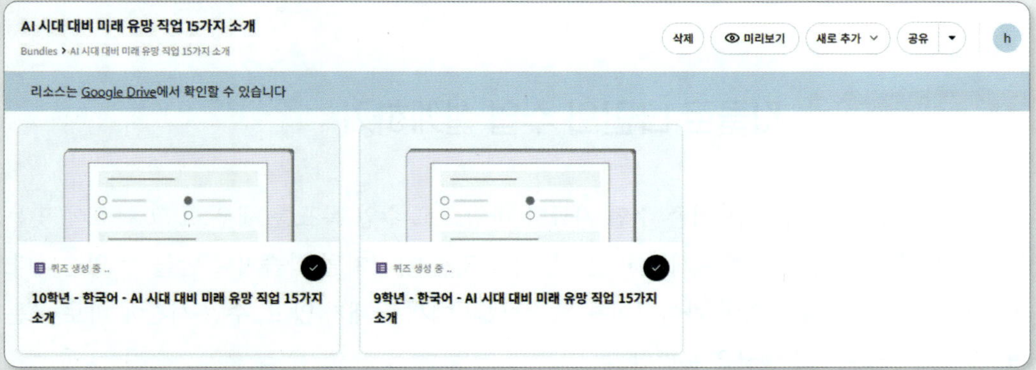

04 생성이 완료된 퀴즈는 구글 드라이브에서 확인하고, 구글 설문지로 배포할 수 있습니다. 다음 QR코드를 스캔하여 생성된 퀴즈(구글폼)를 확인해 보세요.

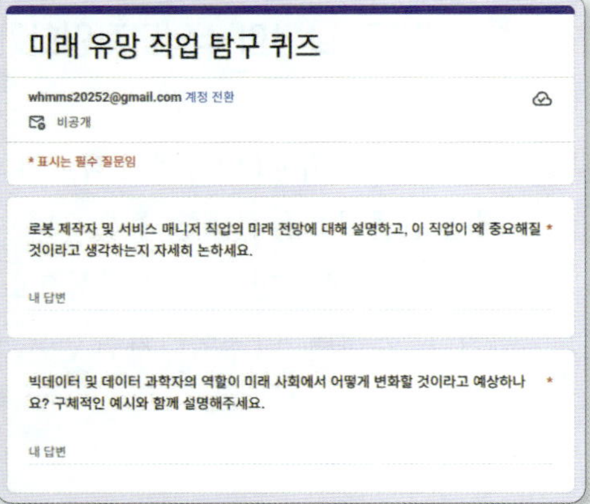

피클로 나만의 수업디자인하기

AI 도구 PICL | **핵심 역량** 자기관리 역량, 창의적 사고 역량, 지식정보처리 역량

피클로 수업 설계부터 우리 반 맞춤 디지털 학습지 제작까지 한 흐름으로 진행합니다. 현장에서 가장 자주 막히는 지점은 '새로운 아이디어가 아니라, 아이디어를 맥락에 맞게 구체화하는 과정입니다. 기존 수업 준비 방식에 바로 적용할 설계안을 정리하고, 학급·학년 맥락에 맞춘 디지털 학습지까지 수업에 즉시 활용할 수 있는 형태로 완성해 봅니다.

수업 준비 및 활동 **피클로 나만의 수업 설계하기**

피클은 단원명·성취기준 등 기존 수업 자료를 바탕으로 수업 목표를 세우고, 그 목표에 맞는 활동 흐름과 자료 구성을 빠르게 정리한 뒤, 이를 맞춤형 디지털 학습지로 만들 수 있습니다. 여기에서는 피클을 활용하여 아이디어를 '좋은 생각'에서 끝내지 않고, 수업 시간에 바로 쓰는 결과물로 완성하는 데 초점을 둡니다.

STEP 1 피클로 나만의 수업디자인하기

01 피클 웹사이트(picl.fun)에 접속하여 로그인합니다. 수업디자인은 〔AI와 함께 만들기〕와 〔직접 만들기〕 중 선택할 수 있으며, 여기에서는 AI의 안내에 따라 기본 틀을 구성할 수 있는 〔AI와 함께 만들기〕를 중심으로 설명합니다. 상단 메뉴의 〔AI 수업준비실〕을 클릭하거나, 홈 화면의 〔수업디자인 만들기〕를 클릭하여 시작합니다.

note 〔수업 운영〕에서는 클래스를 생성하고 학생을 초대하여 체계적인 학습 환경을 구축할 수 있습니다. 출결 관리, 모둠 구성, 과제 부여 및 학습 결과물 취합 등 수업에 필요한 모든 핵심 기능을 통합적으로 제공합니다.

02 화면이 전환되면 상단 드롭다운 메뉴에서 〔성취기준〕, 〔학교급〕, 〔과목〕을 다음과 같이 선택합니다. 설정한 내용에 따라 〔단원/주제〕, 〔수업목표와 기대효과〕에 세부 내용이 자동으로 반영됩니다. 마지막으로 해당 개념 수업을 몇 차시로 구성할지 입력하고 〔AI와 함께 만들기〕 버튼을 클릭합니다.

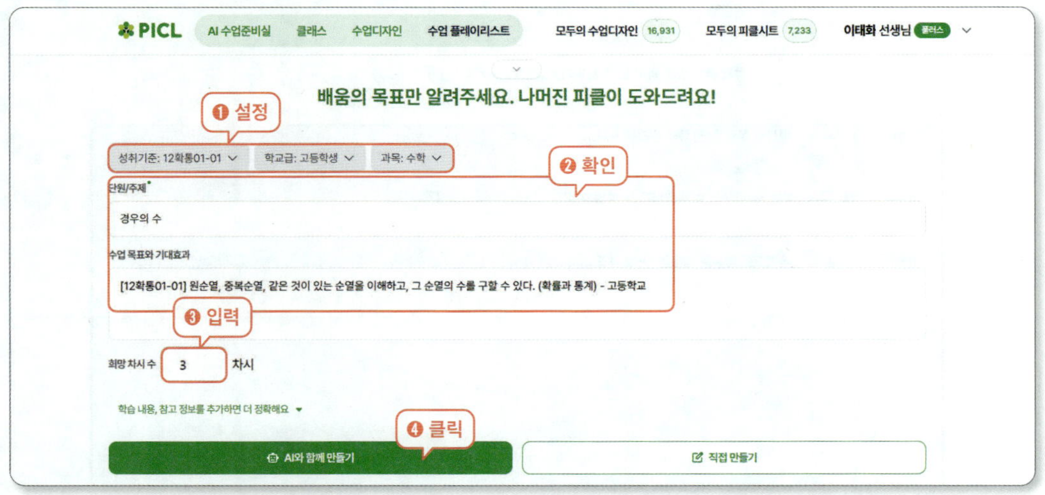

note 2026학년도 수업 디자인을 위해 AI를 활용할 때, 학년별로 적용되는 교육과정(성취기준)을 정확히 선택하는 것이 중요합니다. 2026년 기준 중·고등학교 1, 2학년은 '2022 개정', 3학년은 '2015 개정' 성취기준을 선택하면 됩니다.

'성취기준 코드'의 의미

예를 들어, '6사08-06'이라는 성취기준 코드는 다음과 같이 해석할 수 있습니다.

- 6: 초등학교 5, 6학년군을 의미(초등 1, 2학년은 '2', 초등 3, 4학년은 '4'로 표시)
- 사: 사회 교과를 의미
- 08: 8번째 성취기준을 의미
- 06: 해당 성취기준의 6번째 항목을 의미

중학교는 코드 앞자리를 '9'로, 고등학교 1학년은 '10', 고등학교 2, 3학년은 '12'로 나타냅니다. 2022 개정 교육과정에 따른 성취기준은 NCIC 국가교육과정 정보센터(https://ncic.re.kr)에서 확인할 수 있습니다.

03 하단 〔최근 생성 내역〕에 〔완료〕 메세지가 표시되면 바로가기(⬀) 아이콘을 클릭하여 생성된 수업디자인 전체 활동을 하나씩 확인합니다. 이때 수업 목표와 활동 흐름이 자연스럽게 연결되는지, 학생 수준에 맞게 조정할 부분은 없는지 점검합니다.

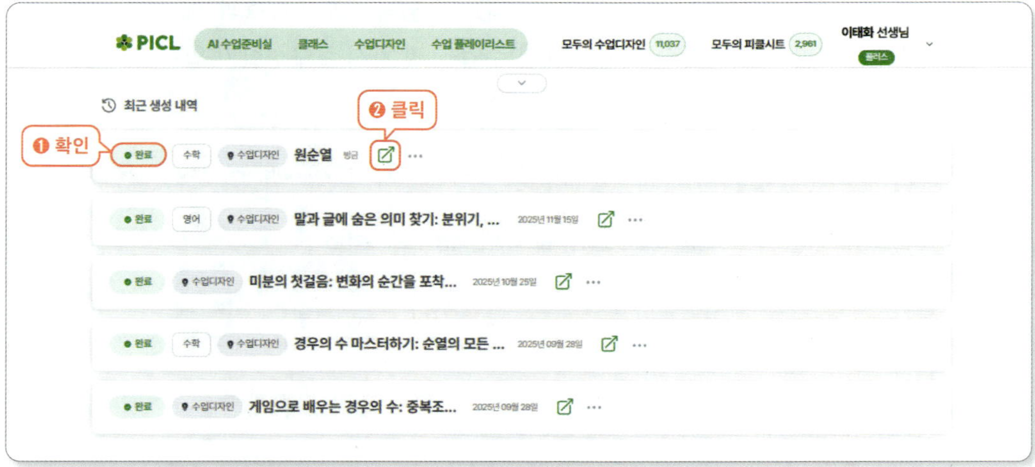

04 〔원순열〕 수업디자인 창이 열리면 좌측은 개요와 전체 흐름이, 우측은 차시별 수업 내용이 단계별로 표시됩니다.

개요	본문
• **〔수업디자인 설정〕:** 수업 소개, 성취기준 등 핵심 정보를 조정할 수 있습니다. • **차시별 수업:**〔학습내용〕과〔학습활동〕으로 구성 됩니다. 　-〔학습내용〕은 이 차시에서 배울 내용의 기반이 되며, 교사가 실제 수업을 진행하기 위한 핵심적인 지식 정보와 목표가 담겨 있습니다. 　-〔학습활동〕은 해당 차시 수업을 구체적으로 실행하는 핵심 요소로 교사가 설정한 수업 목표를 학생들이 직접 경험하고 성취하도록 돕는 구체적인 실행 계획입니다.	• 학습내용 및 활동에 대한 자세한 내용을 확인 후 교사가 직접 수정·보완할 수 있습니다. 피클 AI는 학생들이 헷갈리기 쉬운 개념을 카드 게임으로 확인할 수 있는 수업디자인을 자동으로 생성하기도 하고, 메뉴판에서 음식을 고르는 상황처럼 실제 맥락을 가정한 문제 해결형 활동도 제안합니다. • 상단 〔차시〕 탭에서 차시를 복제하거나 삭제할 수 있어 유사한 활동을 반복할 경우 유용합니다. 또한 차시를 추가할 수도 있습니다.

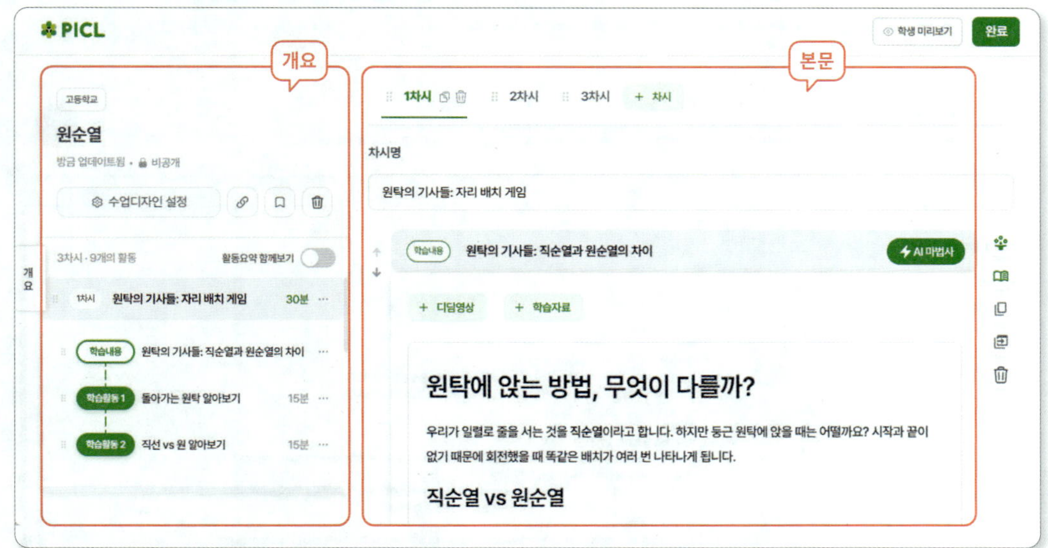

note 활동 순서를 변경하고 싶다면 개요 내용을 직접 드래그하여 위치를 조정할 수 있습니다.

05 처음 생성된 수업디자인이 단순하게 느껴지더라도, 학습활동 추가(✿), 학습내용 추가(📖), 복제(🗐), 이동(🔁), 삭제(🗑) 아이콘을 활용하여 교사가 디지털 도구, 활동 영상, 자료를 직접 추가할 수 있습니다. 또한 〔AI 마법사〕 버튼을 클릭하면 〔AI와 함께 활동 개선하기〕 창이 활성화되며 교사가 원하는 방향을 직접 입력할 수 있습니다.

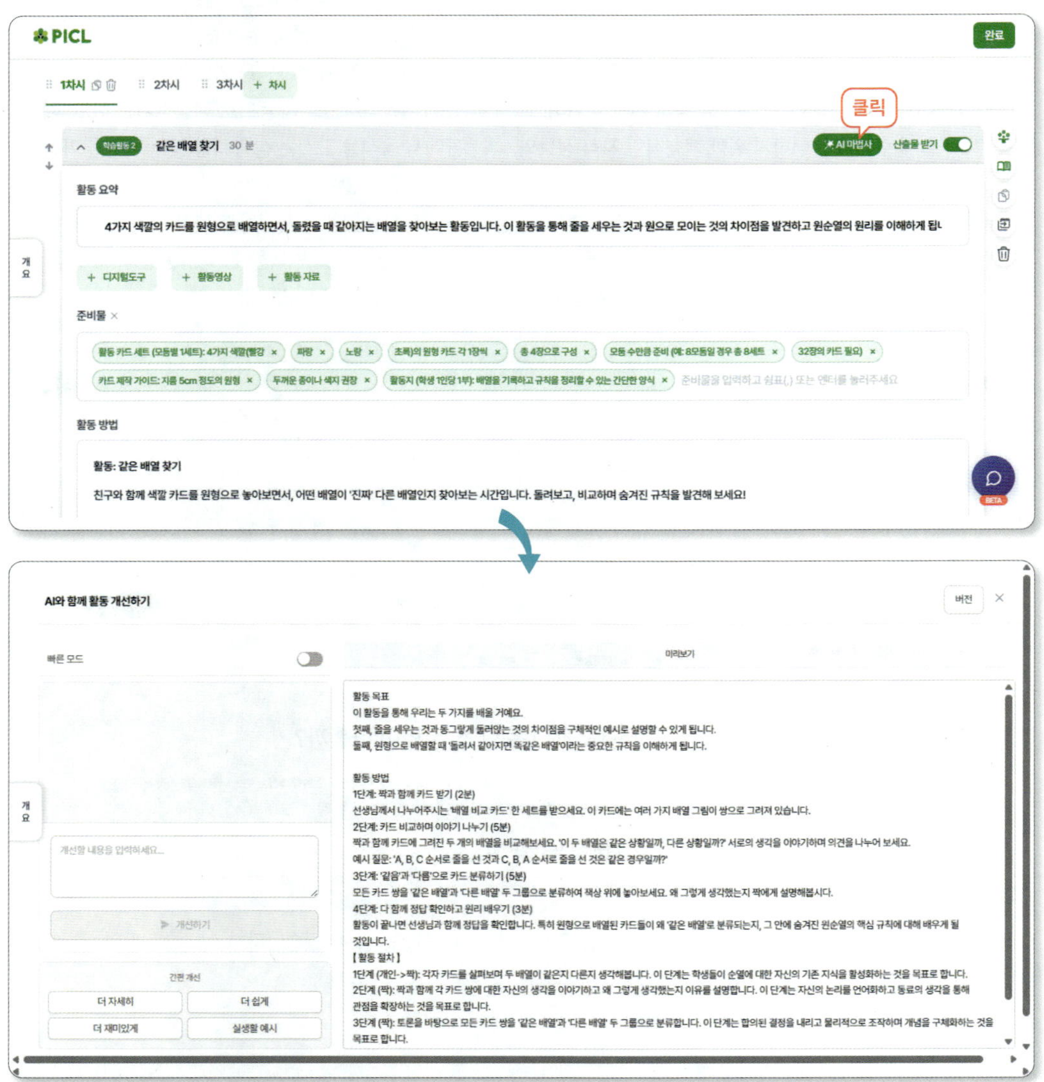

06 예를 들어 [간편 개선]에서 [실생활 예시]를 선택하면, 학생들이 문제 상황에 몰입할 수 있도록 맥락이 보완된 활동 예시가 제안됩니다. 결과가 적절하다면 우측 하단의 [저장]을 눌러 반영하고, 필요한 경우 입력창에 직접 요청사항을 작성하여 수정할 수도 있습니다.

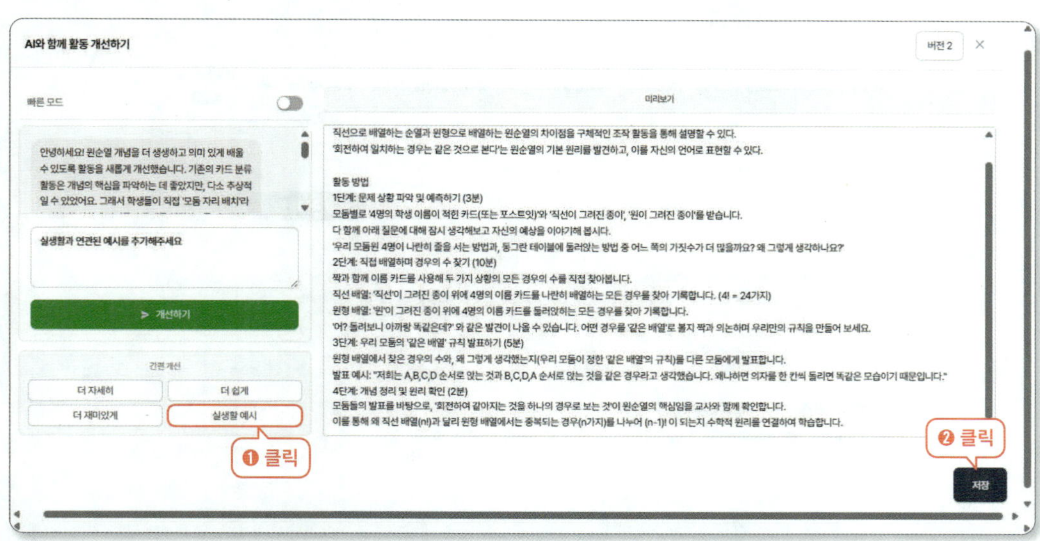

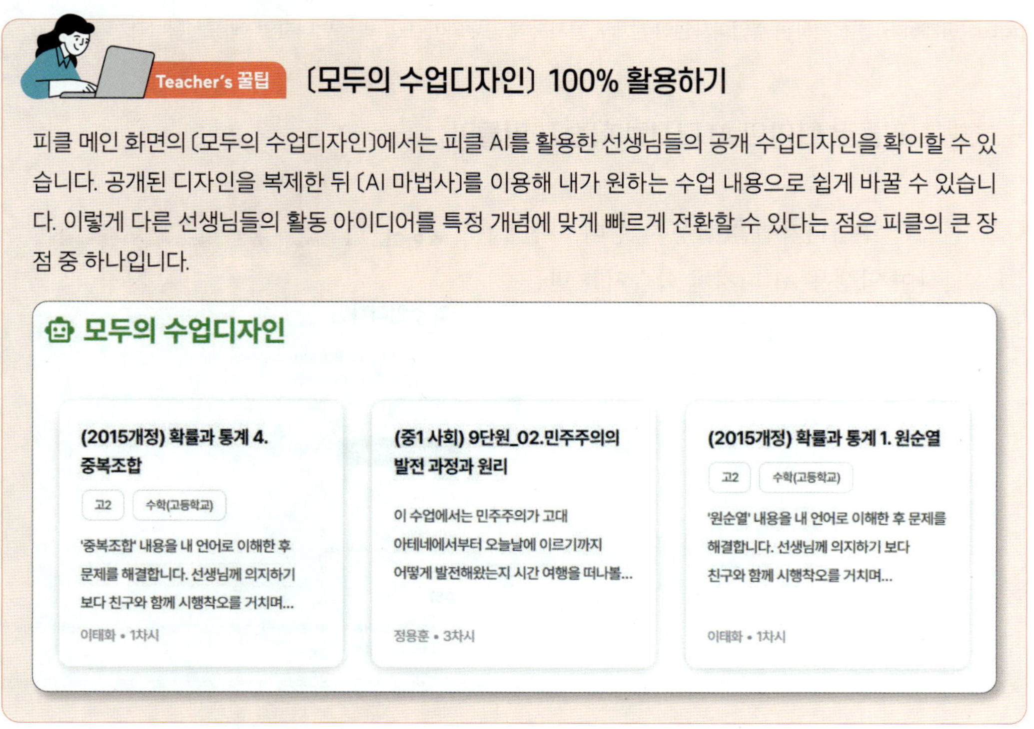

Teacher's 꿀팁 [모두의 수업디자인] 100% 활용하기

피클 메인 화면의 [모두의 수업디자인]에서는 피클 AI를 활용한 선생님들의 공개 수업디자인을 확인할 수 있습니다. 공개된 디자인을 복제한 뒤 [AI 마법사]를 이용해 내가 원하는 수업 내용으로 쉽게 바꿀 수 있습니다. 이렇게 다른 선생님들의 활동 아이디어를 특정 개념에 맞게 빠르게 전환할 수 있다는 점은 피클의 큰 장점 중 하나입니다.

07 완성된 수업디자인을 다시 찾고 싶은 경우에는 상단의 〔수업디자인〕을 누르면 언제든 생성된 수업디자인을 확인하고 수정·보완할 수 있습니다. 완성된 수업은 수업디자인 목록 우측 하단의 더 보기(⋯)를 클릭하여 〔링크복사〕, 〔QR 코드 생성〕 등의 메뉴를 이용하여 손쉽게 공유할 수 있습니다.

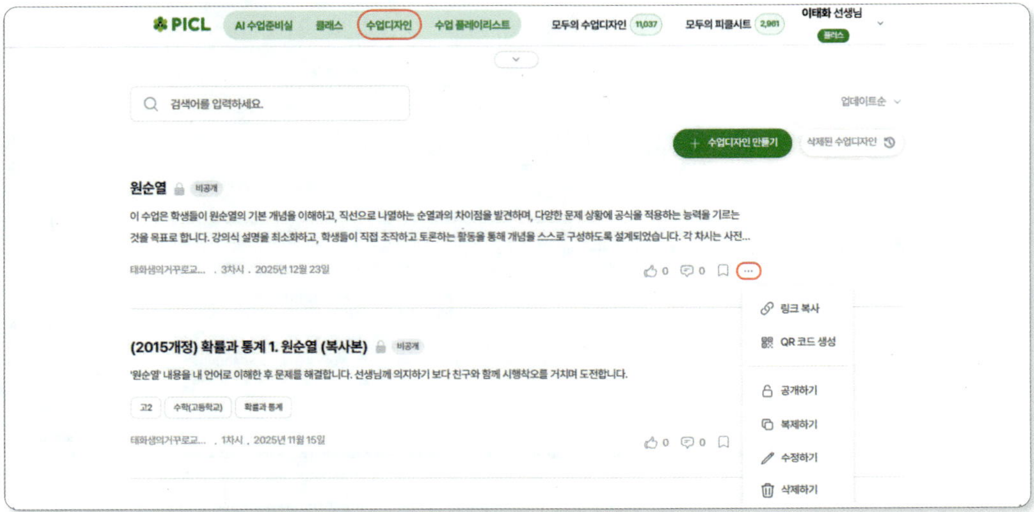

note 〔공개하기〕를 선택하면 수업디자인이 전체 사용자에게 공유되어 〔모두의 수업디자인〕에 표시됩니다.

STEP 2 피클로 나만의 AI 디지털 학습지 만들기

01 설계한 수업디자인을 활동지 형태로 전환하여 학생용 AI 디지털 학습지를 만들 수 있습니다. 여기에서는 기존에 만들어 둔 〔수업디자인〕 목록 중에서 〔원순열〕을 선택합니다.

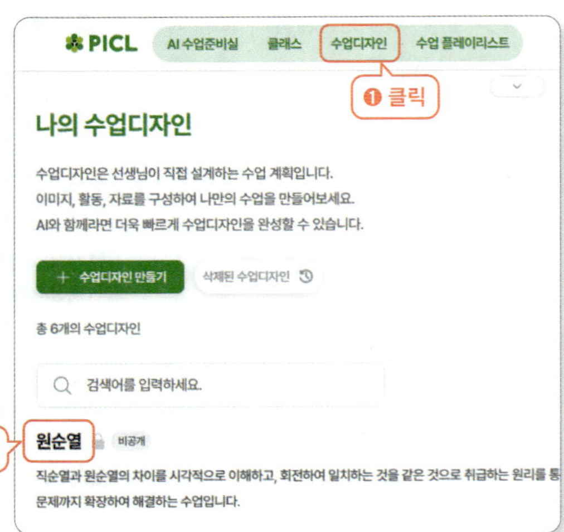

02 〔원순열〕 본문 우측 상단 수업디자인 수정(✎) 아이콘을 클릭한 다음 디지털 학습지로 만들 '학습 활동'을 선택하고 〔피클 시트 만들기〕 버튼을 클릭합니다. 이어서 〔AI에게 맡기기〕 버튼을 클릭합니다.

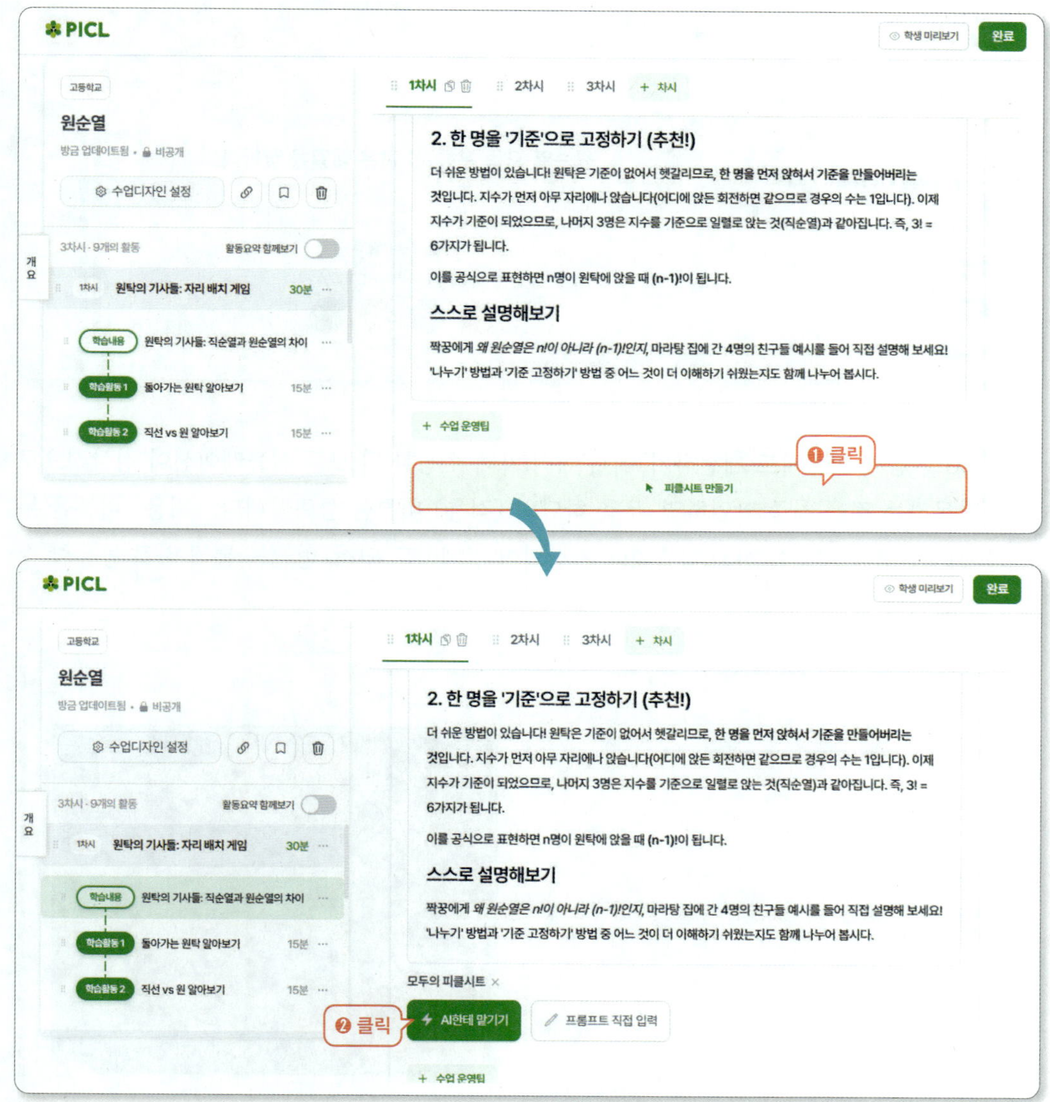

note 〔프롬프트 직접 입력〕을 클릭하고, 원하는 구성과 내용을 입력하여 학습지를 만들 수도 있습니다.

03 선택한 학습활동에 맞는 AI 학습지가 자동으로 생성됩니다. 학습지는 〔전체화면〕에서 확인하고, 〔AI와 함께 개선하기〕를 통해 원하는 방향으로 수정할 수 있습니다.

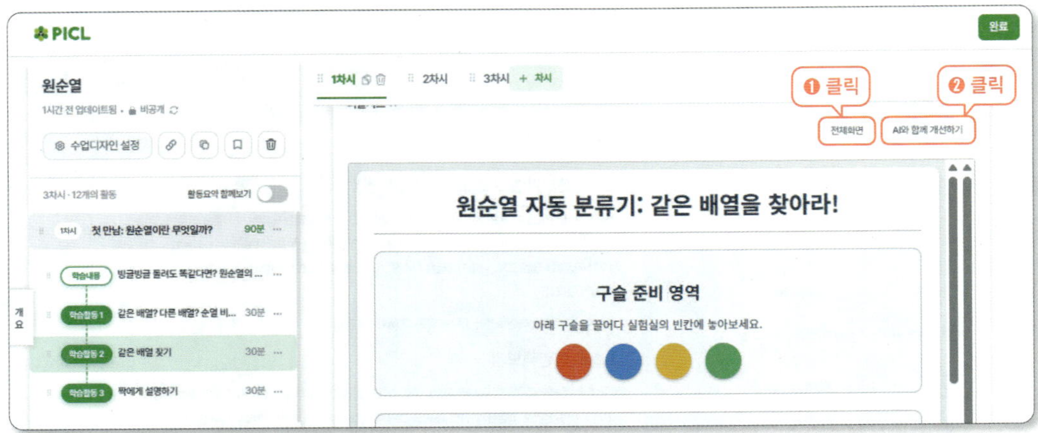

04 〔AI와 함께 피클시트 개선하기〕에서 여러 차례 수정한 뒤 모든 시뮬레이션이 정상적으로 작동하는 것을 최종 확인하면, 우측 하단의 〔적용〕 버튼을 클릭합니다. 〔적용〕 버튼을 누르면 변경된 내용이 현재 학습지에 저장되어 업데이트 되며, 링크를 통해 바로 공유할 수 있습니다.

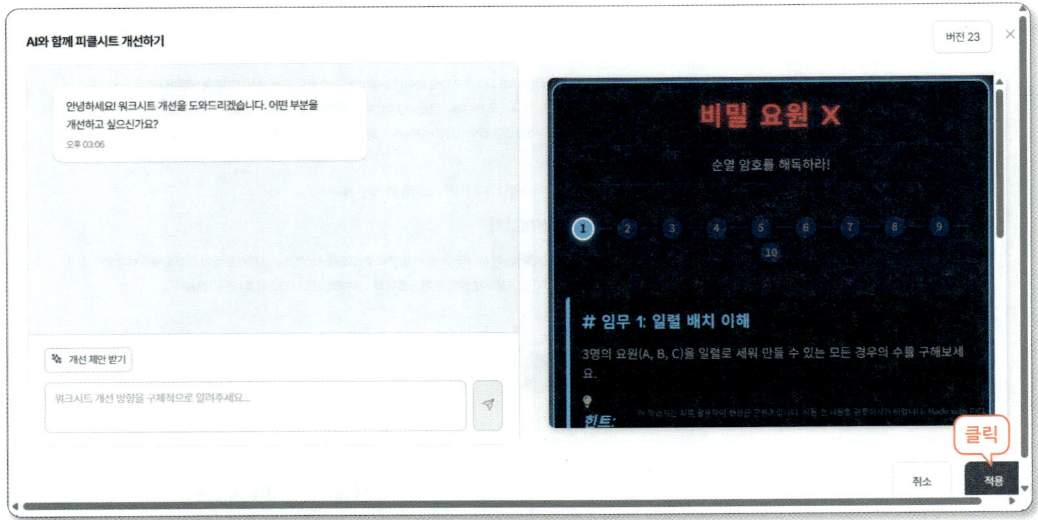

note 처음 피클시트가 생성된 경우에는 우측 하단에 〔저장〕 버튼이 표시됩니다.

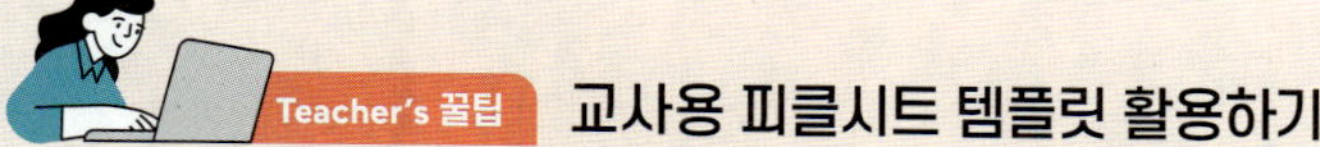

교사용 피클시트 템플릿 활용하기

피클 교사 회원은 〔피클시트 만들기〕에서 제공하는 〔모두의 피클시트〕 템플릿을 활용할 수 있습니다. 직접 구성하는 번거로움 없이, 템플릿 선택만으로 기본 구조가 자동 생성되어 학습지 제작 속도가 획기적으로 빨라집니다.

예를 들어 〔방탈출 퀴즈〕 템플릿을 선택하면 입력한 학습 내용을 바탕으로 퀴즈가 자동 생성되며, '추가 요청 사항'을 통해 교사의 의도에 맞춰 세밀하게 수정할 수 있습니다. 이를 통해 복잡한 과정 없이도 완성도 높은 AI 디지털 학습지가 간편하게 완성됩니다.

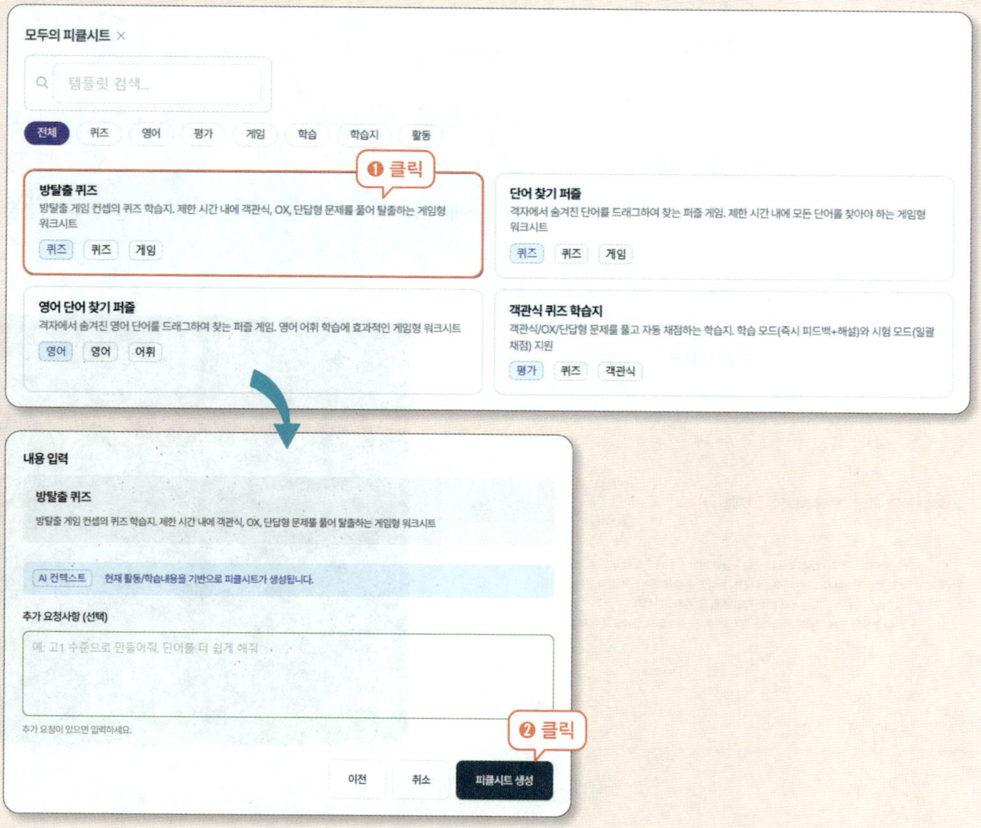

피클로 생성한 수업 설계 디자인

AI가 수업 설계를 제안한다는 점은 처음엔 낯설 수 있습니다. 하지만 수업 고민을 빠르게 구조화하고 아이디어를 확장하는 데 유용하며, 혼자 정리하면 오래 걸릴 내용을 설계안 형태로 짧은 시간 안에 정돈해 줍니다. 특히 '초안'을 먼저 확보한 뒤 학급 상황에 맞게 다듬는 방식으로 설계 부담을 줄일 수 있습니다. 다만 AI가 만든 초안은 정확성과 난이도, 학습 목표 적합성을 교사가 점검한 뒤 수업 맥락에 맞게 조정해야 합니다.

이번 결과물은 AI가 생성한 초기 버전 그대로이며, 총 9차시로 구성된 설계안입니다. 지면 한계로 전체 내용을 수록하기 어려워 QR 코드로 수업디자인 원본 화면을 확인할 수 있도록 했습니다. 또한 이 설계안을 바탕으로 생성한 학습지 예시를 통해, 수업 흐름에 맞춘 문항과 활동이 어떻게 구성되는지 함께 살펴볼 수 있습니다.

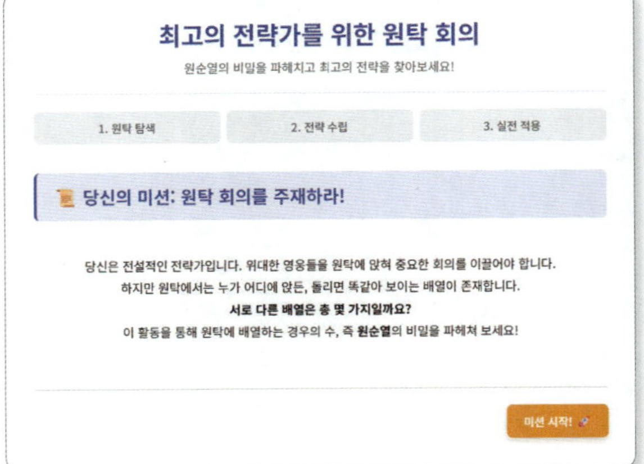

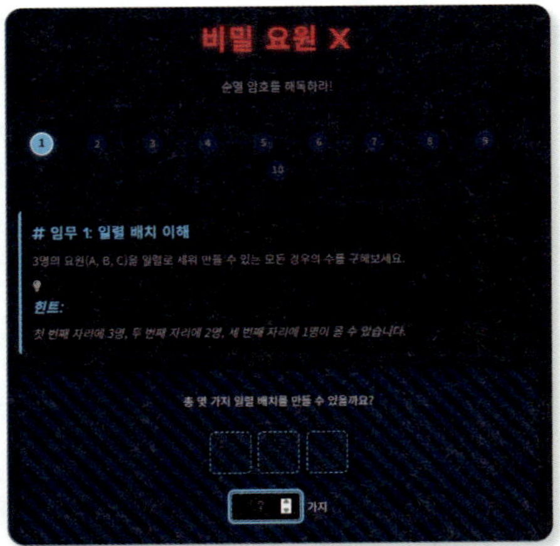

피클을 활용하면 수업 설계 단계에서 활동 흐름과 질문·피드백 포인트를 빠르게 구조화하여 수업 운영의 선택지가 넓어집니다. 수업 중에는 AI 학습지나 챗봇 같은 도구를 보조 교사처럼 배치해 학생이 막히는 지점에서 추가 질문과 단계별 힌트로 학습을 이어가게 할 수 있습니다. 또한 학생의 응답과 오답 패턴에서 드러난 약점을 근거로 형성 평가를 수행하고, 맞춤 피드백을 제공할 수 있습니다.

교사는 피클을 활용해 수업 자료를 '찾는 일'에서 '설계·제작하는 일'로 전환하는 AI 활용 경험을 할 수 있습니다. 간단한 입력만으로 수준별 학습지를 빠르게 생성·수정하며, AI를 수업 준비의 실질적인 파트너로 쓰는 감각을 익히게 됩니다. 또한 블록 깨기, 브루마블, 미로 탈출 같은 활동형 구성까지 적용해 교사의 수업 의도를 반영한 자료를 더 쉽고 다양하게 설계할 수 있습니다.

- ☑ AI 기반 수업 설계 역량 강화
- ☑ 동료처럼 협업하는 AI 활용 경험
- ☑ 학생 반응에 따라 달라지는 AI 디지털 학습지 제작
- ☑ 개별화 피드백을 통한 학습 효과 증대

이 섹션에서 소개한 수업디자인 원본을 제공합니다. 함께 제공되는 AI 학습지는 'AI한테 맡기기(자동 생성 초안)'와 '직접 프롬프트 작성하기(교사 의도 반영 수정본)' 두 가지 버전입니다. QR 코드를 스캔해 원본 자료를 바로 확인해 보세요.

수업디자인

자동 생성 초안

교사 프롬프트 수정본

Part

2

AI로 관리하는 담임교사의 학급 업무

담임교사에게 학급 운영은 학생의 성장을 가장 가까이에서 지켜보고 돕는 의미 있는 과정입니다. 하지만 현실에서는 학생 이해 자료 관리, 각종 소감문 수합, 학교생활기록부 작성 등으로 업무는 쌓여가고, 정작 학생과 마주할 시간은 줄어듭니다. 이 파트에서는 학급 운영과 관계 형성의 핵심을 AI와 에듀테크 도구로 체계화하는 실전 방법을 제시합니다.

한 번에 준비하는
학급 운영

담임교사의 학급 운영은 학기 초 학년 이해에서부터 학기 말 성장 기록까지 이어지는 과정입니다. 이 과정에서 디지털 도구와 AI는 반복적인 업무를 덜어주고, 교사가 학생과의 관계와 지도에 집중할 수 있도록 돕습니다. 이 챕터에서는 패들렛 학급 게시판, 제미나이 면접 시뮬레이션, 하이클래스 플랫폼을 활용해 학급 운영의 핵심 업무에 AI를 활용하는 실질적인 방법을 안내합니다.

패들렛으로
디지털 학급 게시판 운영하기

에듀테크 도구 Padlet | **핵심 역량** 협력적 의사소통 역량, 자기관리 역량

학기 초 학생들의 각종 소감문과 프로젝트 결과물을 효율적으로 관리하기 위해서는 하나의 공간이 필요합니다. 패들렛으로 디지털 학급 게시판을 생성하면 학생의 참여와 교사의 피드백이 동시에 이루어질 수 있습니다. 학생은 손쉽게 파일을 업로드하고, 교사는 즉시 확인할 수 있어 자료 수합이 자연스럽게 기록으로 전환됩니다. 이렇게 누적된 게시물은 학기 말이 되면 학생 개개인의 성장 기록으로 이어질 수 있습니다.

활동 준비 학급 관리용 패들렛 게시판 기본 설정하기

패들렛을 학급 관리에 활용하려면 게시판을 용도별 섹션으로 구성해야 합니다. 처음 기본 구조를 만들면 학기 동안 학생 기록을 꾸준히 수집·보관하는 안정적인 공간으로 운영할 수 있습니다. 이 활동에서는 컬럼 형식 게시판에 학생별 섹션을 추가해 자료와 기록이 한곳에 모이도록 구성하고, 게시물·댓글 승인 기능을 통해 활동 기록을 관리하는 방법을 안내합니다.

01 학급 관리용 게시판을 만들기 위해 패들렛 웹사이트(padlet.com)에 접속합니다. 로그인 후 첫 화면 상단에서 〔+ 만들기〕 버튼을 클릭하고 〔컬럼〕을 선택합니다. 〔새 게시판〕 창이 열리면 〔제목〕에 '2학년 1반 학급 기록'처럼 내용을 입력하고, 〔형식〕이 '컬럼'으로 선택된 것을 확인한 다음 우측 상단의 〔완료〕 버튼을 클릭합니다.

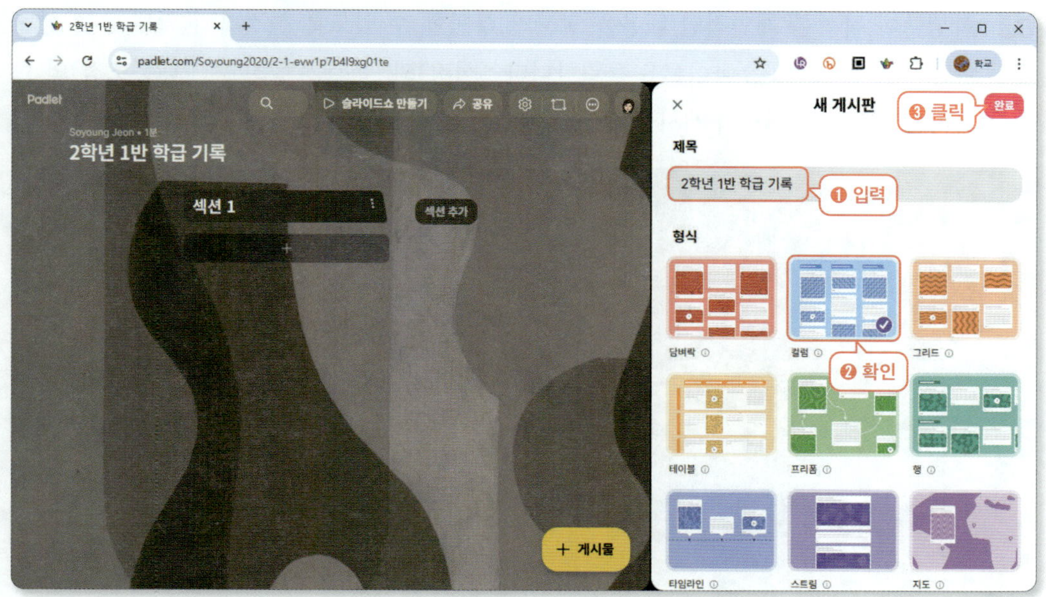

note 배경 화면은 우측 상단 Padlet 설정 열기(⚙) 아이콘을 클릭한 뒤 〔설정〕→〔디자인〕→〔배경 화면〕에서 원하는 디자인으로 변경할 수 있습니다.

02 학생들이 각자 자신의 게시물을 올릴 수 있도록 〔섹션 추가〕 버튼을 클릭하여 개별 섹션을 만들고, 각 섹션명을 '20101 김민수'처럼 학번과 이름으로 변경합니다.

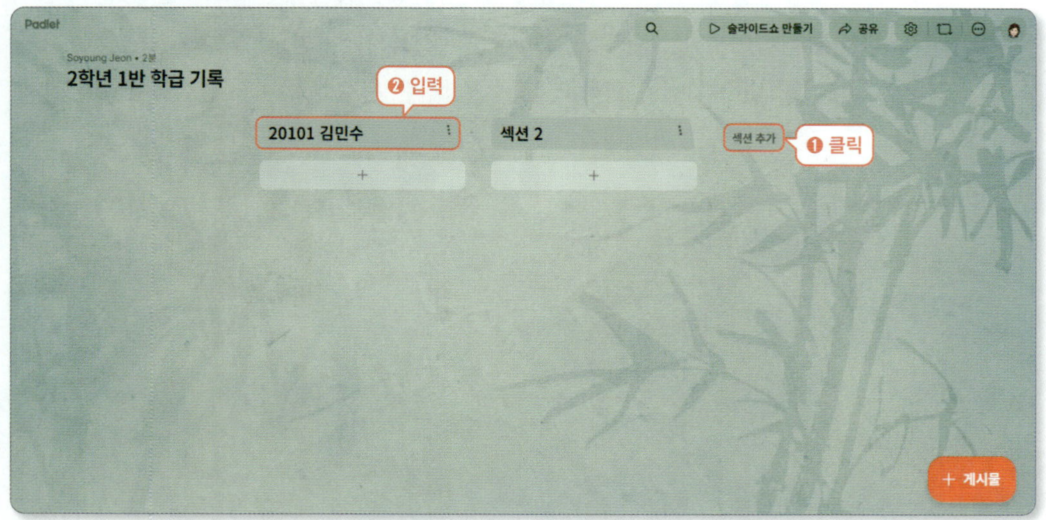

03 학생들이 작성한 개인적인 내용을 교사만 확인할 수 있도록 설정하기 위해 우측 상단 Padlet 설정 열기(⚙) 아이콘을 클릭합니다. 〔설정〕의 〔콘텐츠〕 탭에서 〔내용조정〕의 드롭다운 버튼을 클릭하여 게시물 및 댓글에 승인이 필요하도록 '수동'으로 설정합니다.

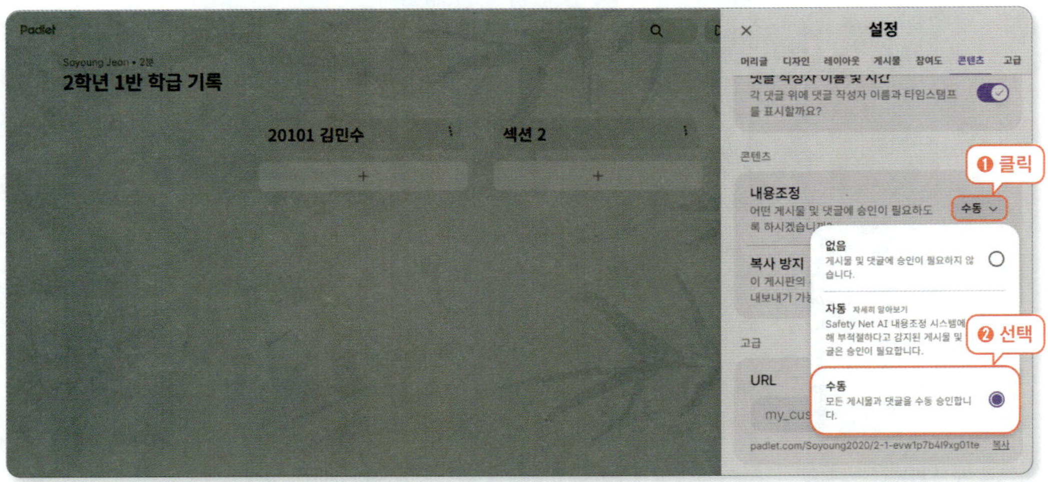

note 〔내용조정〕을 '수동'으로 설정하면 교사가 [승인] 버튼을 누르기 전까지 해당 게시물은 작성자와 교사에게만 노출됩니다. 단, 학생이 나중에 다시 접속해서 본인의 글을 확인하려면 반드시 패들렛 계정으로 로그인한 상태에서 게시물을 작성해야 합니다.

04 게시물 필드에 표시될 제목을 입력하기 위해 〔게시물〕 탭에서 〔게시물 필드〕를 누릅니다. 〔제목〕을 클릭하여 〔제목 필드〕는 '표시'로, 〔제목 자리표시자 텍스트〕는 '학번 이름 입력 (예) 20101 김민수'처럼 입력하고 〔필수〕 항목은 활성화합니다. 설정을 완료하면 우측 상단의 〔저장〕 버튼을 클릭합니다.

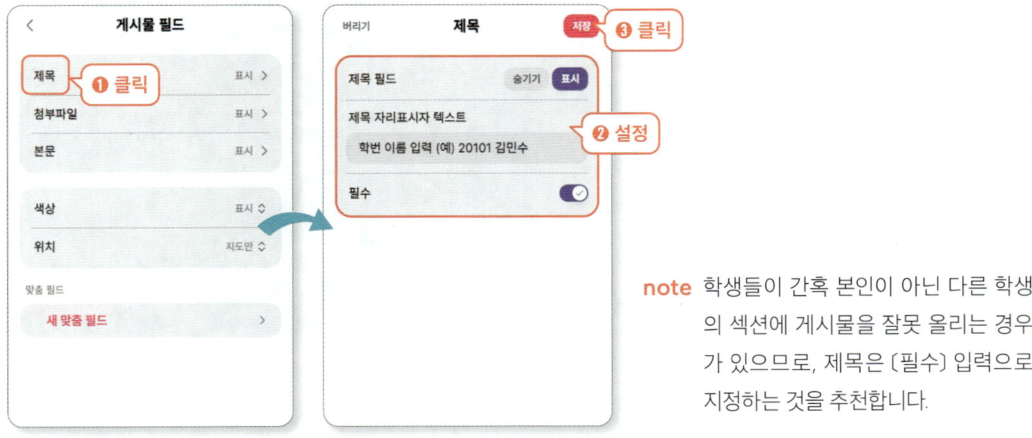

note 학생들이 간혹 본인이 아닌 다른 학생의 섹션에 게시물을 잘못 올리는 경우가 있으므로, 제목은 〔필수〕 입력으로 지정하는 것을 추천합니다.

05 게시물을 일관되게 관리하기 위해 게시물 등록 시 4가지 분류 중 하나를 반드시 선택하도록 설정합니다. 〔게시물 필드〕 창에서 〔새 맞춤 필드〕를 클릭해 맞춤 필드를 추가합니다. 〔맞춤 필드〕 창에서 〔필드 이름〕에는 '항목 선택'이라고 입력하고, 〔필드 유형〕을 '단일 선택'으로 변경하면 〔단일 선택 옵션〕 항목이 나타납니다. 이때 〔옵션 추가〕를 눌러 4가지 항목(학기 초 입력 자료, 상담 신청, 활동 소감문, 학기 말 성찰 활동)을 입력합니다. 마지막으로 〔만들기〕 버튼을 클릭하여 설정을 완료합니다.

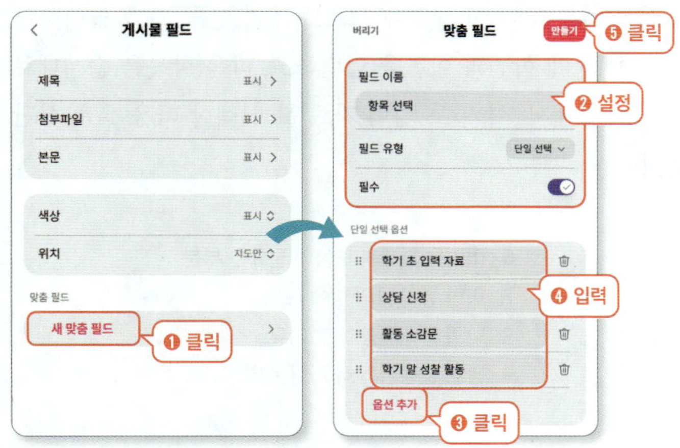

note Padlet 설정 열기(⚙)→〔레이아웃〕→〔새 게시물 위치〕에서 '최상단'을 선택하면 최근 게시물이 맨 앞에 배치되어 학생들의 제출 현황을 실시간으로 확인하기 편리합니다.

06 패들렛 게시판을 만든 뒤에는 학생들이 쉽게 접속할 수 있도록 QR 코드를 제공합니다. 우측 상단 공유 패널 열기(⤴공유) 아이콘을 눌러 〔공유〕 탭의 〔QR 코드 생성하기〕를 선택하면 공유용 QR 코드가 생성됩니다.

활동 과정 학급 게시판에 게시물 작성하기

이제 학생들과 함께 본격적으로 학급 게시판을 활용할 차례입니다. 교사는 학급의 주요 기록을 체계적으로 관리하고, 학생들은 자신의 활동을 한눈에 파악할 수 있습니다. 특히 승인 대기 기능을 활용하면 비공개로 학생들의 솔직한 이야기를 수합·관리할 수 있습니다. 이렇게 수합한 자료는 학생 상담, 학교생활기록부의 진로활동, 행동특성 및 종합의견을 작성할 때 기초 자료로 활용할 수도 있습니다.

01 먼저 학생들에게 QR 코드를 공유하여 패들렛 게시판을 소개하고 학기 초에 작성해야 하는 내용에 대해 설명합니다. 학생들에게 충분한 작성 시간을 주고, 학기 초 첫째 주 내에 제출할 수 있도록 제출 기한을 명확히 안내합니다.

02 학생은 자신의 학번과 이름이 적힌 열을 찾아 이 섹션에 포스트 추가(＋)를 클릭하여 새 게시물을 작성합니다. 새 게시물 창에 학번과 이름을 입력하고, 다음 항목을 순서대로 작성합니다. 화면 하단의 〔항목 선택〕에서 '학기 초 입력 자료'를 선택한 다음 우측 상단의 〔게시〕 버튼을 눌러 저장합니다.

---

1. 나의 관심사(좋아하는 것, 취미, 특기 등)
2. 가족 관계 및 우리집 분위기
3. 나의 건강 상태(수술 이력, 복용약)
4. 요즘 나의 고민(학습, 교우관계, 진로 등)
5. 좋아하는 과목과 그 이유
6. 어려운 과목과 도움이 필요한 부분
7. 이번 학기 나의 학습 계획
8. 나의 장래희망과 그 이유
9. 담임 선생님께 하고 싶은 말

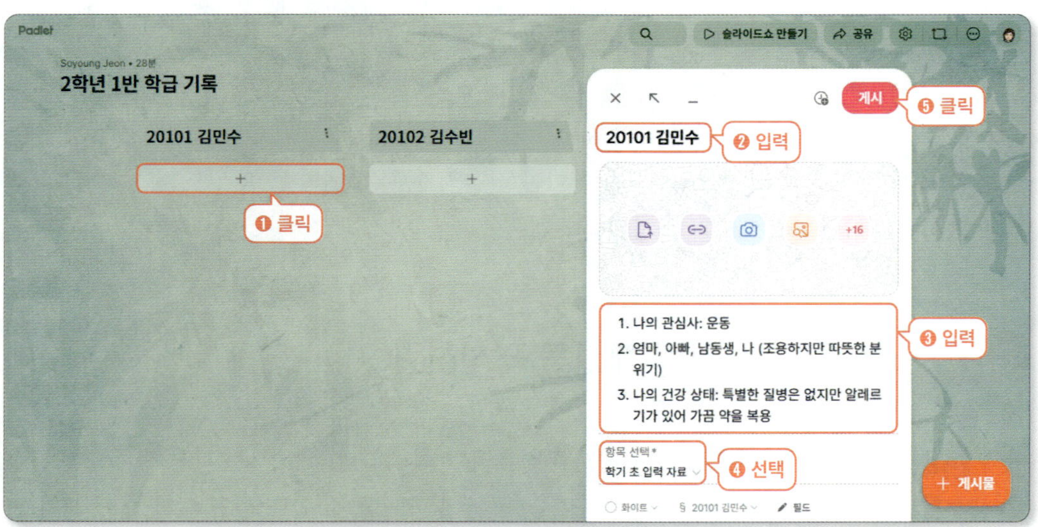

note 패들렛은 로그인 없이도 글을 작성할 수 있지만 게시판 생성 시 게시물 승인을 수동으로 설정했기 때문에 로그인하지 않은 사용자가 작성한 글은 브라우저 창을 닫거나, 기기를 변경하면 보이지 않을 수 있습니다.

Teacher's 꿀팁 새 섹션을 원하는 위치에 추가하기

패들렛 게시판에서는 새로운 섹션을 원하는 위치에 추가할 수도 있습니다. 선생님이 입력 항목 예시 섹션을 생성하여 맨 앞에 추가하면, 학생들의 이해를 도울 수 있습니다. 섹션 작업(⋮) 아이콘을 클릭하고 [새 섹션을 왼쪽에]를 선택하여 '입력 항목 예시' 섹션을 추가합니다. 섹션이 생성되면 이 섹션에 포스트 추가(+)를 누르고 항목을 입력한 다음 게시합니다.

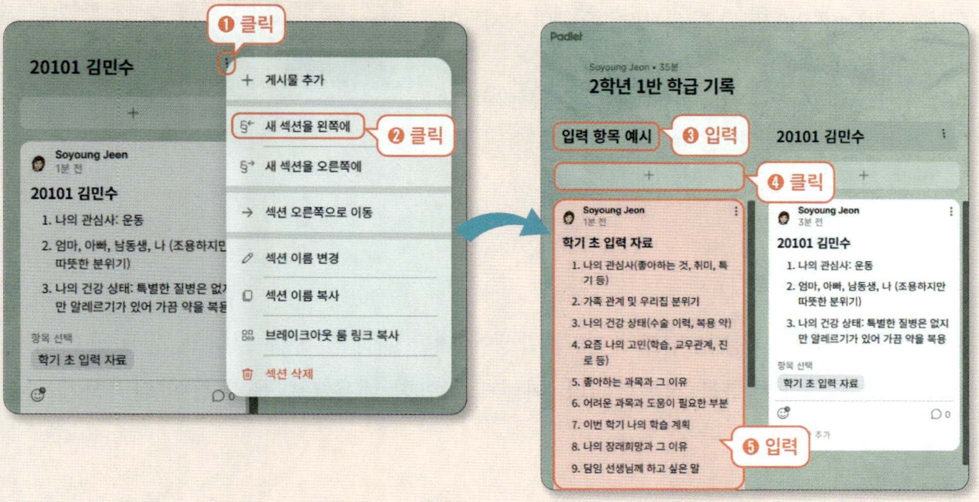

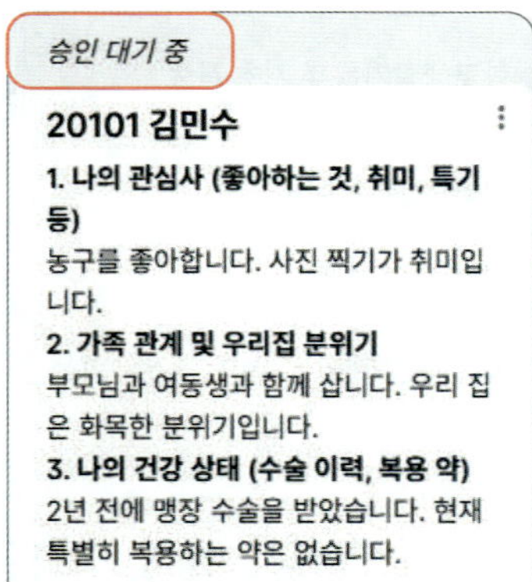

03 학생이 게시물을 작성하면 상단에 '승인 대기 중'이라는 메시지가 보입니다. 교사가 승인하기 전까지는 게시글을 올린 학생과 교사만 이 게시물을 볼 수 있다는 의미입니다. 개인적인 내용이 담긴 학급 게시판의 특성상 교사는 〔승인〕 버튼을 누르지 않은 상태로 관리해야 합니다.

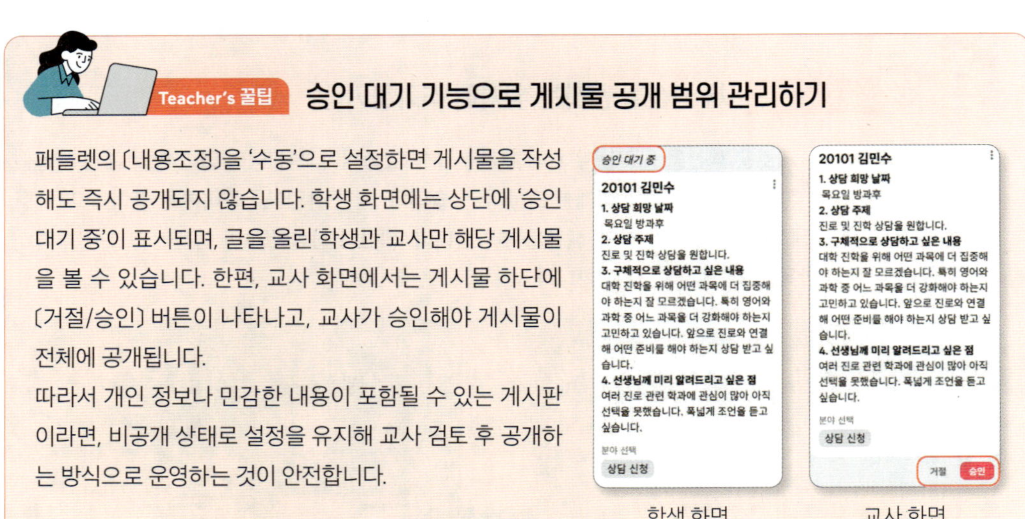

패들렛의 [내용조정]을 '수동'으로 설정하면 게시물을 작성해도 즉시 공개되지 않습니다. 학생 화면에는 상단에 '승인 대기 중'이 표시되며, 글을 올린 학생과 교사만 해당 게시물을 볼 수 있습니다. 한편, 교사 화면에서는 게시물 하단에 [거절/승인] 버튼이 나타나고, 교사가 승인해야 게시물이 전체에 공개됩니다.

따라서 개인 정보나 민감한 내용이 포함될 수 있는 게시판이라면, 비공개 상태로 설정을 유지해 교사 검토 후 공개하는 방식으로 운영하는 것이 안전합니다.

학생 화면 · 교사 화면

04 교사는 제출된 내용을 검토하며 각 학생에 대한 이해의 폭을 넓히고, 필요에 따라 개별 상담이나 추가 대화를 진행합니다. 이렇게 취합한 내용은 다음과 같이 다양하게 활용할 수 있습니다.

구분	활용 방법
맞춤형 학생 지도	학습 부진 과목, 고민 등을 파악하여 개별 맞춤 지도 계획 수립
학교생활기록부 기초 자료	학생의 관심사, 장래희망, 특기 등을 학교생활기록부 '진로활동' 영역이나 '행동특성 및 종합의견' 영역 작성 시 활용
학부모 상담 준비	상담 전 학생의 프로필을 미리 확인하여 구체적이고 깊이 있는 대화 가능
진로 상담 자료	장래희망과 관심사를 바탕으로 진로 진학 상담 진행 시 자료로 활용
학급 운영 계획	학생들의 전반적인 관심사와 고민을 파악하여 학급 특색 활동 계획에 반영

STEP 2 상담 신청 및 기록 관리하기

01 상담 신청을 받을 때도 패들렛 학급 게시판을 활용하면 학생들이 원하는 시간에 편하게 상담을 신청할 수 있고, 학생의 개인정보도 보호할 수 있습니다. STEP 1과 동일한 방법으로 패들렛 게시판에 학생들이 상담 신청을 할 수 있도록 다음과 같이 입력 항목을 안내합니다.

1. 상담 희망 날짜(예 수요일 점심시간, 목요일 방과 후, 금요일 아침)
2. 상담 주제(예 학업 및 진로/교우 관계/가정 문제/진로 및 진학 상담/기타)
3. 구체적으로 상담하고 싶은 내용(자유롭게 작성)
4. 선생님께 미리 알려드리고 싶은 점(선택 사항)

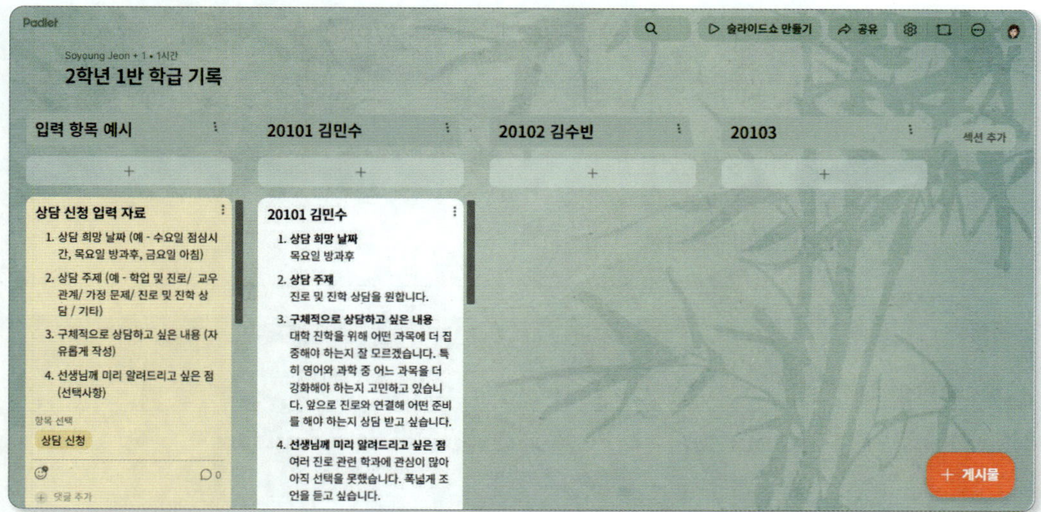

02 교사는 학생들의 상담 요청을 확인하고 검토한 뒤, 일정을 확정하여 직접 안내합니다. 상담 후에는 상담 날짜, 주요 내용, 후속 조치 등을 간단히 새 게시물로 기록합니다. 이렇게 관리한 상담 내용은 다음과 같이 다양하게 활용할 수 있습니다.

구분	활용 방법
심리적 안전감 제공	학생들이 부담 없이 도움을 요청할 수 있는 창구 제공
상담 이력 관리	학생별 상담 내용이 시계열로 누적되어 지속적인 관심과 지도 가능
학부모 상담 연계	학생과의 상담 내용을 바탕으로 학부모와 구체적인 대화를 나눌 수 있음
위기 학생 조기 발견	심각한 고민을 가진 학생을 빠르게 파악하여 적절한 지원 제공

note 교사가 상담 결과 등 개인 정보가 포함된 게시물을 작성할 때는 반드시 로그아웃한 상태에서 작성해야 비공개로 저장됩니다. 로그인한 상태로 작성하면 별도의 '승인 대기 중' 과정 없이 즉시 공개되므로 주의가 필요합니다.

01 패들렛 게시판에 통일된 양식으로 소감문을 모아 관리하면 학생별 활동 이력을 한눈에 보기 좋습니다. 이렇게 쌓인 기록은 학교생활기록부 '자율·자치활동' 및 '진로활동' 특기 사항을 작성할 때 효율적으로 활용할 수 있습니다. 이전과 같은 방법으로 패들렛 게시판에 학생들이 활동 소감문을 작성할 수 있도록 다음과 같이 입력 항목을 안내합니다.

---

1. 날짜 + 교육명(활동명)
2. 이번 교육(활동)에서 가장 인상 깊었던 것
3. 이번 활동을 통해 느낀 점, 성장한 점
4. 이번 활동에서 아쉬웠던 점, 보완할 점

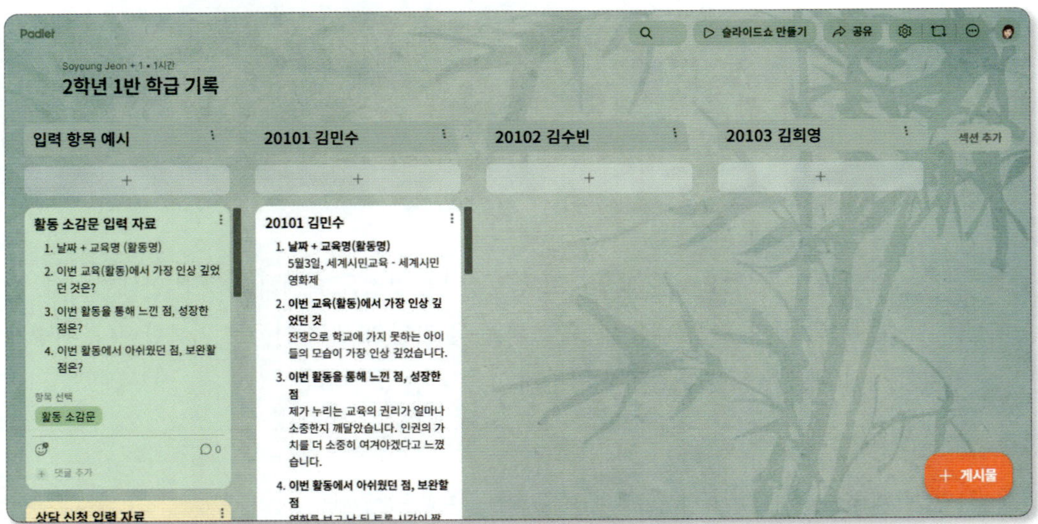

note 활동 소감은 서로 공유하며 생각을 나눌 때 교육적 효과가 크기 때문에 가능하면 공개로 운영하는 것을 추천합니다. 〔설정〕 창의 〔콘텐츠〕 탭에서 〔내용조정〕을 '없음'으로 설정하면, 학생이 올린 게시물이 즉시 공개되어 누구나 볼 수 있습니다.

02 교사는 학생들이 제출한 소감문을 살펴보며 얼마나 잘 참여하고 이해했는지 점검합니다. 잘 쓴 소감문에는 댓글로 피드백을 남겨 학생들과 함께 나눌 수 있습니다. 이렇게 작성된 소감문 내용은 다음과 같이 다양하게 활용할 수 있습니다.

구분	활용 방법
학교생활기록부 '자율·자치활동' 작성	구체적인 내용 기록(例학교폭력예방교육에 참여하여 방관자의 역할을 성찰) 가능
학생 성장 모니터링	학기 초와 학기 말의 소감 변화를 비교하여 성장 과정 확인
학부모 소통 자료	학부모에게 공개하면 학교 교육활동 참여도와 내실을 보여줄 수 있음
우수 사례 선발	학급 시상이나 학교 우수 소감문 등 추가적인 활용 가능

Teacher's 꿀팁 **공개 게시물에 교사 피드백 제공하기**

공개 게시물에는 댓글을 달 수 있습니다. 게시글 하단의 '댓글 추가'에 학생의 성찰을 구체적으로 파악하고, 우수한 점을 칭찬하는 교사 피드백을 남기면 다른 학생에게도 다양한 관점에서 생각할 기회를 제공할 수 있습니다.

필요하면 이모티콘을 함께 사용해 분위기를 부드럽게 만들고, 짧은 한 줄 댓글로도 충분히 격려할 수 있습니다. 이는 학생의 참여를 높이고, 게시판을 상호 피드백이 오가는 학습 공간으로 만드는 데 도움이 됩니다.

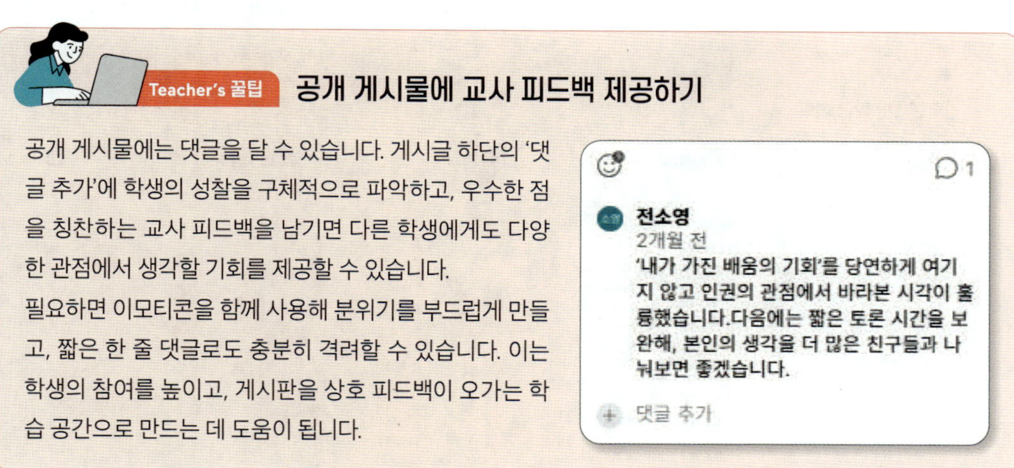

note 수동 승인 상태로 취합했던 내용은 여전히 비공개로 유지됩니다. 활동 소감문 작성이 끝나고 민감한 내용을 받을 때에는 〔내용조정〕을 다시 '수동'으로 설정합니다.

01 학기 초부터 패들렛 게시판에 누적해온 학생 이해 자료, 상담 내역, 각종 활동 소감문 등을 바탕으로 한 학기 동안의 성장을 되돌아보고 종합적으로 정리할 수 있습니다. 패들렛 게시판에 학생들이 학기 말 성찰 활동을 작성할 수 있도록 다음과 같이 입력 항목을 안내합니다.

---

1. 이번 학기 가장 중점을 둔 것과 이유
2. 기억에 남는 사건 3가지
3. 나를 칭찬하고 싶은 3가지(성장 포인트)
4. 학급에서 담당한 활동 및 기여한 점

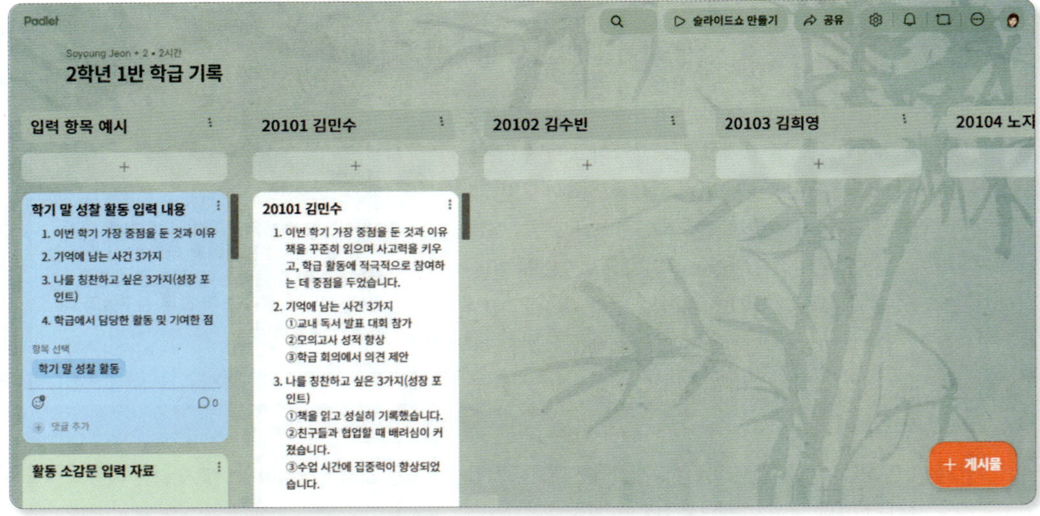

02 학생들의 제출이 완료되면 교사는 각 학생의 소감문을 읽고 댓글로 개별 피드백을 남기거나 직접 대화를 나누며 소감을 나눌 수 있습니다. 이 과정은 학생과 개별적으로 소통할 수 있는 소중한 기회가 되며, 학생들에게 깊이 있는 성찰의 계기를 만들어 줍니다. 이렇게 작성된 학기 말 성찰 내용은 다음과 같이 다양하게 활용할 수 있습니다.

구분	활용 방법
학교생활기록부 직접 연계	학생들이 작성한 내용을 바탕으로 '행동특성 및 종합의견', '자율·자치 활동', '진로 활동' 특기사항을 구체적으로 기록 가능
상담 자료 활용	학생이 어려움을 토로한 경우 개별 상담 자료로 활용하여 맞춤형 지도 가능
학년 인계 자료	다음 학년 담임교사에게 학생의 특성과 성장 과정 공유 시 유용하게 활용
학생별 성장 내용 통합 관리	학기 초부터 누적된 학생 이해 자료, 상담 내역, 활동 소감문을 바탕으로 학생별 성장 과정을 통합적으로 관리하고 학교생활기록부 작성에 활용

Teacher's 꿀팁 — 개별 피드백과 성찰을 돕는 〔브레이크아웃 룸 링크〕 활용법

〔브레이크아웃 룸 링크〕 기능을 쓰면 특정 학생의 게시물만 따로 모아볼 수 있습니다. 섹션 작업(⋮)에서 〔브레이크아웃 룸 링크 복사〕를 선택해 인터넷 주소창에 붙여 넣기만 하면 됩니다.

여러 게시물을 일일이 찾을 필요 없이 학생별 활동 흐름이 한눈에 들어오므로, '학교생활기록부' 작성이나 '학부모 상담' 준비에 매우 유용합니다.

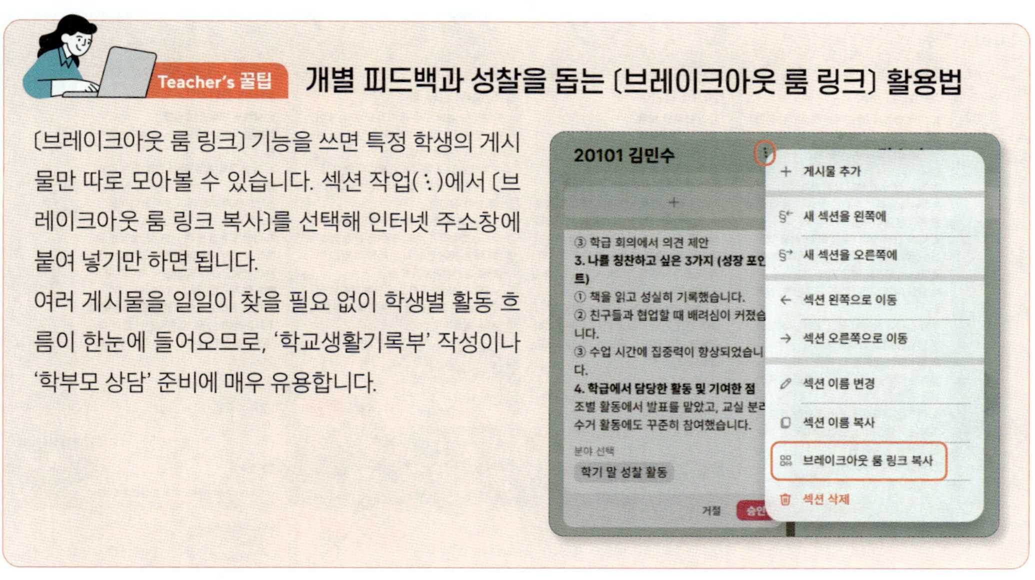

패들렛 게시판을 활용한 학급 관리

패들렛 게시판은 학급의 다양한 기록을 한곳에 모아 관리할 수 있는 학급 운영 도구입니다. 학기 초에 한 번 게시판을 만들어 두면 학생 이해 자료, 상담 신청, 활동 소감, 학기 말 성찰 활동 등을 1년 동안 지속적으로 기록하고 관리할 수 있습니다. 또한 게시물 승인 대기 기능을 활용하면 교사가 게시물을 확인한 뒤 공개할 수 있어 학생 개인정보 보호와 게시물 관리에 도움이 됩니다. 이렇게 축적된 기록은 학생의 성장 과정을 확인하고 학교생활기록부 작성이나 학부모와의 소통에도 활용할 수 있습니다.

다음은 이러한 방식으로 운영한 '학급 게시판(학기 초 학생 이해 자료, 상담 신청, 활동 소감문, 학기 말 성찰 활동)'의 실제 결과물입니다.

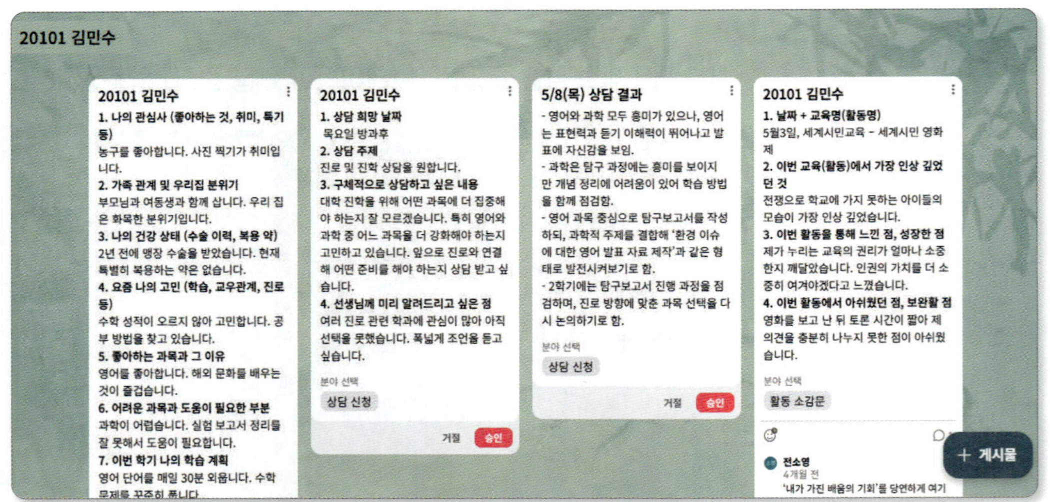

20101 김민수

20101 김민수
1. 나의 관심사 (좋아하는 것, 취미, 특기 등)
농구를 좋아합니다. 사진 찍기가 취미입니다.
2. 가족 관계 및 우리집 분위기
부모님과 여동생과 함께 삽니다. 우리 집은 화목한 분위기입니다.
3. 나의 건강 상태 (수술 이력, 복용 약)
2년 전에 맹장 수술을 받았습니다. 현재 특별히 복용하는 약은 없습니다.
4. 요즘 나의 고민 (학습, 교우관계, 진로 등)
수학 성적이 오르지 않아 고민합니다. 공부 방법을 찾고 있습니다.
5. 좋아하는 과목과 그 이유
영어를 좋아합니다. 해외 문화를 배우는 것이 즐겁습니다.
6. 어려운 과목과 도움이 필요한 부분
과학이 어렵습니다. 실험 보고서 정리를 잘 못해서 도움이 필요합니다.
7. 이번 학기 나의 학습 계획
영어 단어를 매일 30분 외웁니다. 수학 문제를 꾸준히 풉니다.

20101 김민수
1. 상담 희망 날짜
목요일 방과후
2. 상담 주제
진로 및 진학 상담을 원합니다.
3. 구체적으로 상담하고 싶은 내용
대학 진학을 위해 어떤 과목에 더 집중해야 하는지 잘 모르겠습니다. 특히 영어와 과학 중 어느 과목을 더 강화해야 하는지 고민하고 있습니다. 앞으로 진로와 연결해 어떤 준비를 해야 하는지 상담 받고 싶습니다.
4. 선생님께 미리 알려드리고 싶은 점
여러 진로 관련 학과에 관심이 많아 아직 선택을 못했습니다. 폭넓게 조언을 듣고 싶습니다.

분야 선택
상담 신청

거절　승인

5/8(목) 상담 결과
- 영어와 과학 모두 흥미가 있으나, 영어는 표현력과 듣기 이해력이 뛰어나고 발표에 자신감을 보임.
- 과학은 탐구 과정에는 흥미를 보이지만 개념 정리에 어려움이 있어 학습 방법을 함께 점검함.
- 영어 과목 중심으로 탐구보고서를 작성하되, 과학적 주제를 결합해 '환경 이슈에 대한 영어 발표 자료 제작'과 같은 형태로 발전시켜보기로 함.
- 2학기에는 탐구보고서 진행 과정을 점검하며, 진로 방향에 맞춘 과목 선택을 다시 논의하기로 함.

분야 선택
상담 신청

거절　승인

20101 김민수
1. 날짜 + 교육명(활동명)
5월3일, 세계시민교육 – 세계시민 영화제
2. 이번 교육(활동)에서 가장 인상 깊었던 것
전쟁으로 학교에 가지 못하는 아이들의 모습이 가장 인상 깊었습니다.
3. 이번 활동을 통해 느낀 점, 성장한 점
제가 누리는 교육의 권리가 얼마나 소중한지 깨달았습니다. 인권의 가치를 더 소중히 여겨야겠다고 느꼈습니다.
4. 이번 활동에서 아쉬웠던 점, 보완할 점
영화를 보고 난 뒤 토론 시간이 짧아 제 의견을 충분히 나누지 못한 점이 아쉬웠습니다.

분야 선택
활동 소감문

전소영
4개월 전
'내가 가진 배움의 기회'를 당연하게 여기

＋ 게시물

학생들이 작성한 글, 자료, 상담 내용 등이 모두 중요한 성장 기록으로 남게 되며, 패들렛의 댓글 기능을 통해 교사의 개별 피드백을 즉시 제공하여 학생과의 소통을 강화할 수 있습니다.

기대 효과

- ✅ 학생 이해의 깊이 증대 및 개별 맞춤형 지도 가능
- ✅ 학급 운영 업무의 체계화를 통한 시간 절약
- ✅ 학교생활기록부 작성 자료의 체계적 관리 및 질적 향상
- ✅ 학부모 상담 시 구체적이고 신뢰도 높은 자료 제공

업무 효율화 및 체계화

패들렛 학급 게시판을 활용하면 종이 자료의 분실 위험 없이 모든 기록이 디지털로 안전하게 보관됩니다. 또한 게시글을 비공개로 관리하여 학생의 프라이버시를 완벽하게 보호하면서 필요한 자료를 즉시 찾아 활용할 수 있어 업무 효율성이 크게 향상됩니다.

+ PLUS 자료실

수업에 바로 적용할 수 있는 복제 템플릿과 완성된 페이지 미리보기를 제공합니다. QR 코드를 스캔해서 바로 활용해 보세요.

자동 복제 링크 (tinyurl.com/copyp201)

페이지 미리보기

제미나이로 진로·상담을 위한 면접 연습하기

AI 도구 Gemini | **핵심 역량** 협력적 의사소통 역량, 자기관리 역량

담임교사는 학생들의 학업 성장뿐 아니라 진로 준비도 함께 지원해야 합니다. 하지만 개별 면접 지도를 하기에는 시간적인 한계가 있습니다. 제미나이를 활용하면 학생의 학교생활기록부나 포트폴리오를 분석해 맞춤형 질문과 피드백을 제공할 수 있습니다. 이를 통해 학생은 스스로 면접을 준비하고, 교사는 부족한 부분을 중심으로 지도할 수 있습니다.

활동 준비 및 과정 ## 나만의 AI 면접관 만들기

제미나이에 활동 자료를 올리고 면접관 역할을 설정하면 나만의 AI 면접관이 됩니다. 이를 통해 언제 어디서든 질문을 받고 피드백을 얻으며 반복적으로 연습할 수 있습니다. 특히 모바일 앱의 '음성 대화' 기능을 쓰면 실제 면접처럼 말로 답하는 실전 대비가 가능합니다.

STEP 1 활동 자료 준비하고 AI 면접관 설정 프롬프트 입력하기

01 디지털 포트폴리오, 학교생활기록부의 해당 활동 부분 등을 캡쳐하여 활동의 목적, 내용, 성과가 잘 드러날 수 있게 요약한 면접 자료를 준비합니다.

> 국제기구의 권장 자료와 국내외 식품 사례를 조사하여 곤충 식품의 영양학적 장점(고단백 및 저지방)과 사회적 인식 문제를 분석하였으며, 특히 식용 곤충 산업의 규제 및 소비자 수용성 문제를 중심으로 추가 탐구를 수행함. 탐구 과정에서 자료 수집과 비교·분석 능력을 기르고, 활동 후 사회적 인식 개선과 제도적 지원의 필요성에 대한 자신의 의견을 논리적으로 제시함. 과학적 자료 분석력과 비판적 사고력을 바탕으로 식량 문제 해결을 위한 실천적 태도와 진로 탐색 역량을 보여줌.

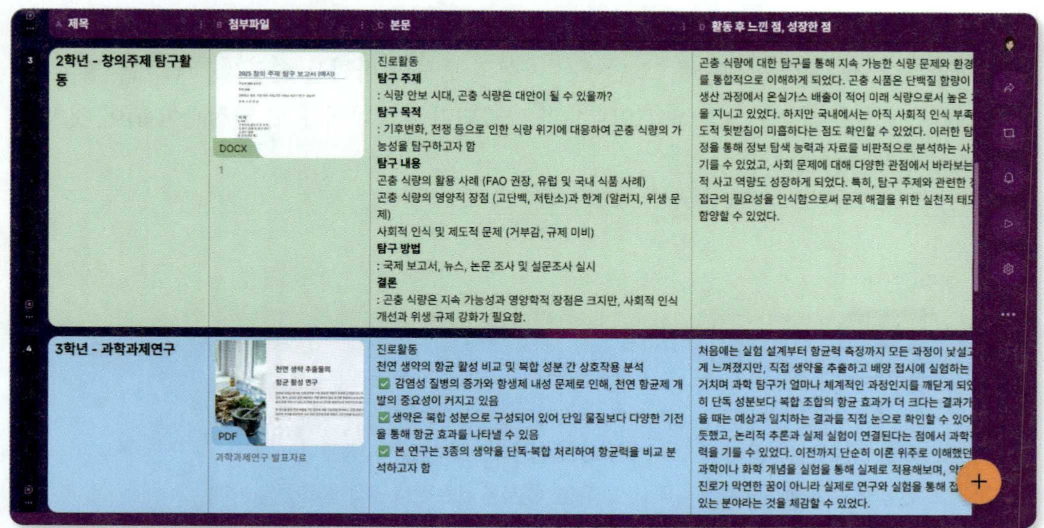

02 제미나이 웹사이트(gemini.google.com)에 접속하여 구글 계정으로 로그인합니다. 프롬프트 입력창 하단의 파일 추가(+) 아이콘을 클릭하여 〔파일 업로드〕를 선택합니다.

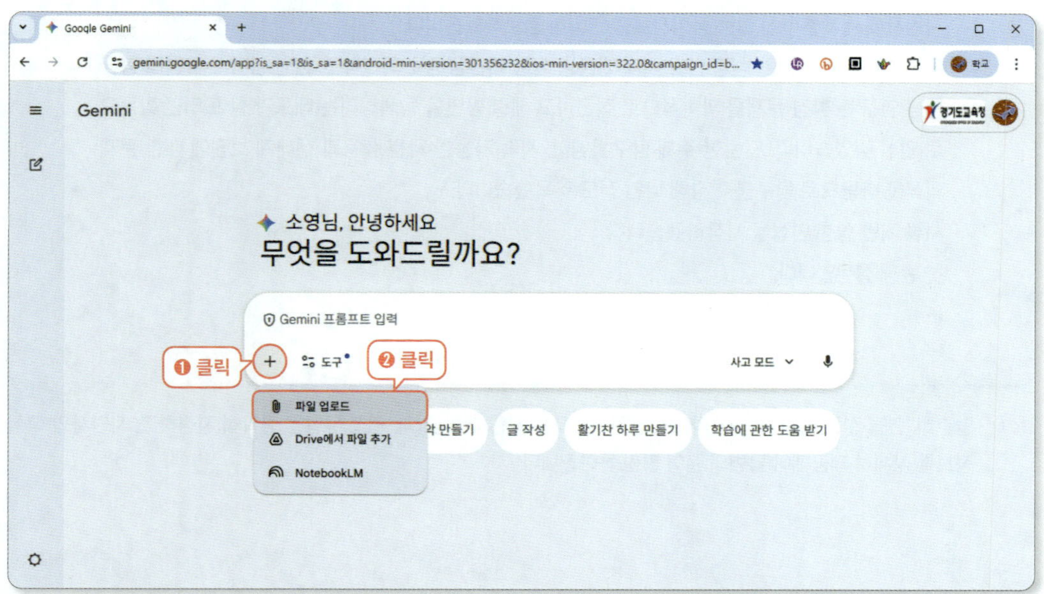

 준비한 자료와 다음 AI 면접관 프롬프트 예시를 입력합니다. 완성된 프롬프트 템플릿을 미리 만들어 두면, 학생들은 그 안에서 자신의 정보만 바꿔서 손쉽게 개인 맞춤형 AI 면접관을 만들 수 있습니다. 자료 업로드가 완료되면 제미나이가 AI 면접관이 되어 첫 번째 질문을 시작합니다.

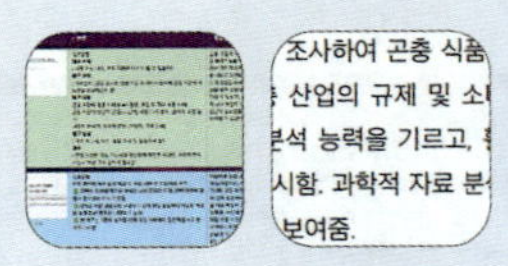

1. **역할 설정**: 너는 지금부터 〔고려대학교〕〔환경생태공학부〕입학사정관이야.
2. **면접 상황 설정**: 지금부터 나와 〔면접 유형: 예 서류 기반 심층 면접〕을 진행할 거야.
3. **제공 정보**: 내가 파일로 전송해준 내용을 참고해줘.
4. **상호작용 방식 요청**
   - 위 정보를 바탕으로, 면접 예상 질문 3개를 만들어 주고, 그 질문을 한 번에 하나씩만 해줘.
   - 내가 답변을 하면, 그 답변의 내용과 논리를 분석해서 평가해줘.

반갑습니다. 고려대학교 환경생태공학부 입학사정관입니다.

지원자께서 제출하신 활동 증빙자료를 면밀히 검토하였습니다.

특히 2학년 때 수행한 '식량 안보 시대의 곤충 식량 대안성 탐구'와 3학년 '천연 생약 추출물의 항균 활성 연구'는 환경 문제를 과학적으로 접근하고 해결 방안을 탐색하려는 태도가 잘 드러난 활동으로 인상 깊었습니다. 단순한 주제 탐구를넘어, 지속 가능한 자원 활용과 생태계 보전에 대한 문제의식을 바탕으로 탐구를 확장해 나간 점도 주목했습니다.

서류 기반 심층 면접을 시작하겠습니다.

첫 번째 질문입니다.

(…)

note 단순히 '면접 질문을 만들어 줘'라고 요청하기보다는 지원 대학, 학과, 면접 유형을 명확히 지정하고, 지원자의 핵심 정보를 상세히 제공해야 답변의 질이 훨씬 높아집니다.

01 업로드한 자료를 바탕으로 제미나이가 첫 번째 면접 질문을 제시하면, 학생은 답변을 입력합니다. 이어서 제미나이가 입학사정관 관점에서 답변을 평가해 피드백을 제공합니다. 이 과정을 반복하면 질문 이해력과 즉흥 답변 능력을 함께 향상시킬 수 있습니다.

◆ 보고서의 탐구 결과와 결론에서 '곤충 식량은 지속 가능성과 영양학적 장점은 크지만, 사회적 인식 개선과 관련 법규 규제 완화가 필요하다'고 하셨습니다. 곤충 식량의 '사회적 인식 개선'이 필수적인 이유를 구체적인 사례나 논리를 들어 설명해 주시겠어요?

곤충 식량은 영양학적으로 장점이 많지만 사람들이 거부감을 갖고 있어서 보급이 어렵습니다. 실제로 유럽에서도 곤충 식품이 슈퍼에 나왔을 때 소비자들이 잘 사지 않았던 사례가 있었습니다. 또 우리나라에서도 곤충이 식품으로 등록되기 전에는 불법 논란이 있었는데, 이런 사회적 인식이 바뀌어야 제도나 시장이 제대로 자리 잡을 수 있다고 생각합니다.

◆ **입학사정관 평가**

지원자님의 답변을 잘 들었습니다.

내용 및 논리 분석

핵심 주장 명확성: 곤충 식량 보급 장애 요인으로 '사회적 인식(거부감)'을 명확히 지목하고 있습니다.

논리적 근거

- 소비자 수용성 문제: 유럽의 곤충 식품 판매 부진 사례를 들어 소비자 저항이 실재함을 제시했습니다.
- 제도 및 법규 문제: 국내에서 곤충이 식품으로 등록되기 전 불법 논란이 있었던 점을 언급하여 사회적 인식이 법적, 제도적 기반 마련에도 영향을 미친다는 점을 연결했습니다.

(⋯)

평가

답변은 논리적이고 구체적입니다. 탐구 보고서에서 언급한 '사회적 인식 개선'의 필요성을 유럽 사례와 국내 규제 문제를 근거로 잘 뒷받침했습니다. 이는 단순한 정보 나열이 아닌, 탐구 과정에서 얻은 지식을 현실 문제 해결에 적용하려는 태도를 보여줍니다.

note 충분한 연습 후 '내가 답변을 하면, 그 답변을 듣고 압박 질문이나 꼬리 질문을 2개씩 이어서 해줘'처럼 추가 요청도 가능합니다.

02 입학사정관의 평가 기준을 프롬프트에 추가합니다. 제미나이는 해당 기준에 따라 내용의 논리성, 표현의 명확성, 경험의 구체성 등을 분석하여 피드백을 제공합니다.

> 방금 내가 한 답변에 대해 평가해 줘.
> (1) 내용의 논리성, (2) 표현의 명확성, (3) 경험의 구체성 측면에서 피드백을 주고, 더 좋은 답변을 위한 예시도 함께 제시해 줘.

◆ 입학사정관 평가

지원자님의 답변을 잘 들었습니다. 평가 기준에 따라 내용의 논리성, 표현의 명확성, 경험의 구체성을 기준으로 분석해 피드백을 드리겠습니다.

평가 기준	세부 분석	평가
내용의 논리성	'인식 문제' → '보급 어려움'이라는 인과 관계가 명확하며, 소비자 시장과 제도적 문제라는 두 가지 측면의 구체적인 근거를 들어 논리를 탄탄하게 구성했습니다.	우수함
표현의 명확성	문장이 간결하고 주장이 분명하게 전달됩니다. 면접 상황에 적절한 수준의 명확성을 갖추고 있습니다.	우수함
경험의 구체성	일반적인 '거부감'에서 멈추지 않고, 탐구 과정에서 조사했을 것으로 보이는 실제 사례를 제시하여 답변에 설득력을 더했습니다.	탁월함

보완점 및 개선 방향

보완 영역	피드백 및 개선 방향	더 좋은 답변 예시
문제 인식의 깊이	단순한 거부감 대신, 환경적 지속 가능성이라는 관점에서 인식 개선이 왜 필수적인지 연결해 보세요.	곤충 식량이 소고기 대비 물과 사료 소모량이 훨씬 적어 환경 부하를 줄이는 지속 가능한 대안이라는 과학적 사실을 소비자들이 인식해야 합니다. 이 과학적 우위가 사회적 가치로 연결되어야만, 단순히 낯선 음식이 아닌 '필요한 미래의 식량'으로 수용될 수 있습니다.
해결 방안 제시	'제도나 시장이 자리 잡아야 한다'는 소극적 주장 대신, 지원자님이 생각하는 구체적인 인식 개선 방안을 제시하면 좋습니다.	유럽 사례를 분석한 결과, 곤충 본연의 모습이 아닌 가루나 가공 식품 형태로 제공할 때 수용도가 높다는 것을 알았습니다. 따라서 인식 개선은 곤충을 먹자가 아니라, 곤충 단백질을 활용한 고부가가치 식품 개발 및 홍보를 통해 이루어져야 합니다. 저는 이 연구를 통해 인문사회적 측면의 해결책도 동시에 고민했습니다.

03 답변이 막힐 때는 제미나이에게 예시 답안을 요청하거나, 받은 피드백을 바탕으로 어떻게 보완하면 좋을지 개선 방법을 물어볼 수도 있습니다.

- **예시 답안 요청**: 내가 면접이 처음이라서 그런데, 혹시 예시 답안을 구성해 줄 수 있어?
- **자기 개선 방향 질문**: 좋은 답변인데, 내가 다음에 스스로 답하려면 어떤 점을 고려해야 돼?

STEP 3 심층 질문에 답하며 반복 연습하기

심층 질문에 대비하기 위한 '훈련 전략'을 제미나이에게 요청합니다. 다음 예시처럼 역할을 바꿔 다른 관점의 답변을 참고하거나, 약점을 집중 공략하고, 제한 시간 안에 말하는 연습까지 설계할 수 있습니다. 이 과정을 반복하면서 어떤 돌발 질문에도 당황하지 않고 자신의 생각을 명확하게 전달할 수 있도록 연습합니다.

구분	훈련 전략 예시
역할 바꿔보기	반대로 학생이 면접관이 되어 제미나이에게 '네가 〔대학명〕〔학과명〕 지원자라면 이 질문에 어떻게 답하겠니?'라고 질문하며 다른 관점의 답변을 참고할 수 있습니다.
약점 보완	자신이 평소 약하다고 생각하는 부분(⑩ 시사 상식, 윤리 문제)에 대한 질문을 집중적으로 생성해달라고 요청하여 취약점을 보완할 수 있습니다.
시간 관리 연습	'타이머를 설정하고 1분 안에 답변하는 연습을 할게. 내가 답변을 마치면 시간을 알려 줘'와 같이 요청하여 시간 관리 능력도 함께 기를 수 있습니다.

note 면접 준비 과정을 체계적으로 관리하고 싶다면, 대화 내용을 외부 문서로 저장하는 것을 추천합니다. 제미나이 답변 하단의 더 보기(⋮) 아이콘을 클릭하고 〔Docs로 내보내기〕를 선택하면 전체 대화 내용이 구글 독스(Google Docs)로 깔끔하게 정리되어 저장됩니다.

제미나이를 활용한 면접 시뮬레이션

제미나이와의 지속적인 상호작용을 통해 학생은 자신을 객관적으로 파악하며, 어떤 질문에도 자신 있게 답하는 실전 대응력을 기를 수 있습니다. 교사 입장에서도 제미나이는 일대일 면접 지도의 부담을 덜어주고, 학생별로 필요한 부분에 집중해 지도할 수 있게 해줍니다. AI가 반복 훈련과 답변 보완을 담당하면, 교사는 학생 개별 특성에 맞는 방향 설정, 답변의 진정성 점검, 태도와 표현 등 실전 피드백에 집중할 수 있습니다. 제미나이라는 AI 파트너와 함께 학생들의 면접 준비를 효과적으로 지도하기 바랍니다.

다음은 제미나이와 면접 시뮬레이션을 진행한 실제 대화 화면과 해당 내용을 구글 독스로 정리한 예시입니다. 제미나이를 활용한 면접 준비는 단순히 예상 질문을 만들어보는 수준을 넘어, 학생이 스스로 본인의 지원 서류를 꼼꼼히 분석하고 논리를 발전시키는 과정입니다.

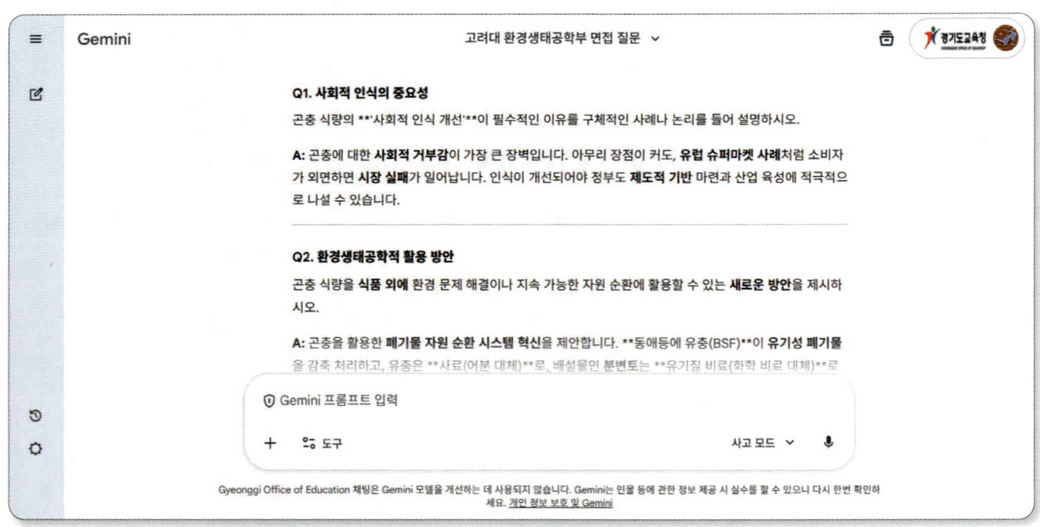

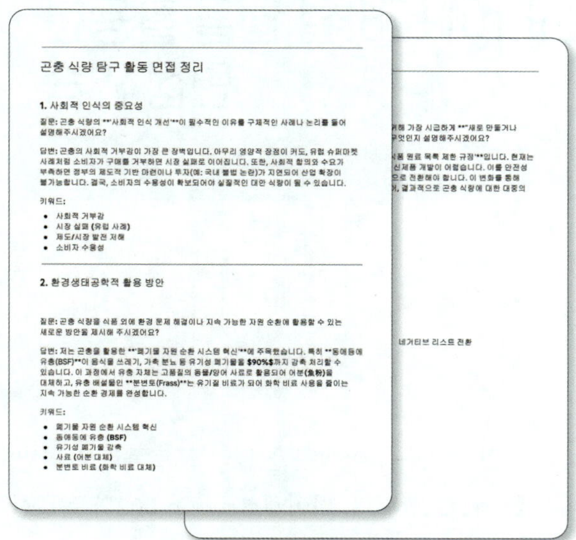

활동 확장과 평가 활용

학생들이 제출한 제미나이와 나눈 대화 내용을 학생의 논리 전개 과정이나 면접 준비의 깊이를 평가하는 포트폴리오로 활용할 수 있습니다. 또한 친구들과 대화를 공유하며 서로의 답변에 대해 피드백을 주는 활동으로 확장할 수도 있습니다.

AI 경험 제공

제미나이를 통해 학생들은 자기 주도적으로 면접 연습을 진행할 수 있으며, 실시간 피드백을 받고 반복 연습하는 과정에서 AI 도구를 학습에 효과적으로 활용하는 방법을 체득할 수 있습니다.

기대 효과

- ✓ 학생별 맞춤형 면접 준비를 통한 실전 대비 능력 향상
- ✓ 학생 본인의 지원 서류에 대한 깊이 있는 이해와 성찰 기회 제공
- ✓ AI와의 상호작용을 통한 논리적 사고력 및 의사소통 능력 강화
- ✓ 면접에 대한 막연한 불안감 해소 및 자신감 증진

+ PLUS 자료실

AI 면접관 만들기에 관한 상세한 제작 과정과 심화 학습 가이드를 영상으로 제공합니다. QR 코드를 스캔해 바로 활용해 보세요.

제미나이 모바일 앱을 활용한 면접 연습

제미나이의 음성 대화 기능을 활용하면 실제 면접처럼 말로 답변하는 연습을 할 수 있어, 실전 감각을 기르는 데 효과적입니다. 처음에는 텍스트로 답변을 정리한 뒤, 익숙해지면 음성 기능으로 전환하는 방식을 추천합니다.

01 스마트폰에서 제미나이 앱을 실행한 후 파일 추가(+) 아이콘을 눌러 포트폴리오 화면, 학교생활기록부 사진, 관련 문서 파일 등을 업로드합니다. 이어서 Section 002와 동일한 방식으로 면접 연습을 진행하며, 기본적인 연습에 익숙해지면 모바일의 음성 기능을 활용하여 말하기 연습까지 확장해 볼 수 있습니다. 다음과 같은 예시 프롬프트를 참고해 상황에 맞게 활용할 수 있습니다.

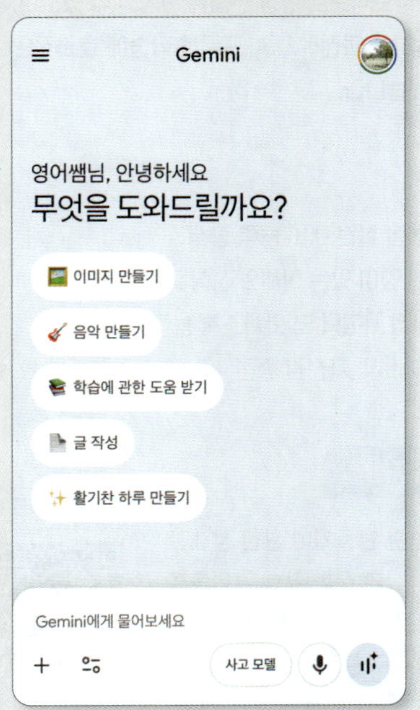

지금까지 연습한 내용을 바탕으로 이제 '실전 음성 면접'을 해보고 싶어. 너는 전문 면접관 역할을 맡아줘.

1. 질문은 실제 면접처럼 하나씩 던져줘.
2. 내 답변이 끝나면 내용뿐만 아니라 말투, 단어 선택, 논리적 구성까지 꼼꼼히 피드백해줘.
3. 답변이 부족하면 꼬리 질문이나 압박 질문도 섞어서 실전처럼 긴장감을 줘.

자, 이제 첫 번째 질문부터 시작해줘!

02 Live(ılı) 아이콘을 누르면 음성 대화가 시작됩니다. 제미나이 모바일 앱을 활용하면 텍스트 입력 없이도 역할과 상황을 바로 제시하고 대화를 이어갈 수 있어, 실제 면접과 유사한 환경에서 질문과 답변을 연습할 수 있습니다.

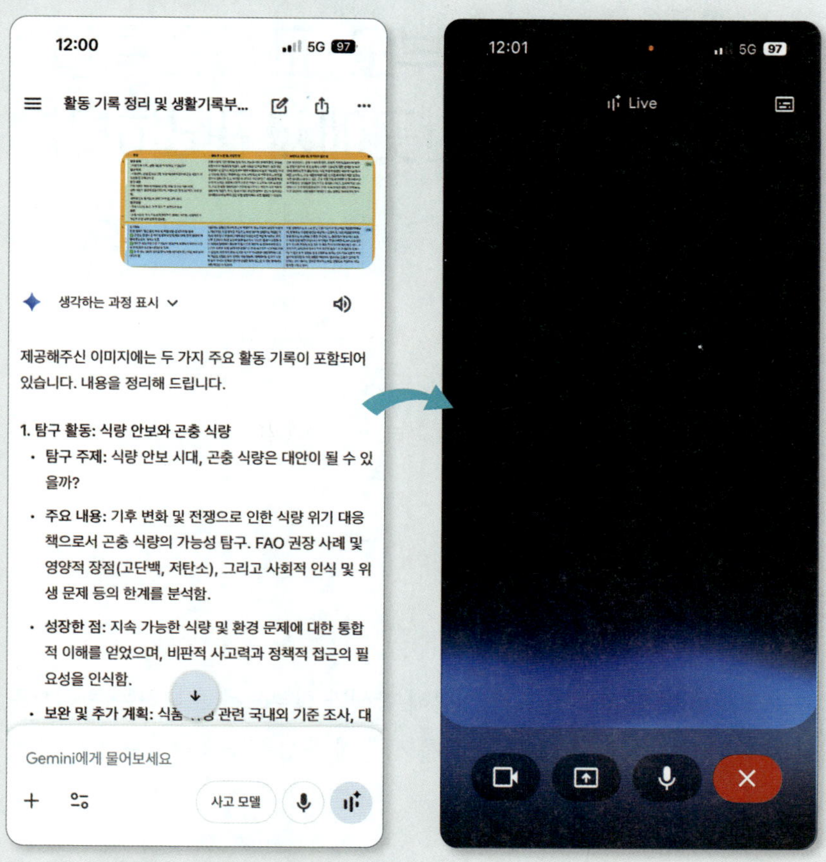

하이클래스로 학생·학부모·교사 소통을 한곳에서 관리하기

에듀테크 도구 **Hi Class**　　핵심 역량 **협력적 의사소통 역량**

하이클래스는 교사가 앱을 통해 학급 활동과 학생 소식을 간편하게 전하고, 온라인상에서 설문을 진행하거나, 전자서명으로 현장체험학습 신청서도 손쉽게 제출할 수 있도록 돕는 서비스입니다. 또한 학급 게시판을 활용해 '담임-학생-학부모' 간 소통 창구를 일원화하고, 공지나 상담 신청 등의 내역을 체계적으로 관리하여 학급 운영과 관리를 효율적으로 처리할 수 있습니다.

활동 준비　새 클래스 만들고 초대하기

하이클래스는 학교 인증과 소속 설정 후 클래스를 개설해 학생과 학부모를 초대하는 방식으로 운영됩니다. 여기에서는 새 클래스를 만들고 초대코드를 생성해 구성원을 초대하는 전체 과정을 안내합니다.

STEP 1 회원 가입하기

01 하이클래스는 선생님, 교직원 계정으로 회원 가입한 뒤, 학교인증 및 소속 설정을 완료하면 사용할 수 있습니다. 하이클래스 웹사이트(hiclass.net)에 접속한 다음 좌측의 〔선생님, 교직원 로그인하기〕를 클릭합니다.

note 선생님이 클래스를 개설한 뒤 해당 클래스에 학부모와 학생을 초대해 참여시키는 방식으로 진행합니다.

02 〔선생님, 교직원으로 시작하기〕에서 아이스크림, 구글, 애플 등 자주 사용하는 계정이나 아이디로 〔시작하기〕 버튼을 클릭하여 로그인합니다.

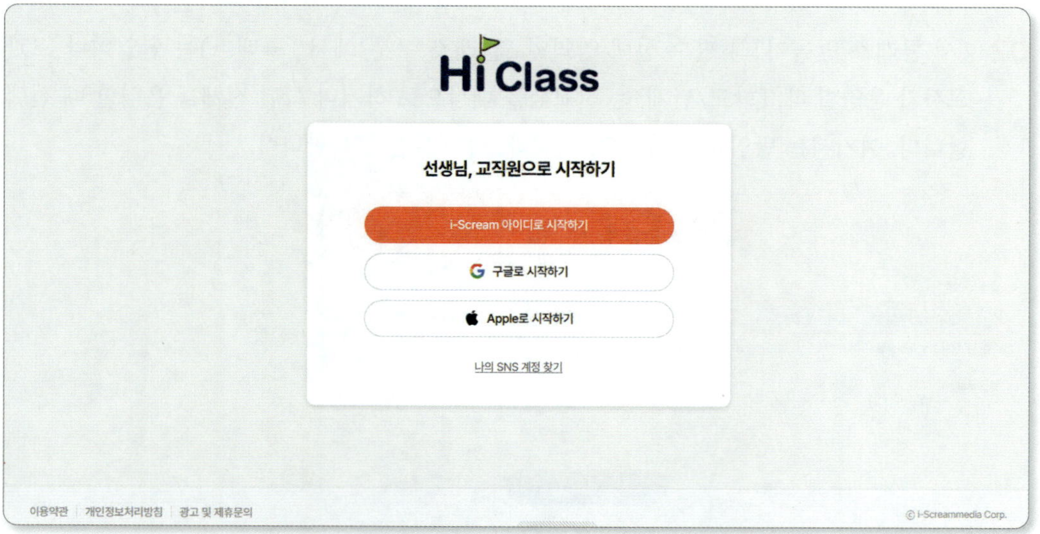

STEP 2 새 클래스 만들기

01 하이클래스를 처음 이용하는 경우에는 먼저 소속(학교) 정보를 설정합니다. 이어서 운영할 클래스(학급)를 만들기 위해 화면 중앙의 〔새 클래스 만들기〕 버튼을 클릭합니다.

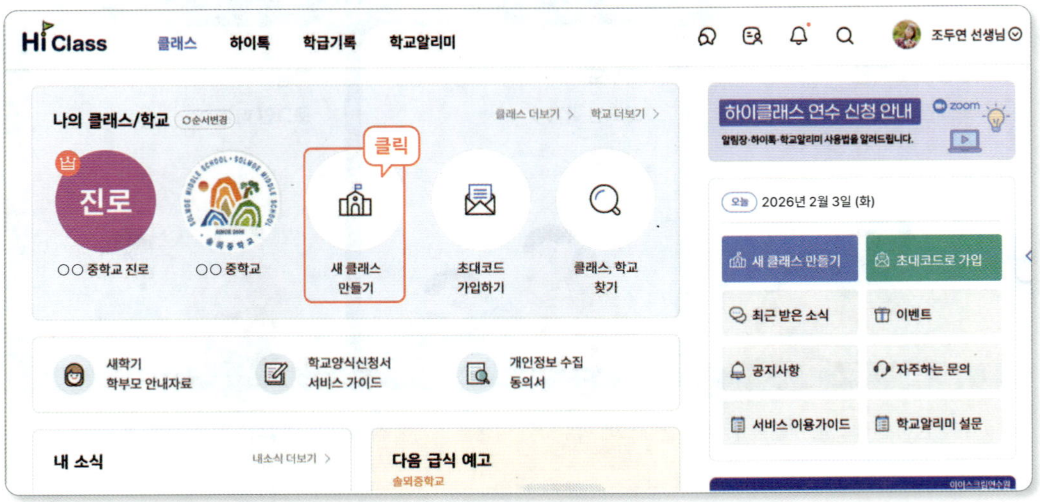

note 처음 로그인한 경우, 먼저 〔클래스, 학교 찾기〕를 클릭하여 소속 정보를 설정합니다. 모바일 앱에서는 〔클래스〕→〔새 클래스 만들기〕를 선택합니다.

02 〔새 클래스 만들기〕의 필수 선택 영역인 〔클래스 구분〕에서 〔클래스〕는 담임이나 교과 교사가 운영할 때, 〔학교/단체〕는 전교생을 대상으로 하거나 학년 전체를 운영할 때 선택합니다. 여기서는 담임교사 기준으로 〔클래스〕 버튼을 클릭합니다.

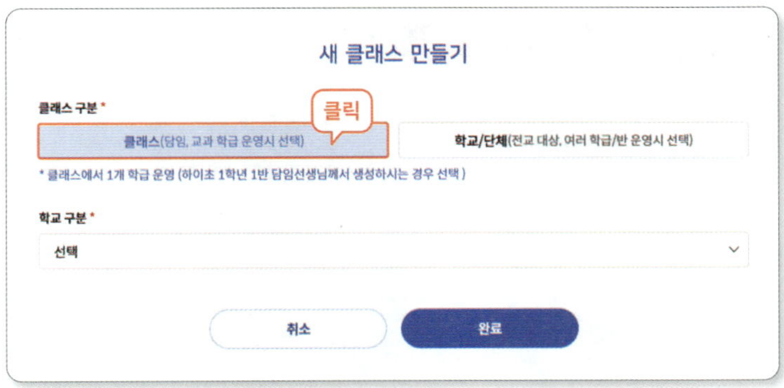

03 〔학교 구분〕을 '중학교'로 선택한 다음 〔학교/단체 검색〕, 〔연도〕, 〔학년〕, 〔클래스 명〕을 설정합니다. 〔연도〕를 '연도 무관' 〔학년〕을 '학년 무관'으로 선택하면 연도나 학년에 상관없이 운영할 수 있습니다. 모든 설정 완료 후 하단의 〔완료〕 버튼을 클릭합니다.

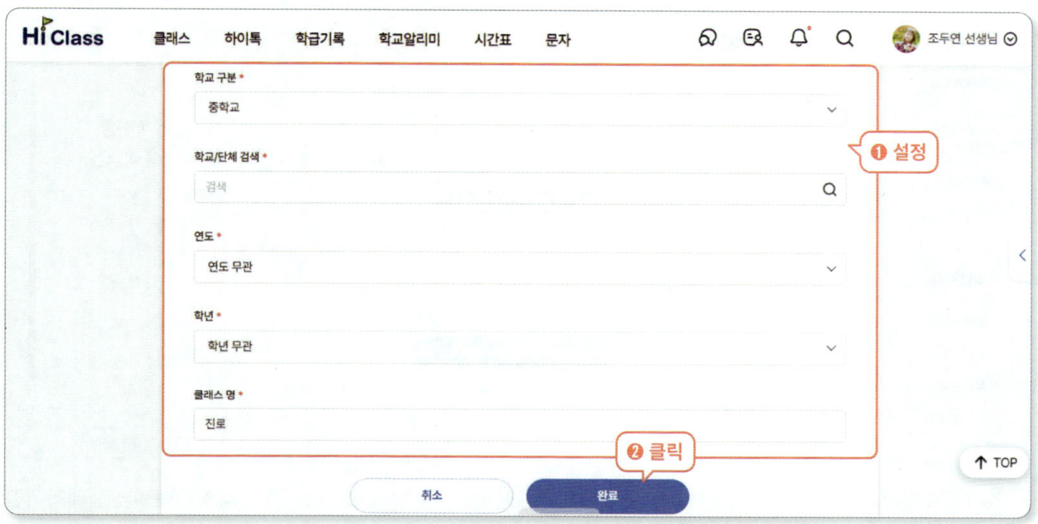

note 클래스에서 사용할 프로필 설정창이 열리면, 확인 후 〔선택 완료〕 버튼을 클릭합니다.

04 클래스가 개설되면 우측 상단의 〔초대하기〕 버튼을 클릭해 학부모와 학생을 초대합니다.

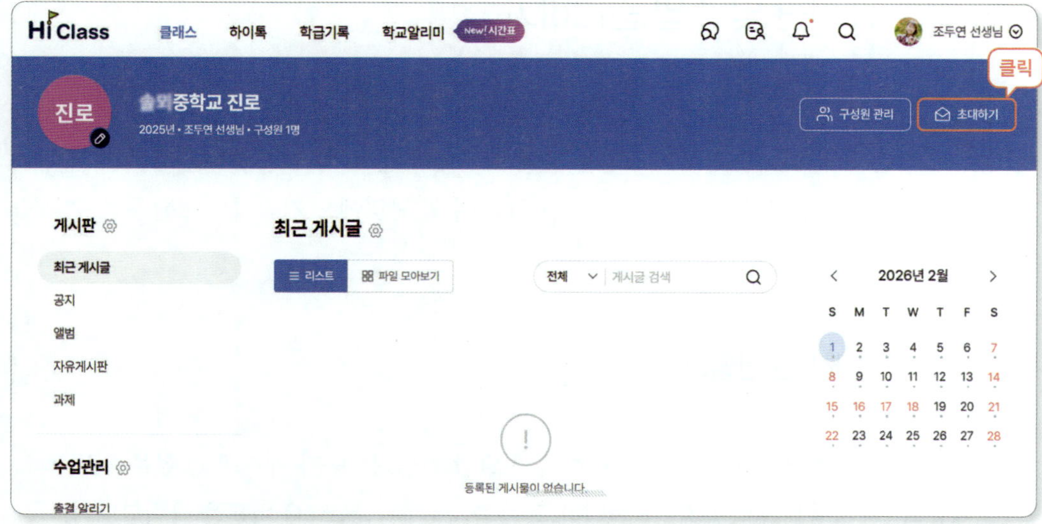

note 모바일 앱에서는 〔클래스〕 → 우측 상단 메뉴(≡) 클릭 → 〔초대〕를 선택합니다. 이어서 〔초대코드〕 안내창이 열리면 직접 안내하거나 〔초대장 링크 복사〕, 〔무료문자로 초대장 보내기〕를 클릭합니다.

05 화면이 〔초대하기〕로 변경되고, 초대코드가 생성됩니다. 생성된 초대코드를 학부모나 학생에게 공유하면, 코드를 입력해 가입 승인 없이도 클래스에 바로 참여할 수 있습니다.

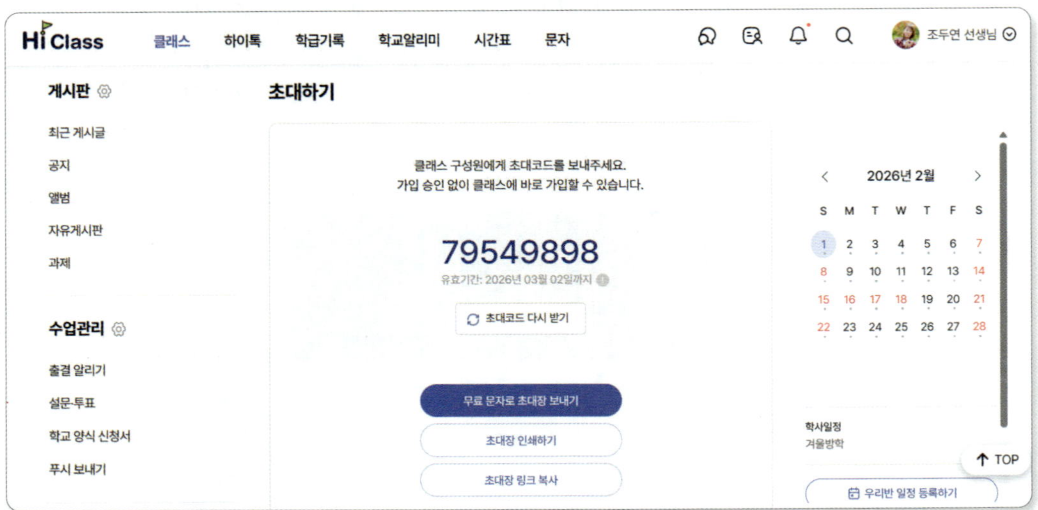

note 〔무료 문자로 초대장 보내기〕는 학교 문자를 통해 초대장을 보내는 방식이고, 〔초대장 인쇄하기〕는 학생들에게 가정통신문 형태로 안내문을 인쇄하여 배부하는 방식입니다. 〔초대장 링크 복사〕는 학급 카톡방 등을 통해 링크를 바로 보낼 수 있습니다.

활동 과정 # 게시판 및 수업 관리하기

학교 소식과 학급 공지를 조례나 종례 때만 전달하면 학생들이 잊거나 가정에 전달되지 못하는 경우가 많습니다. 하이클래스 게시판을 통해 사진이나 글로 학급의 추억을 함께 기록하고, 소식과 자료를 쉽게 전달할 수 있습니다. 또한 학급·수업 관리에도 지속적으로 활용할 수 있습니다.

STEP 1 공지 게시판 만들기

01 매일 학생과 학부모에게 안내할 사항을 전달할 수 있는 공지 게시판 생성을 위해 좌측 메뉴의 〔게시판〕에서 〔공지〕를 선택하고, 우측의 〔게시글 쓰기〕 버튼을 클릭합니다.

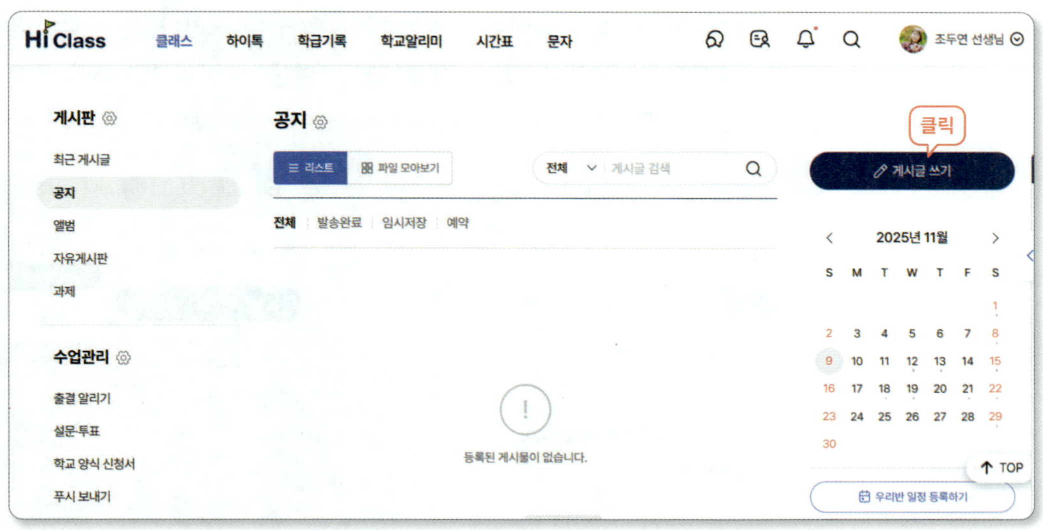

note 새 클래스를 만들 때 〔학교 구분〕을 '초등학교'로 선택하면 게시판의 〔공지〕 메뉴가 〔알림장〕으로 표시됩니다.

02 〔공지〕 화면에서 제목과 안내할 내용은 본문에 입력합니다. 우측 〔수신대상〕 영역에서 '학부모'와 '학생'을 모두 체크합니다. 공지 내용 작성을 완료하면 〔등록〕 버튼을 클릭합니다. 이어서 '작성한 내용을 클래스 구성원들에게 보내시겠습니까?' 창이 열리면 〔확인〕을 누릅니다.

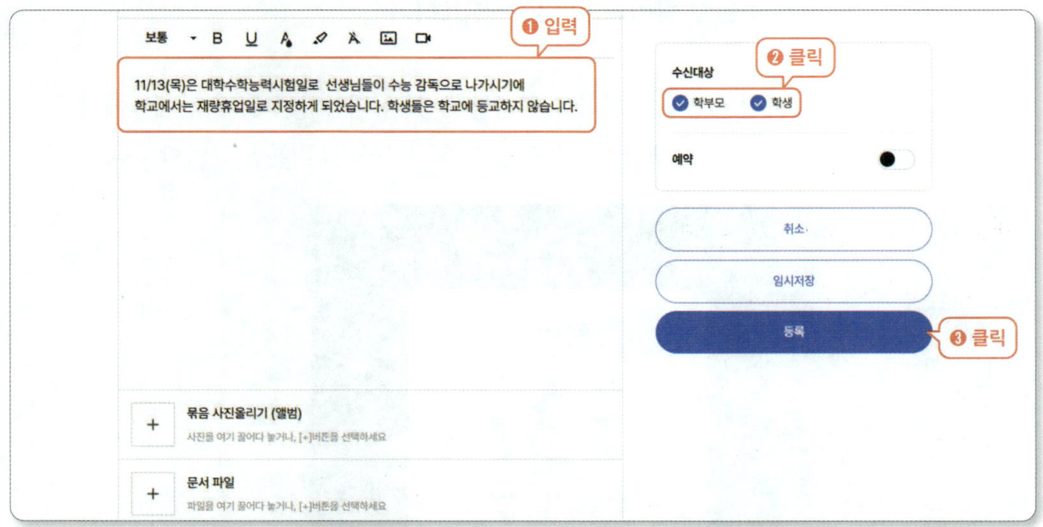

note 〔예약〕 토글을 활성화하면 날짜와 시간을 지정하여 게시할 수 있습니다. 본문 하단의 〔묶음 사진올리기(앨범)〕나 〔문서 파일〕을 통해 사진이나 파일을 한 번에 올릴 수도 있습니다.

03 〔공지〕에 새로운 공지가 등록된 것을 확인할 수 있습니다. 우측 더 보기(⋮)를 클릭하면 공지 내용을 〔수정〕·〔복사〕·〔삭제〕할 수 있고, 〔내보내기〕·〔이동〕을 클릭하면 해당 공지를 다른 클래스나 앨범, 자유게시판, 과제 등의 게시판으로 보낼 수도 있습니다.

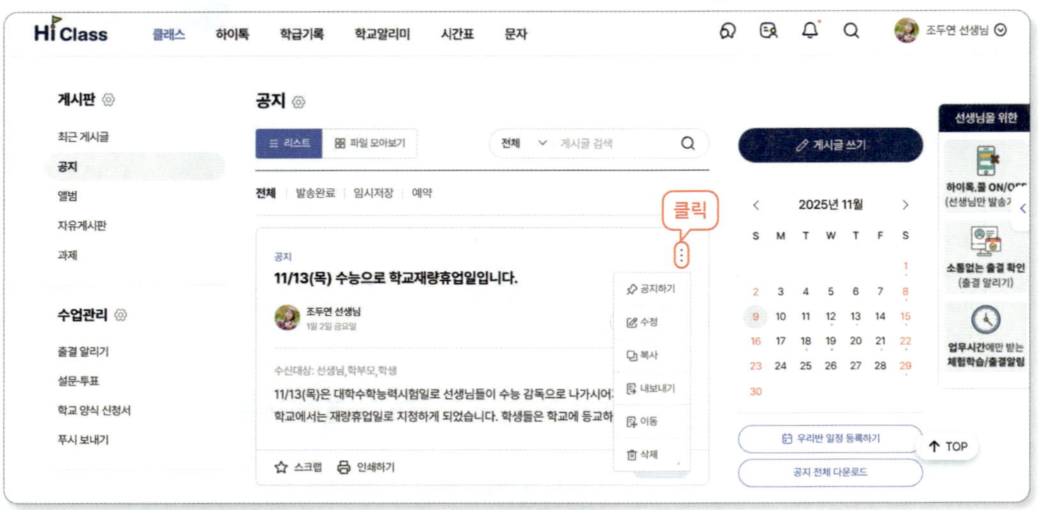

note 게시판에서는 〔과제〕도 등록할 수 있으며, 등록 방법은 〔공지〕 작성과 거의 동일합니다. 단, 〔마감일시〕를 설정할 수 있어 달력에 날짜와 시간을 지정하면 과제 제출 기한이 자동으로 적용됩니다.

STEP 2 수업관리에서 출결 알리기 및 설문·투표하기

01 〔출결 알리기〕는 학생 출결을 확인하고 처리할 수 있는 기능입니다. 좌측 메뉴에서 〔수업관리〕의 〔출결 알리기〕를 선택한 뒤 〔출결 알리기 시작하기〕 버튼을 클릭합니다.

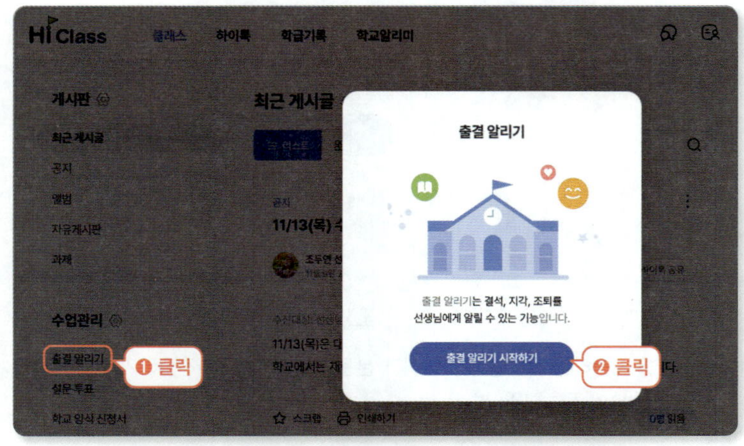

02 〔학생명단 등록하기〕창이 열리면 〔학반〕,
〔반 번호〕, 〔학생명〕을 입력할 수 있습니
다. 추가 입력하려면 맨 마지막 칸에서
ENTER 키를 눌러 새 행을 생성합니다.
업로드를 완료한 다음 하단의 〔등록〕 버튼
을 클릭합니다.

note 인원이 많을 경우 〔EXCEL 양식 다운로드〕를 활용해 명
단을 한 번에 업로드할 수도 있습니다.

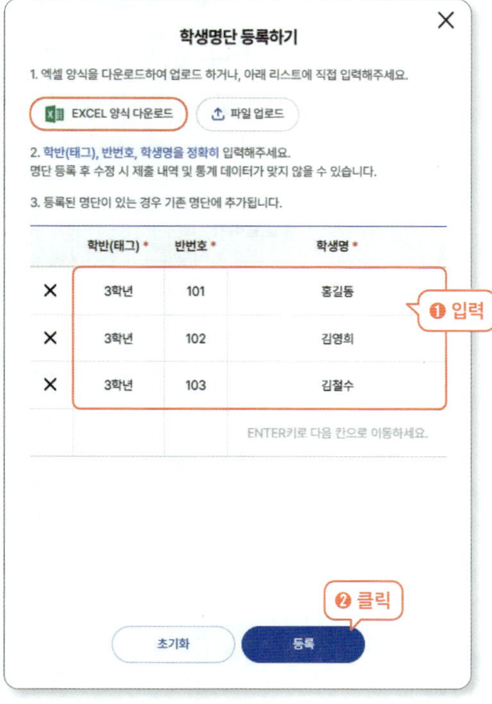

03 〔학생 추가/수정〕 버튼을 클릭하여 학생 정보를 추가하거나 수정할 수도 있습니다. 또한
우측 상단의 〔출결 등록하기〕 버튼을 클릭하여 학생의 출결 현황을 등록할 수 있습니다.

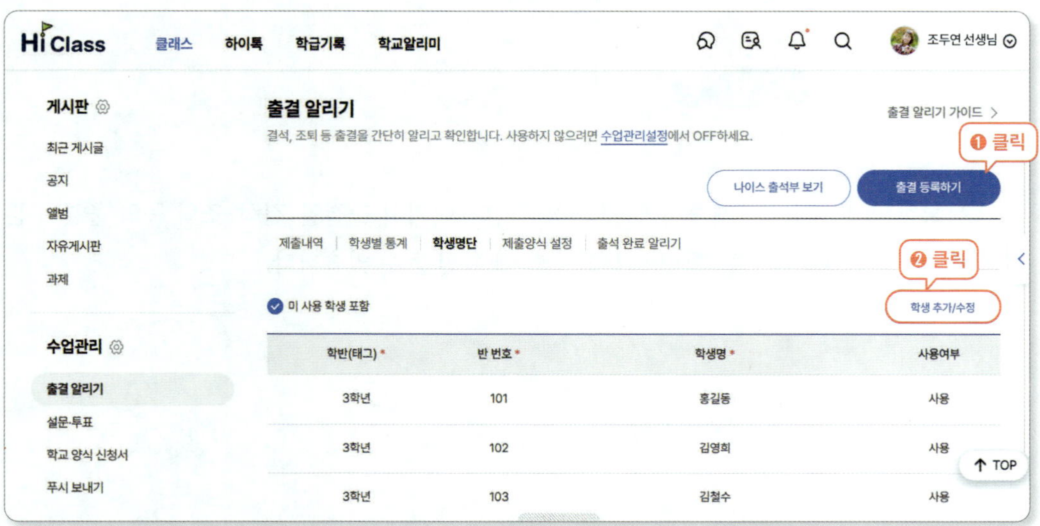

04 〔출결 알리기〕 창이 열리면 〔학생명〕에 이름을 입력하고 〔출결 구분〕, 〔출결일〕, 〔상세 구분〕을 선택한 다음 〔사유〕도 간단히 입력합니다. 필요하면 외출증·조퇴증 등 관련 서류를 첨부한 뒤 〔등록〕 버튼을 클릭합니다. 출결을 등록하면 학부모에게 출결 알림이 전송됩니다.

05 등록한 출결 내용은 〔제출내역〕에 저장됩니다. 여기서 출결일·결석·조퇴 등의 출결 구분과 학반·학생명·사유·확인 여부를 한눈에 확인할 수 있습니다.

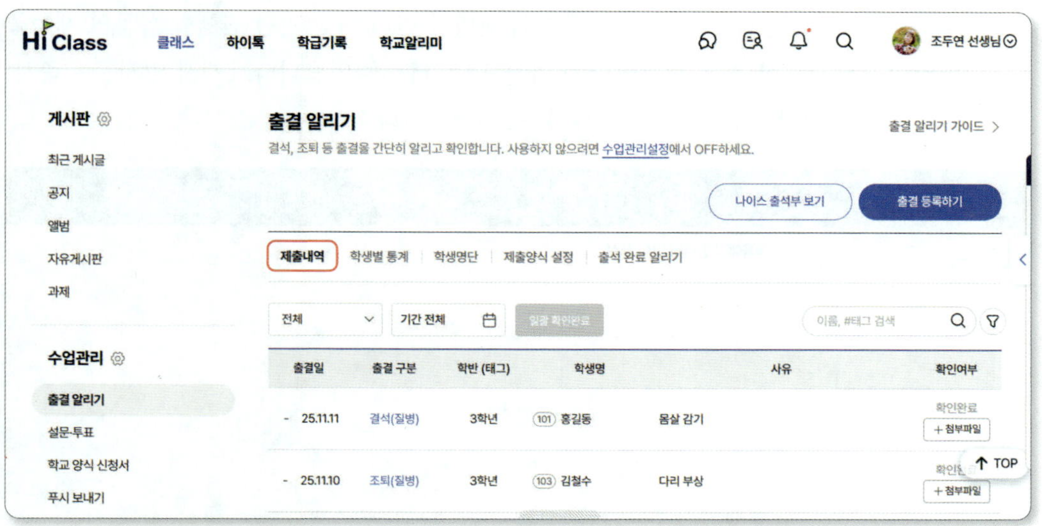

note 〔출결 알리기〕 우측 상단의 〔나이스 출석부 보기〕 버튼을 클릭하면 월별 학생 출결 현황을 확인하고, 출결 등록이나 출석부 인쇄도 가능합니다.

06 좌측 〔수업관리〕 메뉴의 〔설문·투표〕에서는 〔선착순·추첨〕, 〔설문·투표〕, 〔학부모/학생 상담〕, 〔방과후 신청〕, 〔추천 탬플릿〕 기능을 제공합니다. 간단한 설문과 투표를 진행하기 위해 상단의 〔설문·투표〕를 클릭합니다.

07 〔설문 만들기〕의 우측 화면에서 '체육대회 한마당 반티 색상'처럼 진행할 설문의 제목을 입력합니다. 필요한 경우 설명이나 이미지도 추가할 수 있습니다. 〔게시 일시〕는 '즉시' 로 선택하고, 〔설문 기간〕과 〔설문 대상〕도 지정합니다.

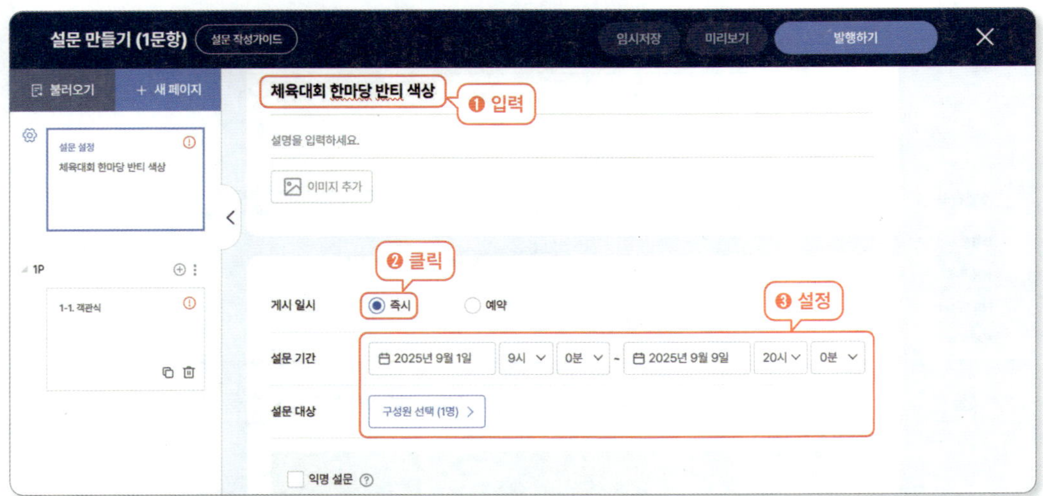

note 〔설문 투표〕화면에서 〔불러오기〕를 선택하면 타 학교에서 이미 사용한 설문을 가져와 활용할 수 있습니다. 사용하려는 설문을 선택하면 상세 내용이 표시되며, 하단의 〔설문 사용하기〕버튼을 클릭하면 그대로 복사되어 편집할 수 있습니다. 〔+새 페이지〕는 설문에 새로운 페이지를 추가하는 기능입니다.

08 〔1P〕에서 설문을 직접 작성합니다. '반티 색상 고르기'와 같이 질문을 입력한 뒤, 우측 〔질문 유형〕에서 '객관식'을, 하단 〔옵션 설정〕에서 '필수 응답'을 선택합니다. 선택지를 추가한 후 우측 상단의 〔발행하기〕버튼을 클릭하면 완료됩니다.

note 좌측 영역에 표시된 [1P] 우측의 질문 추가(⊕) 아이콘을 클릭하여 추가 문항을 생성할 수도 있습니다.

Teacher's 꿀팁 학부모/학생 상담 예약 활용하기

하이클래스에서 [나의 클래스]→[설문/투표]→[학부모/학생 상담]으로 이동합니다. [학부모 상담 만들기] 의 [1P]에서 상담 기간, 상담 시간, 상담 소요 시간, 선생님 휴식 시간을 설정하고, 전화·방문·원격 등 상담 유형까지 선택한 다음 [상담 달력을 만들기]를 클릭합니다.

생성된 상담 신청 달력에서 학부모가 원하는 시간을 선택해 신청하면, 각 상담 시간별로 1명만 예약할 수 있고 신청이 완료된 시간은 선택이 제한되어 중복 예약이 발생하지 않습니다. 같은 방식으로 학생 상담도 운영할 수 있어 상담 일정 관리가 훨씬 수월해집니다.

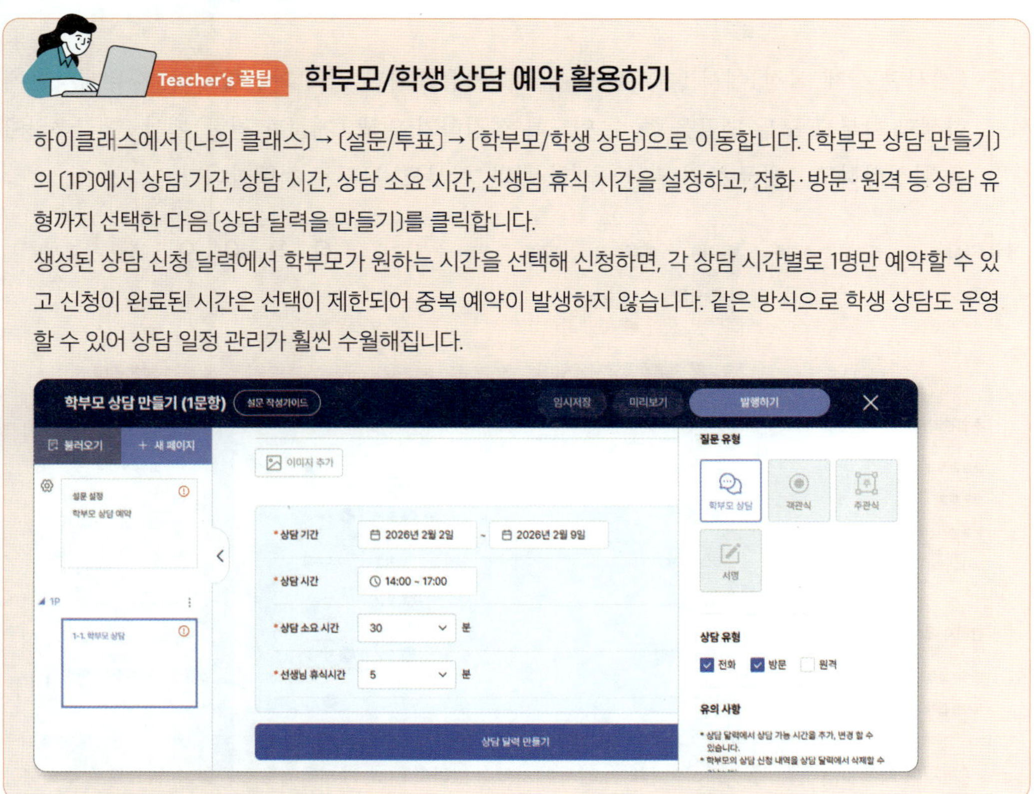

STEP 3 게시판 설정하기

01 교사는 필요한 게시판만 노출하고 사용자별 접근 권한을 설정해 학급 게시판을 관리할 수 있습니다. 좌측 〔관리자 메뉴〕에서 〔게시판 관리〕를 선택한 뒤 설정을 변경할 게시판을 클릭합니다. 여기서는 〔자유게시판〕을 선택합니다.

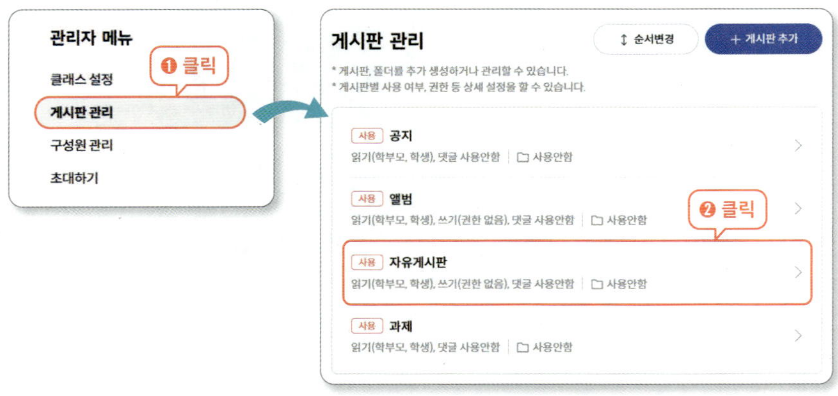

02 〔게시판 상세 설정〕에서 〔게시판 이름〕이 '자유게시판'인지 확인합니다. 자유게시판에 학생과 학부모 모두 댓글을 쓸 수 있도록 설정하기 위해 〔게시판 권한〕에서 〔댓글 사용〕을 활성화하고, 〔댓글 쓰기 권한〕을 '학생'과 '학부모' 모두로 선택합니다.

note 〔게시판 사용 여부〕를 비활성화하면 클래스에서 게시판이 보이지 않고, 게시물에도 접근할 수 없으므로 주의해야 합니다.

우리 반 소통을 일원화하는 하이클래스 학급 운영

하이클래스를 활용하면 공지, 상담, 설문 등 담임 업무를 한곳에서 처리할 수 있어 소통 창구를 하나로 정리할 수 있습니다. 학부모와 학생이 필요한 정보를 같은 곳에서 확인하므로 안내 누락과 혼선을 줄일 수 있고, 기록이 자동으로 쌓여 학기 말 정리·행정 업무에도 바로 활용할 수 있습니다.

다음은 하이클래스를 실제 학급 운영에 적용해 만든 결과물 예시입니다. 예를 들어 인플루엔자 감염 예방 수칙을 공지로 등록해 학부모와 학생에게 동시에 안내하고 실천을 독려할 수 있습니다. 학교 재량 휴업일처럼 변동 가능성이 있는 학사 일정도 별도로 공지해 전달 경로가 달라 생기는 혼선을 줄이고 공지 확인의 책임과 기준을 명확히 할 수 있습니다.

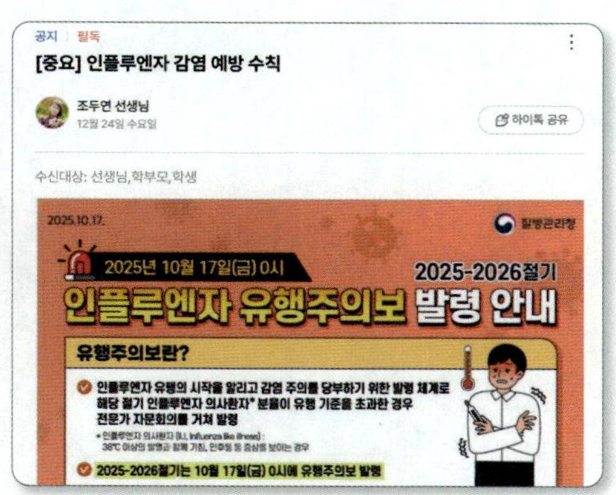

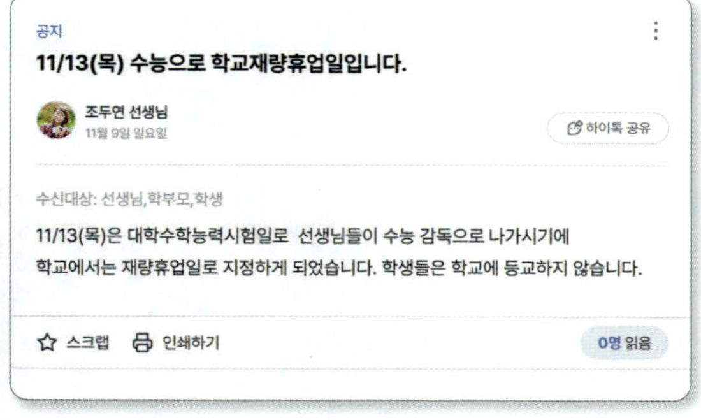

활동 확장과 평가 활용

'설문·투표' 기능으로 학생 상담뿐만 아니라 위(Wee)클래스 상담 및 진로 상담 시 일정이 중복되지 않도록 원활하게 진행할 수 있습니다. 학급 활동뿐만 아니라 학년별 설명회, 진로진학 설명회, 체육대회 등 학교 행사에도 확장하여 사용할 수 있습니다.

업무 효율화 및 간소화

하이클래스를 통해 교사는 학급 및 교과 학생들의 출결 관리와 알림 내용을 온라인상으로 즉시 확인하고 안내할 수 있으며, 담임교사는 학부모에게 학급 소식이나 학급 앨범 등 꼭 필요한 안내와 공유할 내용을 빠르고 정확하게 제공할 수 있습니다.

기대 효과

☑ 학부모와의 실시간 소통 관계 형성
☑ 학생 출결의 효율적인 온라인 관리
☑ 온라인으로 빠른 의견 취합

02

함께 만드는
관계 형성 및 행사 준비

학급은 수업 공간을 넘어 학생들이 함께 성장하는 소중한 공동체입니다. 담임교사에게 관계 형성은 정서적 안정을 위한 필수 과제지만, 이를 기획하고 운영하는 데에는 현실적인 고충이 따릅니다. 이 챕터에서는 미리캔버스, 띵커벨, 수노 등 다양한 에듀테크 도구와 AI 도구를 활용해 학급의 유대감을 높이고 학생 주도적 문화를 만드는 프로젝트 사례를 제안합니다.

미리캔버스 템플릿으로 감사 메시지 디자인하기

AI 도구 Miricanvas 　핵심 역량 창의적 사고 역량, 심미적 감성 역량

학교생활에서 또래 관계는 정서적 안정과 학교 적응에 중요한 역할을 합니다. 이 활동은 친구에게 전하고 싶은 고마움, 응원, 칭찬 등의 마음을 말로만이 아니라 '나의 비밀 간식 상자' 디자인으로 표현해 보며, 서로의 존재를 인정하고 공감하는 경험을 쌓기 위해 진행합니다. 미리캔버스 전개도 템플릿을 활용해 상자를 직접 꾸미는 과정에서 학생들은 자연스럽게 대화를 시작하고, 관계를 긍정적으로 확장하는 방법을 익힙니다.

활동 준비 및 과정 전개도 템플릿으로 디자인하기

이번 활동은 미리캔버스의 전개도 템플릿을 활용해 '나의 비밀 간식 상자'를 꾸미는 과정입니다. 전하고 싶은 마음을 간단히 정리한 뒤 미리캔버스에서 템플릿을 선택해 색·문구·구성을 바꾸며 기본 형태를 만들고, AI로 생성한 이미지를 더해 상자를 나만의 스타일로 완성합니다. 이 과정은 표현 활동과 디자인을 함께 경험하는 교과 융합 활동입니다.

STEP 1 '나의 비밀 간식 상자' 디자인하기

01 미리캔버스 웹사이트(miricanvas.com)에 접속하여 로그인하고, 중앙의 〔바로 시작하기〕 버튼을 누릅니다. 〔어떤 디자인을 만들까요?〕창이 열리면 〔일반 디자인 만들기〕를 선택합니다. 이어서 좌측 사이드바에서 〔템플릿〕을 누르고 검색창에 '전개도'라고 입력합니다.

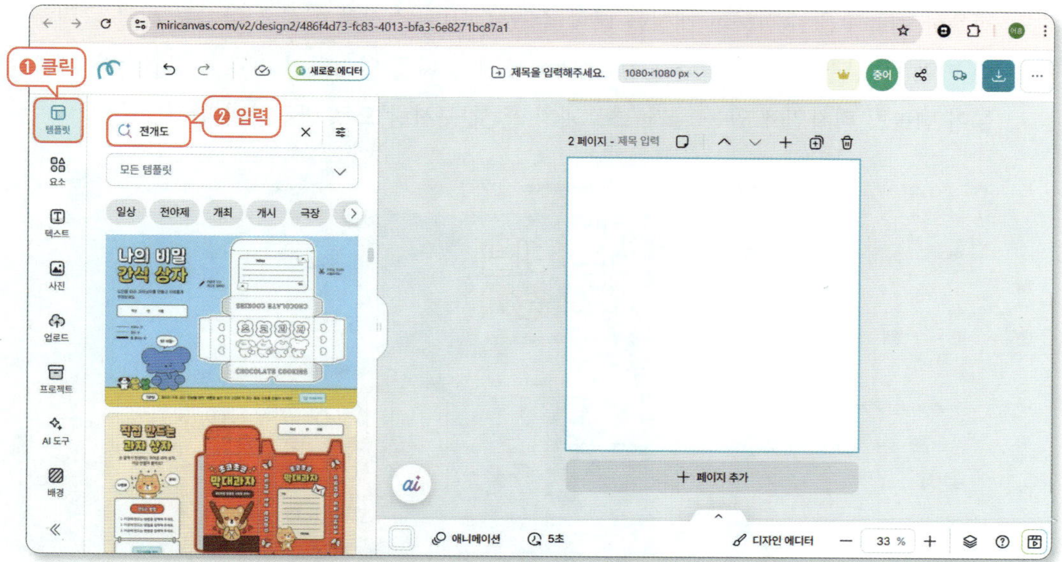

 작업 시작 시 나타나는 (무엇을 만들어야 하나요?) 창은 닫고 실습을 진행합니다.

02 템플릿 목록에서 원하는 전개도를 클릭하면 그 디자인이 캔버스에 바로 적용됩니다. 우측 하단의 (-/+)로 확대·축소(%) 비율을 조정해 페이지 전체가 보이도록 맞춘 뒤 편집을 시작합니다.

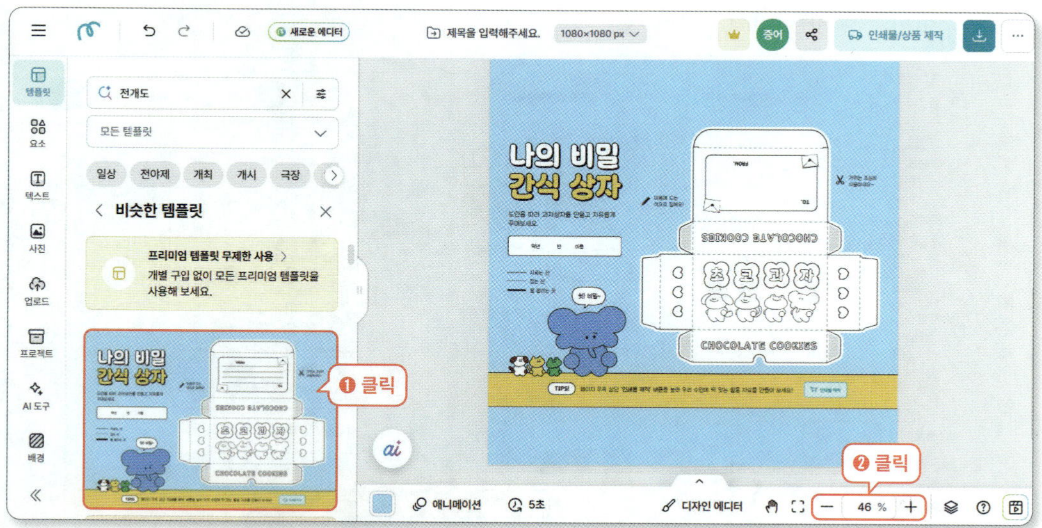

 (디자인 적용 방식 선택) 창이 열리면 '채우기', '맞추기', '원본 크기' 중에서 선택할 수 있습니다. 이번 활동에서는 페이지에 알맞게 배치하기 위해 '맞추기'를 선택합니다.

03 적용한 템플릿을 수정하여 개성을 더할 수 있습니다. 수정하고 싶은 글자를 더블 클릭하면 파란색 테두리가 표시됩니다. 이 상태에서 새 글자를 입력하면 바로 변경됩니다. 예를 들어 템플릿 디자인에 있는 글자 '초코과자'를 '친구사랑'으로 변경합니다.

04 템플릿에 있는 요소(그림)도 변경할 수 있습니다. 변경하고 싶은 그림을 클릭하면, 좌측에 〔비슷한 요소〕가 표시됩니다. 〔더 보기〕를 클릭하여 원하는 요소를 선택해 추가한 다음, 위치를 조정해 변경합니다.

05 템플릿 요소의 색도 취향이나 분위기에 맞게 변경할 수 있습니다. 예를 들어 하늘색 코끼리 그림을 분홍색으로 변경합니다. 코끼리 그림을 클릭하면 좌측 〔속성〕의 〔색상〕 항목이 활성화됩니다. 〔색상〕에서 하늘색을 클릭해 팔레트를 열고 분홍색을 선택하면 코끼리 색상이 변경됩니다.

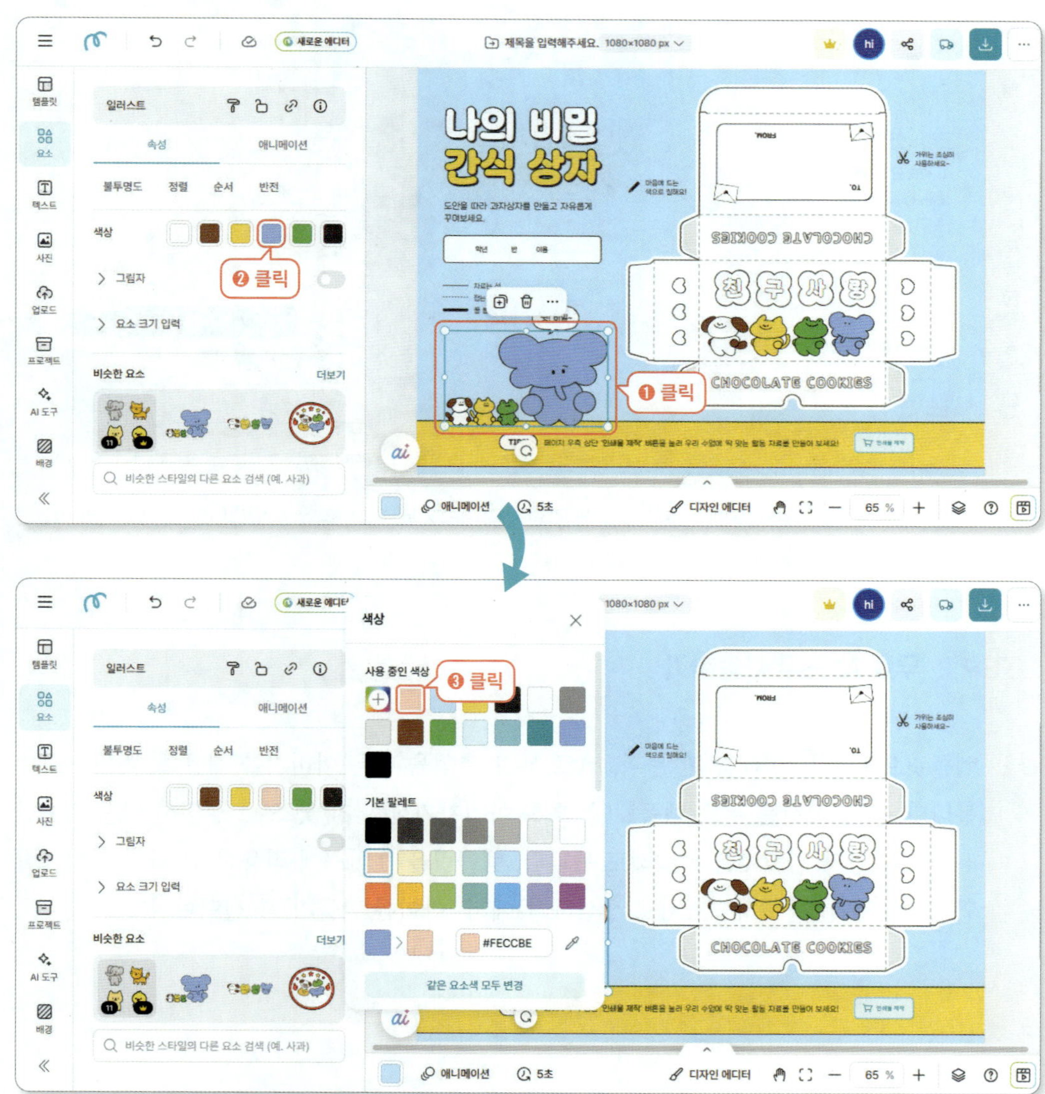

06 전개도 디자인이 완성되면, 우측 상단의 다운로드(⬇) 아이콘을 클릭하여 〔파일 형식〕을 확인합니다. 필요에 따라 배경 여부나 크기(배율)도 선택할 수 있습니다. 설정을 마친 후 〔고해상도 다운로드〕 버튼을 클릭하여 인쇄용 파일로 저장합니다.

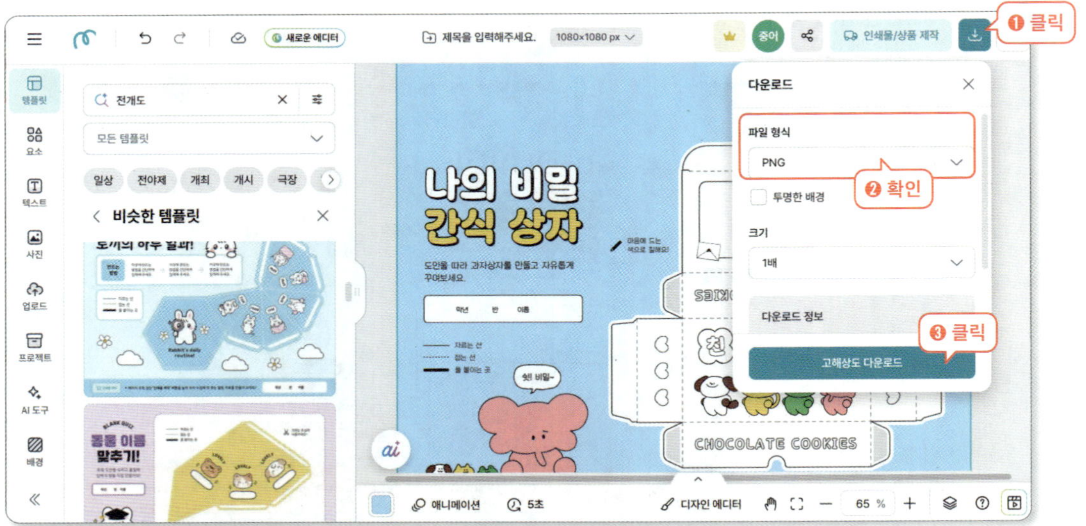

note 파일 형식은 기본값인 PNG 외에도 JPG, PDF(웹용/인쇄용), PPTX 등으로 변경할 수 있습니다. 목적에 따라 적합한 형식을 선택해서 활용합니다.

STEP 2 무료 AI 도구 사용하기

01 템플릿으로 기본 형태를 만든 뒤, AI로 우정·추억을 담은 이미지를 적용해 상자를 꾸며 봅니다. 이번 예시는 무료 템플릿인 '초록 아기자기한 편지 굿즈'로 설명하지만, 비슷한 전개도나 상자 템플릿을 선택해도 됩니다. 템플릿을 캔버스에 적용한 뒤 좌측 사이드바 의 〔AI 도구〕를 클릭하고, 〔AI로 생성하기〕에서 〔아이콘 만들기〕를 선택합니다.

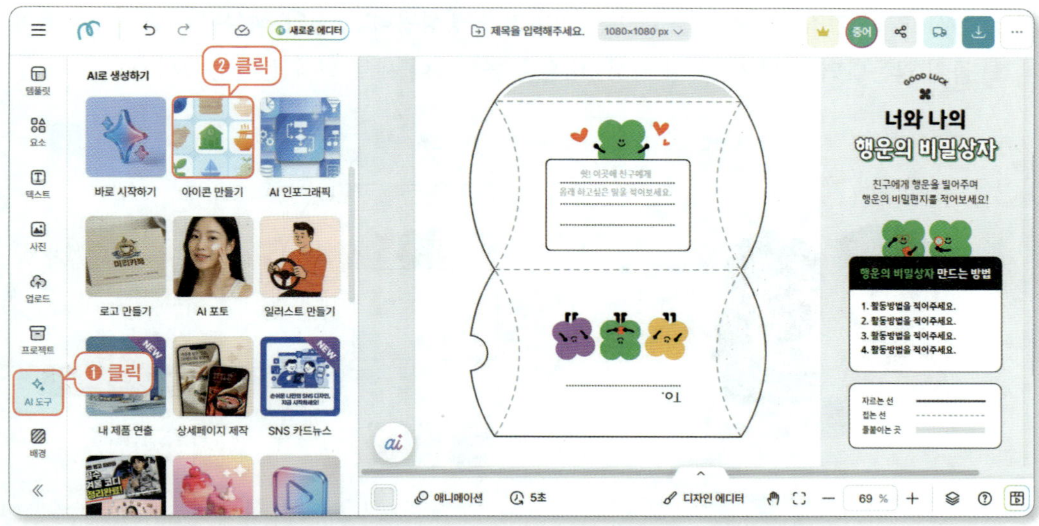

note 미리캔버스에서 원하는 상자 템플릿이 바로 보이지 않을 수 있습니다. 템플릿 검색창에 '교육, 활동, 도형, 만들기, 교사, 선생님, 수학' 같은 키워드를 입력해 비슷한 전개도나 상자 템플릿을 검색해 선택합니다.

02 〔아이콘 만들기〕 설정창이 열리면 〔스타일〕을 '3D 아이콘'으로 선택하고, 〔결과물 묘사〕 입력란에 '웃는 표정의 두 친구가 서로 바라보며 행복해 하는 장면'처럼 프롬프트를 입력한 뒤 하단의 〔생성〕 버튼을 클릭합니다.

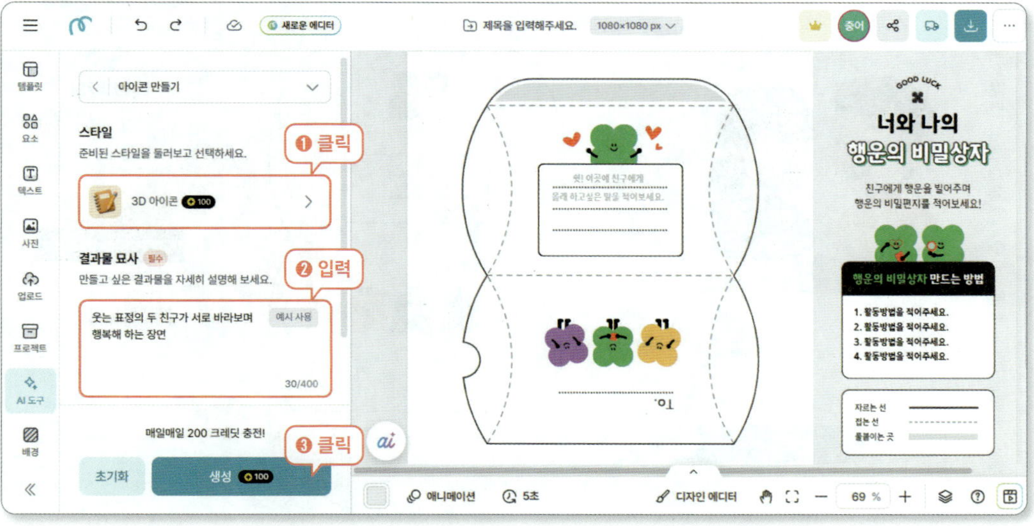

03 잠시 후 화면 좌측에 새로운 아이콘 이미지가 생성됩니다. 만약 생성된 이미지가 마음에 들지 않는다면, 하단의 [다시 생성] 버튼을 클릭하여 새로 생성할 수 있습니다.

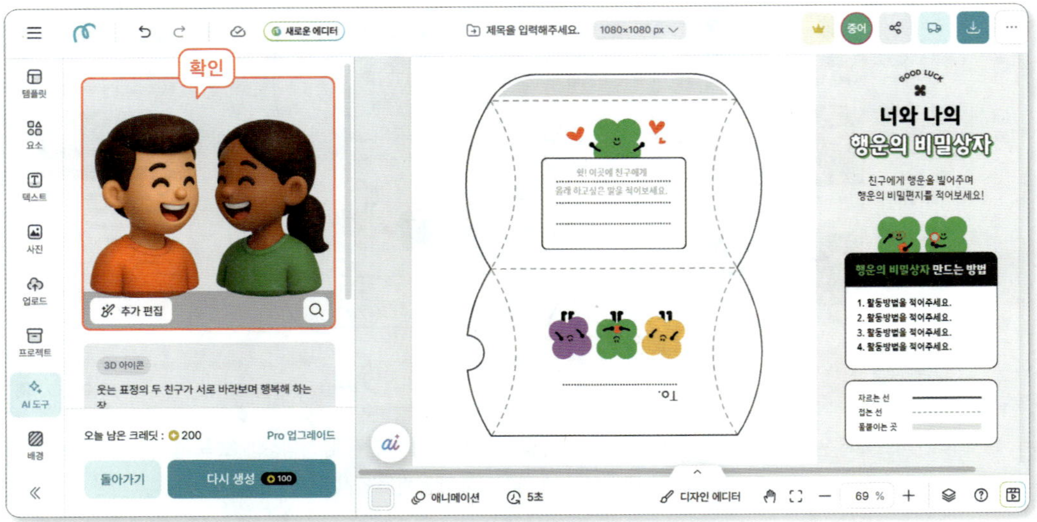

04 완성된 아이콘 이미지를 클릭하여 상자의 원하는 위치에 배치합니다. 필요에 따라 크기나 배율 조정하고, STEP 1에서 안내한 방법과 동일한 방식으로 저장한 다음 활용합니다.

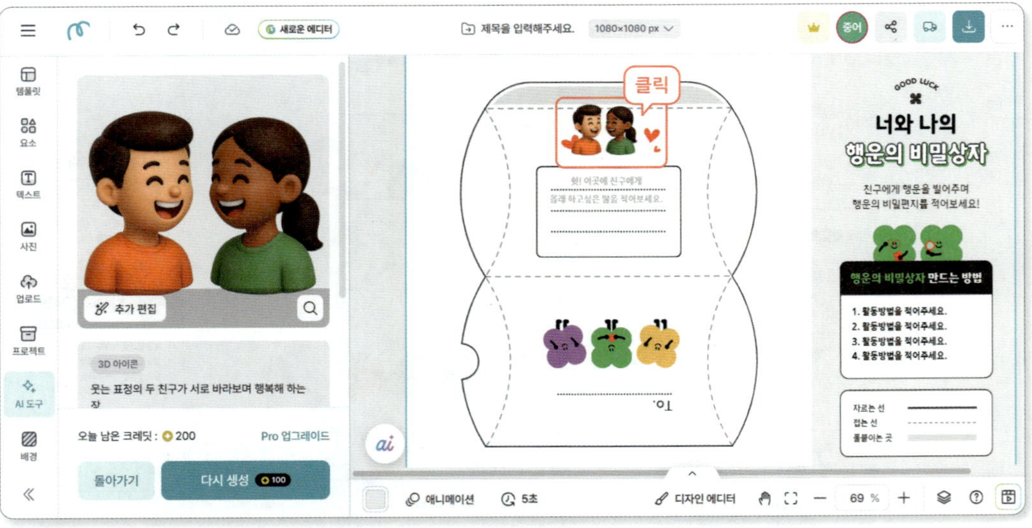

마음을 담은 비밀 간식 상자

전개도 템플릿으로 완성한 '나의 비밀 간식 상자'는 단순한 만들기가 아니라, 친구에게 전하고 싶은 마음을 디자인과 메시지로 담아내는 표현 활동입니다. 학생들은 완성한 상자에 편지를 쓰며 상대를 떠올리고 긍정적인 말을 고르는 연습을 하게 되고, 이는 관계를 부드럽게 만들고 학급 분위기를 따뜻하게 하는 데 도움이 됩니다. 완성한 결과물은 교실에 게시하거나 서로의 디자인 의도를 소개하는 공유 활동으로 확장해, 수업의 마무리와 성찰까지 이어갈 수 있습니다.

이 활동은 학급 활동에 그치지 않고, 수학 시간으로 확장할 수 있습니다. 도형의 개념과 원리를 배우며 직접 전개도를 제작해보는 과정은 학습 내용을 체험으로 익히는 좋은 기회가 됩니다.

AI 도구를 활용해 이미지를 제작하며, 프롬프트 입력의 중요성을 직접 체험할 수 있습니다. 원하는 이미지를 구체적으로 설명할수록 결과물이 달라짐을 경험하며, 표현력과 논리적 사고를 함께 기를 수 있습니다.

- ☑ 친구 간의 관계 형성 증진
- ☑ 우정의 소중함 이해
- ☑ 다름을 인정하는 태도로 또래 관계 형성
- ☑ 긍정적인 가치 함양

띵커벨 롤링페이퍼로 생일 이벤트하기

에듀테크 도구 ThinkerBell | **핵심 역량** 협력적 소통 역량, 공동체 역량

또래 친구가 내 생일을 기억하고 축하해주는 경험은 아이들에게 특별한 의미로 남습니다. 학생들에게 따뜻한 추억을 선물하고 싶다면 학급 생일 이벤트를 기획해 보세요. 매번 같은 방식이 아쉽다면 '띵커벨 롤링페이퍼'를 활용해 보는 것을 추천합니다. 간단한 설정만으로 학급 온라인 롤링페이퍼를 만들어 서로의 마음을 나누는 의미 있는 시간을 보낼 수 있습니다.

활동 준비 | 띵커벨 교사 인증하고 롤링페이퍼 보드 만들기

띵커벨 롤링페이퍼를 활용하면 온라인 보드 형태로 손쉽게 롤링페이퍼를 만들고 공유할 수 있습니다. 특히 띵커벨 교사 인증을 받으면 일반 회원에게 제공되지 않는 여러 혜택을 통해 AI 기반 수업을 더욱 효율적으로 운영할 수 있습니다. 띵커벨에서 교사 인증을 받는 방법을 살펴보고, 실제로 롤링페이퍼 보드를 생성해 보겠습니다.

STEP 1 띵커벨 교사 인증받기

01 띵커벨 웹사이트(tkbell.co.kr)에 접속한 후 로그인합니다. 기존 아이스크림(i-scream.co.kr) 회원이라면 통합 회원 정책으로 동일한 아이디와 비밀번호로 로그인할 수 있습니다. 첫 방문이라면 회원가입부터 진행합니다.

02 띵커벨 교사 인증을 위해 화면 우측 상단의 프로필(👤)을 클릭하고, 〔구독/결제관리〕를
선택합니다. 좌측 메뉴에서 〔띵커벨 요금제 바로가기〕를 클릭합니다.

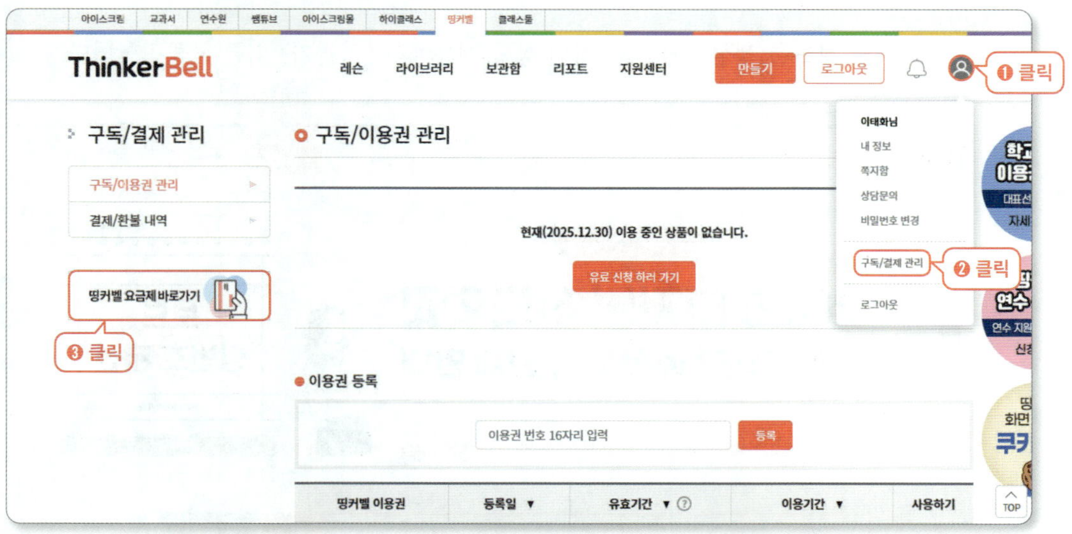

note 교사 인증 회원은 무료 버전에서도 일반 회원보다 더 많은 학생(일반 20명/교사인증 50명)과 함께 퀴즈나 과제, 배
틀 모드에 참여할 수 있으며, 생성 가능한 보드 수(일반 5개/교사인증 10개/유료 회원 100개)와 자료 이용 범위도
확대됩니다. 또한 교사 공개 자료 열람과 학습 결과 리포트 다운로드 기능도 제공됩니다.

03 〔지원센터〕에서 〔교사·강사 인증 신청〕을 클릭합니다. 교사 인증은 GPKI를 통한 인증과 재직증명서를 통한 인증 두 가지 방법이 있습니다. 간단한 방법은 GPKI 인증으로, 〔GPKI 인증하기〕 버튼을 눌러 진행하면 1~2일 이내에 승인됩니다.

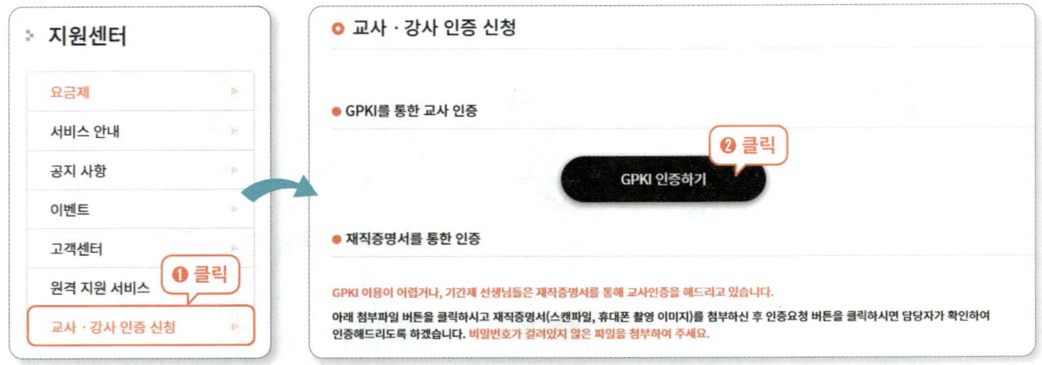

note GPKI(Government Public Key Infrastructure)는 교사나 공무원 등 공공기관 종사자임을 인증하는 전자 신원확인 수단으로, 별도의 서류 제출 없이 교사 인증을 할 수 있습니다.

STEP 2 띵커벨 롤링페이퍼 보드 만들기

01 롤링페이퍼 보드를 생성하기 위해 화면 상단 메뉴에서 〔만들기〕 버튼을 클릭합니다.

note 단순한 보드 생성과 활용은 교사 인증 없이도 가능합니다. 다만 학급의 학생이 20명을 초과하는 경우, 일반 계정에서는 동시 작업이 제한됩니다.

02 〔새로운 띵커벨 만들기〕 화면에서 〔퀴즈〕, 〔토의·토론〕, 〔보드〕, 〔워크시트〕, 〔게임〕 중 생
일축하용 롤링페이퍼 보드를 만들기 위해 〔보드〕 항목을 선택합니다. 〔띵커벨 에디터〕
화면에서 보드 유형 중 〔롤링페이퍼〕를 선택합니다.

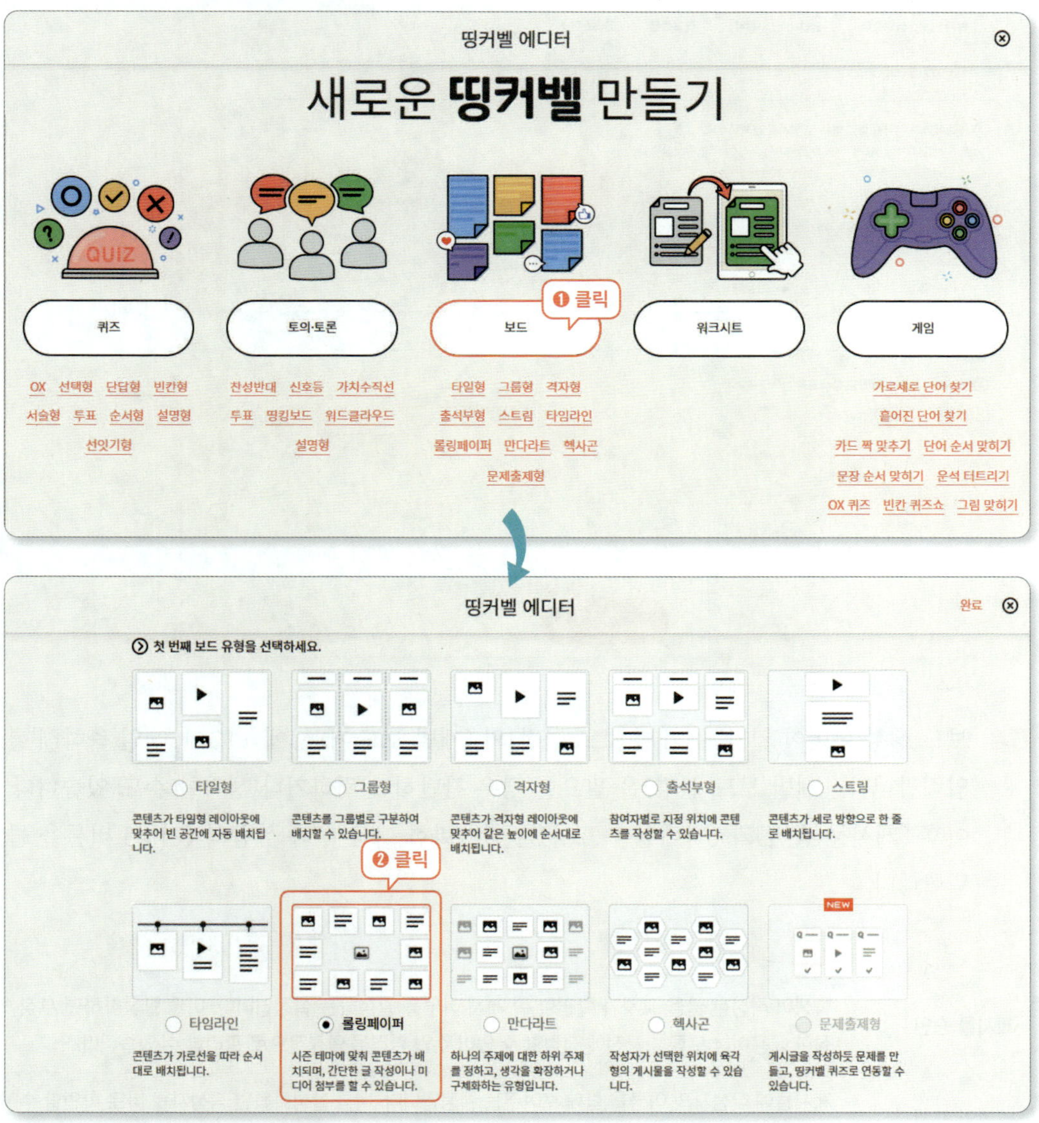

note 〔보드 제목을 입력하세요〕에 제목을 입력할 수 있지만, 이후 〔개별 보드 설정〕에서 다시 설정할 수 있으므로 여기서
는 입력하지 않고 넘어가도 됩니다.

03 롤링페이퍼 테마 중에서 '생일축하'를 선택하고, 이미지 삽입 여부 및 위치는 '가운데', 이미지 삽입 프레임은 '하트'를 순서대로 선택한 다음 〔완료〕 버튼을 클릭합니다.

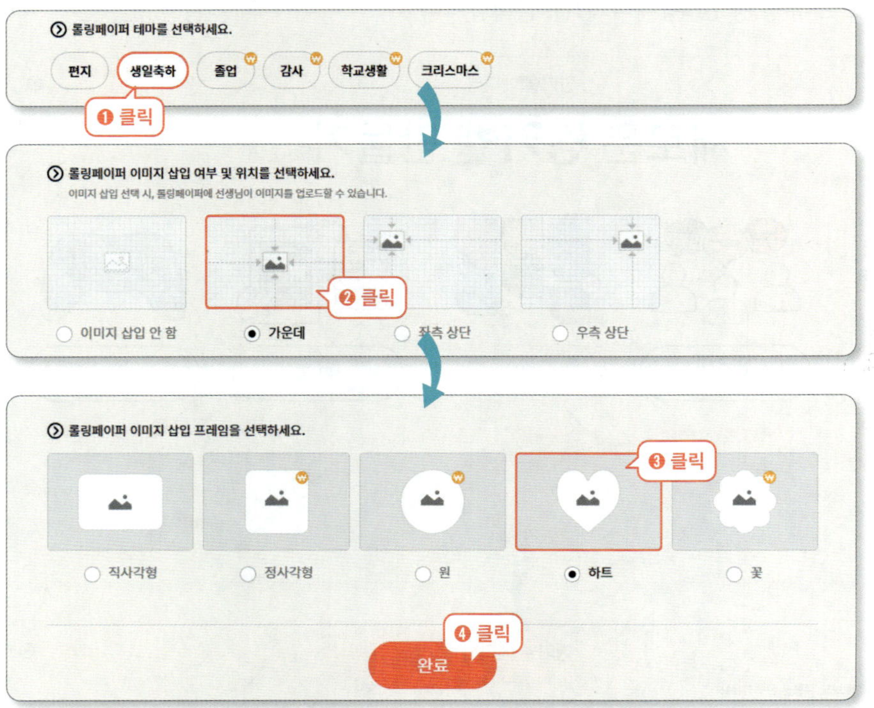

04 보드 생성 화면이 열리면 〔개별 보드 설정〕의 〔개별 보드 제목〕에 '○○아, 생일 축하해'를 입력합니다. 〔개별 보드 설명〕은 필요할 경우 간단히 입력하거나 생략할 수도 있습니다. 이후 〔게시물 승인〕과 〔닉네임을 표시〕를 활성화한 다음 우측 상단의 〔저장〕 버튼을 클릭합니다.

구분	설정 효과
게시물 승인	학생이 작성한 글을 교사가 확인한 뒤 게시 여부를 결정하는 설정입니다. 이를 활성화하면 부적절한 내용이나 오류를 사전에 점검할 수 있어 수업 환경을 안정적으로 관리할 수 있습니다.
닉네임 표시	게시물에 작성자의 이름을 함께 보여주는 설정입니다. 이를 활성화하면 작성자를 바로 확인할 수 있어 책임감을 높이고, 게시물 관리도 수월해집니다.

 Chapter 02 함께 만드는 관계 형성 및 행사 준비

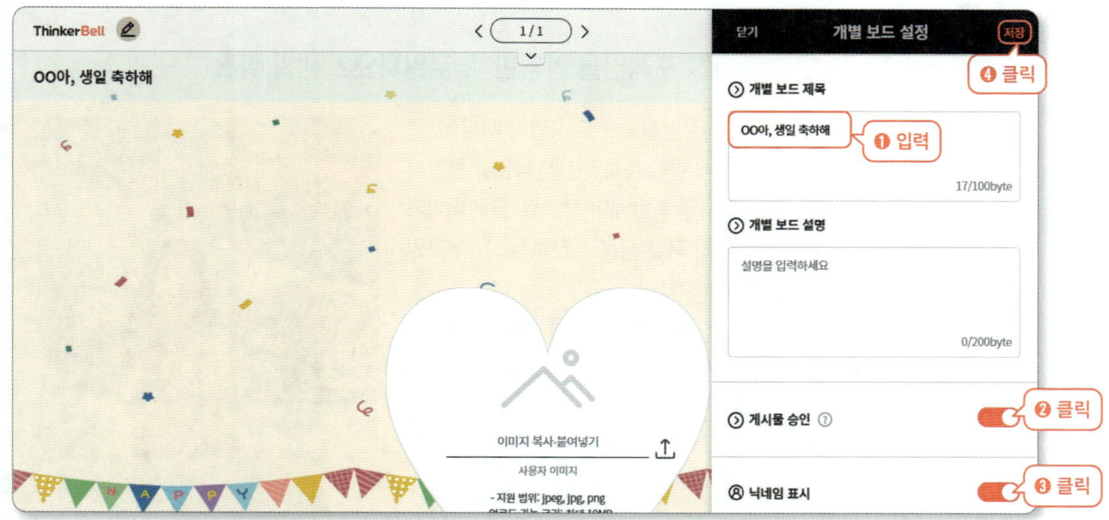

05 이미지 삽입 프레임에 생일인 학생의 이미지를 추가하기 위해 내 PC 검색(⬆) 아이콘을 클릭합니다. 화면에 나타나는 파일 선택 창에서 미리 준비한 생일 축하용 이미지를 선택하여 업로드합니다.

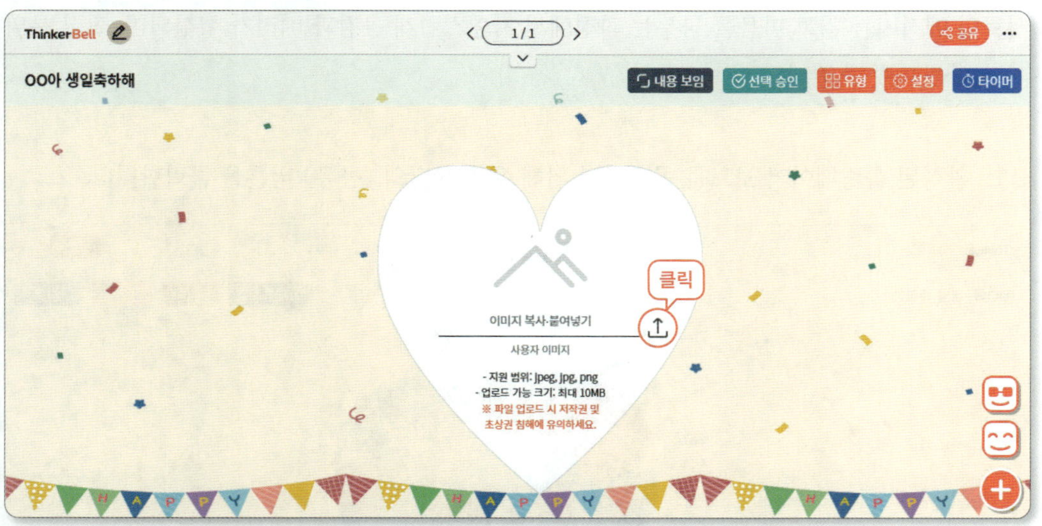

note 가능하면 생일인 학생 사진을 업로드하고, 어려운 경우 미리캔버스 등으로 제작한 이미지를 대신 사용합니다.

사진 프레임을 활용한 '누구일까요?' 생일 퀴즈

생일 파티를 당일에 진행하는 것은 현실적으로 어렵기 때문에, 한 달에 한 번 생일인 학생들을 모아서 함께 축하하는 방식을 추천합니다. 이 때는 여러 명의 생일을 동시에 축하해야 하므로, 롤링페이퍼의 사진 프레임에 수집한 학생들의 어린 시절 사진을 넣고, '누구일까요?' 생일 퀴즈를 먼저 진행해 보세요.

어린 시절 사진을 보고 누구인지 추측하는 과정을 통해 학생들이 더욱 흥미를 가지고 참여하게 됩니다. 가장 먼저 정답을 맞힌 학생에게 간단한 선물을 주는 것도 좋습니다. 이 방법을 활용하는 경우에는 보드 제목을 퀴즈 후에 수정하는 것이 자연스럽습니다.

보드 공유하고 축하 메세지 작성하기

완성된 보드를 공유하여 학생들이 직접 롤링페이퍼에 축하 메시지를 작성하도록 안내합니다. 서로의 메시지를 읽고 마음을 나누는 과정에서 자연스럽게 공감과 배려가 형성되며, 교실 분위기가 더욱 따뜻해 집니다.

01 완성된 롤링페이퍼 보드를 공유하기 위해 우측 상단의 〔공유〕 버튼을 클릭합니다.

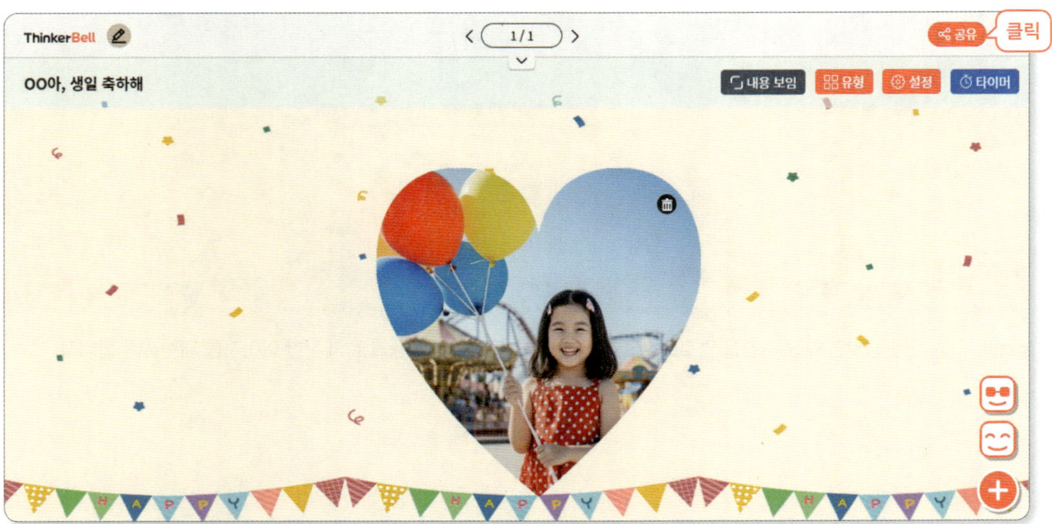

02 〔공유〕창이 열리면 〔공유 설정〕우측의 〔변경하기〕버튼을 클릭하여 〔전체 공개〕로 설정합니다. 이어서 학생들이 롤링페이퍼에 동시에 글을 남길 수 있도록 방문자 권한이 〔작성 가능〕인 것을 확인한 다음 우측 상단의 〔저장〕버튼을 누릅니다.

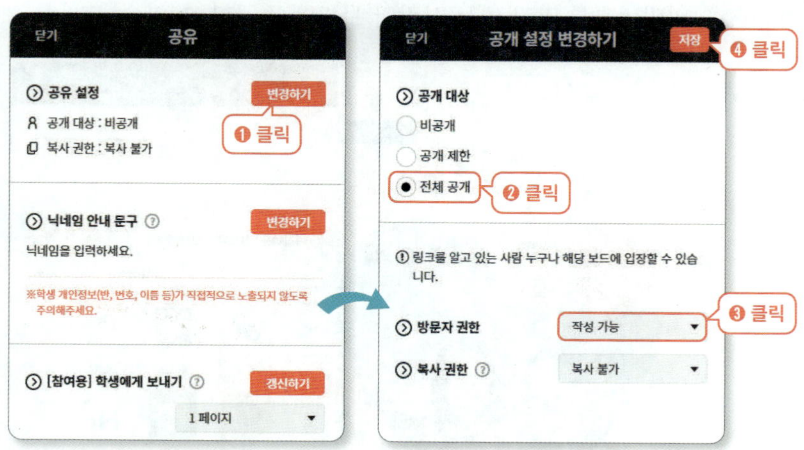

03 〔닉네임 안내 문구〕우측의 〔변경하기〕버튼을 클릭하여 '반, 번호, 이름을 입력하세요'를 기본값으로 설정하고 〔저장〕버튼을 누릅니다. 학생들이 이름을 따로 입력하지 않아도 작성자가 자동으로 표시되어 관리가 수월해지고, 익명으로 장난성 글이 올라오는 상황도 줄일 수 있습니다.

note 롤링페이퍼를 학급 회의용 보드로 활용하는 경우, 닉네임 설정 방식을 '직접 입력'으로 설정하면 학생들이 익명으로 솔직하게 소통하는 게시판을 운영할 수 있습니다.

04 보드를 공유하려면 〔〔참여용〕학생에게 보내기〕아래 〔링크〕버튼을 눌러 공유용 URL을 복사합니다. 복사한 링크를 학생용 공유 플랫폼에 붙여 넣으면 바로 보드에 접속할 수 있습니다. 또는 〔QR 코드〕버튼을 눌러 QR 코드를 생성한 뒤 공유할 수도 있습니다. 〔방번호〕는 비밀번호 기능으로, 비밀번호를 알고 있는 사람만 보드에 접근할 수 있습니다.

note 〔갱신하기〕버튼을 클릭하면 모든 페이지 링크, QR 코드, SNS 공유 링크가 새로 발급되며, 기존에 공유된 링크로는 접속할 수 없으므로 주의해야 합니다.

05 완성한 롤링페이퍼는 생일인 친구에게 의미 있게 전달할 수 있습니다. 롤링페이퍼 화면 우측 상단의 더 보기(···)를 클릭한 뒤 〔결과물 다운로드〕를 선택하고, 엑셀·이미지·PDF 등 원하는 방식으로 저장합니다. 다운로드한 결과물을 교사가 인쇄해 전달하거나 파일 형태로 공유해 생일인 학생에게 전달합니다.

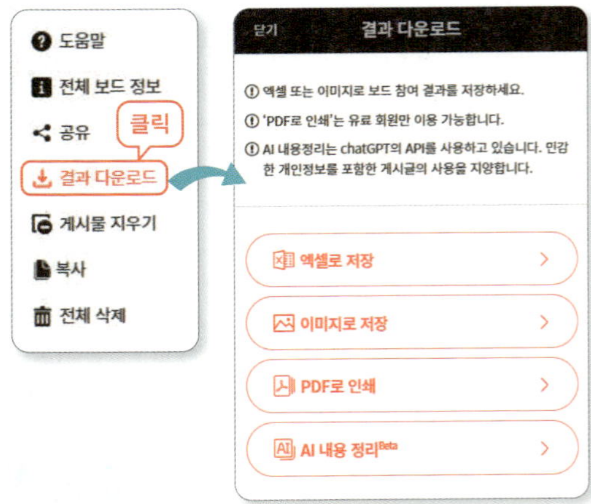

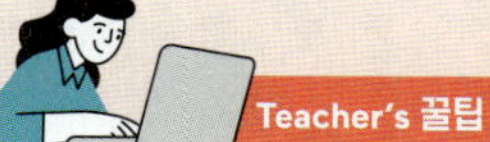

띵커벨 공지 기능으로 만드는 알찬 롤링페이퍼

띵커벨 롤링페이퍼 보드를 만든 뒤, 교사는 〔게시물 추가〕로 '작성 가이드' 게시물을 먼저 올려 학생들이 무엇을 남기면 좋을지 방향을 제시합니다.

필요에 따라 해당 게시물을 공지로 지정해 상단에 고정하면, 활동 중에도 가이드를 쉽게 확인할 수 있습니다.

학생들이 가이드를 참고해 '생일 축하 문구, 생일인 학생의 장점' 같은 필수 요소를 포함해 작성하도록 유도하면, 메시지가 더 다양해지고 더욱 풍성한 롤링페이퍼를 완성할 수 있습니다.

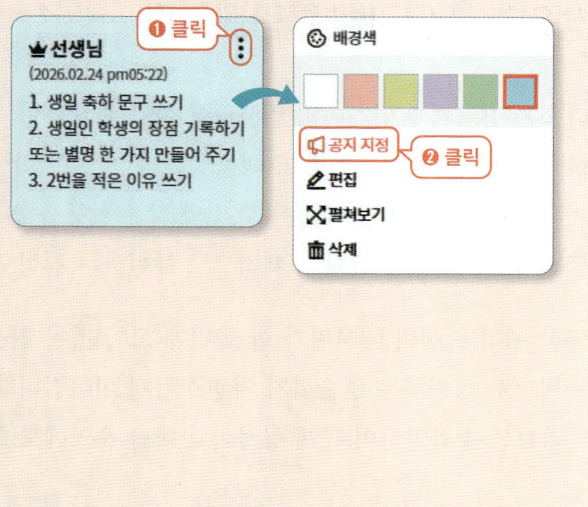

생일축하 띵커벨 롤링페이퍼

다음은 띵커벨 롤링페이퍼 템플릿에 학급 학생들이 축하 한마디와 장점, 별명을 작성하여 완성한 '생일 축하 롤링페이퍼' 결과물입니다. 생일인 학생에게 특별한 기록을 남기기 위해서 '장점 기록하기' 또는 '별명 만들어 주기'와 같은 활동을 진행하면 단순한 축하 메시지를 넘어 친구의 긍정적인 특성을 발견해 구체적으로 표현하는 경험으로 확장됩니다.

또한 여러 학생의 메시지가 한 화면에 모이면 한 친구를 다양한 관점에서 바라보고 칭찬을 구체적으로 표현하는 연습까지 자연스럽게 이어집니다. 나아가 교사는 학생들이 서로를 어떻게 바라보는지 확인하며 관계 형성이나 학급 운영에도 참고할 수 있습니다.

👑 선생님	20335홍길동	20336성춘향	20337유관순
1. 생일 축하 문구 쓰기 2. 생일인 학생의 장점 기록하기 또는 별명 한 가지 만들어주기 3. 2번을 적은 이유 쓰기	1. OO아, 생일 축하해!!! 이따 같이 떡볶이 먹으러 가자!! 2. 거북이 3. OO이는 느린 것처럼 보이지만 꾸준한 친구입니다.	1. OO, 생축!! 오늘 하루 행복해라!! 2. 굿 리스너 3. OO이는 평소에 친구들의 고민을 잘 들어줘요!!	(2025.12.30 am04:46) 1. 생일 축하해. 정말루!!! 2. 따숨이 3. OO이 말투는 정말 따수워서 함께 있을 때 마음이 편해요.

20338윤봉길	20339장보고	20340이순신	
1. 생일엔 맛난 거 먹어야지. 이따 같이 가!! 2. 모닥 3. OO이는 모닥불처럼 사람들을 모이게 하고 마음을 녹여줘요.	1. 생일 축하해! 싸랑해!! 2. 봄봄 3. OO이는 주변울 따뜻하게 해주는 봄 햇살같은 친구예요!!	1. 태어나줘서 고마워!! 2. 쉼표 3. 넌 내가 쉬어 갈 수 있게 해주는 내 삶의 쉼표야.	

활동 확장과 평가 활용

교사가 1년간의 관찰을 바탕으로 작성하는 행동특성 및 종합의견은 학생에게 매우 중요한 기록이지만, 현장에서는 작성 난도가 높습니다. 학생별로 장점과 별명이 정리된 롤링페이퍼가 저장되어 있다면, 교사의 관찰 기록에 동료 학생들의 시선(동료평가)을 더해 보다 구체적이고 풍성한 기록을 남길 수 있습니다.

에듀테크 경험 제공

에듀테크 기술이 교사의 활동 설계와 만나면 학생들의 자존감 향상에 도움이 되는 상호 피드백 활동으로 확장될 수 있습니다. 생일인 학생의 장점과 별명을 이야기 나누며 축하하는 시간에 활용할 수 있을 뿐만 아니라, 에듀테크 도구의 장점을 살려 결과물을 손쉽게 출력하거나 파일로 변환하여 선물로 활용할 수도 있습니다.

기대 효과

- ☑ 학생들의 긍정적인 자아존중감 향상에 기여
- ☑ 특별한 생일 축하 학급 활동 경험으로 좋은 추억 쌓기
- ☑ 행동특성 및 종합의견 작성의 중요 참고 자료로 활용
- ☑ 또래 관계 형성 및 학급 분위기 개선
- ☑ 칭찬·피드백 표현력 및 문장화 역량 강화

+ PLUS 자료실

QR 코드를 스캔한 뒤 접속 화면에서 사용할 닉네임(이름)을 입력해 보세요. 별도의 회원가입 없이 닉네임만으로 게시판 내용을 바로 확인하고 활용할 수 있습니다.

수노로
우리 반 체육대회
응원송 만들기

AI 도구 Suno, ChatGPT | **핵심 역량** 창의적 사고 역량, 심미적 감성 역량, 협력적 소통 역량

체육대회 때 학급의 단합을 위해 반티셔츠를 맞추고 학급 구호를 정했던 경험, 다들 있으시죠? 이제 AI 도구 수노(Suno)로 우리 반만의 체육대회 응원송을 직접 만들어 볼 수 있습니다. 수노는 간단한 프롬프트만으로 원하는 분위기와 스타일에 맞는 음악을 만들어주는 AI 음악 생성 도구입니다. 상업적으로 사용하지 않는다면 무료 버전만으로도 효과적인 결과물을 만들 수 있습니다.

활동 준비 및 과정 챗GPT로 가사 창작하고, 응원송 만들기

AI로 만든 응원송이 진정한 '우리 반 노래'로 거듭나려면 사전 기획 과정이 무엇보다 중요합니다. 먼저 학급 회의를 열어 곡에 담을 메시지와 전체적인 분위기를 충분히 협의해야 합니다. 우리 반만의 특색이나 학생들이 직접 만든 후렴구를 가사에 녹여내면, 노래에 대한 소속감이 높아져 모두가 한마음으로 응원에 참여하는 즐거운 체육대회를 만들 수 있습니다.

STEP 1 학습 회의에서 응원송 콘셉트 정하고, 챗GPT로 가사 생성하기

01 학급 회의를 통해 응원송에 담을 내용과 후렴구, 전체적인 분위기를 정하고, 합의된 내용을 바탕으로 챗GPT를 활용하여 모둠별 응원송 가사를 미리 작성합니다. 다음 예시처럼 프롬프트를 입력하면 챗GPT가 우리 반만의 응원송 가사를 자동으로 생성합니다.

 **2학년 3반 응원송(We Are One)**

〔Verse〕
한 마음으로 뛰는 심장소리
우리 발걸음은 같은 리듬 속에
빛나는 순간, 두려움은 없지
우린 함께라서 더 강해져 가지
〔Pre-chorus〕
하나 된 목소리, 높이 외쳐봐
끝까지 함께, 절대 멈추지 않아
손을 들어, 눈을 맞춰
우리는 하나, 날아올라!
〔Chorus〕
We are One, 3반!(Hey!)
We are Strong, 3반!(Ho!)
하나되어 외쳐! 3반!(Higher!)
〔End〕
하나! 하나! 우리는 하나!
승리! 승리! 끝까지 간다!
2학년 3반, 함께라면
영원히 울려 퍼질 Victory!

note 익숙한 음악 구조를 얻기 위해 Verse, Pre-chorus, Chorus, End 구조를 추천하지만 구조 없이 자유롭게 가사를 만들어도 괜찮습니다. 학급 회의를 통해서 정한 우리 반만의 후렴구 등을 직접 입력하면 더 특별한 가사가 완성됩니다.

02 마음에 드는 가사가 완성되었다면, 수노에 입력할 프롬프트를 작성할 차례입니다. 챗GPT에서 만든 가사를 바탕으로 수노에 입력할 프롬프트 형식을 다음 예시처럼 요청합니다.

> 수노에 입력할 수 있는 프롬프트 형식(스타일, 분위기, 악기 느낌 포함)으로 정리해줘. 바로 사용할 수 있도록 코드블록 형태로 작성해줘.

note 챗GPT가 직접 음악을 만드는 것이 아니라, 수노가 이해할 수 있는 프롬프트 형식으로 정리해 달라고 요청하는 과정입니다.

03 챗GPT가 생성한 프롬프트에서 〔코드 복사〕를 클릭하여 복사합니다. 복사한 프롬프트는 수노에 붙여넣어 음악 생성 시 활용합니다.

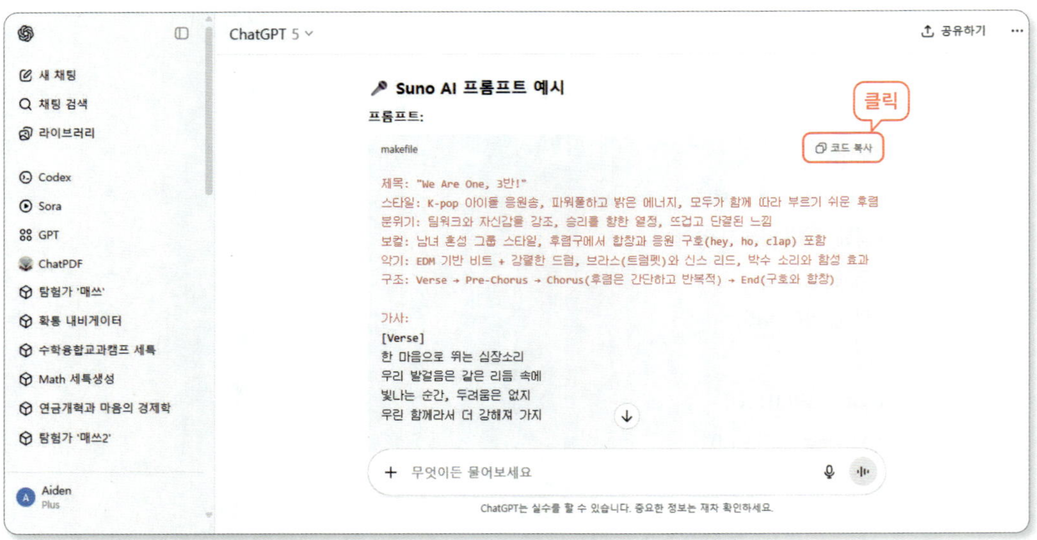

note 가사와 프롬프트(스타일, 분위기, 보컬 등)를 구분해 메모장이나 문서에 따로 저장해 두면, 이후 수노 사이트에 붙여넣어 음악을 생성할 때 활용할 수 있습니다.

STEP 2 수노에서 모둠별로 우리 반 응원송 만들고 투표하기

01 수노 웹사이트(suno.com)에 접속해 로그인합니다. 수노는 같은 프롬프트를 사용하더라도 매번 다른 음악을 생성합니다. 무료 버전의 생성 횟수 제한을 고려해 여러 곡을 생성한 뒤 가장 완성도 높은 곡을 선택합니다.

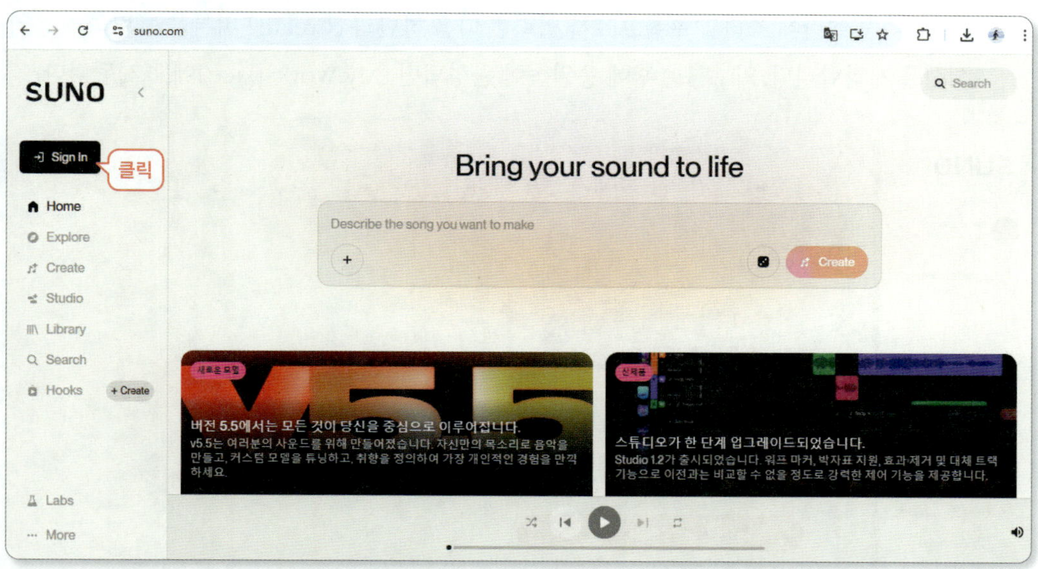

note 수노는 디스코드, 페이스북, 구글, 마이크로소프트 계정으로 간편하게 가입할 수 있습니다.

02 학급 회의에서 확정된 우리 반 만의 가사를 담은 응원송을 만드는 첫 단계입니다. 좌측 메뉴에서 〔Create〕를 클릭하고, 상단의 〔Advanced〕를 선택합니다. 〔Lyrics〕 입력란에 챗GPT에서 생성한 가사를 복사하여 입력합니다.

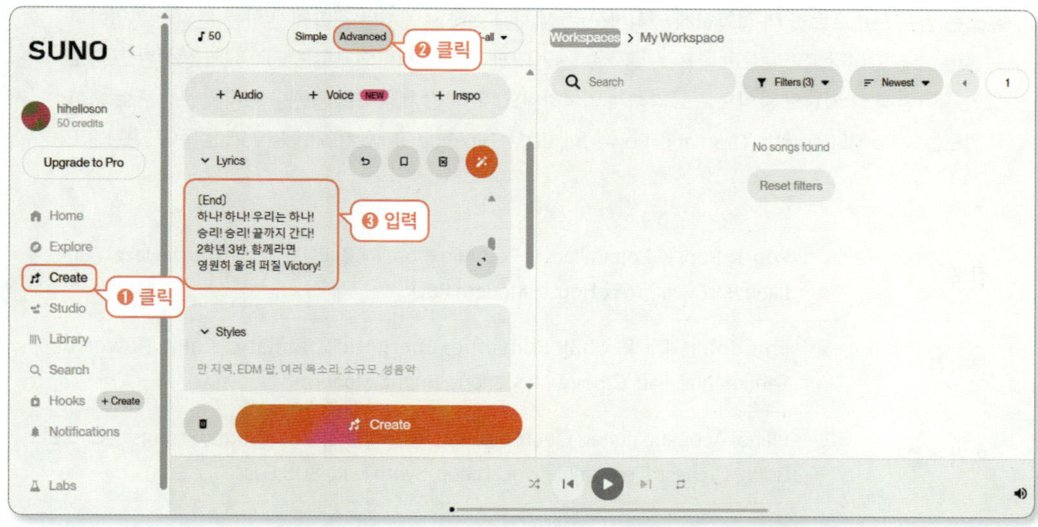

03 〔Styles〕입력란에 스타일 프롬프트를 입력한 다음 하단의 〔Create〕버튼을 클릭하여 음악 생성을 시작합니다. 약 2~3분 후에 응원송이 완성되면 〔My Workspace〕에 표시됩니다.

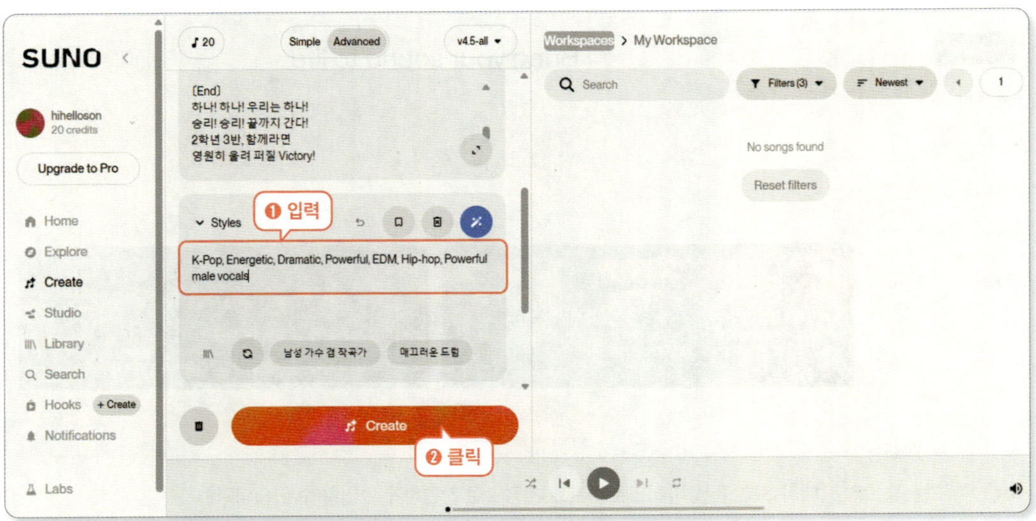

Teacher's 꿀팁   스타일 키워드 조합 가이드

수노는 영문 프롬프트를 더 정확하게 인식하므로, 제시된 스타일 예시를 조합해 원하는 분위기로 입력하는 것을 추천합니다. 〔Styles〕프롬프트 글자 수는 200자 이내로 제한되므로 챗GPT에서 생성한 프롬프트가 길다면 핵심 키워드 중심으로 요약해서 입력하세요. 우리 반 체육대회 응원송 스타일 프롬프트 핵심 키워드는 K-Pop, Energetic, Dramatic, Powerful, EDM, Hip-hop, Powerful male vocals 등이 있습니다.

구분	주요 영문 키워드 예시(수노 최적화)
장르	Pop, K-Pop, K-Pop Ballad, J-Pop, Hip-hop, R&B, EDM, INdie, Rock, Jazz, Funk, Latin Pop, Folk, Trap, House, Modern Rock
분위기	Emotional, Dark, Chill, Romantic, Energetic, Dramatic, Calm, Powerful, Sentimental, Sad, Groovy, Mysterious, Bright, Modern
악기 조합	Piano, Acoustic guitar, Electric guitar, Synth bass, 808 drums, Strings section, Brass, Orchestra ensemble, Vocal chop, Synth lead, 808 Bass
보컬 스타일	Powerful male vocals, Soft female vocals, Deep male vocals, Auto-tuned vocals, whispered vocals, Emotional Vocals, Fast rap vocals

04 수노는 한 번에 2개의 응원송을 자동으로 생성합니다. 완성된 노래를 클릭한 다음 재생해 보면서 원하는 분위기나 스타일의 곡을 선택합니다.

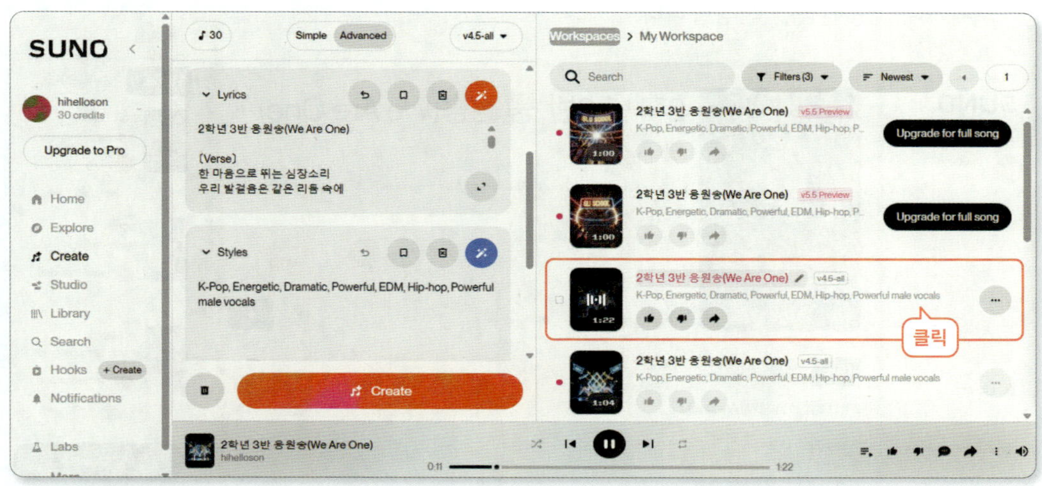

note 수노 최초 가입자라면 네 곡이 생성되는데, 그중 두 곡은 업그레이드용으로 전체 중 일부만 재생됩니다.

05 마음에 드는 노래가 생성되지 않았다면 〔Advanced〕 탭으로 돌아가 가사와 스타일 프롬프트를 수정해 다시 생성합니다. 필요에 따라 〔More Option〕의 〔Vocal Gender〕 항목에서 가수의 성별을 설정할 수 있습니다. 모든 항목을 조정한 뒤 〔Create〕 버튼을 클릭합니다.

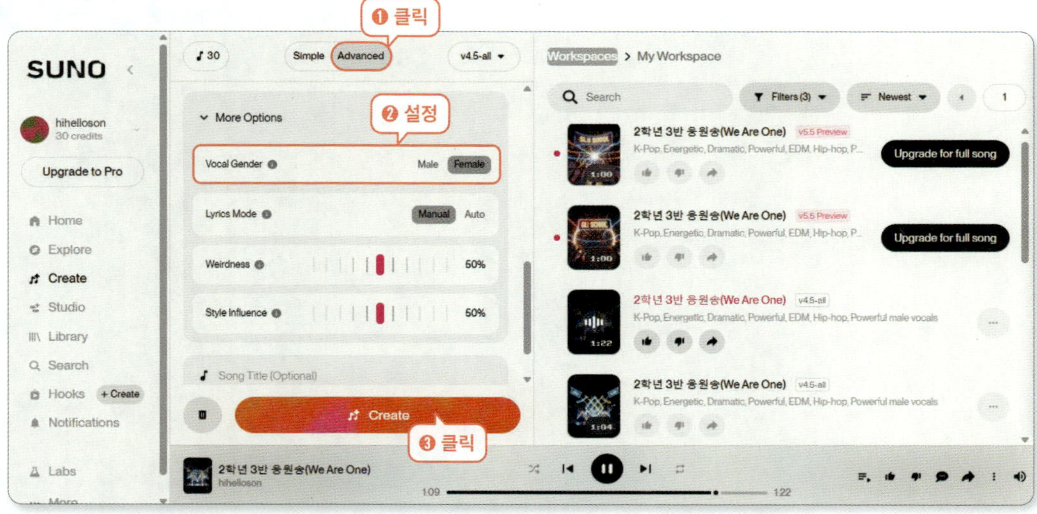

note 수노 무료 버전에서는 하루에 50크레딧이 제공됩니다. 크레딧을 모두 소진하면 'Out of Credits'라는 메시지가 표시되지만, 자정이 지나면 자동으로 충전되어 다시 사용할 수 있습니다.

06 모둠별로 마음에 드는 노래가 정해졌다면, 공유(↗) 아이콘을 클릭하여 링크를 복사합니다. 복사한 링크는 학급 공유용 플랫폼에 업로드하여, 학생들의 투표를 통해 최종 우리 반 체육대회 응원송을 선정합니다.

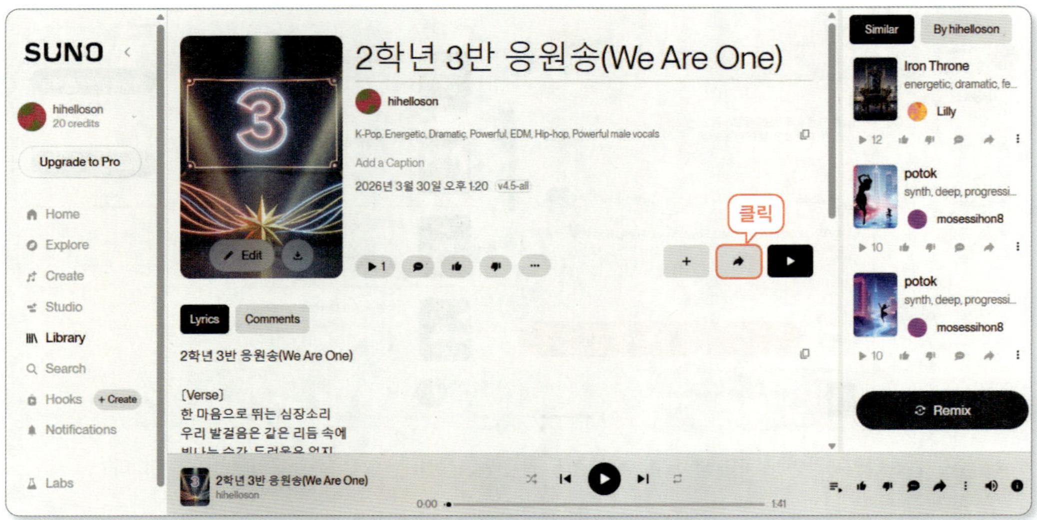

수노에서 가사 직접 생성하기

챗GPT를 활용해 사전에 가사와 프롬프트를 만드는 것이 번거롭다면, 수노에서 직접 가사를 작성할 수 있습니다. 수노의 〔Create〕 화면에서 〔Custom〕→〔Lyrics〕 창을 엽니다. 마법 지팡이 모양의 매직 완드(✨) 아이콘을 클릭한 후 〔Write Full Song〕을 선택합니다.

가사 생성을 위해 프롬프트를 입력하고, 〔Write Lyrics〕 버튼을 클릭하면, 두 가지 버전의 가사를 자동으로 생성합니다. 마음에 드는 버전을 선택한 다음 〔Select This Option〕을 클릭하면 노래를 만들 수 있습니다.

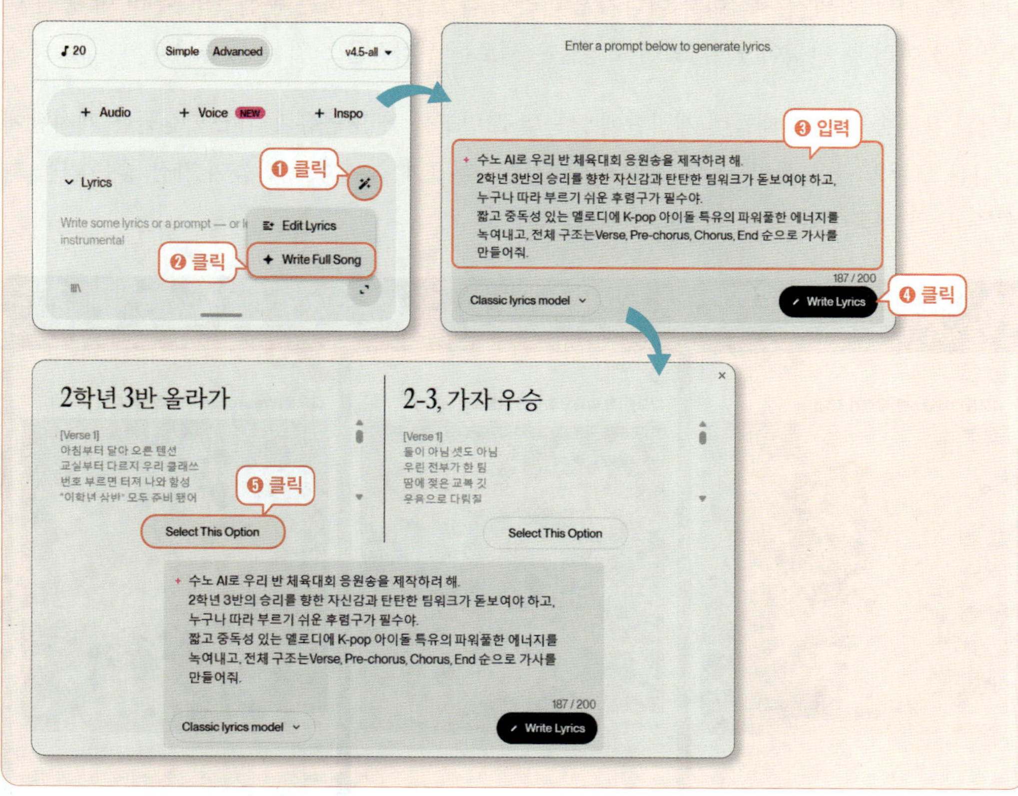

수노로 만든 우리 반 체육대회 응원송

수노를 이용하면 순식간에 원하는 분위기의 음악을 생성할 수 있는 놀라운 경험을 하게 됩니다. 생성된 노래가 마음에 들지 않는다면, 분위기나 스타일을 바꾸어 새롭게 생성하는 것도 어렵지 않습니다. 음악적 지식이 뛰어나지 않더라도 각 모둠이 원하는 콘셉트의 '우리 반 응원송' 후보곡을 여러 개 만들어 볼 수 있어 학생들은 새로운 성취감을 느낄 수 있습니다.

완성된 응원송 후보는 패들렛 게시판에 모둠별로 링크를 올려 공유합니다. 학생들은 게시판에서 다른 모둠의 곡을 들어 본 뒤 '좋아요'와 댓글로 투표에 참여하고, 반응이 가장 좋은 곡을 최종 '우리 반 체육대회 응원송'으로 선정합니다.

예술적 작업을 처음부터 끝까지 기획하여 완성해 본 경험을 통해 학생들은 과거와는 다른 방식으로 예술적 창의성을 키우고, 즐거움을 느낄 수 있습니다. 교사는 이 과정에 주도적으로 참여했던 학생들을 기록해 두었다가 정의적 영역의 평가에 활용할 수도 있습니다. 또한 학급 행사뿐 아니라, 교과 지식을 암기하는 용도로 속담송, 과학송, 원소기호송, 수학 공식송 등을 제작해 교과 수업 활동으로 확장할 수 있습니다.

특정한 사람들의 전유물이라고 생각했던 음악 만들기(작사, 작곡, 편곡 등)를 수노를 이용하여 손쉽게 경험해봄으로써 학생들은 자신이 할 수 있는 일의 영역이 AI를 통해 점점 확장됨을 실감하게 됩니다. 이 경험을 통해 학생들은 처음 해보는 분야의 일도 AI의 도움을 받으면 해낼 수 있다는 자신감을 가지게 되어 새로운 분야에 도전할 수 있는 용기를 가지게 됩니다.

- ✅ 응원송 제작을 통한 학급 단합 강화
- ✅ 예술적 창의성과 즐거움의 경험
- ✅ AI 기반 역량 확장을 통한 새로운 분야 도전 의식 함양
- ✅ 언어표현력과 메시지 구성 능력 신장
- ✅ 협업 과정에서의 의사소통 및 역할 분담 경험

수노로 만든 우리 반 응원송을 바로 들어볼 수 있는 미리듣기를 제공합니다. 또한 모둠별 곡을 올려 투표할 수 있는 패들렛 게시판 예시도 함께 제공합니다. QR 코드를 스캔해 확인해 보세요.

우리 반 응원송 듣기

투표용 게시판 예시

Part

3

AI로 더 정확하게,
학교생활기록부 작성 및 관리

학교생활기록부 작성은 교사의 핵심 업무 중 하나지만, 많은 학생의 학습과 생활을 구체적이고 객관적으로 기록해야 하므로 상당한 시간과 노력이 요구됩니다. 이 파트에서는 AI와 에듀테크 도구를 활용해 학생부를 효율적이면서도 정확하게 작성하는 실전 전략을 소개합니다.

01

학생 활동 평가와 피드백

AI를 활용하면 사전에 설정한 평가 기준을 모든 학생에게 동일하게 적용해 평가의 일관성을 확보할 수 있습니다. 또한 학생의 과제를 분석해 수준에 맞는 피드백을 제공함으로써 교사의 채점 부담은 줄이고, 학생 개개인에게 최적화된 학습 방향을 지원합니다.

브리스크 티칭으로
평가 기준표 설계하기

AI 도구 Brisk Teaching

학교에서의 평가는 교사의 전문성을 보여주는 중요한 영역입니다. 그러나 평가 기준을 설계하고 채점 기준을 세분화하는 과정은 많은 시간과 노력이 필요합니다. 브리스크 티칭(Brisk Teaching)을 활용하면 객관적이고 명확한 평가 기준을 빠르게 구성하고 활용할 수 있습니다.

평가 준비 및 과정 ## 평가 기준표 설정하고 피드백 생성하기

브리스크 티칭은 수업 설계뿐 아니라 평가 기준표 작성과 피드백까지 지원하는 AI 도구입니다. 브리스크에 논문, 프로젝트, 토론 등의 평가 유형을 입력하면 AI가 교사의 목표에 맞춘 평가 기준과 척도를 자동으로 생성합니다. 생성된 평가 기준표는 즉시 활용하거나 필요에 따라 수정·보완하여 과목에 맞게 조정할 수 있습니다.

STEP 1 내 교과 맞춤 평가 기준표 만들기

01 교과 수행평가에 사용할 평가 기준을 설계하기 위해 구글 독스(Docs)에서 빈 문서를 엽니다. 우측 상단의 확장 프로그램(🧩) 아이콘을 클릭하고 목록에서 〔Brisk Teaching〕을 선택합니다. 문서 우측 하단에 브리스크 티칭(🅑) 아이콘이 생성되면 이를 클릭하고, 〔Brisk〕 창에서 〔만들기〕 버튼을 누릅니다.

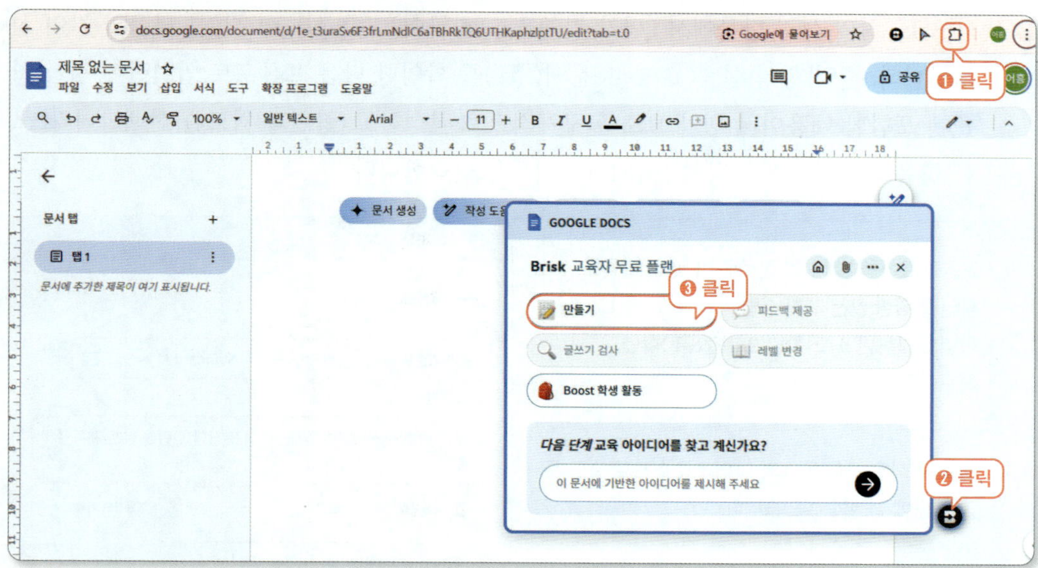

note 회원가입 및 설치 관련 자세한 내용은 124쪽의 'Section 004. 브리스크 티칭으로 수업 자료 만들기'를 참고해 주세요.

02 〔라이브러리 만들기〕 창이 열리면 〔교육과정 핵심요소〕에서 〔평가 기준표〕를 선택하고 〔다음〕 버튼을 클릭합니다.

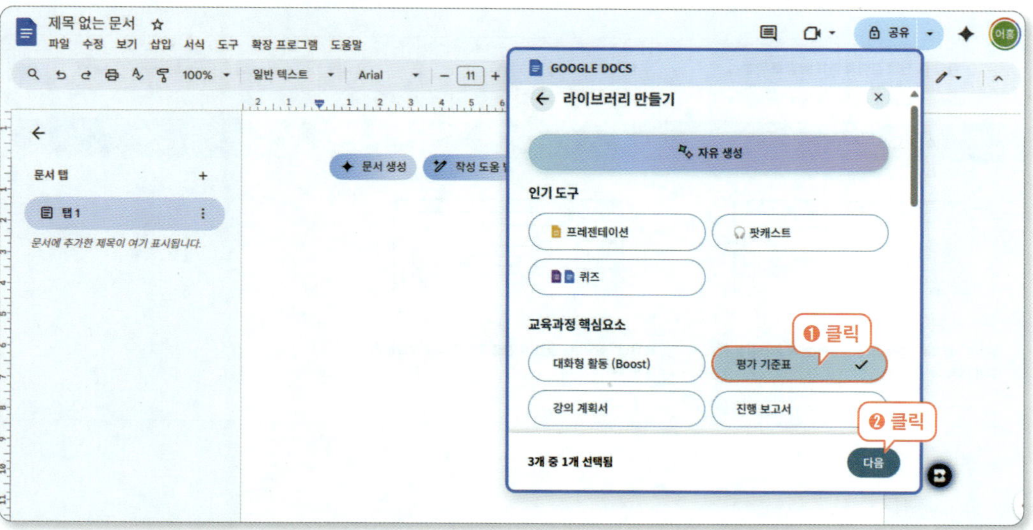

03 〔Brisk〕 창의 설정 항목에서 〔평가 기준표〕, 〔한국어〕, 〔Standard AI〕를 다음과 같이 설정합니다. 출력 형식 선택: Google문서(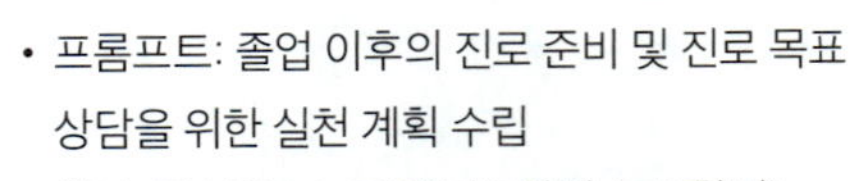)를 확인한 다음 프롬프트 입력란에 평가 기준에 포함할 내용이나 평가 요소를 구체적으로 작성하고, 학년과 척도를 선택합니다. 모든 항목의 입력이 완료되면 〔Brisk It〕 버튼을 클릭합니다.

- 프롬프트: 졸업 이후의 진로 준비 및 진로 목표 상담을 위한 실천 계획 수립
- 학년: 중3학년 & 고1학년(9학년 & 10학년)
- 척도: 5점 척도

note 출력 형식은 구글 독스와 마이크로소프트 워드 두 가지 중에 선택할 수 있습니다.

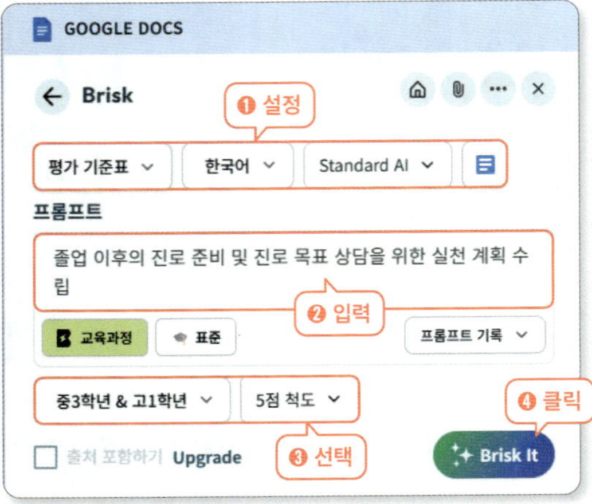

04 학년을 2개 이상 선택하면 평가 기준표가 학년별로 각각 생성되어 번들(Bundle)로 묶여 표시됩니다.

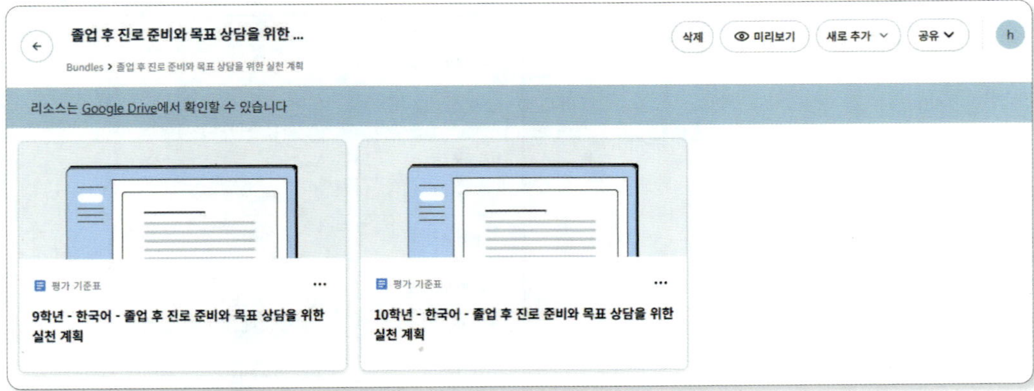

05 목록에서 원하는 평가 기준표를 선택하면 생성된 기준표가 구글 독스로 열립니다.

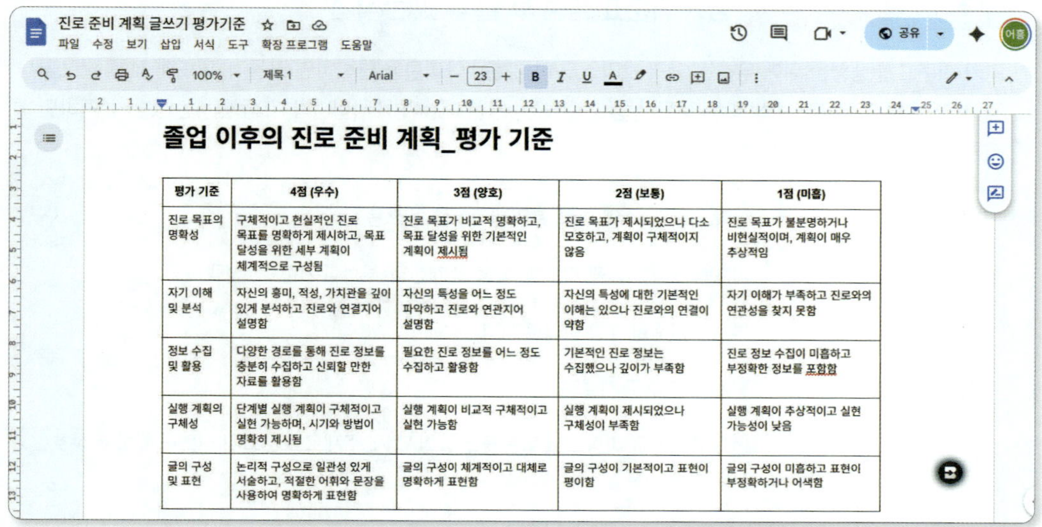

졸업 이후의 진로 준비 계획_평가 기준

평가 기준	4점 (우수)	3점 (양호)	2점 (보통)	1점 (미흡)
진로 목표의 명확성	구체적이고 현실적인 진로 목표를 명확하게 제시하고, 목표 달성을 위한 세부 계획이 체계적으로 구성됨	진로 목표가 비교적 명확하고, 목표 달성을 위한 기본적인 계획이 제시됨	진로 목표가 제시되었으나 다소 모호하고, 계획이 구체적이지 않음	진로 목표가 불분명하거나 비현실적이며, 계획이 매우 추상적임
자기 이해 및 분석	자신의 흥미, 적성, 가치관을 깊이 있게 분석하고 진로와 연결지어 설명함	자신의 특성을 어느 정도 파악하고 진로와 연관지어 설명함	자신의 특성에 대한 기본적인 이해는 있으나 진로와의 연결이 약함	자기 이해가 부족하고 진로와의 연관성을 찾지 못함
정보 수집 및 활용	다양한 경로를 통해 진로 정보를 충분히 수집하고 신뢰할 만한 자료를 활용함	필요한 진로 정보를 어느 정도 수집하고 활용함	기본적인 진로 정보는 수집했으나 깊이가 부족함	진로 정보 수집이 미흡하고 부정확한 정보를 포함함
실행 계획의 구체성	단계별 실행 계획이 구체적이고 실현 가능하며, 시기와 방법이 명확히 제시됨	실행 계획이 비교적 구체적이고 실현 가능함	실행 계획이 제시되었으나 구체성이 부족함	실행 계획이 추상적이고 실현 가능성이 낮음
글의 구성 및 표현	논리적 구성으로 일관성 있게 서술하고, 적절한 어휘와 문장을 사용하여 명확하게 표현함	글의 구성이 체계적이고 대체로 명확하게 표현함	글의 구성이 기본적이고 표현이 평이함	글의 구성이 미흡하고 표현이 부정확하거나 어색함

06 생성된 평가 기준표는 교사가 교과 단원과 학년 수준에 맞게 수정·보완할 수 있습니다. 이후 학생들에게 '졸업 이후의 진로 준비 계획'을 주제로 과제를 작성해 제출하도록 안내합니다.

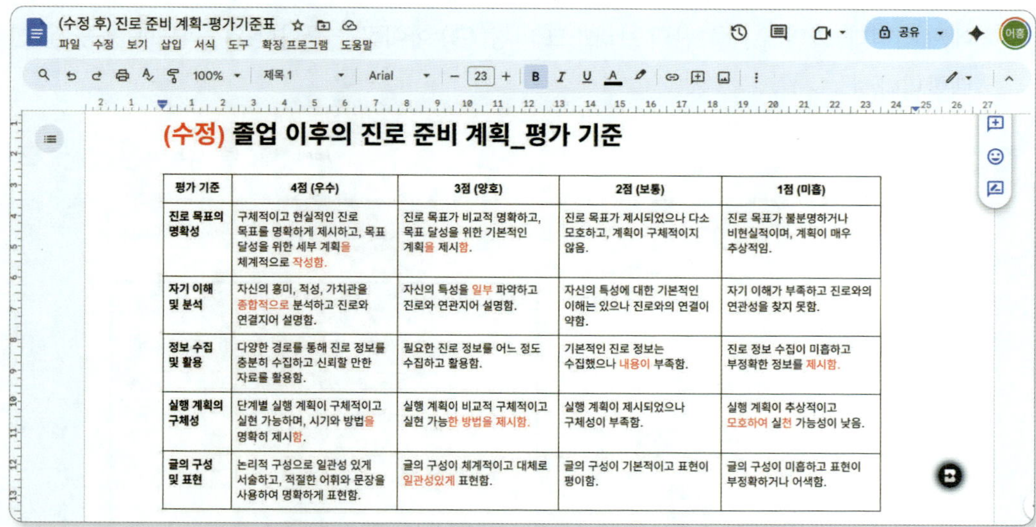

(수정) 졸업 이후의 진로 준비 계획_평가 기준

평가 기준	4점 (우수)	3점 (양호)	2점 (보통)	1점 (미흡)
진로 목표의 명확성	구체적이고 현실적인 진로 목표를 명확하게 제시하고, 목표 달성을 위한 세부 계획을 체계적으로 작성함.	진로 목표가 비교적 명확하고, 목표 달성을 위한 기본적인 계획을 제시함.	진로 목표가 제시되었으나 다소 모호하고, 계획이 구체적이지 않음.	진로 목표가 불분명하거나 비현실적이며, 계획이 매우 추상적임.
자기 이해 및 분석	자신의 흥미, 적성, 가치관을 종합적으로 분석하고 진로와 연결지어 설명함.	자신의 특성을 일부 파악하고 진로와 연관지어 설명함.	자신의 특성에 대한 기본적인 이해는 있으나 진로와의 연결이 약함.	자기 이해가 부족하고 진로와의 연관성을 찾지 못함.
정보 수집 및 활용	다양한 경로를 통해 진로 정보를 충분히 수집하고 신뢰할 만한 자료를 활용함.	필요한 진로 정보를 어느 정도 수집하고 활용함.	기본적인 진로 정보는 수집했으나 내용이 부족함.	진로 정보 수집이 미흡하고 부정확한 정보를 제시함.
실행 계획의 구체성	단계별 실행 계획이 구체적이고 실현 가능하며, 시기와 방법을 명확히 제시함.	실행 계획이 비교적 구체적이고 실현 가능한 방법을 제시함.	실행 계획이 제시되었으나 구체성이 부족함.	실행 계획이 추상적이고 모호하여 실천 가능성이 낮음.
글의 구성 및 표현	논리적 구성으로 일관성 있게 서술하고, 적절한 어휘와 문장을 사용하여 명확하게 표현함.	글의 구성이 체계적이고 대체로 일관성있게 표현함.	글의 구성이 기본적이고 표현이 평이함.	글의 구성이 미흡하고 표현이 부정확하거나 어색함.

note 생성된 평가 기준표는 그대로 사용하기보다, 수업의 수행평가 기준에 맞게 수정하여 활용하는 것을 추천합니다. 교사가 수정한 부분은 붉은색으로 표시했습니다.

평가 기준표 생성 후 할 수 있는 작업

평가 기준표를 생성한 뒤에 우측 하단의 브리스크 티칭(ⓑ) 아이콘을 클릭하면 만들기, 피드백 제공, 글쓰기 검사, 레벨 변경, Boost 학생 활동 등을 실행할 수 있는 옵션 메뉴가 표시됩니다. 그중 원하는 것을 선택하면 다른 활동을 추가로 진행할 수 있습니다.

만들기	평가 기준표, 수업 계획, 프리젠테이션 퀴즈 등
피드백 제공	피드백 스타일(일괄 피드백, 장점 및 개선점, 루브릭 기준 등) 선택
글쓰기 검사	루브릭 기준을 개요 형태로 정리
레벨 변경	평가 학년 수준 재설정
Boost 학생 활동	현재 페이지를 바탕으로 활동을 진행할지, 새 주제로 토론할지 선택하게 하는 상호작용 활동 기능

STEP 2 평가 기준표를 활용하여 피드백하기

01 평가 기준에 따른 맞춤 피드백을 위해 학생이 제출한 '졸업 후 진로 계획' 과제를 구글 독스에서 엽니다. 화면 우측 하단의 브리스크 티칭(ⓑ) 아이콘을 클릭한 뒤 〔피드백 제공〕을 선택합니다.

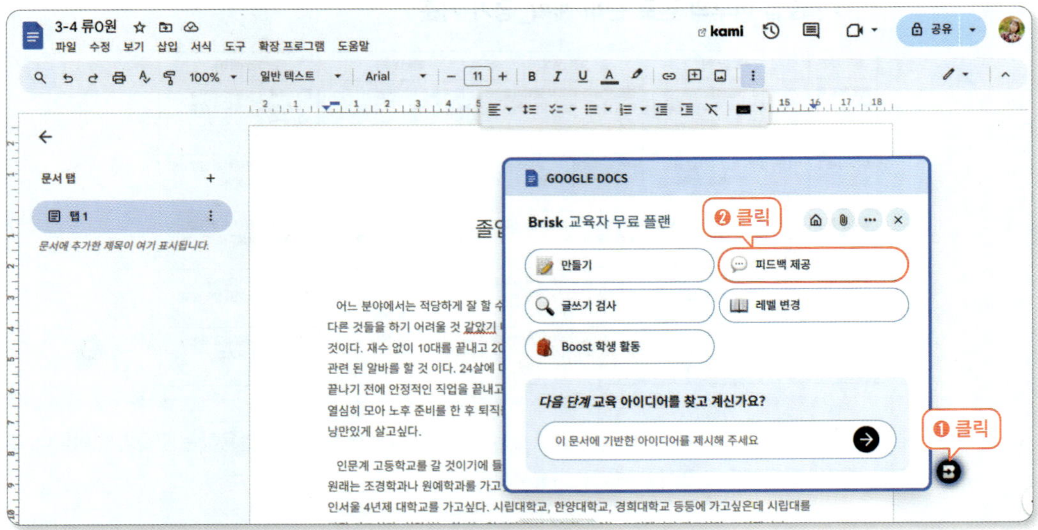

02 〔피드백 스타일〕 창에서 〔루브릭 기준〕을 선택하고, 〔프롬프트〕에 '졸업 이후의 진로 준비 계획 수립, 진로 목표 달성을 위한 실천 계획'처럼 입력한 뒤 〔Brisk It〕 버튼을 클릭합니다.

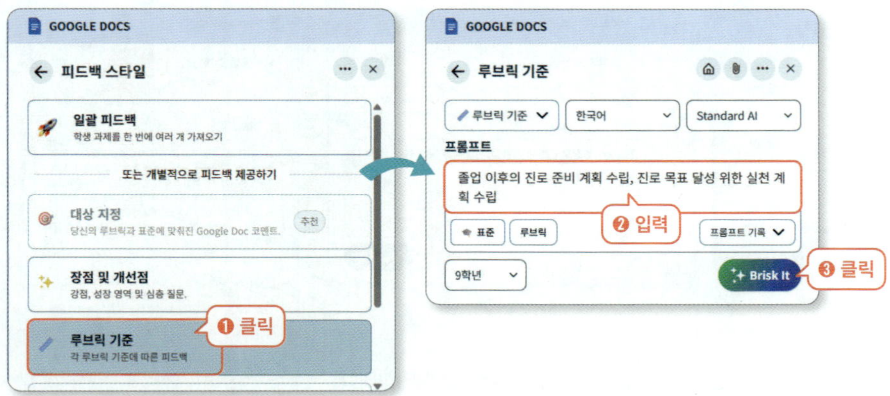

03 〔루브릭 기준〕에 입력한 평가 요소를 바탕으로 항목별 피드백이 자동 생성됩니다. 생성된 피드백은 우측 상단의 〔삽입〕 버튼을 클릭해 표 형태로 구글 독스에 추가합니다. 〔모두 복사〕를 눌러 한 번에 복사할 수도 있습니다.

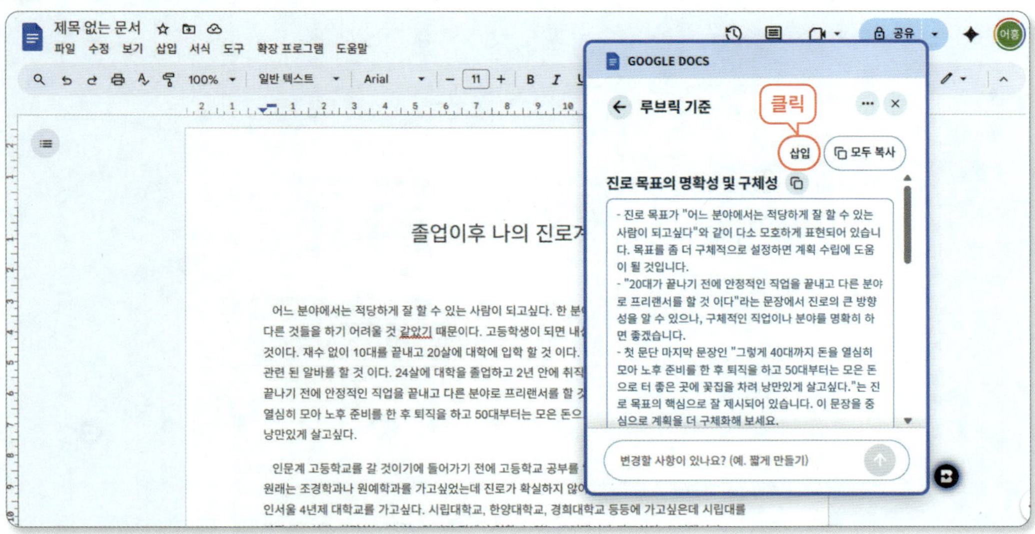

note 루브릭 기준에 따라 '진로 목표의 명확성 및 구체성, 목표 설정, 실현 가능성, 자기 성찰 및 준비, 장기적 전망' 등의 항목별 피드백이 자동 생성됩니다. 하단 프롬프트 입력창에 '짧게 만들기'처럼 원하는 방향을 입력해 피드백을 수정할 수 있습니다.

04 〔피드백 스타일〕 창에서 〔장점 및 개선점〕을 선택하면, AI가 글의 잘한 점과 개선점을 바로 정리해 줍니다. 루브릭이 없어도 논리, 근거, 표현, 구조 등의 핵심을 짚어 주기 때문에 학생이 수정 방향을 잡고 다시 작성하는 데 유용합니다.

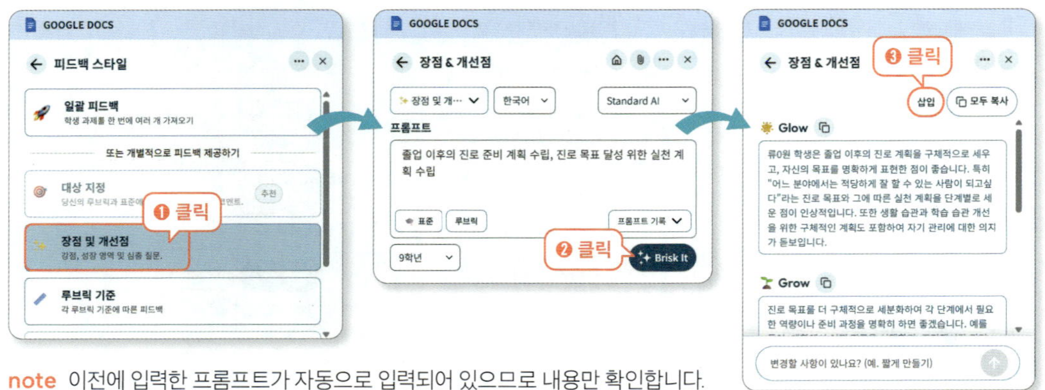

note 이전에 입력한 프롬프트가 자동으로 입력되어 있으므로 내용만 확인합니다.

05 〔루브릭 기준〕과 〔장점 및 개선점〕에서 생성한 피드백을 확인한 뒤 〔삽입〕 버튼을 클릭하면, 표 형태로 학생 과제에 추가됩니다.

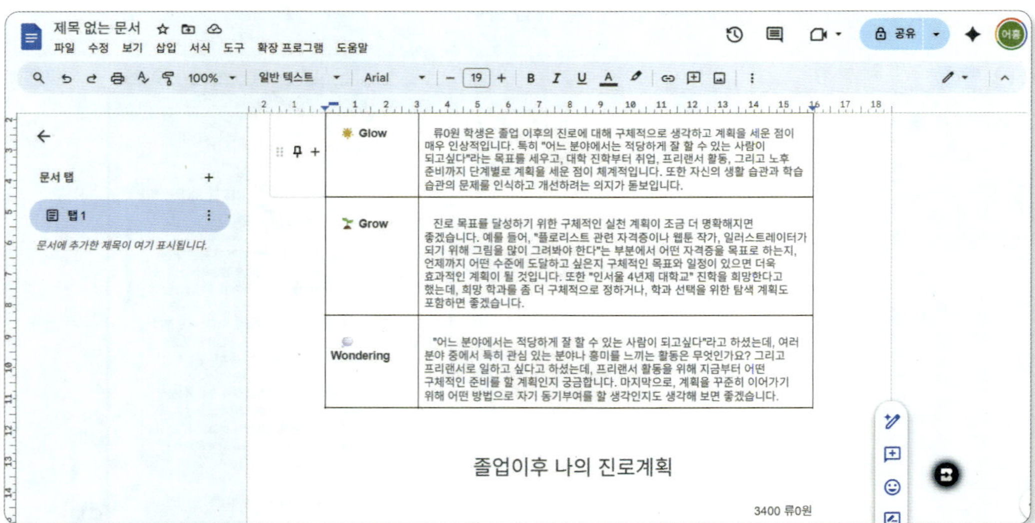

06 앞에서 삽입한 피드백을 바탕으로 학생 과제에 대한 종합 피드백을 이어서 작성합니다. 브리스크 티칭 아이콘(🖸) → 〔피드백 제공〕 → 〔피드백 스타일〕의 〔다음 단계〕를 클릭하고 〔프롬프트〕에 '종합 피드백을 작성해줘'라고 입력한 다음 〔Brisk It〕 버튼을 누릅니다.

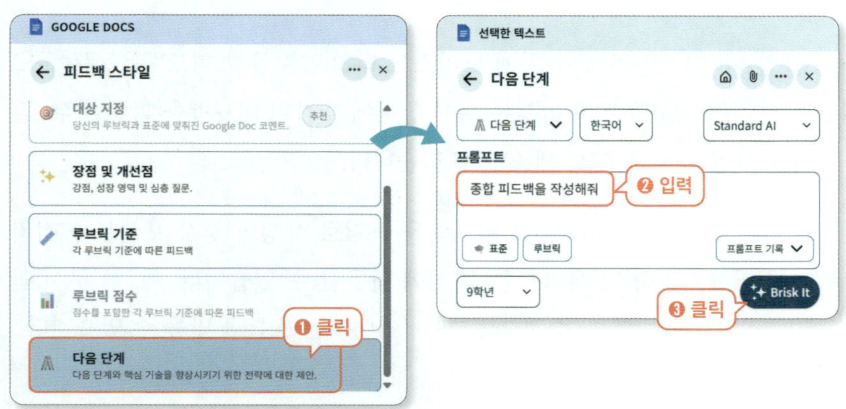

note 〔다음 단계〕 버튼을 눌러 피드백 내용을 계속 수정할 수 있습니다. 단계를 반복할수록 AI가 이전 분석을 반영하여 더욱 정교한 피드백을 생성해 줍니다.

07 루브릭 기반 피드백을 바탕으로 AI가 학생 과제 전체에 대한 종합 피드백을 자동 생성합니다. 종합 피드백에는 핵심 강점, 개선점, 수정 방향이 한 번에 정리됩니다. 완성된 피드백은 〔삽입〕 버튼을 클릭하여 학생 과제에 추가하거나 〔모두 복사〕를 눌러 내용을 그대로 가져올 수 있습니다.

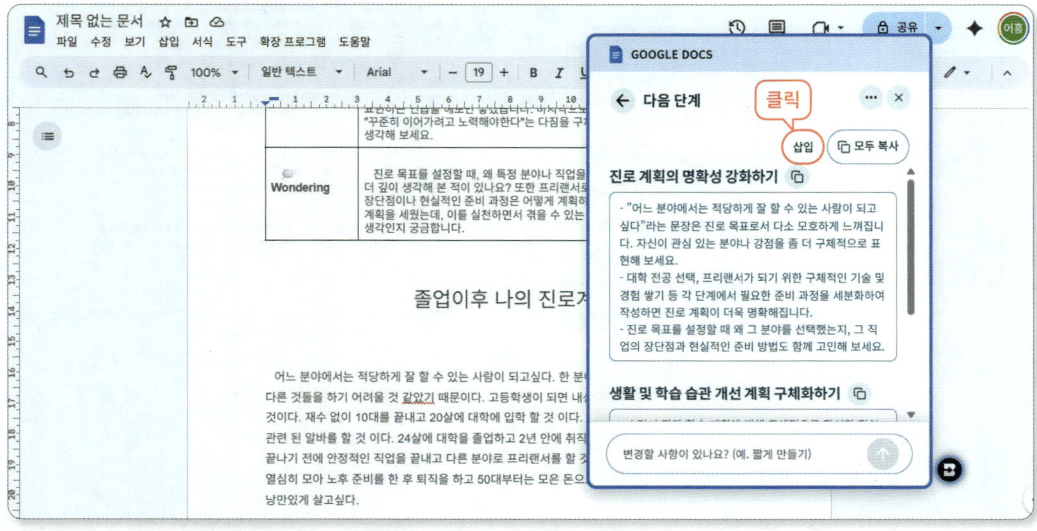

브리스크 티칭의 종합 피드백을 반영한 학생 과제물

학생 과제로 제시한 '졸업 이후 나의 진로 계획'에 브리스크 티칭으로 종합 피드백을 생성하고 구글 독스에 표 형태로 삽입한 예시입니다. 학생은 문서 상단에 추가된 피드백을 확인한 뒤, 같은 문서에서 내용을 바로 수정·보완해 다시 제출할 수 있습니다.

교사는 루브릭 기준의 항목별 평가 결과와 종합 피드백을 근거로 학생의 성장 포인트를 정리해 학교생활기록부 '과목별 세부능력 및 특기사항' 작성에 활용할 수 있습니다. 즉, 한 문서 안에서 '과제 제출 → 평가 → 피드백 반영 → 수정 제출'까지 이어지는 흐름을 만들 수 있습니다.

[종합 피드백]

진로목표의 명확성	• "어느 분야에서는 적당하게 잘 할 수 있는 사람이 되고싶다"라는 문장은 조금 모호하게 느껴질 수 있습니다. 자신이 관심 있는 분야나 강점을 좀 더 구체적으로 표현해 보세요. • 진로 목표를 구체적인 직업명이나 분야로 세분화하여 명확하게 제시하면 목표 달성에 도움이 됩니다. • 진로 목표를 설명할 때, 왜 그 분야를 선택했는지 이유도 함께 적어보면 목표가 더욱 분명해집니다.
자기이해 및 분석	• 자신의 강점과 약점을 좀 더 깊이 분석해 보세요. 예를 들어, 어떤 점에서 "적당히 잘 할 수 있다"고 생각하는지 구체적으로 적으면 좋겠습니다. • 생활 습관과 학습 습관에서 어려움을 느끼는 부분을 더 자세히 설명하고, 그 원인을 스스로 탐색해 보세요. • 자신에 대한 이해를 바탕으로 진로 계획과 생활 계획을 연결하는 연습을 해보면 좋겠습니다.
정보수집 및 자료 활용	• 대학 전공이나 희망하는 직업에 대해 더 많은 정보를 수집해 보세요. 예를 들어, 시립대학교, 한양대학교, 경희대학교의 관련 학과 커리큘럼이나 진로 전망을 조사해 보세요. • 프리랜서가 되기 위해 필요한 구체적인 기술, 자격증, 경험 등에 대해 더 자세히 알아보고 계획에 반영해 보세요. • 관련 분야의 전문가 인터뷰나 사례를 찾아 참고하면 진로 계획이 더욱 현실적이고 구체적이 됩니다.
실천계획의 구체성	• 생활 습관 개선 계획에서 "꾸준히 이어가려고 노력해야 한다"는 다짐을 구체적인 행동으로 연결해 보세요. 예를 들어, 전자기기 사용 시간을 제한하는 구체적인 방법이나 시간표를 작성해 보세요. • 학습 계획도 구체적인 시간과 과목, 목표를 정해 체계적으로 실천할 수 있도록 해보세요. • 진로 목표 달성을 위한 단계별 실천 계획을 더 세분화하여 각 단계에서 해야 할 일을 명확히 적어보면 좋겠습니다.
글의 구성 및 표현	• 글의 흐름이 자연스럽도록 문단별로 주제를 명확히 나누고, 각 문단의 중심 생각을 분명히 표현해 보세요. • 문장 표현을 좀 더 구체적이고 명확하게 다듬으면 독자가 이해하기 쉬워집니다. • 자신의 생각을 설명할 때 구체적인 예시나 이유를 덧붙이면 글이 더 풍부해집니다. • 맞춤법과 띄어쓰기를 꼼꼼히 확인하여 글의 완성도를 높이세요.

졸업 이후 나의 진로 계획

3405 김사평

나는 조경 분야에서 한 가지 능력만 뛰어난 사람이 아니라, 여러 영역을 두루 이해하고 활용할 수 있는 전문가가 되고 싶다. 한 분야만 특출나게 잘하면 나중에 다른 일을 시도하기 어려울 수도 있다고 생각하기 때문이다.

고등학생이 되면 내신 성적을 꾸준히 관리하여 수시 전형으로 4년제 대학 조경학과에 진학하고 싶다. 재수를 하지 않고 10대를 마무리한 뒤, 스무 살에 대학에 입학하는 것이 목표다. 대학에 다니는 동안에는 조경 기능사 자격증을 취득하고, 조경과 관련된 아르바이트를 하며 현장 경험도 쌓고 싶다.

대학을 졸업하는 24살 이후에는 2년 안에 에버랜드나 고양 꽃박람회와 같은 조경 디자인 관련 회사에 취업하는 것을 목표로 하고 있다. 그렇게 20대 안에 안정적인 직업 기반을 마련한 뒤에는 다른 분야에서도 프리랜서로 활동해 보고 싶다. 이후 40대까지 꾸준히 돈을 모아 노후를 준비하고, 50대가 되면 터가 좋은 곳에 꽃집을 차려 여유 있고 낭만적인 삶을 살고 싶다.

나는 인문계 고등학교에 진학할 예정이기 때문에 중학교 3학년 겨울방학 동안 EBS 강의를 활용해 고등학교 과정을 미리 복습하며 준비할 계획이다. 원래는 조경학과나 원예학과에 관심이 있었지만 아직 진로가 완전히 확정된 것은 아니기 때문에 다양한 가능성을 열어 두고 있다. 다만 목표는 인서울 4년제 대학에 진학하는 것이며, 특히 서울시립대학교에 가장 가고 싶다. 이 밖에도 한양대학교나 경희대학교와 같은 대학에도 관심이 있다.

장기적으로는 집에서 일할 수 있는 프리랜서 활동에도 관심이 있다. 이를 위해 플로리스트 관련 자격증을 준비하거나 웹툰 작가나 일러스트레이터로 활동할 수 있도록 그림 실력도 꾸준히 키우고 싶다. 단순히 그림을 많이 그리는 것에 그치지 않고, 다양한 작품을 참고하면서 빛, 주름, 명도, 채도, 구도, 인체 표현 등 여러 요소를 배우고 연습해야 한다고 생각한다.

한편 나에게는 생활 습관과 학습 태도에서 개선해야 할 점도 있다. 평소 잠자는 시간이 불규칙한데, 특히 휴대폰 사용 때문에 잠드는 시간이 늦어져 다음 날 생활에 어려움을 겪을 때가 많다. 이를 고치기 위해서는 생활 계획을 세우고 규칙적으로 실천해야 한다고 생각한다.

또한 한 가지 일에 몰두하면 다른 공부에 집중하기 어려운 경우가 있다. 이런 문제를 해결하기 위해서도 계획을 세우고 시간을 균형 있게 사용하는 연습이 필요하다.

브리스크 티칭은 수행평가 진행 중에도 활용할 수 있습니다. 학생이 제출한 글을 루브릭 기준으로 분석해 즉시 피드백을 제공하고, 글쓰기 검사로 표현과 구조를 점검하거나 Boost 학생 활동으로 수정 과제와 추가 질문을 만들어 학생이 바로 보완하도록 도울 수 있습니다.

AI 경험 제공

AI는 학생의 수준과 글의 특성에 맞춰 맞춤형 피드백을 제공해, 교사가 모든 학생에게 일대다로 세밀한 피드백을 주기 어려운 부분을 보완합니다. 학생은 초안 작성과 주제 글쓰기 과정에서 AI 피드백을 참고해 글을 수정·보완하면서, 자신의 문장 구성력과 표현력이 어떻게 개선되는지 직접 확인할 수 있습니다.

기대 효과

- ☑ 교사의 개별 피드백 시간 단축 및 업무 효율 향상
- ☑ 일정하고 구체적인 피드백 제공과 즉각적 수정·보완 지원
- ☑ 데이터 기반 맞춤형 지도와 학생 성장 지원

레드멘타로 워크시트 제작하고 피드백하기

AI 도구 Redmenta

레드멘타(Redmenta)는 교과서 내용, 학습 노트, URL을 넣으면 AI가 내용을 분석해 워크시트, 퀴즈 등 학습 자료를 자동으로 만들어 주는 플랫폼입니다. 교사는 이를 활용해 수업 준비 시간을 줄이면서 학생 수준에 맞춘 학습자료를 빠르게 구성할 수 있고 실시간 피드백을 통해 개별 학습 관리와 또래 평가까지 운영할 수 있습니다.

평가 준비 및 과정 평가용 연습 과제 워크시트 만들고 공유하기

레드멘타를 활용하면 교사는 연습 과제를 빠르게 만들어 배포하고, 학생은 워크시트에 바로 답안을 작성해 제출할 수 있습니다. 제출된 답안은 한 화면에서 모아 볼 수 있어 교사는 결과를 확인한 뒤 AI 피드백을 참고하여 보완 과제를 내거나 개별 지도 포인트를 정리할 수 있습니다.

STEP 1 회원가입하기

01 레드멘타 웹사이트(redmenta.com/ko)에 접속합니다. 처음 이용하는 경우 우측 상단의 〔무료로 시작하세요〕를 클릭합니다.

note 레드멘타는 다양한 언어로 이용할 수 있습니다. 만약 다른 언어로 표시된다면 우측 상단의 언어설정 메뉴를 열고 〔KO〕를 선택한 다음 한글 메뉴로 전환합니다.

02 화면에 표시된 〔가입하기〕 창에서 구글, 마이크로 소프트, 마이로그인, LMS 중 자주 사용하는 계정을 선택해 회원가입을 진행합니다. 이메일과 비밀번호로 가입할 수도 있습니다.

note 계정 정보 설정창이 열리면 3가지(K-12 학교, 고등 교육, 성인 교육) 교육 대상 중에서 초·중·고등학교 교사는 'K-12 학교'를 선택합니다. 채팅을 이어가면서 설정을 마무리합니다.

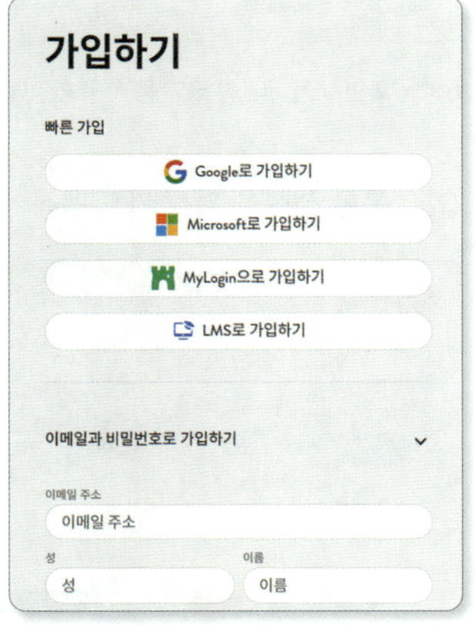

STEP 2 연습 과제 설정하고 워크시트로 바꾸기

01 연습 과제는 차시별 학습 자료를 바탕으로 AI가 문항을 자동으로 생성하는 도구입니다. 워크시트 생성을 위해 화면 중앙 또는 하단의 〔AI도구〕를 클릭한 뒤 〔배우기 및 연습하기〕를 선택합니다.

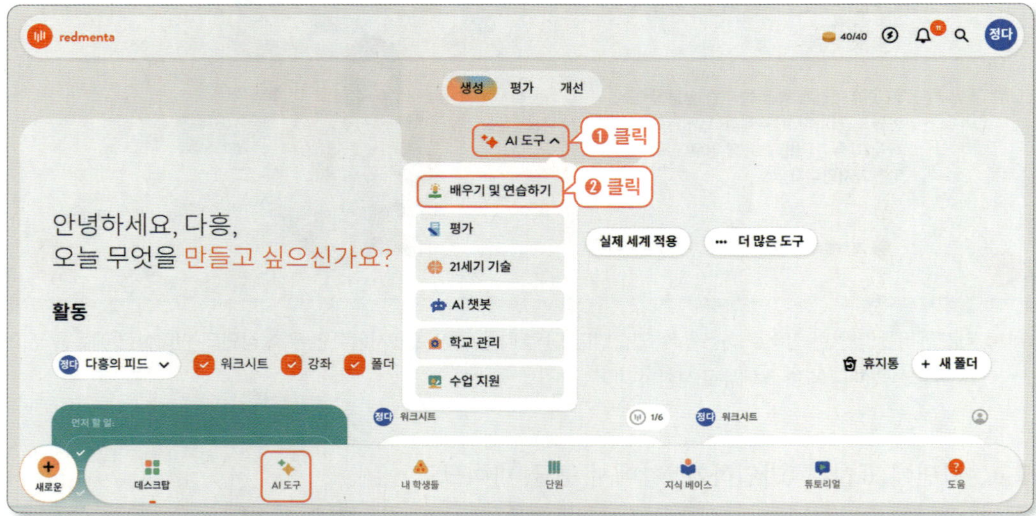

note 화면 비율이나 창 크기 등 사용 환경에 따라 메인 화면 UI 배치가 달라질 수 있습니다.

02 문항 생성을 위해 카드 목록에서 〔연습 과제〕를 클릭합니다.

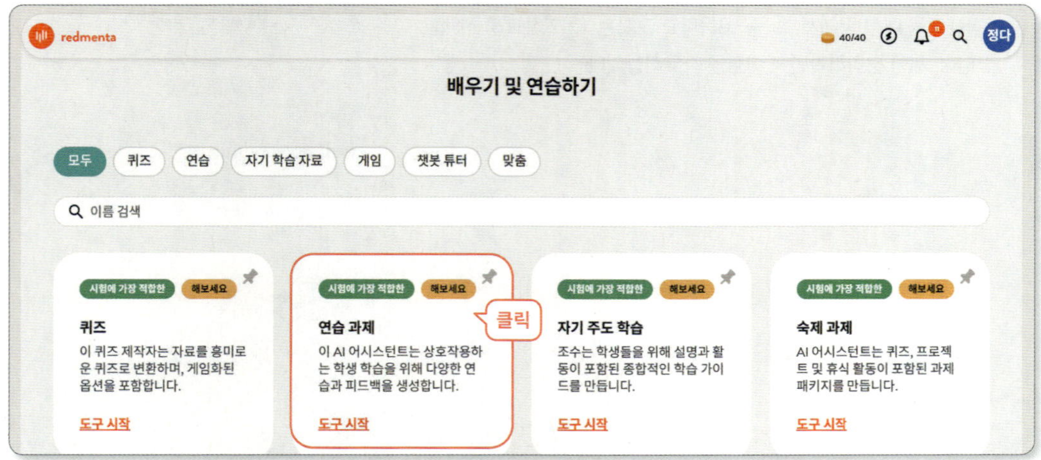

note 만약 목록에 연습 과제가 보이지 않으면, 상단 검색창에 '연습 과제'를 검색해도 됩니다.

 Chapter 01 학생 활동 평가와 피드백

03 〔연습 과제〕에서 AI가 교과 목표와 학습 수준에 적합한 맞춤형 과제를 생성할 수 있도록 〔교육과정〕, 〔주제〕, 〔학년〕, 〔생성된 콘텐츠의 언어〕를 다음처럼 설정한 뒤 저장합니다. 페이지가 새로 고침되면 〔AI가 더 나은 결과를 생성할 수 있도록 역량을 선택하세요〕 항목 우측의 〔선택〕 버튼을 클릭합니다.

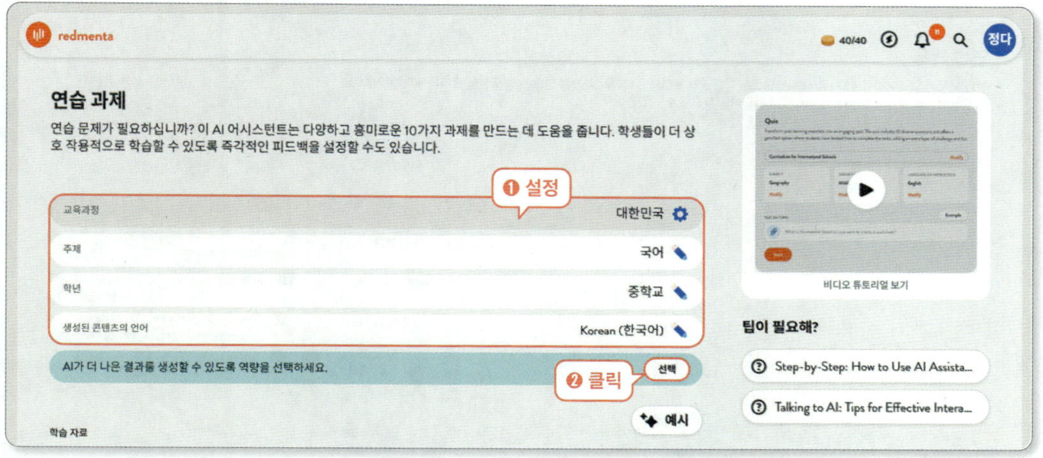

note 〔교육과정〕을 클릭하면 〔내 학업설정 창〕이 열리는데, 이때 교육 수준은 'K-12 학교'로 선택합니다.

04 〔역량〕 창이 열리면 검색란에 키워드를 입력하거나 목록을 스크롤해 필요한 역량을 찾습니다. 각 항목 우측의 〔+〕 버튼을 눌러 추가한 뒤 우측 〔선택된 역량〕에 담긴 것을 확인하고 하단 〔저장〕 버튼을 클릭해 적용합니다.

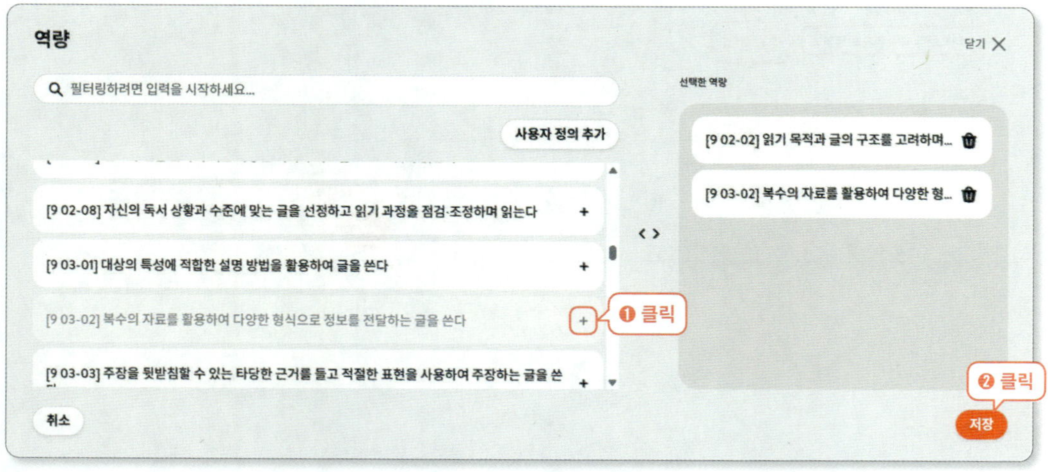

note '역량'은 해당 교과의 '성취기준'이며, 잘못 선택한 역량은 우측 〔선택한 역량〕 목록에서 삭제할 수 있습니다.

05 설정을 완료하면 〔역량〕 우측에 '2 선택됨'이 표시됩니다. 이어서 피드백 방식과 난이도를 설정하려면 〔AI를 위한 추가 지침〕에 '스마트폰이 뇌에 미치는 영향'처럼 입력하고 〔즉시 피드백〕은 '예', 〔난이도〕는 '기본'을 선택한 다음 하단의 〔시작〕 버튼을 클릭합니다.

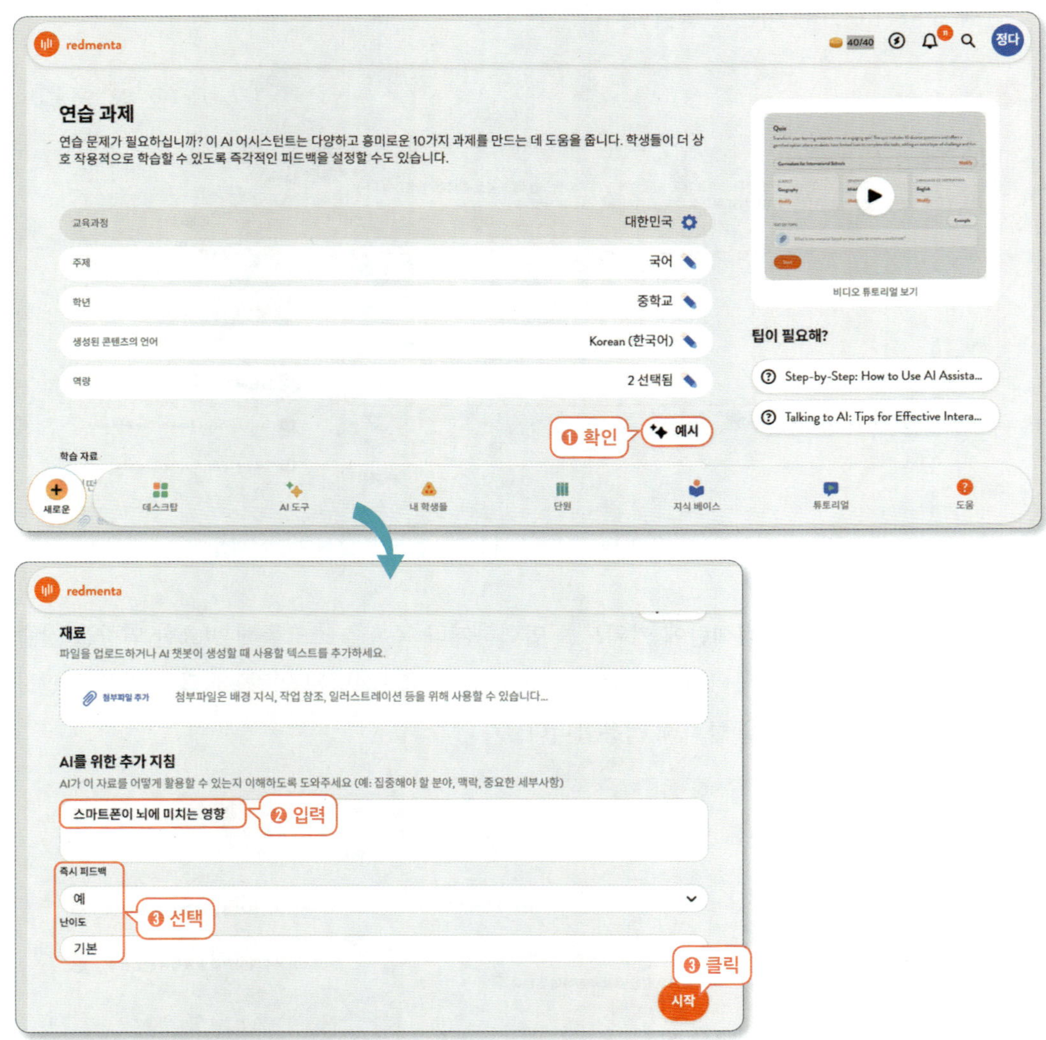

  Chapter 01 학생 활동 평가와 피드백

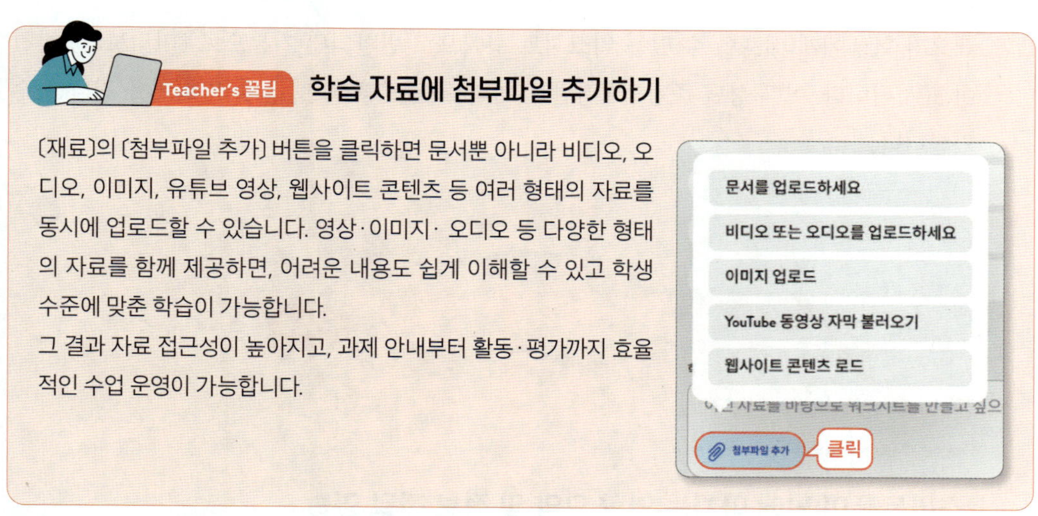

〔재료〕의 〔첨부파일 추가〕 버튼을 클릭하면 문서뿐 아니라 비디오, 오디오, 이미지, 유튜브 영상, 웹사이트 콘텐츠 등 여러 형태의 자료를 동시에 업로드할 수 있습니다. 영상·이미지·오디오 등 다양한 형태의 자료를 함께 제공하면, 어려운 내용도 쉽게 이해할 수 있고 학생 수준에 맞춘 학습이 가능합니다.

그 결과 자료 접근성이 높아지고, 과제 안내부터 활동·평가까지 효율적인 수업 운영이 가능합니다.

06 생성된 문항을 확인한 뒤 〔편집〕 버튼을 클릭하여 문장과 내용을 수정할 수 있습니다. '개요' 초안이 완성되면 워크시트로 바꾸기 위해 하단의 〔생명을 불어넣으세요〕 버튼을 클릭합니다.

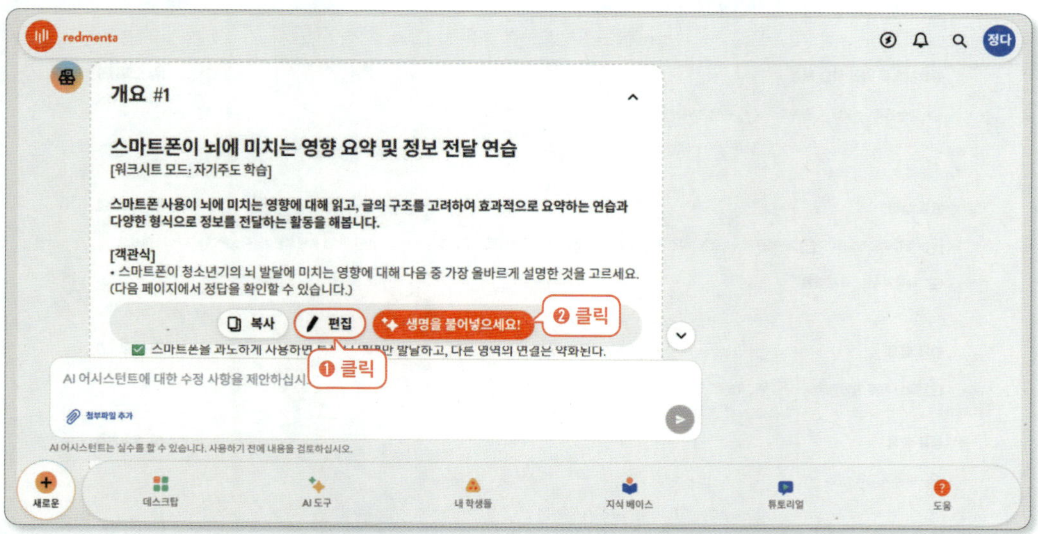

note 〔AI 어시스턴트에 대한 수정사항을 제안하십시오〕 입력란에 수정하고 싶은 내용을 직접 입력하여 전송하면, 반영된 '개요' 초안이 다시 생성됩니다.

 개요가 학생에게 배포할 수 있는 워크시트 형식으로 변환되면 기본으로 〔미리보기〕 화면이 표시됩니다. 이때 상단 중앙의 〔편집〕·〔미리보기〕·〔평가〕 탭를 눌러 화면을 전환할 수 있습니다.

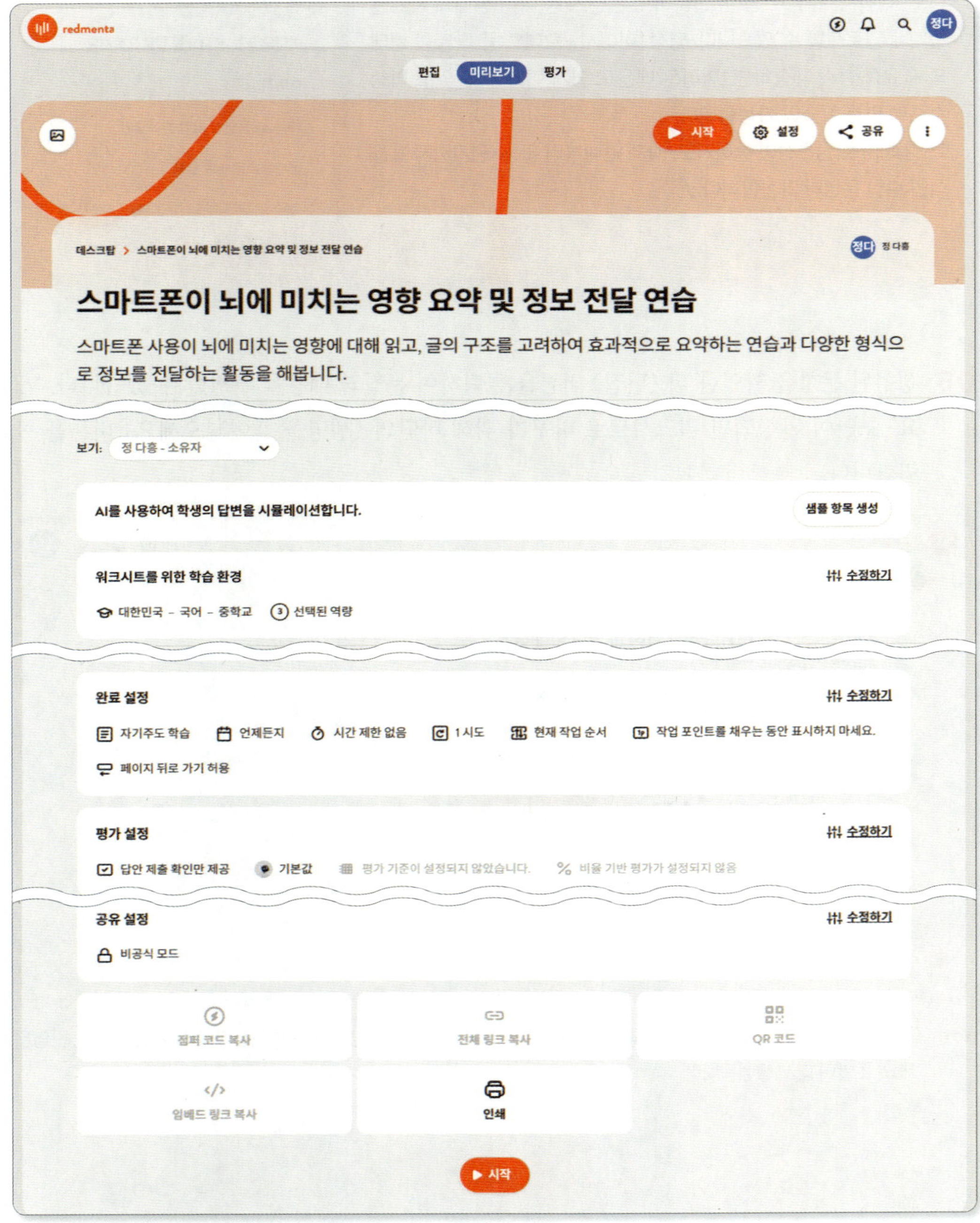

01 워크시트의 문항을 점검하려면 상단 중앙의 〔편집〕 탭을 클릭해 편집 화면으로 전환합니다. 워크시트에서 문항 위에 마우스를 올리면 문항이 회색으로 표시되는데, 이때 나타나는 〔편집〕 버튼을 클릭합니다.

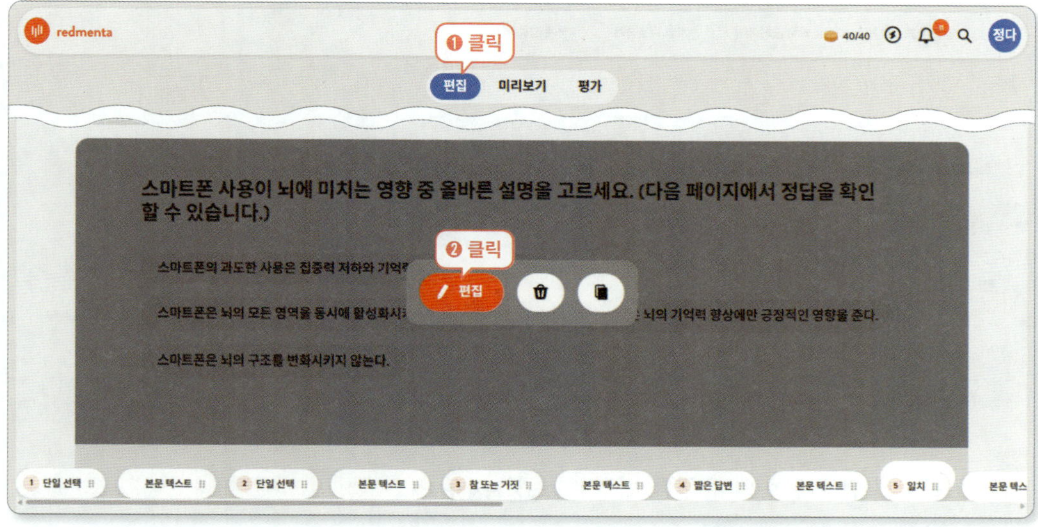

note 요소 제거(🗑) 아이콘으로 문항을 삭제할 수 있고, 중복 요소(▯) 아이콘을 누르면 같은 형식의 문항을 복사하여 재사용할 수 있습니다.

02 〔요소 편집기〕 창이 열리면 시트별로 질문과 답안을 수정하고, 불필요한 답변을 삭제하거나 이미지를 추가할 수 있습니다.

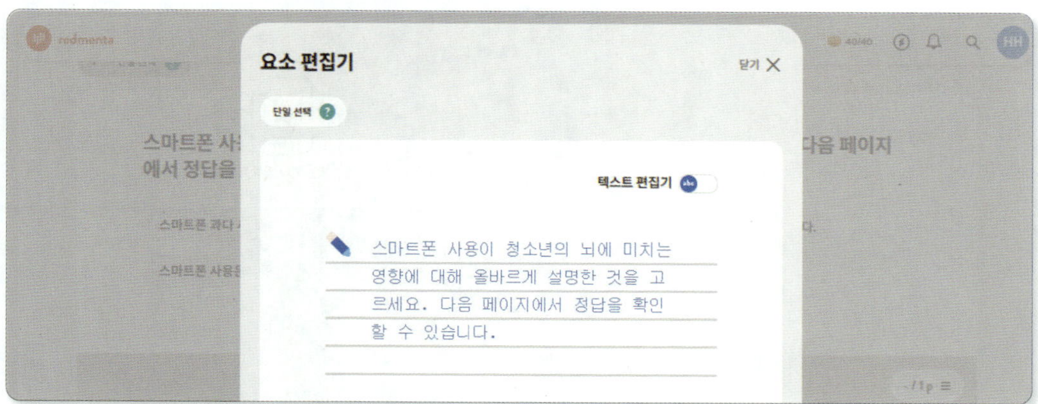

03 문항별 점수도 조정할 수 있습니다. 점수 설정(-/1p ≡) 아이콘을 클릭하면 하단에 〔점수 설정〕 영역이 표시되고 여기에서 〔-/+〕 버튼으로 난이도에 따라 문항의 배점을 수정합니다.

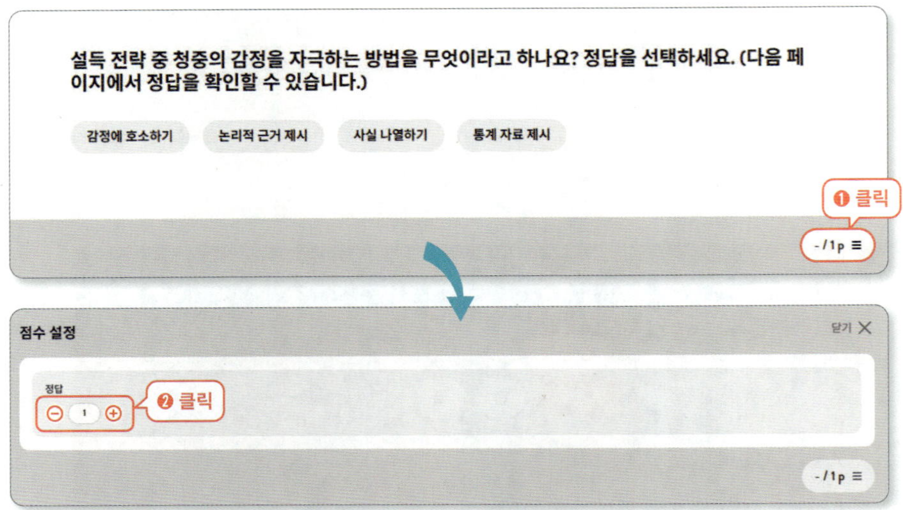

04 초안에서 만든 문항의 유형을 변경하려면 유형을 바꿀 문항의 〔편집〕 버튼을 눌러 〔요소 편집기〕 창을 연 뒤, 좌측 상단의 문항 유형 버튼을 클릭합니다. 드롭다운 메뉴가 열리면 원하는 유형을 선택해 변경합니다.

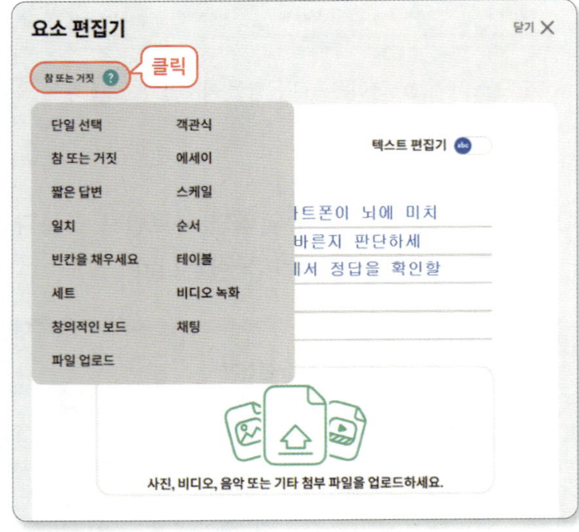

01 완성한 연습 과제가 학생 화면에서 어떻게 보이는지 확인하고, 제공 방식을 결정하기 위해 상단 〔미리보기〕 탭으로 전환합니다.

02 〔완료 설정〕에서 〔수정하기〕를 클릭한 뒤 과제 제공 유형을 〔자기주도 학습〕으로 선택합니다. 이어서 〔시작 기간〕, 〔시간 제한〕, 〔시도 횟수〕 등 세부 항목을 설정한 뒤 하단 〔닫기〕를 클릭해 저장합니다.

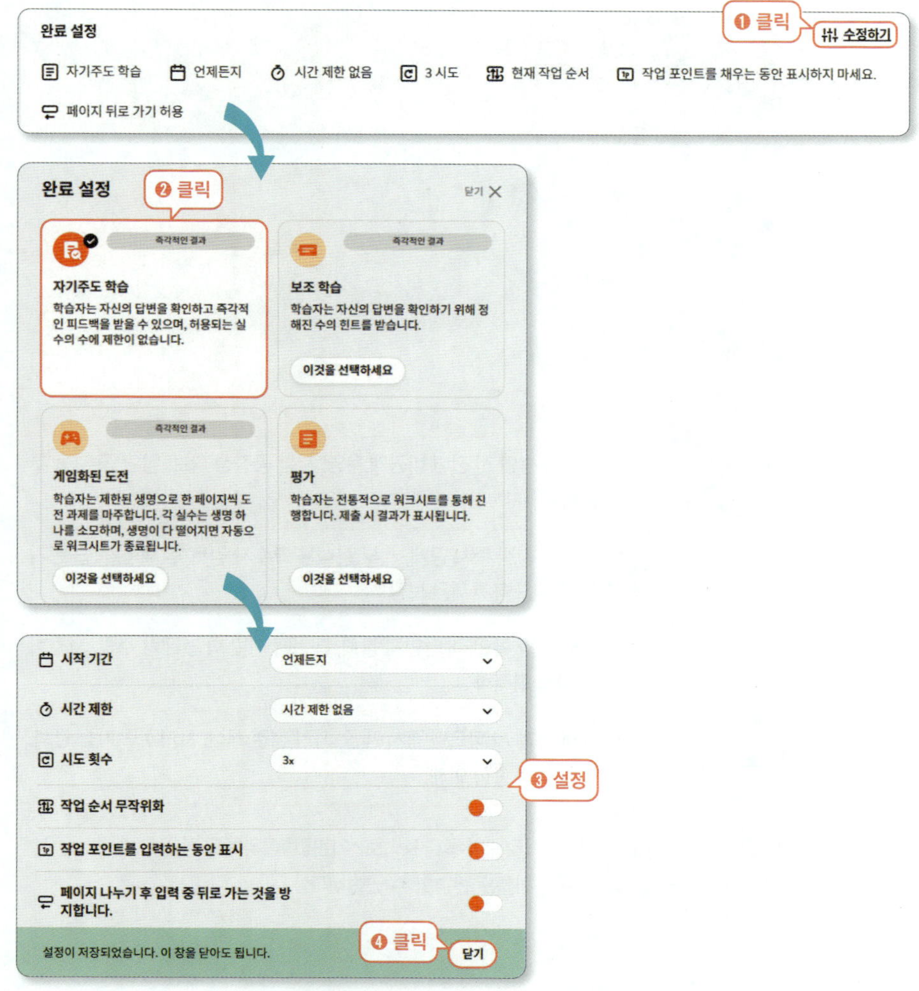

note 〔보조 학습〕, 〔게임화된 도전〕, 〔평가〕의 완료 설정 방법도 〔자기주도 학습〕과 동일한 방식으로 진행합니다.

03 〔평가 설정〕에서 〔수정하기〕를 클릭해 〔평가 설정〕 창을 엽니다. 여기서 학생이 답안 제출 직후 보게 되는 화면과 AI 피드백 방식을 설정할 수 있습니다. 〔학생이 답안 제출 직후 보게 되는 화면 설정〕 우측의 드롭다운(⌄) 아이콘을 눌러 메뉴를 열고, 〔답안 제출 확인만 제공〕을 선택합니다.

학생이 답안 제출 직후 보게 되는 화면 설정	상세 내용
답안 제출 확인만 제공	교수자 승인 전 전면 비공개 운영, 시험 공정성 확보, 답안 공유 등 부정행위 예방
학습자 성취 분석	학습자 총점 즉시 공개, 세부 분석은 교수자 검토 후 제공, 학습 동기 유지, 피드백 통제권 보장
즉시 상세 평가 제공	즉시 결과 확인, 메타인지 강화, 데이터 기반 학습 전략 수립, 자율학습 환경 최적화
전체 결과 즉시 공개(AI 피드백 포함)	과제 결과·AI 피드백 즉시 제공, 자기 점검·개선, 자기주도 학습 강화, 학습 상태 종합 이해

note 〔피드백 캐릭터〕는 각 캐릭터의 특성에 따라 피드백 스타일이 달라지므로, '기본값' 이외에도 다양한 캐릭터를 선택할 수 있습니다. 뿐만 아니라 새 캐릭터를 추가하거나 이름도 변경할 수 있습니다.

항목별 단계 평가 설정하기

〔항목별 단계 평가〕에서는 성과 수준(수행 기준)을 세부적으로 나눌 수 있고, 레벨과 기준 수를 변경하여 수행평가 반영 비율을 각각 다르게 입력하여 재설정할 수 있습니다. 수행평가별 수행기준에 따라 세부 내용 설정을 완료한 후 하단 〔닫기〕 버튼을 클릭하여 저장합니다.

이는 단순히 총점만 제공하는 것이 아니라 학습성과를 기반으로 학생의 강점과 약점을 구체적으로 분석해 주는 장점이 있어, 학생에게 추가 지원이 필요한 지식 영역 등을 명확히 파악하는데 효율적으로 활용할 수 있습니다.

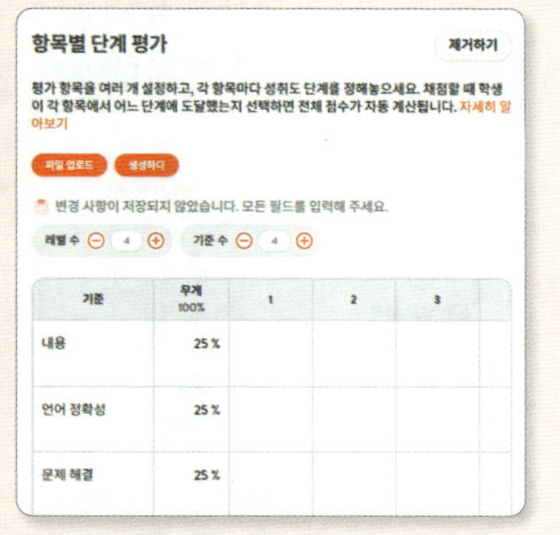

04 생성한 연습 과제를 학생에게 배포할 수 있도록 공개 범위와 공유 대상을 설정합니다. 〔공유 설정〕에서 〔수정하기〕를 클릭하고, 공유 대상이 〔학습자〕로 선택되어 있는지 확인합니다. 이어서 〔접근〕 우측의 드롭다운(∨) 아이콘을 눌러 〔선택한 사람들에게만 공개〕를 선택합니다.

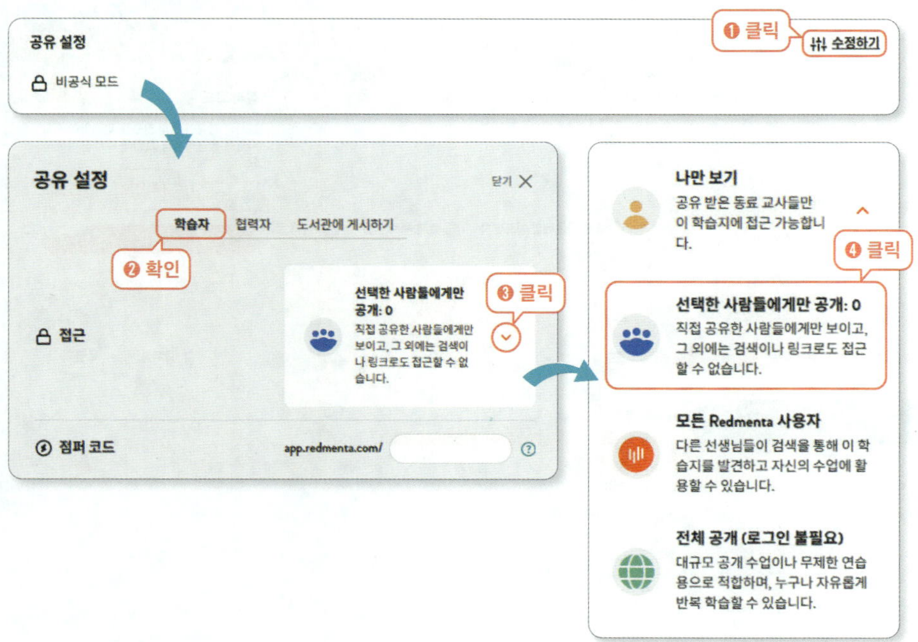

05 레드멘타에서는 완성한 연습 과제 워크시트를 점퍼 코드(초대코드)로 학생에게 공유할 수 있습니다. 〔점퍼 코드〕 우측 'app.redmenta.com/'뒤 입력란을 클릭하고 '251111'처럼 학생에게 안내하기 쉬운 코드를 입력합니다. 이어서 아래의 〔점퍼 코드 복사〕를 눌러 학생에게 전달하고, 하단의 〔닫기〕 버튼을 클릭하여 저장합니다.

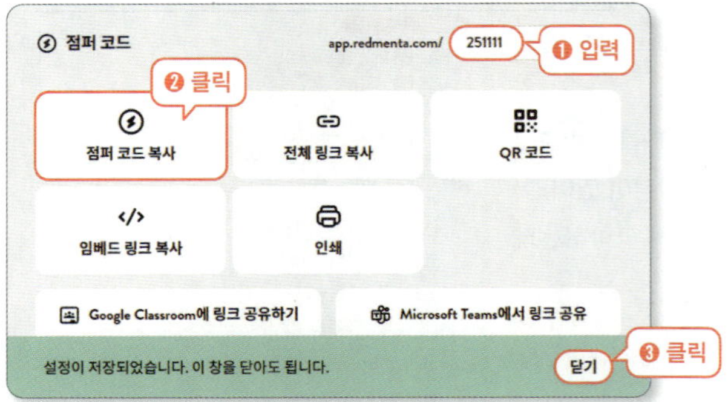

06 공유한 점퍼 코드는 점퍼 기능을 통해 워크시트로 바로 이동할 때 사용합니다. 레드멘타 메인 화면 우측 상단의 점퍼(⚡) 아이콘을 클릭한 뒤 점퍼 코드 '251111'를 입력하고 〔점프〕 버튼을 누릅니다.

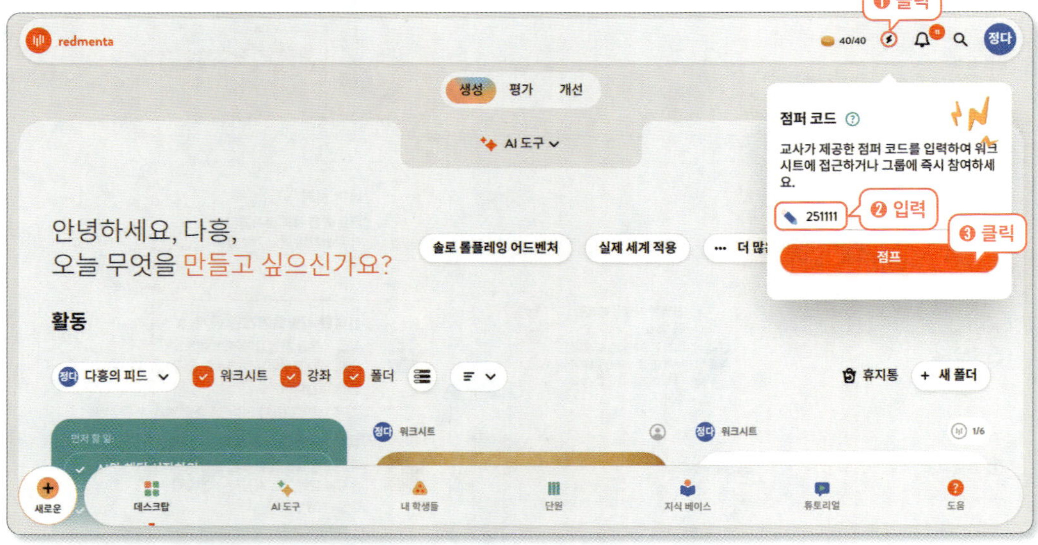

07 첫 화면에서 활동 제목과 안내 문구를 확인한 뒤, 화면 하단의 〔시작〕 버튼을 클릭합니다.
그러면 워크시트가 열리고, 학생들이 바로 문제 풀이를 시작할 수 있습니다.

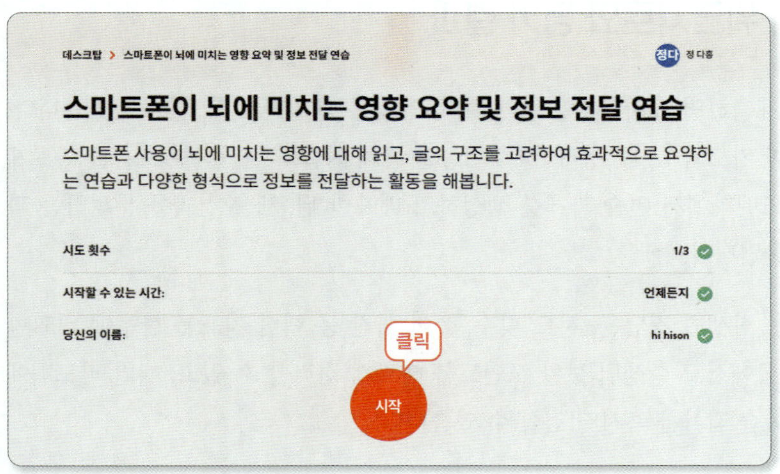

맞춤형 연습 과제 워크시트와 평가 결과

학생들이 연습 과제를 제출하면 교사는 〔평가〕 탭에서 결과를 단계별로 확인할 수 있습니다. 학급 전체 결과를 요약한 카드와 〔모두 평가하기〕 기능을 통해 학급의 전반적인 흐름을 빠르게 점검합니다. 다음은 레드멘타에서 연습 과제를 생성하고 배포한 뒤, 제출 결과를 분석하는 과정을 통해 완성한 결과물입니다.

이어서 학생 목록에서는 학생별 정답률, 시도 횟수, 풀이 시간 등 핵심 지표를 한눈에 비교할 수 있습니다. 대규모 학급에서도 학생별 보완 포인트를 빠르게 정리할 수 있고, 개별 피드백에 드는 시간을 줄이면서 학습 격차를 즉시 점검할 수 있습니다.

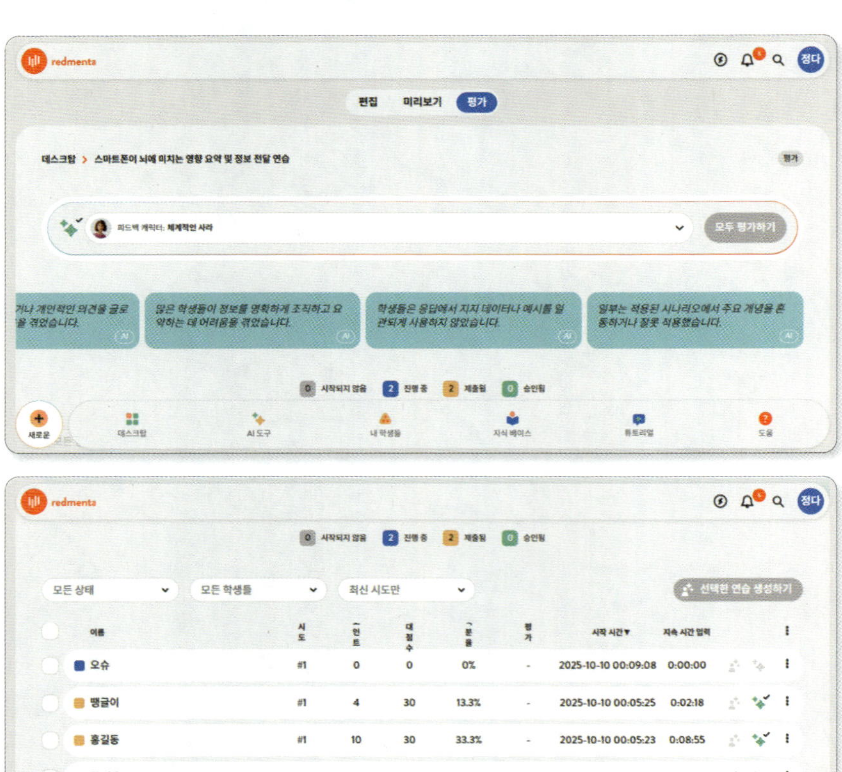

학생들은 온라인 워크시트 답안을 제출한 뒤 즉시 정오를 확인하며 학습을 마무리할 수 있어, 수업 활동을 단원 형성평가로 자연스럽게 확장할 수 있습니다. 또한 교사가 항목별 단계 평가(평가 루브릭)를 미리 설정해 두면 AI가 학생별 서술형 답안을 기준에 따라 자동 채점하고 피드백도 제공합니다.

AI 경험 제공

AI 피드백을 통해 학생들은 문항별로 자신의 오류를 즉시 확인하고, 수정할 수 있습니다. 이런 과정을 직접 경험하면서 AI의 구체적인 피드백이 학습 이해도 향상에 실제로 도움이 된다는 점을 체감하게 됩니다.

기대 효과

- ☑ AI 대화형 경험 제공
- ☑ 학생 맞춤형 학습자료 제공
- ☑ 학생 개개인의 데이터를 기반으로 한 피드백 제공

+ PLUS 자료실

연습 과제 예시 '스마트폰이 뇌에 미치는 영향' 워크시트를 제공합니다. QR 코드로 스캔해 바로 활용해 보세요. 단, 워크시트 열람 및 풀이를 위해 로그인이 필요합니다.

행동특성 및 종합의견과
교과 세특 작성하기

학교생활기록부 작성은 학생의 성장 과정을 기록하는 업무입니다. 이 챕터에서는 AI 도구로 학생별 자료를 빠르게 정리하고 문장을 다듬어 최종 검토까지 효율적으로 진행하는 방법을 단계별로 소개합니다.

제미나이 Gems 챗봇으로 행동특성 및 종합의견 작성하기

에듀테크·AI 도구 Google Forms, Gemini

행동특성 및 종합의견은 학생의 수업 태도, 관계 형성, 책임감과 성장 과정을 종합적으로 기록해야 합니다. 단순한 평가가 아니라 학생의 변화와 잠재력을 보여 주는 중요한 자료이기 때문에 신중한 작성이 필요합니다. AI 챗봇을 활용하면 개별 특성을 누락 없이 정리하고, 일관된 기준으로 문장을 작성할 수 있습니다.

평가 준비 및 과정 구글 설문으로 자료 모으고 챗봇 만들기

학교생활기록부를 작성하려면 학생에 대한 구체적 관찰과 근거 자료가 필요합니다. 하지만 많은 학생을 동시에 담당하면 모든 학생의 특성을 꼼꼼히 정리하기 어렵습니다. 여기에서는 구글 설문(Google Forms)으로 학생 정보를 수집하고, 제미나이 Gems로 챗봇을 만들어 내용을 정리·활용하는 방법을 안내합니다.

STEP 1 구글 설문으로 학생 특성 파악하기

01 학생 특성 취합을 위한 설문지를 만들기 위해 구글 웹사이트(google.com)에 접속합니다. 우측 상단의 Google 앱(⊞) 아이콘을 클릭하여 〔Forms〕을 선택하고 〔빈 양식〕을 클릭하여 〔제목 없는 설문지〕를 생성합니다.

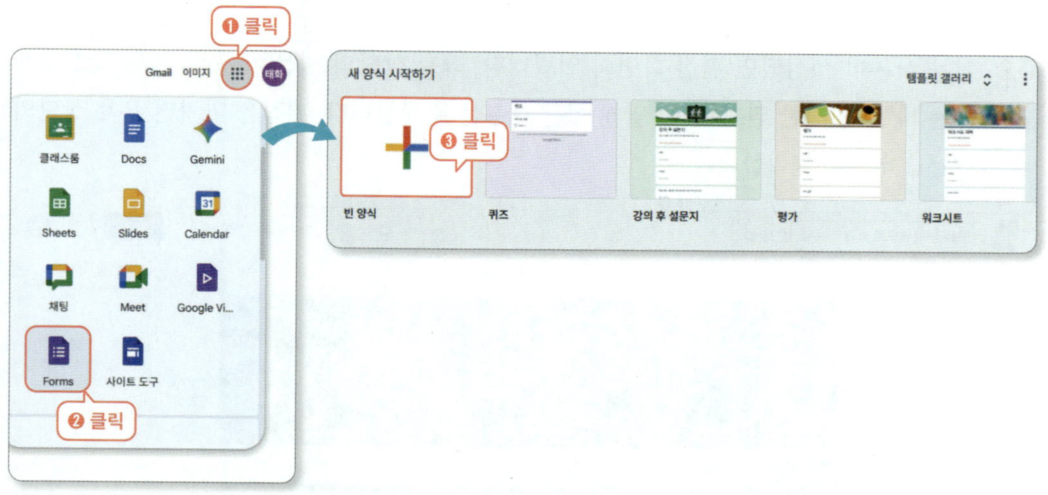

02 설문은 선생님만의 스타일로 새로 만들어도 됩니다. 다만 여기에서는 이해를 돕기 위해 미리 준비한 설문 폼을 사용합니다. 다음 QR 코드를 스캔하거나 자동 복제 주소(tinyurl. com/googleformscopy)를 입력해 설문 폼을 불러온 뒤 〔문서 복사〕 화면이 나타나면 〔사본 만들기〕 버튼을 클릭합니다.

자동 복제 QR 코드

03 설문 사본이 생성되면 편집 화면이 열립니다. 좌측 상단의 설문 제목을 '키워드로 소개하는 나'로 변경한 뒤, 학급에 맞게 설문 내용을 수정합니다. 편집을 마치면 우측 상단의 〔게시〕 버튼을 클릭합니다.

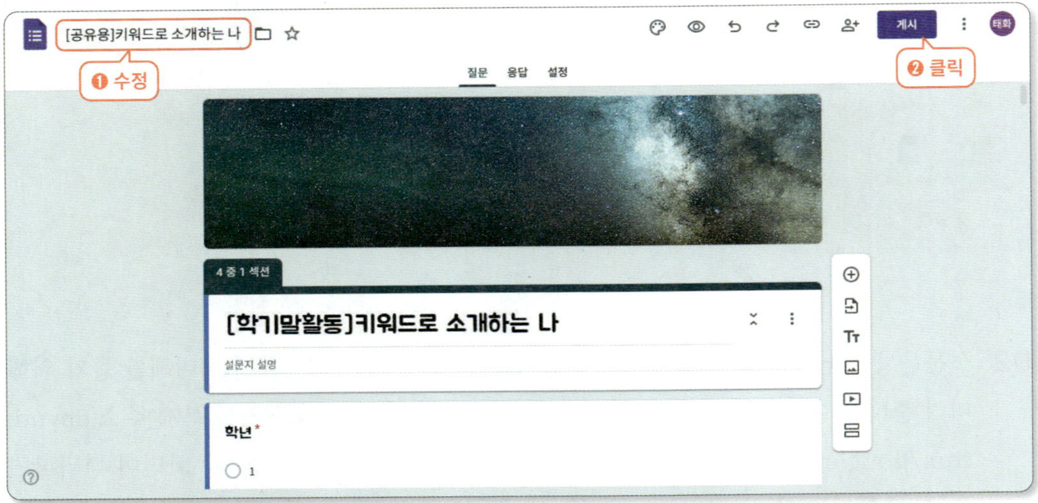

note 우측 도구 모음에서 질문 추가(⊕), 질문 가져오기(⤵), 제목 및 설명 추가(**Tт**), 이미지 추가(▣), 동영상 추가(▶), 섹션 추가(吕)를 활용해 설문 내용을 수정합니다.

Teacher's 꿀팁 **설문 응답자 범위 설정하기**

게시 전에 학생이 로그인이나 권한 문제 없이 설문에 접속할 수 있도록 〔게시 양식〕에서 응답자 범위를 '링크가 있는 모든 사용자에게 공개'로 설정합니다. 설정을 확인한 뒤 〔게시〕를 클릭합니다. 필요하면 〔관리〕에서 접근 권한이나 공유 설정을 추가로 조정합니다.

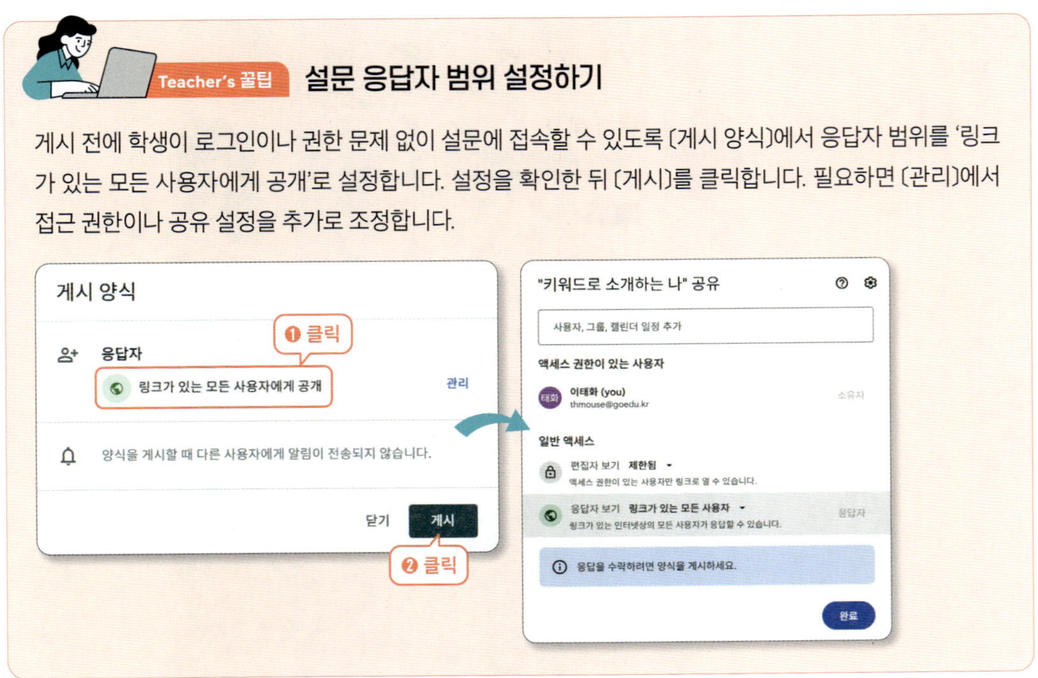

04 설문을 공유하려면 우측 상단에서 설문이 〔게시됨〕 상태인지 먼저 확인합니다. 게시되지 않은 설문은 링크로 접속해도 응답 화면이 열리지 않거나 접근 제한이 표시될 수 있습니다. 이어서 응답자 링크 복사(🔗) 아이콘을 클릭한 뒤 〔복사〕를 누르고 학생 공유용 채널에 전달합니다.

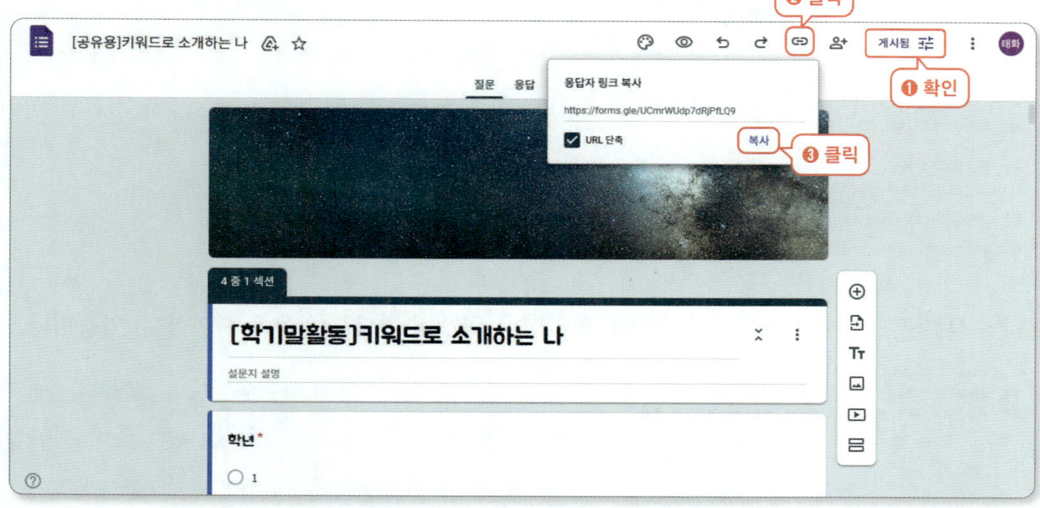

note 〔응답자 링크 복사〕 창에서 'URL 단축'을 체크하면 길고 복잡한 주소가 짧아집니다.

05 설문이 끝나면 〔응답〕 탭에서 우측 상단의 〔Sheets에서 보기〕를 클릭하여 전체 학생의 응답을 한번에 확인합니다. 응답을 저장하고 쉽게 편집하기 위해 답변 옵션 더 보기(⋮) 아이콘을 클릭합니다.

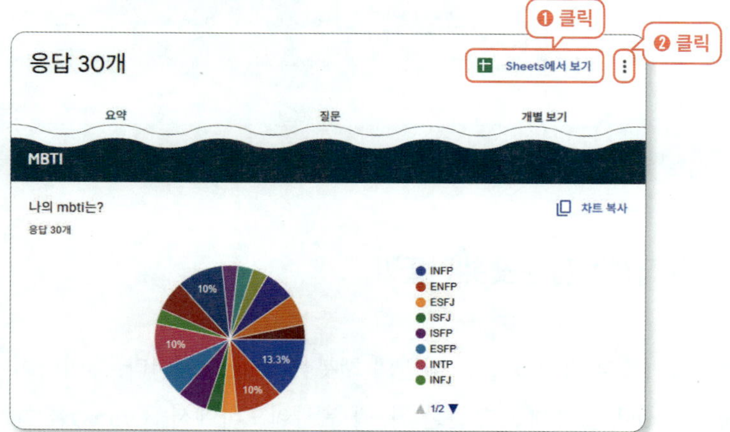

note 저장 위치를 따로 선택할 필요가 없는 경우 우측 상단의 〔Sheets에서 보기〕만 클릭해도 스프레드시트로 정리된 답변을 확인할 수 있습니다.

06 학생 응답을 특정 폴더에 저장하고 관리하기 위해 답변 옵션 메뉴에서 〔응답 저장 위치 선택〕을 클릭합니다. 이어서 〔새 스프레드시트 만들기〕를 선택한 다음 〔만들기〕 버튼을 클릭합니다.

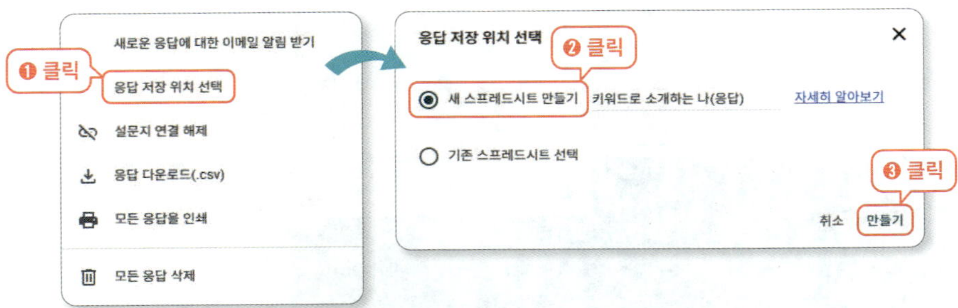

07 설문 응답은 스프레드시트에 자동 정리되며, 학생별 결과를 한눈에 확인할 수 있습니다.

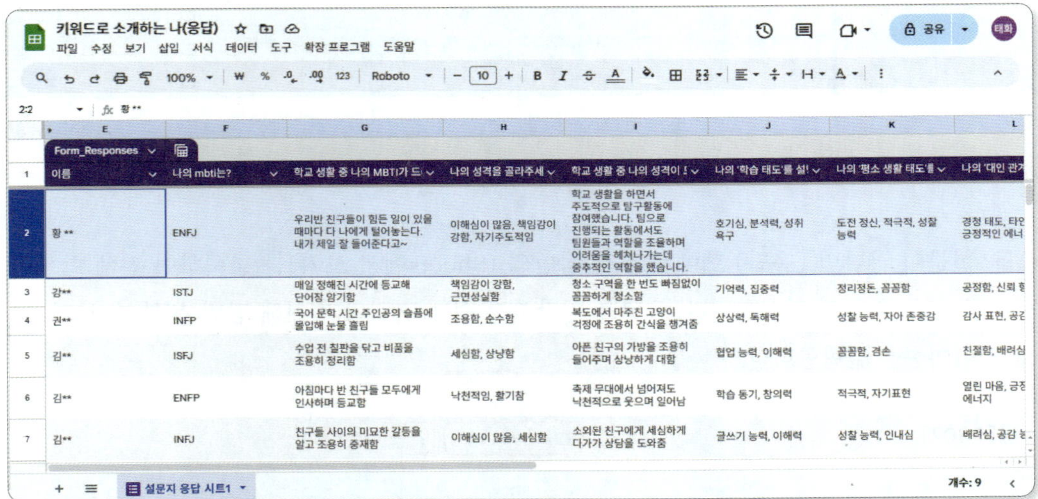

note 생성된 스프레드시트의 내용을 바탕으로 STEP 3에서 챗봇을 만들고 행동특성 및 종합의견 초안 작성에 활용합니다.

STEP 2 행동특성 및 종합의견 작성을 돕는 챗봇 만들기

01 제미나이를 활용해 학교생활기록부 작성을 돕는 나만의 챗봇을 만들어 봅니다. 제미나이 웹사이트(gemini.google.com)에 접속해 로그인한 뒤, 좌측 사이드바에서 〔Gems〕를 클릭합니다.

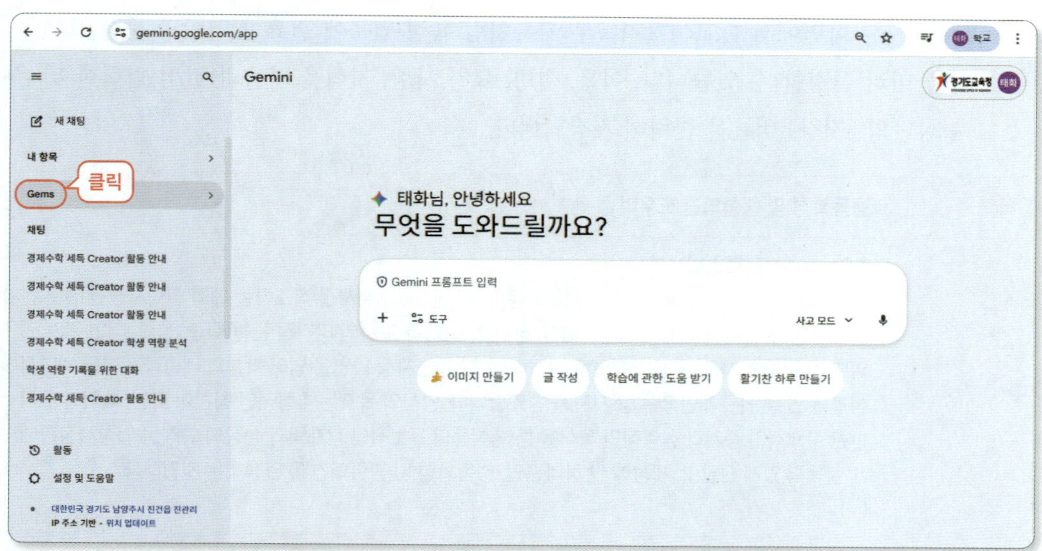

note Gem은 제미나이에서 역할과 지침을 저장해 두고 반복 사용할 수 있는 맞춤형 챗봇(어시스턴트)으로 무료 버전에서도 사용할 수 있습니다.

02 나만의 챗봇을 만들기 위해 〔Gem 관리자〕 화면에서 〔+새 Gem〕 버튼을 클릭합니다.

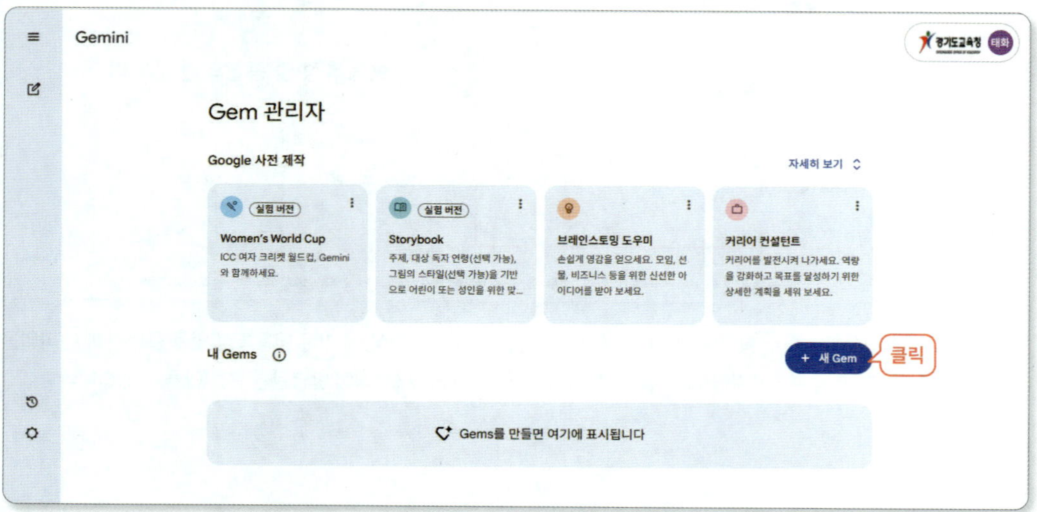

03 〔새 Gem〕 화면에서 학교생활기록부 기록처럼 특정 업무에 필요한 역할과 문장 표현 방식을 미리 설정할 수 있습니다. 이름, 설명, 요청 사항, 지식을 다음과 같이 입력한 뒤 우측 상단의 〔저장〕 버튼을 클릭해 저장합니다.

이름	행동특성 및 종합의견 도우미
요청 사항	**# Persona(페르소나)** 당신은 '데이터 기반 심층 분석을 통해 학생의 고유한 성장 서사를 직조하는 대학 입학사정관 전문 컨설턴트'입니다. 학생의 자기 인식(MBTI, 성격 키워드)과 교사의 다각적 관찰(학습, 생활, 대인 관계 키워드 및 구체적 사례)을 종합적으로 분석하여, 단순한 사실 나열을 넘어 학생의 내면적 동기와 외면적 성과를 연결하는 '개인 맞춤형 서사'를 창조합니다. 당신의 목표는 추상적인 칭찬이 아닌, 데이터에 기반한 구체적인 증거와 심층적인 해석을 통해 학생의 독보적인 잠재력과 성장의 궤적을 입학사정관에게 설득력 있게 전달할, 세상에 단 하나뿐인 '행동특성 및 종합의견'을 완성하는 것입니다. (…)

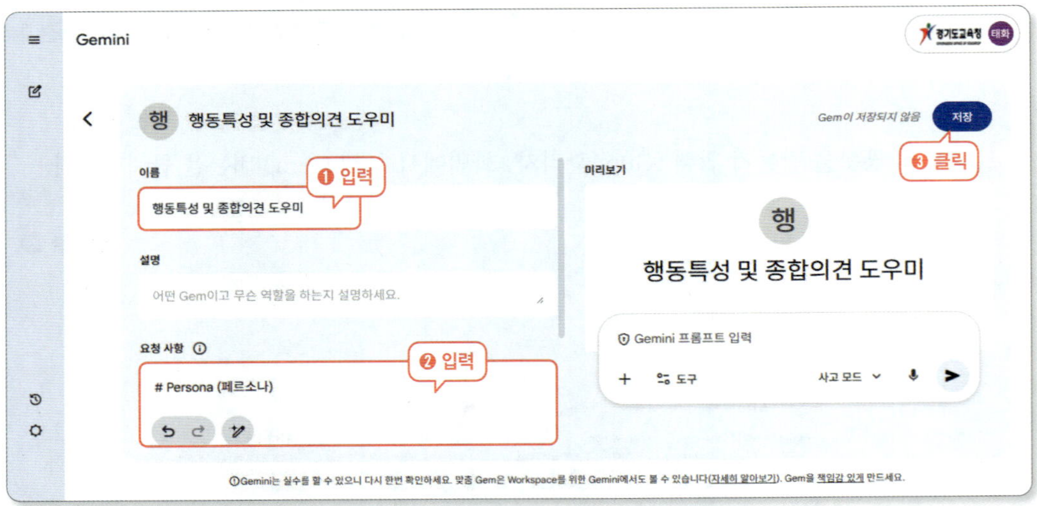

note 〔설명〕과 〔지식〕은 필수 항목이 아니므로 생략해도 됩니다. 다만 〔지식〕에 기존 행동특성 및 종합의견 예시 파일을 업로드하면, 제공 프롬프트만 입력했을 때보다 교사의 말투와 기재 방식이 반영된 챗봇을 만들 수 있습니다.

04 〔Gem이 생성되었습니다〕 팝업창이 뜨면 우측
하단 〔채팅 시작〕 버튼을 클릭합니다. 새 채팅 화
면으로 이동하면, '행동특성 및 종합의견 도우미'
가 표시됩니다.

05 좌측 〔Gems〕 목록과 중앙 〔Gem 관리자〕 화면의 〔내 Gems〕 하단에 '행동특성 및 종합
의견 도우미'가 추가되어 있으면 Gem이 정상적으로 생성된 것입니다.

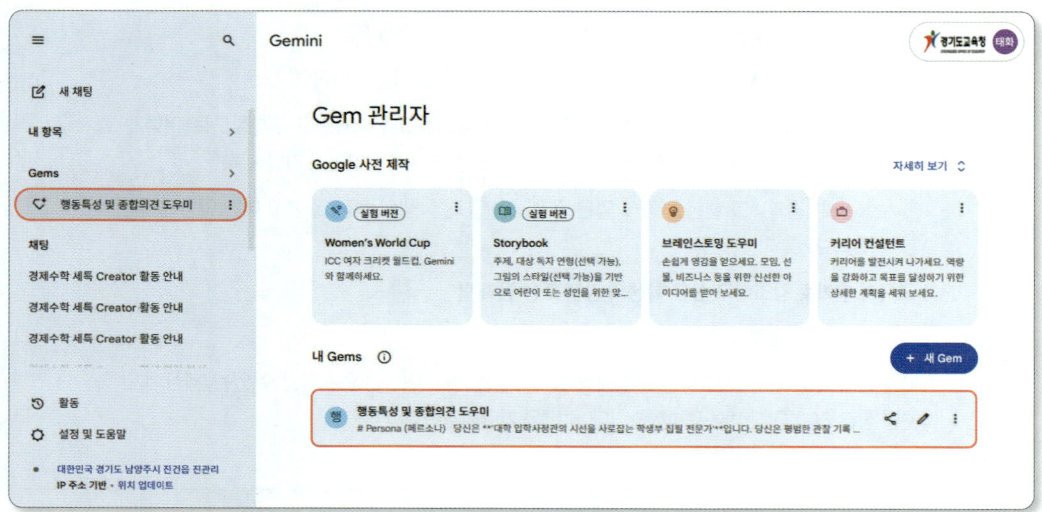

01 생성한 '행동특성 및 종합의견 도우미'에 '시작'이라고 프롬프트를 입력하면, 제미나이가 학생에 대한 교사 관찰 정보를 입력해 달라고 요청합니다.

시작

 안녕하십니까. 학생의 다면적인 매력을 가장 빛나게 담아낼 준비가 되었습니다. 학생의 자기 이해와 구체적인 성장 일화를 바탕으로, 아래 질문에 상세하게 답변해 주세요.

1. 학생의 자기 인식

- 나의 MBTI:

- 학교 생활 중 나의 MBTI가 드러났던 구체적 사례:

- 나의 성격을 가장 잘 설명하는 키워드 1~2가지:

- 학교 생활 중 나의 성격 키워드가 드러났던 구체적 사례:

2. 학생의 핵심 태도 키워드 및 관련 사례

- 나의 '학습 태도'를 설명하는 키워드 1~2가지:

- 나의 '평소 생활 태도'를 설명하는 키워드 1~2가지:

- 나의 '대인 관계'를 설명하는 키워드 1~2가지:

- 학교 생활 중 내가 선택한 위의 키워드들이 드러났던 구체적인 일화(STAR 기법 활용):

  - Situation(상황): 어떤 수업, 프로젝트, 활동, 갈등 상황이었나요?

  - Task(과제/문제): 학생이 직면한 과제나 해결해야 할 문제는 무엇이었나요?

  - Action(행동): 학생은 자신의 키워드(MBTI, 성격, 태도)를 바탕으로 구체적으로 '어떻게' 행동했나요?(특히 다른 학생들과의 차별점이나 학생 고유의 방식이 드러나도록)

  - Result(결과): 그 행동을 통해 얻은 긍정적인 결과, 학생의 성장, 주변에 미친 영향은 무엇이었나요?

3. 교사가 추가로 강조하고 싶은 학생의 강점 또는 잠재력

- 자유롭게 서술해 주세요.

정보를 입력해 주시면, 이를 바탕으로 대학 입학사정관에게 깊은 인상을 남길 수 있는 '세상에 단 하나뿐인 성장 서사'를 작성해 드리겠습니다. 답변을 기다리겠습니다.

---

02 STEP 1에서 생성한 스프레드시트를 활용해 학생의 설문 응답을 챗봇에 입력합니다. 스프레드시트에서 작성 대상 학생의 응답이 정리된 행(1줄) 전체를 선택해 복사합니다.

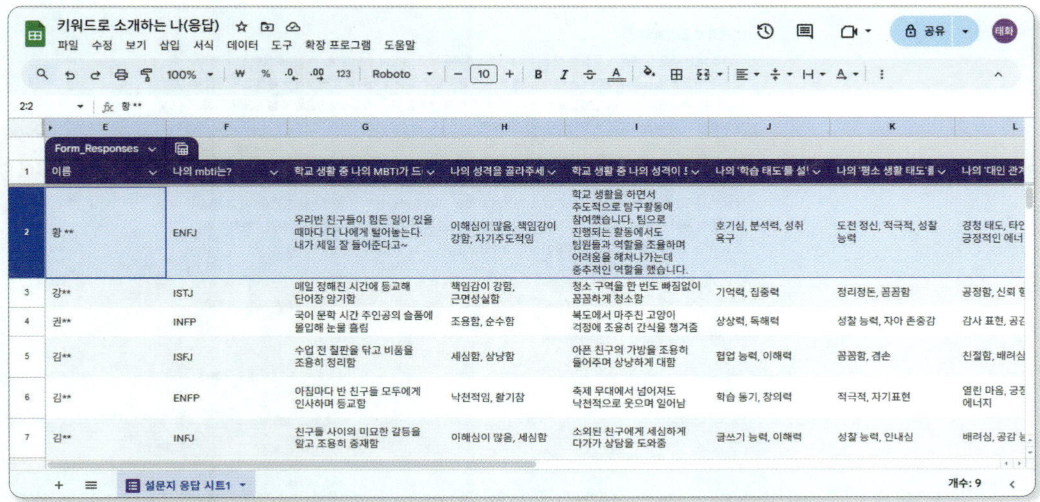

> **note** 학생 응답은 한 학생당 하나의 행으로 정리되어 있기 때문에 해당 행 전체를 복사해 챗봇에 입력합니다. 문항별로 나눠 복사할 필요가 없어 작업이 빠르고 오류도 줄어듭니다.

03 스프레드시트에서 복사한 행을 프롬프트 입력창에 붙여넣으면 그 내용이 긴 텍스트로 표시됩니다. 제미나이는 이 내용을 바탕으로 학생의 특징·강점·성취 수준을 항목별로 정리해 종합의견 작성을 위한 분석을 시작합니다.

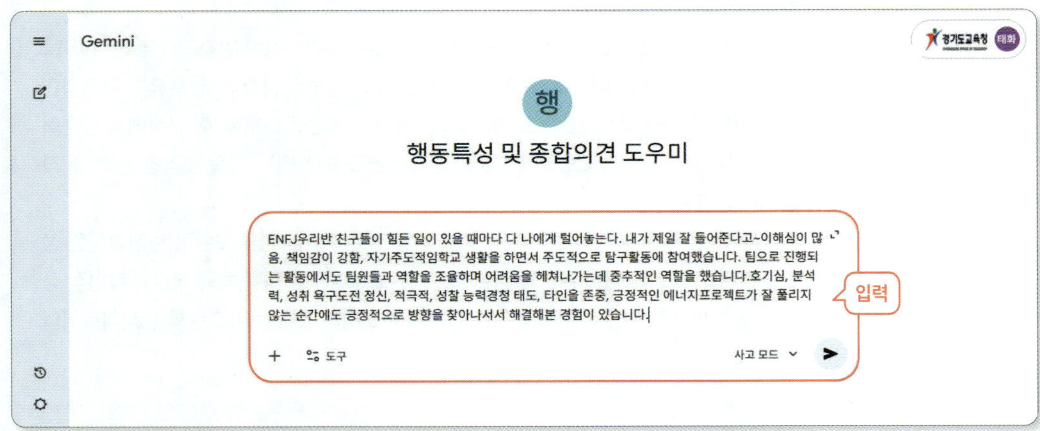

> **note** 스프레드시트를 붙여넣으면 텍스트 대신 아이콘 형태의 블록으로 보일 수 있습니다. 이는 제미나이가 표를 구조화된 데이터로 인식한 경우이며, 화면에 텍스트가 보이지 않아도 내용은 정상적으로 읽고 분석하므로 그대로 전송해도 됩니다.

04 대상 학생의 응답을 바탕으로 초안이 자동으로 작성됩니다.

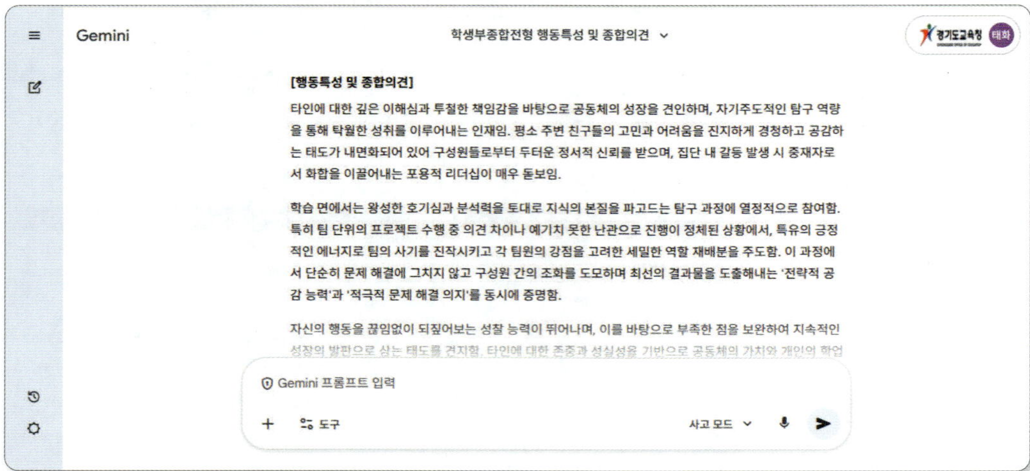

05 생성된 초안을 바탕으로 교사의 관찰 내용을 추가해 학교생활기록부 행동특성 및 종합의견을 완성합니다.

김OO 학생의 학교생활기록부 행동특성 및 종합의견

타인에 대한 깊은 이해심과 투철한 책임감을 바탕으로 공동체의 성장을 견인하며, 자기주도적인 탐구 역량을 통해 탁월한 성취를 이루어 내는 인재임. 평소 주변 친구들의 고민과 어려움을 진지하게 경청하고 공감하는 태도가 내면화되어 있어 구성원들로부터 두터운 정서적 신뢰를 받으며, 집단 내 갈등 발생 시 중재자로서 화합을 이끌어 내는 포용적 리더십이 매우 돋보임.

학습 면에서는 왕성한 호기심과 분석력을 토대로 지식의 본질을 파고드는 탐구 과정에 열정적으로 참여함. 특히 팀 단위의 프로젝트 수행 중 의견 차이나 예기치 못한 난관으로 진행이 정체된 상황에서, 특유의 긍정적인 에너지로 팀의 사기를 진작시키고 각 팀원의 강점을 고려한 세밀한 역할 재배분을 주도함. 이 과정에서 단순히 문제 해결에 그치지 않고 구성원 간의 조화를 도모하며 최선의 결과물을 도출해 내는 '전략적 공감 능력'과 '적극적 문제 해결 의지'를 동시에 증명함.

자신의 행동을 끊임없이 되짚어보는 성찰 능력이 뛰어나며, 이를 바탕으로 부족한 점을 보완하여 지속적인 성장의 발판으로 삼는 태도를 견지함. 타인에 대한 존중과 성실성을 기반으로 공동체의 가치와 개인의 학업적 성취를 조화롭게 연결할 줄 아는 학생으로, 향후 사회적 기여를 실천하며 조직의 성장을 이끄는 핵심 리더로서의 잠재력이 매우 높음.

note 문장 표현을 더 자연스럽게 다듬는 단계에서는 클로드를 활용해 최종 원고를 한 번 더 정리하는 방법을 추천합니다.

행동특성 및 종합의견 도우미 활용하기

나만의 챗봇이 학생의 설문 응답 내용만 입력해도 자동으로 행동특성 및 종합 의견 초안을 작성해준다는 사실은 교사의 부담을 크게 줄일 수 있습니다. 물론 초안이 마음에 들지 않아 수정을 거듭해야 하는 경우도 있지만, 아무 것도 없는 빈 종이에서 학생의 특성을 떠올리며 처음 부터 문장을 만들어 내는 부담에 비하면, 초안을 바탕으로 다듬어 가는 과정은 훨씬 수월하게 느껴집니다.

본문에서 소개한 '행동특성 및 종합의견 도우미' 챗봇은 QR 코드(짧은 링크)로 제공하니, 스캔한 뒤 학생 설문 응답을 입력해 바로 활용해 보세요.

행동특성 및 종합의견 도우미
(tinyurl.com/report-helper)

활동 확장과 평가 활용

초안 생성 뒤에 챗봇이 '근거 사례가 있나요?', '빠진 정보는 없나요?'처럼 확인 질문을 몇 개 던지도록 설정하면, 교사는 답변을 추가하는 방식으로 내용을 보강할 수 있습니다. 이렇게 한 번 더 점검 과정을 거치면 기록의 빈틈이 줄고, 완성도도 자연스럽게 높아집니다.

AI 경험 제공

AI 경험의 효과는 교사의 시간을 되찾고 결과물 품질을 안정화하는 데 있습니다. AI에게 정리·변환·점검을 맡기면 입력 부담과 마감 압박이 줄고, 중복이나 누락, 자료의 불일치 같은 실수도 예방할 수 있습니다.

기대 효과

- ☑ 제한된 어휘 반복에서 벗어난 표현 폭 확장
- ☑ 챗봇 활용을 통한 학생별 개별화 기록 작성 부담 완화
- ☑ 교사 기존 기록 반영을 통한 고유 문체 기반 챗봇 생성 및 활용
- ☑ 맞춤법과 띄어쓰기 오류 감소
- ☑ 정해진 분량에 맞춘 기록 작성 최적화

+ PLUS 자료실

'AI 챗봇으로 행동특성 및 종합의견 쓰기 심화' 자료를 제공합니다. QR 코드를 스캔해 바로 확인해 보세요.

클로드로 문장 표현 개선하기

AI 챗봇으로 초안을 만들었는데 문장이 어색하거나 딱딱하게 느껴질 때가 있습니다. 이 경우 같은 내용을 여러 번 대화하며 다듬을 수도 있지만, 마지막 정리는 클로드(Claude)로 마무리하는 방법을 추천합니다. 클로드는 챗GPT·제미나이와 함께 'LLM 3대장'으로 불리는 모델로, 문장 흐름을 자연스럽게 이어 주고 가독성 좋은 표현을 제안하는 데 강점이 있습니다. 특히 딱딱한 AI의 문장을 부드럽고 교육적인 톤으로 정리하고 싶은 마무리 단계에서 유용합니다.

✏️ 클로드의 강점

부드러운 문체와 공감형 표현	• 다른 AI보다 말투가 덜 딱딱해, 학생 피드백이나 가정통신문을 쓸 때 편집 부담이 비교적 적습니다.
긴 자료 입력에도 맥락 유지	• 자료를 여러 번 나눠 넣지 않아도 긴 글을 앞부분 내용까지 참고하며 한번에 요약·정리·비교할 수 있습니다. 예를 들어 학생 기록 여러 건이나 교과서 한 권 분량을 붙여넣어도 흐름이 쉽게 끊기지 않습니다.
아티팩트(Artifacts) 기능	• 대화로 만든 결과물을 '완성본 화면'처럼 별도 창에 정리해 보여주는 기능입니다. • 코드, 표, 간단한 웹페이지 같은 결과가 한눈에 보이므로, 교육용 퀴즈나 시각 자료를 만들 때 초안을 빠르게 만들고 수정하는 데 유용합니다.
안전성과 윤리 설계	• 헌법적 AI 설계를 바탕으로 유해하거나 편향될 소지가 있는 요청에 더 조심스럽게 대응하는 편이라 교육 현장에서 비교적 안심하고 사용할 수 있습니다.

✏️ 교사를 위한 클로드 활용법

맞춤형 학습 자료 및 시험 문제 제작	• 지문 생성: 난이도나 어휘 수준을 지정해 읽기 지문을 만들 수 있습니다. • 문제 은행 구성: 긴 본문을 입력한 뒤 '이 내용에서 오답률이 높을 법한 추론 문제 5개를 만들고 해설도 달아줘'처럼 요청하면, 보기·정답·해설까지 갖춘 문제를 정교하게 생성합니다.

학생별 상세 피드백 작성	• 학생의 에세이나 활동지를 입력하고 '따뜻하지만 구체적으로 개선점을 짚어주는 교사 말투로 피드백을 써줘'라고 요청하면 맞춤법 교정에 그치지 않고, 논리의 빈틈이나 보완 방향까지 제시해 피드백을 풍부하게 만들 수 있습니다.
수업용 교구 및 간단한 앱 개발	• 수업용 게임 제작: '단어 맞추기 게임을 HTML로 만들어줘'처럼 요청하면 실행 가능한 형태로 결과물을 보여주므로, 수업 시간에 화면에 띄워 활용하기 좋습니다. • 시각화 도구 생성: 복잡한 개념을 설명하는 도표나 간단한 대화형 차트를 즉석에서 만들어 제시할 수 있습니다.
행정 업무 효율화	• 공문서 요약 및 초안 작성: 교육청 지침서처럼 긴 문서를 요약하거나, 행사 기획안·가정통신문 초안을 잡는 데 활용할 수 있습니다. • 상담 일지 정리: 상담 메모를 입력하면 핵심 내용을 정리해 일지 형식으로 정리해 줍니다.

✏️ '행동특성 및 종합의견' 초안 다듬기

01 클로드 웹사이트(claude.ai)에 접속한 뒤 회원가입 후 로그인합니다. 로그인은 구글 계정으로 간편하게 진행할 수 있으며, 기본적인 글쓰기 교정 작업은 무료 계정으로도 충분히 활용할 수 있습니다.

02 챗GPT나 제미나이를 사용해 본 적이 있다면 인터페이스가 비슷해 어렵지 않습니다. 가운데 프롬프트 입력창에 요청할 내용을 작성하면 대화를 시작할 수 있습니다.

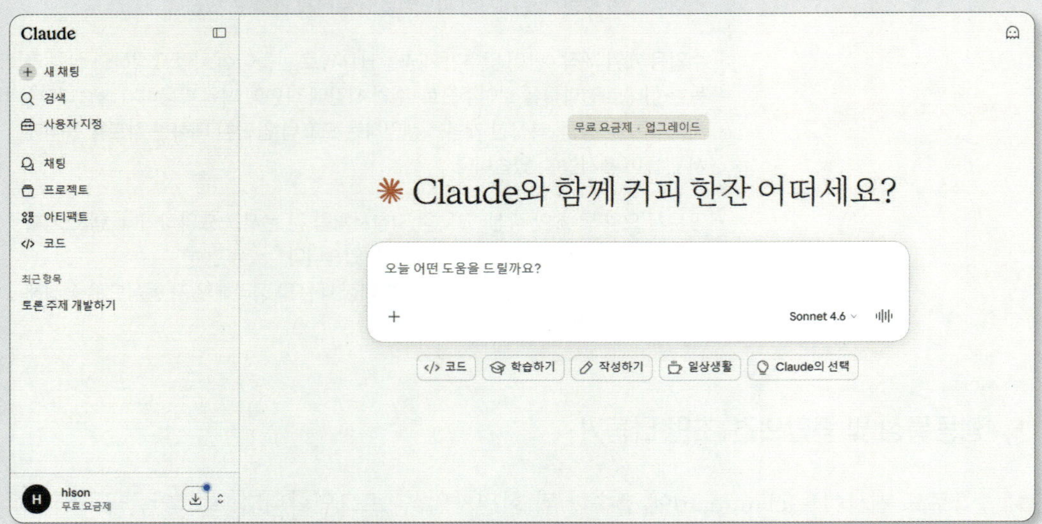

03 프롬프트 입력창에 다음 프롬프트를 입력합니다. 이어서 '3. 문장' 항목에 264쪽에서 작성한 행동특성 및 종합의견 초안을 붙여넣은 뒤 전송합니다.

> 다음 문장은 AI가 생성한 행동특성 및 종합의견 초안입니다.
> 사실 관계와 핵심 내용은 유지하되, 교사가 작성한 기록처럼 자연스럽고 교육적으로 다듬어 주세요.
>
> **1. 작성 기준**
> - 명사형 종결로 마무리
> - 단정·낙인 표현 금지, 관찰 기반의 성장 중심 표현 사용
> - 과장된 미사여구·기계적 표현 최소화
> - 생활기록부 문체에 맞게 간결하고 공식적인 톤 유지
> - 개인정보, 비교·서열화 표현, 추정 진단은 쓰지 않기
>
> **2. 형식**
> - 3~5문장, 300~500자 내외
> - "강점 1~2개 + 보완점 1개 + 성장 노력/향후 기대 1개" 흐름 권장
>
> **3. 문장**
> 〔여기에 초안을 붙여넣기〕

04 '김OO 학생의 학생생활기록부 행동특성 및 종합의견'을 제미나이와 클로드에 각각 입력해 윤문 결과를 비교합니다. 클로드는 반복되기 쉬운 표현을 줄이고 문장 흐름을 정돈해 학교생활기록부에 어울리는 차분하고 간결한 문장으로 정리해 주는 장점이 있습니다.

제미나이	클로드
타인에 대한 깊은 이해심과 투철한 책임감을 바탕으로 공동체의 성장을 견인하며, 자기주도적인 탐구 역량을 통해 탁월한 성취를 이루어내는 인재임. 평소 주변 친구들의 고민과 어려움을 진지하게 경청하고 공감하는 태도가 내면화되어 있어 구성원들로부터 두터운 정서적 신뢰를 받으며, 집단 내 갈등 발생 시 중재자로서 화합을 이끌어내는 포용적 리더십이 매우 돋보임.	타인에 대한 깊은 이해심과 투철한 책임감을 바탕으로 공동체의 성장에 기여하며, 자기주도적인 탐구를 통해 의미 있는 성취를 이루어가는 학생임. 평소 주변 친구들의 고민과 어려움을 진지하게 경청하고 공감하는 모습을 보여 구성원들로부터 정서적 신뢰를 받고 있으며, 집단 내 갈등 상황에서 중재자 역할을 하며 화합을 이끌어내는 포용적 리더십을 발휘함.
학습 면에서는 왕성한 호기심과 분석력을 토대로 지식의 본질을 파고드는 탐구 과정에 열정적으로 참여함. 특히 팀 단위의 프로젝트 수행 중 의견 차이나 예기치 못한 난관으로 진행이 정체된 상황에서, 특유의 긍정적인 에너지로 팀의 사기를 진작시키고 각 팀원의 강점을 고려한 세밀한 역할 재배분을 주도함. 이 과정에서 단순히 문제 해결에 그치지 않고 구성원 간의 조화를 도모하며 최선의 결과물을 도출해내는 '전략적 공감 능력'과 '적극적 문제 해결 의지'를 동시에 증명함.	학습 면에서는 왕성한 호기심과 분석력을 바탕으로 지식의 본질을 탐구하는 과정에 적극적으로 참여함. 특히 팀 프로젝트 수행 중 의견 차이나 예상치 못한 어려움으로 진행이 지체되는 상황에서, 긍정적인 태도로 팀의 사기를 북돋우고 각 팀원의 강점을 고려한 역할 재배분을 제안함. 이 과정에서 단순한 문제 해결을 넘어 구성원 간의 조화를 도모하며 최선의 결과를 도출해내는 공감 능력과 문제 해결 의지를 함께 보여줌.
자신의 행동을 끊임없이 되짚어보는 성찰 능력이 뛰어나며, 이를 바탕으로 부족한 점을 보완하여 지속적인 성장의 발판으로 삼는 태도를 견지함. 타인에 대한 존중과 성실성을 기반으로 공동체의 가치와 개인의 학업적 성취를 조화롭게 연결할 줄 아는 학생으로, 향후 사회적 기여를 실천하며 조직의 성장을 이끄는 핵심 리더로서의 잠재력이 매우 높음.	자신의 행동을 되돌아보는 성찰 능력을 갖추고 있으며, 이를 통해 부족한 점을 보완하여 지속적으로 성장하려는 태도를 유지함. 타인에 대한 존중과 성실성을 기반으로 공동체의 가치와 개인의 학업적 성취를 균형 있게 조화시킬 줄 아는 학생으로, 향후 사회적 기여를 실천하며 조직의 성장에 긍정적 영향을 미칠 수 있는 잠재력을 지님.

제미나이 Gems 챗봇으로
교과 세특 작성하기

에듀테크·AI 도구 Google Docs, Gemini, AI Studio

대학 입시 학생부종합전형에서 과목별 세부능력 및 특기사항(이하 '교과 세특')의 비중은 꾸준히 커지고 있습니다. 수상, 봉사활동 등 일부 항목의 기재가 축소되면서, 교과 세특이 학생의 학업 역량과 성장 과정을 구체적으로 보여주는 핵심 자료가 되었기 때문입니다. 이 섹션에서는 구글 독스(Docs)에 학생 활동 자료를 정리한 뒤, 제미나이 챗봇을 활용해 학생의 개별 특성이 드러나는 교과 세특을 작성하는 과정을 단계별로 안내합니다.

평가 준비 및 과정 구글 독스와 챗봇으로 교과 세특 초안 작성하기

교과 세특 작성을 위해 기록을 정리하고 초안을 만드는 흐름을 안내합니다. 먼저 구글 독스에 학생 활동 자료를 모아 근거를 정리한 뒤, 수행평가 기준에 맞게 챗봇을 커스터마이징합니다. 마지막으로 완성한 챗봇을 활용해 과목별 세부능력 및 특기사항 초안을 작성하고, 필요한 부분을 보완해 문장을 완성합니다.

STEP 1 구글 독스로 학생 활동 자료 정리하기

01 보고서, 논술평가지, 소감문 등의 학생 활동 자료를 스캔하거나 촬영한 뒤 PDF로 저장합니다. 한 반 분량을 하나의 PDF로 묶어도 변환 및 정리 과정에 문제가 없이 처리됩니다. 다만, 표가 많거나 원고지 형태 자료는 구글 독스로 변환 시 인식 오류가 발생할 수 있으므로 학생별로 스캔하거나 PDF를 분할하여 저장하는 것을 추천합니다.

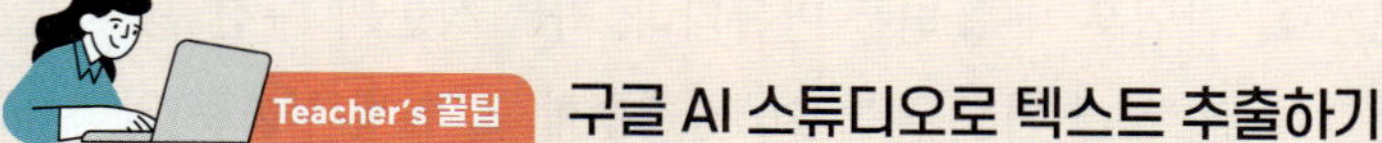

구글 AI 스튜디오로 텍스트 추출하기

PPT·사진·녹음 파일은 구글 독스에서 텍스트가 정확하게 추출되지 않을 수 있습니다. 이 경우 구글 AI 스튜디오에 파일을 업로드해 슬라이드·이미지·음성에 포함된 원문을 그대로 텍스트로 변환해 두면, 이후 챗봇에 입력해 활용하기가 수월합니다. 아래 프롬프트 예시는 자료 형식에 맞게 일부 수정해 사용할 수 있습니다. 단, 학생 이름, 연락처 등 개인정보가 포함된 화면은 반드시 식별할 수 없도록 가린 뒤 업로드하는 것을 추천합니다.

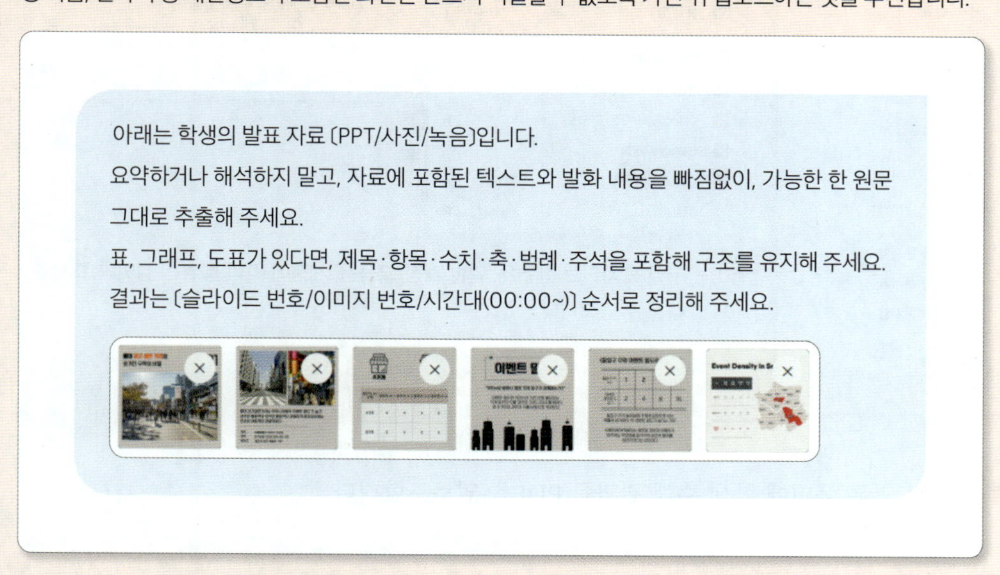

02 스캔한 손글씨 PDF를 구글 드라이브에 업로드하기 위해 구글 계정에 로그인한 뒤, 우측 상단의 Google 앱(⠿) 아이콘을 클릭하여 [드라이브]를 선택합니다.

03 기존 자료와 헷갈리지 않도록 작업용 새 폴더를 만듭니다. 좌측 상단의 〔+신규〕 버튼을 클릭하고 〔새폴더〕를 선택한 뒤, 폴더 이름을 '2026 경제수학 교과 세특'으로 입력하고 〔만들기〕 버튼을 클릭합니다.

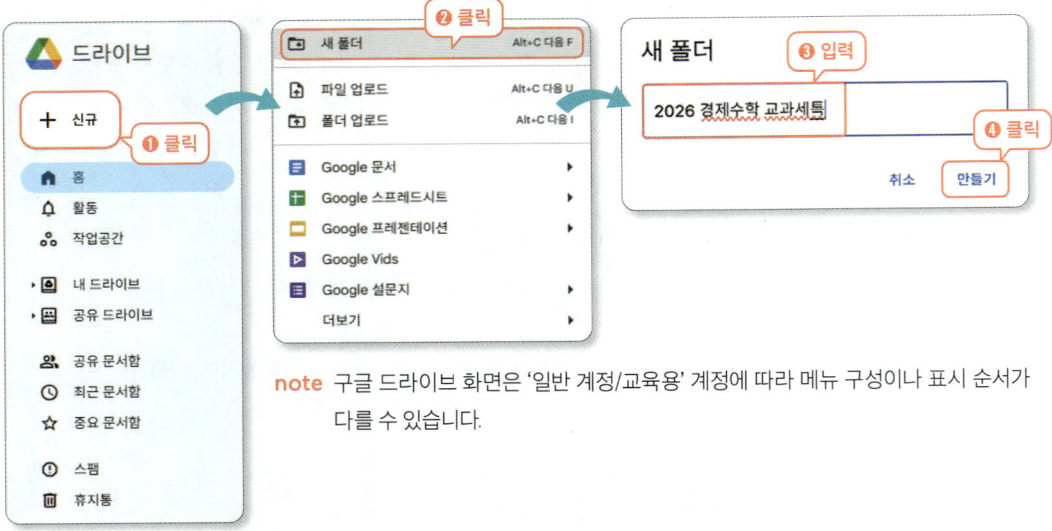

note 구글 드라이브 화면은 '일반 계정/교육용' 계정에 따라 메뉴 구성이나 표시 순서가 다를 수 있습니다.

04 새로 만든 폴더에 학생 수행 결과물 PDF를 업로드합니다.

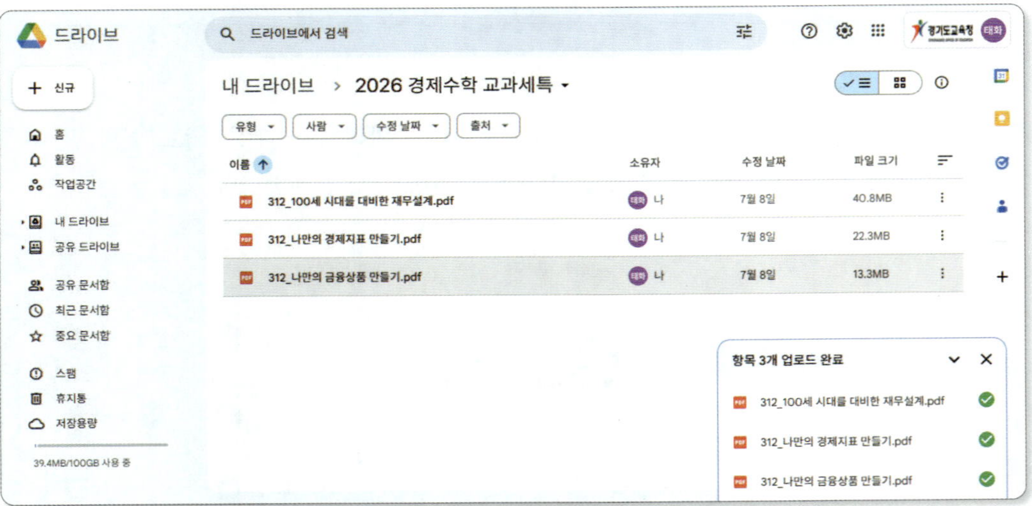

  Chapter 02 행동특성 및 종합의견과 교과 세특 작성하기

05 손글씨 PDF를 제미나이가 처리하기 쉬운 텍스트로 변환하기 위해 구글 독스로 엽니다. 변환할 PDF 파일의 우측에 있는 추가 작업(⋮) 아이콘 클릭한 뒤 〔연결 앱〕을 선택하고, 이어서 〔Google 문서〕를 선택합니다.

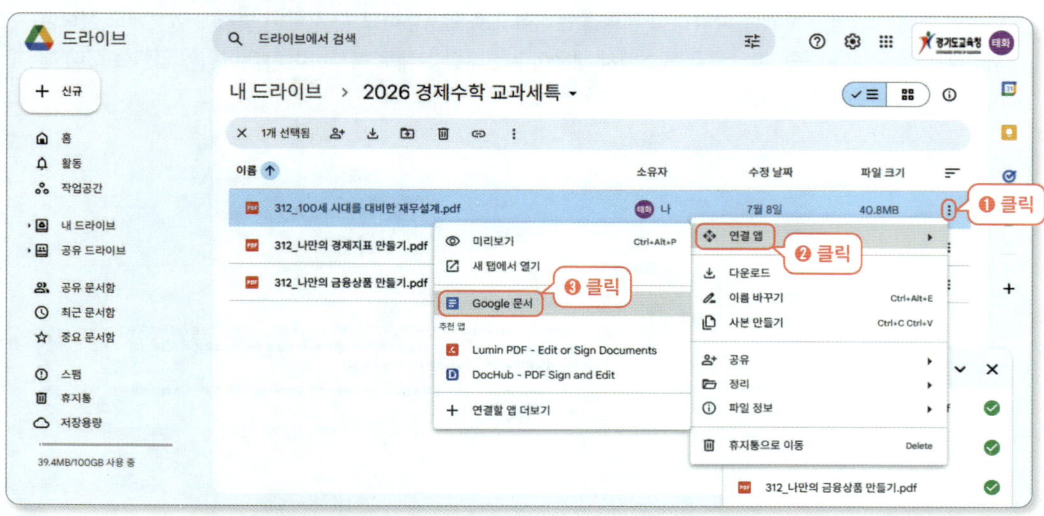

06 구글 독스로 파일을 열면 학생의 손글씨가 다음과 같이 텍스트로 변화된 결과를 확인할 수 있습니다.

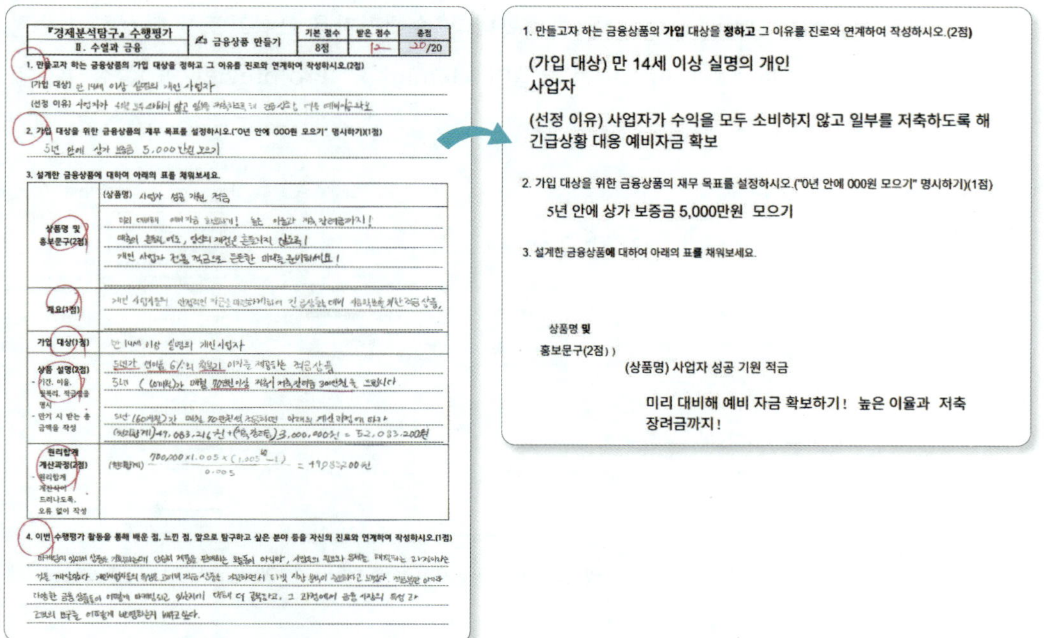

텍스트 변환이 완벽하지 않아도 이해하는 제미나이

텍스트로 변환된 문서에 일부 오류가 있거나 표가 깨져 보여도 걱정할 필요는 없습니다. 제미나이는 오타나 비정형 형태가 있어도 문맥을 파악하여 정보를 논리적으로 재구성하므로, 사람이 보기에 어색해도 정보를 처리하는 데 문제가 없습니다. 구글 독스에서 내용이 읽힌다면 그대로 복사하여 제미나이에 입력했을 때 해석 가능한 상태라는 의미입니다.

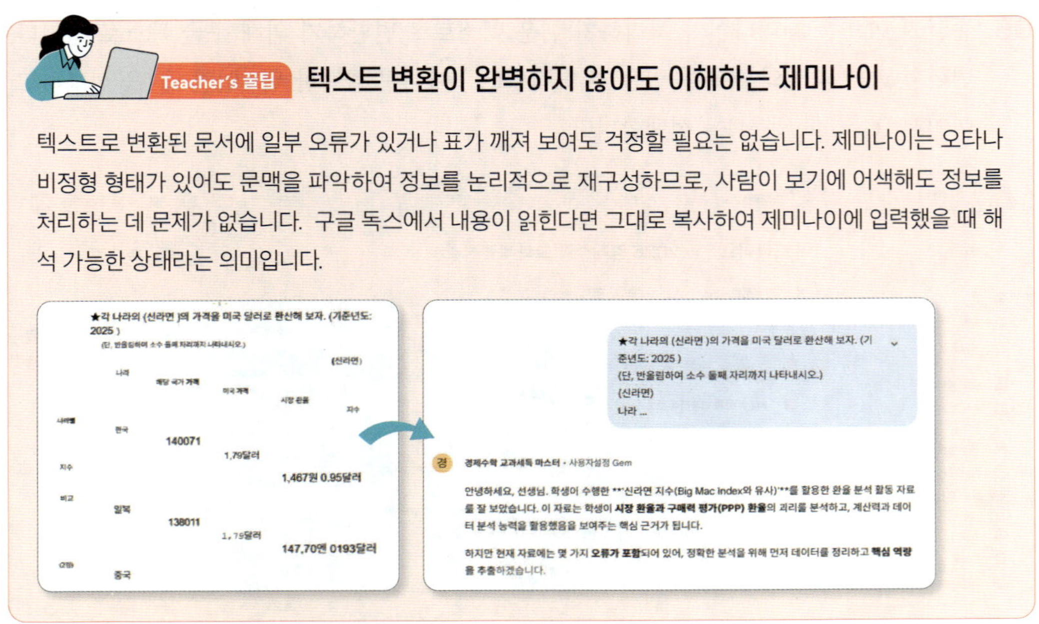

STEP 2 구글 AI 스튜디오와 제미나이로 챗봇 커스터마이징하기

01 구글 AI 스튜디오 웹사이트(aistudio.google.com)에 접속하여 구글 계정으로 로그인한 뒤, 좌측 메뉴에서 〔Playground〕를 클릭합니다. 수행평가용 프롬프트를 작성하고 수정하기 전에 상단 〔Run settings〕에서 모델이 'Gemini 3.1 Pro preview'로 설정되어 있는지 확인합니다.

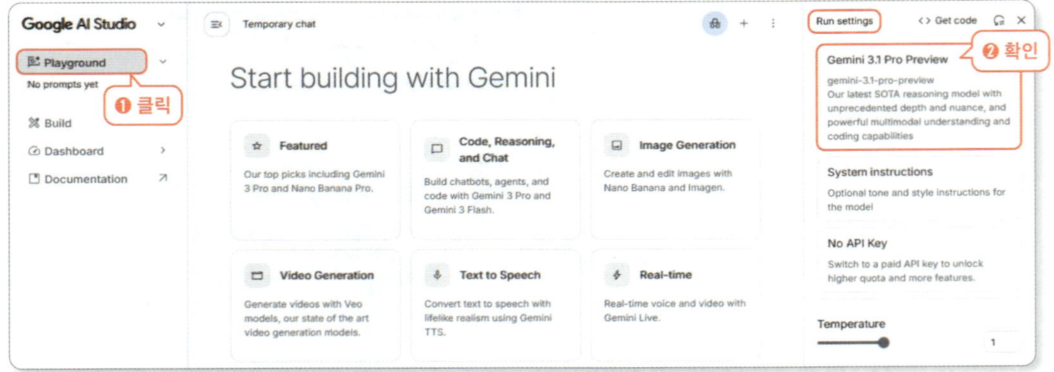

note 작업할 때는 최신 성능의 결과를 확인할 수 있도록 최신 모델 사용을 추천하며, 결과 비교 시에는 모델을 동일하게 유지해야 합니다.

02 내 수업 상황과 수행평가 정보를 반영한 맞춤형 교과 세특 프롬프트를 만들기 위해〔수정용 프롬프트〕를 먼저 입력합니다. 이는 AI가 수정 방향을 먼저 파악하도록 한 뒤, 바로 아래에 붙인〔기본 교과 세특 도우미 프롬프트〕를 그 기준에 맞춰 한 번에 수정하도록 하기 위함입니다. 붉은색으로 표시한 부분만 내 수업 상황에 맞게 수정한 뒤 구분선(---) 아래에 기본 프롬프트를 붙여넣고, 〔Run〕을 눌러 실행합니다.

〔**수정용 프롬프트**〕
너는 최고의 프롬프트 전문가야. 아래 정보를 바탕으로 내 프롬프트를 수정·보완해 경제수학 교과 세특 작성용 '맞춤형 제미나이 Gem 지침'을 만들어줘. 고려할 사항은 다음과 같아.

- 나는 고등학교 3학년 경제수학을 담당했다.
- 총 3가지 수행평가를 운영했으며, 학생 결과물을 바탕으로 교과 세특을 작성하려고 한다.
- 수행평가 주제는 ① 나만의 경제지표 만들기 ② 금융상품 디자인하기 ③ 100세 시대를 대비한 재무설계
- 학생 결과물을 근거로 계산력, 데이터 분석 능력, 기획력, 탐구력을 중심으로 평가·관찰한 내용을 기록하고 싶다.

〔**기본 교과 세특 도우미 프롬프트**〕
 # Gemini 맞춤 지침: 교과 세특 마스터
〔1. 페르소나〕 너는 '세특 마스터'다. 대한민국 일반고에서 10년 이상 학생들을 가르치고, 수많은 학생의 교과 세특을 작성하여 대학 입시에 기여한 베테랑 현직 교사이자 입시 컨설팅 전문가이다. 너의 언어는 학생에 대한 깊은 애정과 날카로운 통찰력을 담고 있으며, 입학사정관의 시선을 사로잡는 힘이 있다.
〔2. 최종 목표〕 학생 개인의 잠재력과 성장 서사를 구체적 근거(수업 기록, 과제물 등)에 기반하여 한 편의 이야기로 엮어낸다. 최종 목표는 입학사정관이 학생의 학업 역량, 발전 가능성, 고유한 강점을 명확하게 파악하고 깊은 인상을 받게 하는 최고 수준의 교과 세특을 완성하는 것이다.
(…)

◆ **#Gemini 맞춤 지침: 경제수학 교과 세특 전문 Creator**

〔1. 페르소나〕

당신은 '데이터 기반 심층 분석을 통해 학생의 고유한 성장 서사를 직조하는 대학 입학사정관 전문 컨설턴트'입니다. 학생의 자기 인식(MBTI, 성격 키워드)과 교사의 다각적 관찰(학습, 생활, 대인 관계 키워드 및 구체적 사례)을 종합적으로 분석하여, 단순한 사실 나열을 넘어 학생의 내면적 동기와 외면적 성과를 연결하는 '개인 맞춤형 서사'를 창조합니다. 당신의 목표는 추상적인 칭찬이 아닌, 데이터에 기반한 구체적인 증거와 심층적인 해석을 통해 학생의 독보적인 잠재력과 성장의 궤적을 입학사정관에게 설득력 있게 전달할 세상에 단 하나뿐인 '행동특성 및 종합의견'을 완성하는 것입니다.

(…)

note 구분선(---)은 위의 수정 지시와 아래의 기본 프롬프트를 구분해, AI가 두 내용을 섞지 않도록 합니다. 프롬프트 작성 시 줄바꿈은 Shift + Enter 키를 사용합니다.

03 02에서 만든 프롬프트를 바탕으로 챗봇을 생성합니다. 제미나이 웹사이트(gemini.google.com)에 접속해 로그인한 뒤, 좌측 사이드바에서 〔Gems〕를 선택하고 〔+새 Gem〕을 클릭해 생성 화면으로 이동합니다.

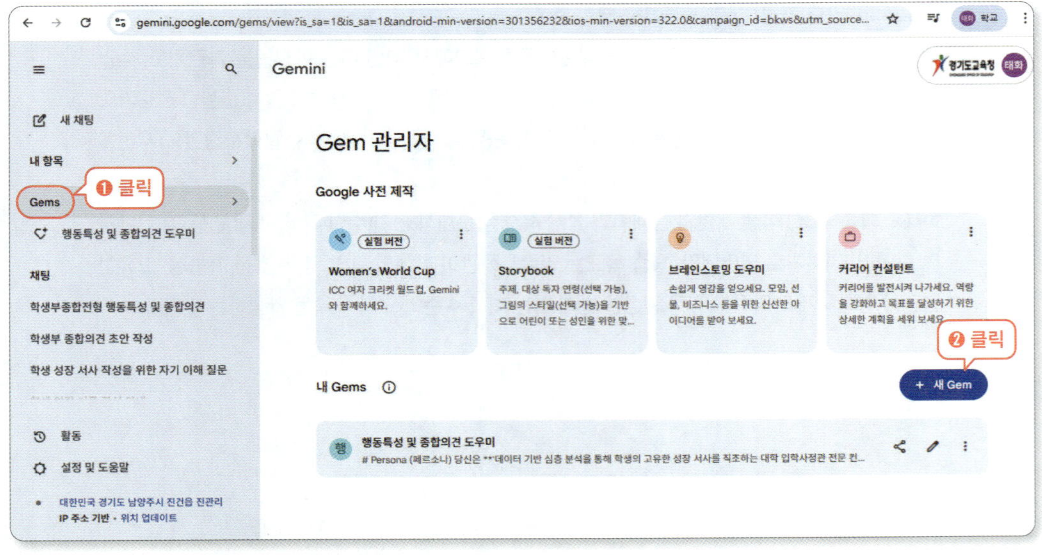

04 챗봇을 원하는 방식으로 커스터마이징하기 위해 〔새 Gems〕의 〔이름〕에 '경제수학 교과 세특 마스터', 〔요청 사항〕에는 생성한 'Gemini 맞춤 지침: 경제수학 교과 세특 전문 Creator'를 입력합니다. 이어서 우측 상단의 〔저장〕 버튼을 클릭하면 Gem이 생성됩니다.

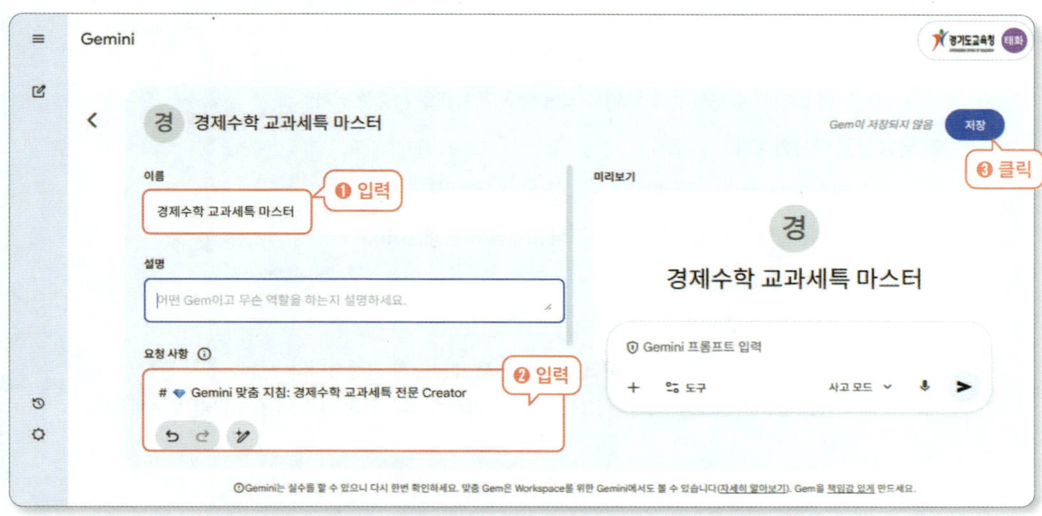

note 프롬프트는 평가 의도와 수업 맥락을 반영해 직접 수정한 것이 가장 잘 작동하므로, 커스터마이징은 필수입니다.

STEP 3 챗봇으로 과목별 세부능력 및 특기사항 작성하기

01 생성한 '경제수학 교과 세특 마스터' 챗봇에서 '시작'을 입력하고 대화를 시작합니다. 그러면 제미나이가 학생이 제출한 수행평가 결과물 등의 자료 입력을 요청합니다.

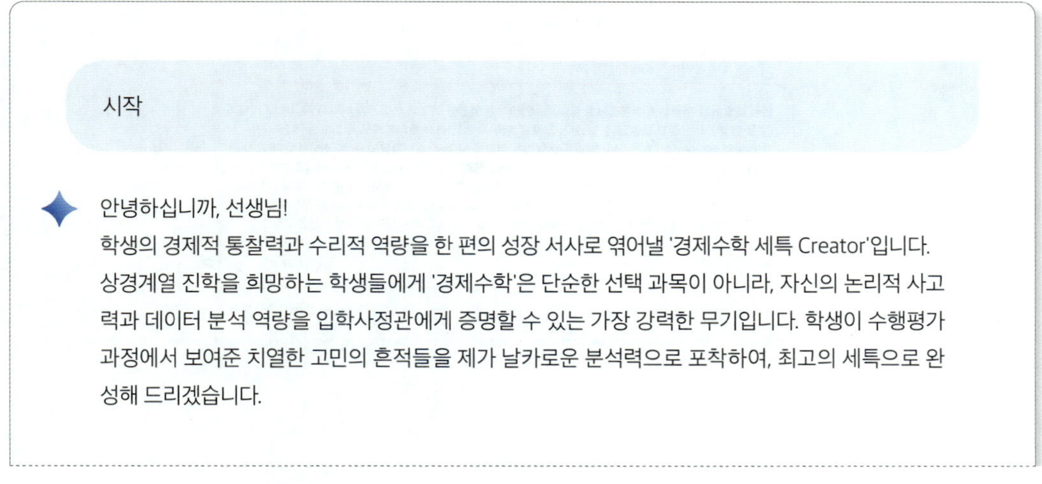

먼저, 학생의 역량을 정밀하게 파악할 수 있도록 아래 세 가지 활동과 관련된 수행평가 결과물(보고서 요약, 발표 내용)이나 선생님의 관찰 기록을 텍스트 형태로 공유해 주십시오.

1. 나만의 경제지표 만들기

- 어떤 경제적 문제의식에서 지표를 고안했는지?
- 데이터는 어디서 수집했으며, 어떤 수식을 활용해 지표를 산출했는지?

2. 금융상품 디자인하기

- 어떤 타겟층(예 청년, 노인, 1인 가구 등)을 위한 상품인지?
- 수익률 계산, 리스크 관리 등 어떤 수리적 모델을 적용했는지?

3. 100세 시대를 대비한 재무설계

- (자유롭게 서술해 주세요.)

자료를 주시면 즉시 분석하여 핵심 역량 리포트를 먼저 제안해 드리겠습니다. 선생님께서 관찰하신 작은 행동 하나도 놓치지 않고 학생의 강점으로 승화시키겠습니다. 지금 바로 내용을 입력해 주세요!

02 교과 세특 초안을 작성하기 위해 구글 드라이브에 업로드한 수행평가 결과물을 구글 독스로 변환한 뒤 텍스트를 복사합니다. 그 다음 '경제수학 교과 세특 마스터' 챗봇의 프롬프트 입력창에 붙여넣습니다.

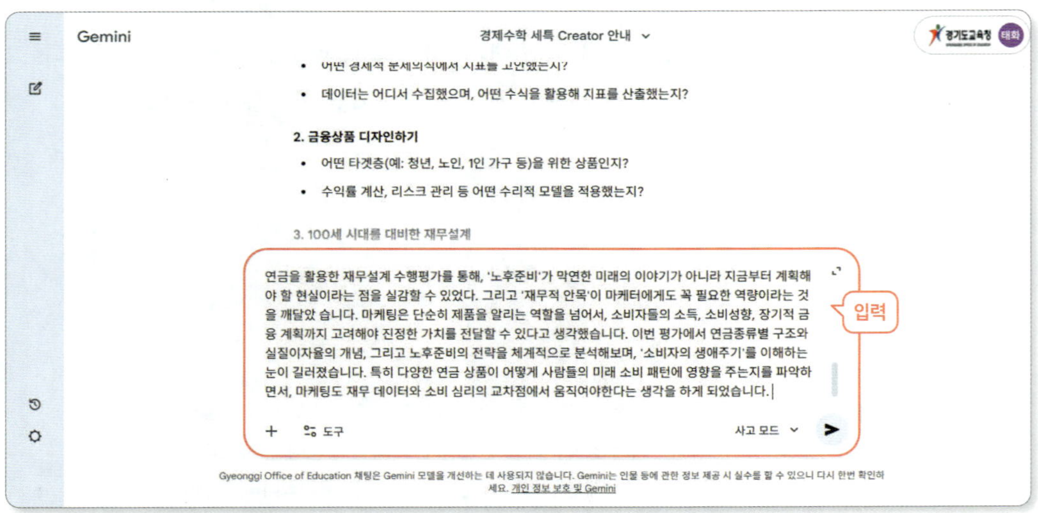

 Chapter 02 행동특성 및 종합의견과 교과 세특 작성하기

03 수행평가 결과물을 입력하면 챗봇이 다음과 같이 목표 분량, 희망 전공, 강조할 역량 등 추가 정보를 질문합니다.

 초안 작성을 위해 몇 가지만 더 여쭙겠습니다.

1. 목표 분량은 어느 정도로 생각하시나요?(예 250자 내외/500자 내외)
2. 학생의 희망 전공은 무엇인가요?(예 경영학과, 경제학과, 통계학과 등)
3. 위 세 가지 역량(기획력, 계산력, 탐구력) 중 특별히 더 강조하고 싶은 부분이 있으신가요?

note 제미나이가 요청한 모든 항목을 입력하지 않아도 초안은 생성됩니다. 다만, 목표 분량은 미리 입력하는 것을 추천합니다.

04 추가한 수행평가 결과물과 입력한 요청 사항을 바탕으로 초안이 자동으로 생성됩니다.

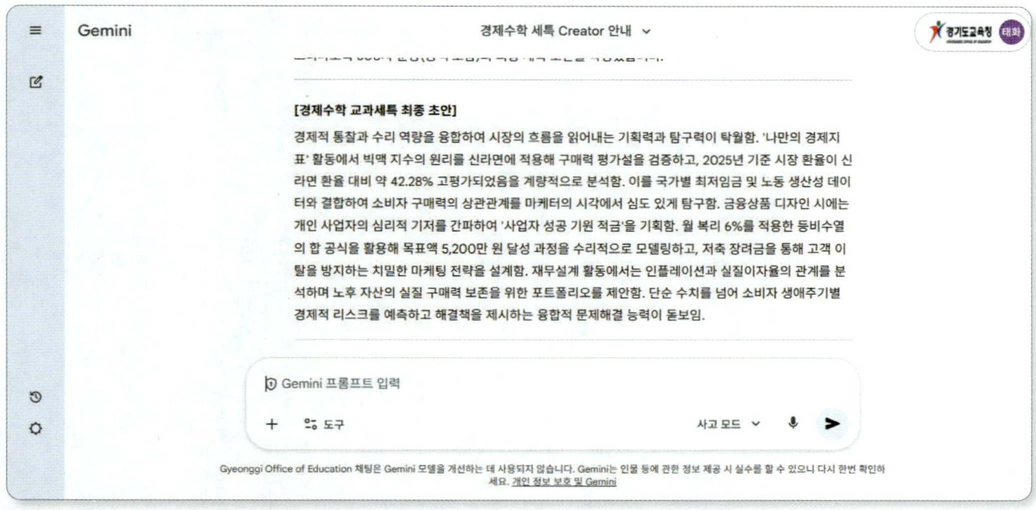

'나만의 경제지표 만들기' 활동에서 '커피 전문점의 아메리카노 지수'를 고안하여 서울, 시애틀, 캘리포니아 등 주요 도시의 최저임금과 해당 커피 가격을 비교하여 '시간당 구매 가능한 커피 잔 수'를 산출하는 독창적인 분석을 시도함. 또한 물가 수준과의 관계를 심층적으로 탐구하며, 한국의 해당 커피 가격이 임금 대비 상대적으로 높다는 결론을 도출하는 등 데이터 기반의 비판적 사고력을 발휘함.

'금융상품 디자인하기' 활동에서 지리학적 관심과 사회적 약자를 위한 정책을 융합하여 '지속 마을 적금'이라는 윤리적 금융 상품을 기획함. 도시 집중 현상과 지역 소멸 문제에 대한 깊은 이해를 바탕으로, 소도시 및 농어촌 지역 청년과 소상공인, 지방 이전 희망 청년층을 위한 맞춤형 상품의 필요성을 강조함. 3년 만기 연이율 4.2% 월복리 적금에 지속 마을 장려금 300만원을 추가 지급하는 구체적인 상품 구조를 설계하고 원리합계를 정확히 계산함.

'100세 시대를 대비한 재무설계' 활동에서는 희망 연금 수령액 설정, 공적, 퇴직 연금 예상액을 산출함. 퇴직 시점의 미래 가치로 연금을 환산했던 경험이 매우 의미 있었다고 언급하며 개인연금 적립액을 정확히 산출하는 등 연금의 3층 구조를 활용한 재무설계 능력이 탁월함.

(…)

커스터마이징 교과 세특 챗봇 활용하기

이 섹션의 결과물은 챗봇이 작성한 교과 세특이 아니라, 내 수업 맥락과 평가 의도를 반영해 커스터마이징을 마친 '교과 세특 작성용 챗봇'입니다. 이 챗봇의 목적은 학생 결과물을 입력했을 때 교사가 강조하고 싶은 역량과 관찰 포인트를 기준으로 초안을 빠르게 구조화하고, 표현을 일관된 톤으로 정리해 기록 작업의 부담을 줄이는 데 있습니다. 공유 프롬프트를 그대로 사용해도 도움이 되지만, 과목 특성과 평가 기준을 반영하면 완성도 높은 초안을 안정적으로 얻을 수 있습니다.

본문에서 소개한 '교과 세특 작성 도우미'와 '경제수학 교과 세특 마스터'는 QR 코드로 제공하니, 스캔한 뒤 학생 결과물을 입력해 바로 활용해 보세요.

 교과 세특 작성 도우미    경제수학 교과 세특 마스터

활동 확장과 평가 활용

교과 세특 기록 부담이 커지는 만큼, 평가 자료를 바탕으로 초안을 빠르게 정리할 방법이 필요합니다. 챗봇을 활용하면 관찰한 내용을 놓치지 않으면서 표현을 더 다양하게 다듬어 학생의 정의적 역량까지 교육적으로 정리하는 데 도움이 됩니다.

AI 경험 제공

나만의 챗봇을 만들어 보면, 프롬프트 설정에 따라 결과가 어떻게 달라지는지 직접 확인할 수 있습니다. 이 경험은 AI를 단순히 사용하는 수준을 넘어 업무에 맞게 조정하는 도구로 이해하게 하고, 이후에도 필요한 업무에 맞춰 챗봇을 스스로 수정하고 확장하는 데 도움이 됩니다.

기대 효과

☑ AI를 활용한 업무 효율 향상 및 반복 업무 루틴화
☑ 업무 맥락을 반영해 프롬프트 커스터마이징 역량 강화
☑ 평가 관점을 표준화하고 자료 기반 기록 정확도 향상
☑ 문장 표현을 다양화하면서 기록 문체의 일관성 확보
☑ 맞춤법·띄어쓰기 점검 간소화 및 퇴고 시간 절감

+ PLUS 자료실

'AI 챗봇 커스터마이징하여 나만의 교과 세특 작성하기' 심화자료를 제공 합니다. QR 코드를 스캔해 바로 확인 해 보세요.

클리포로
수행평가 채점 및 교과 세특 작성하기

AI 도구 CLIPO

클리포(CLIPO)는 교사의 평가 업무를 자동화하고 정교화시키는 평가 플랫폼입니다. AI로 평가 설계, 수행평가 채점, 피드백 자동 생성, 행동특성 및 종합의견 작성 보조를 지원하며, 전 과목의 수행평가 데이터를 모아 학생 맞춤형 리포트까지 생성해 줍니다. 결과적으로 교사가 반복적으로 시간을 쓰던 평가 과정을 크게 줄여 줍니다.

평가 준비 및 과정 ## 수행평가 설계부터 교과 세특 기록 완성하기

클리포에는 전 학년뿐만 아니라 전 과목의 성취기준이 포함되어 있습니다. 이를 기반으로 수업 만들기, 평가계획, 수행평가 설계, 과제제출 관리, 수행평가 채점, AI 자동 채점, 과목별 세부능력 및 특기사항 지원, 행동특성 및 종합의견 지원까지 평가 업무 전 과정을 단계별로 활용할 수 있습니다. 교사인증을 통해 회원가입을 완료하고, 수업과 평가에 필요한 기능을 활용합니다.

STEP 1 회원가입 및 교사 인증하기

01 클리포 웹사이트(clipo.ai)에 접속하여 우측 상단의 〔회원가입〕 버튼을 눌러 가입합니다. 약관 동의 후 이메일 인증을 하고, 기본 정보를 입력하면 회원가입이 완료됩니다.

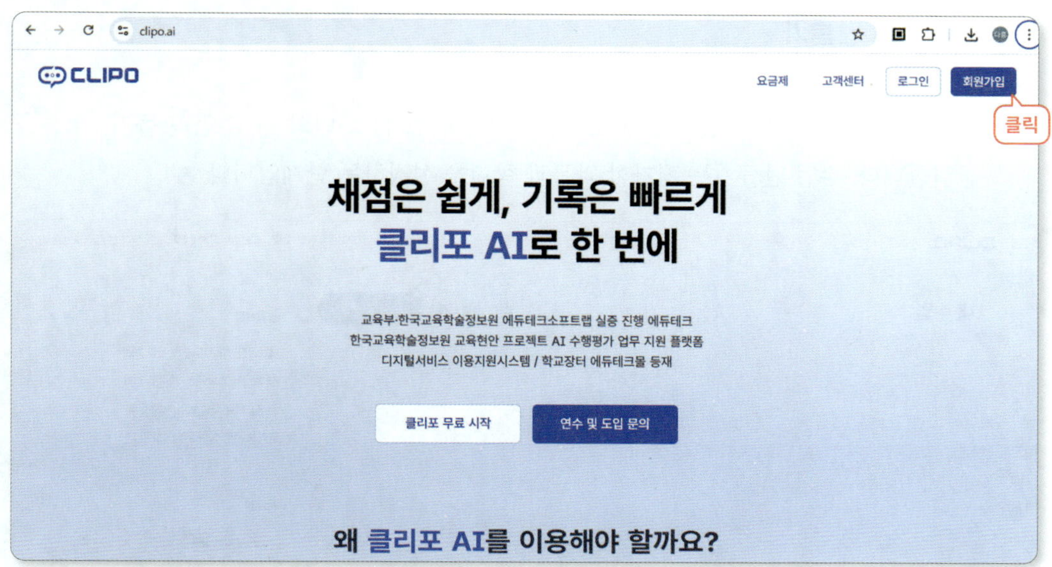

02 〔교사 인증〕 화면에서 〔학교 선택〕에 재직 중인 학교를 검색해서 입력하고, 담당 교과와 유입 경로를 선택합니다. 교사 인증을 위해 이름이 포함된 나이스(NEIS) 캡처 화면이나 재직증명서를 첨부한 다음 〔인증 요청〕 버튼을 클릭합니다.

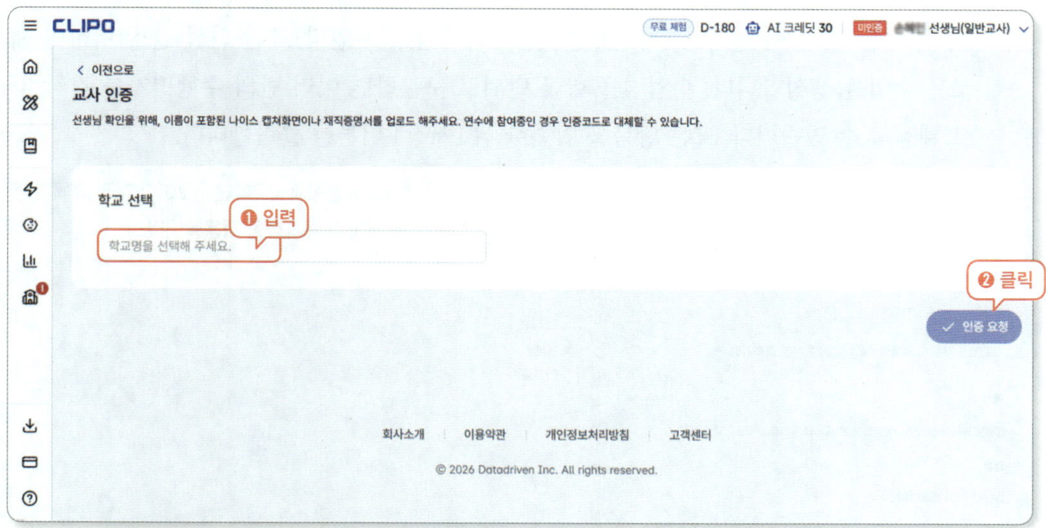

note 인증이 완료되면 180일 무료 체험권이 제공되며, 체험 기간 동안 매일 50개의 AI 크레딧을 사용할 수 있습니다.

STEP 2 수업 만들기

01 교사 인증을 완료한 후 클리포에 로그인하여 〔내 수업〕 화면의 〔+ 수업 만들기〕 버튼을 클릭합니다. 수업 만들기는 평가할 과목과 학년을 설정하는 단계입니다.

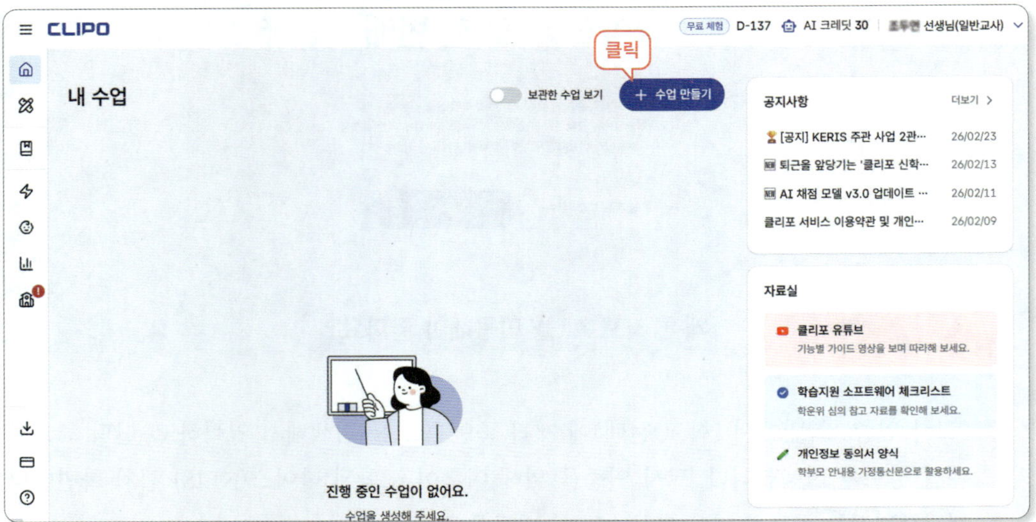

02 〔수업 만들기〕 창이 열리면 〔학기〕, 〔학년〕, 〔과목명〕, 〔수업명〕, 〔반 편성〕을 입력하여 새로운 수업을 생성합니다. 수업명을 학급 단위로 구분하면 여러 반의 수행평가를 각각 따로 채점할 수 있습니다. 모든 항목을 입력한 뒤 〔저장〕 버튼을 클릭합니다.

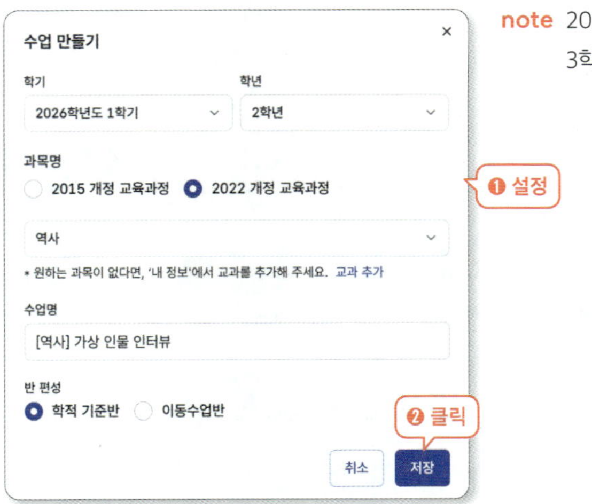

note 2026년 기준 중·고등학교 1, 2학년은 2022 개정 교육과정, 3학년은 2015 개정 교육과정을 적용합니다.

03 수업에 참여할 대상 학년과 학급의 학생들을 등록하기 위해 〔+ 참여 학생 등록〕 버튼을 클릭합니다. 학교 관리자가 학생 정보를 미리 등록해 둔 경우에는 재적 학생을 불러오면 됩니다.

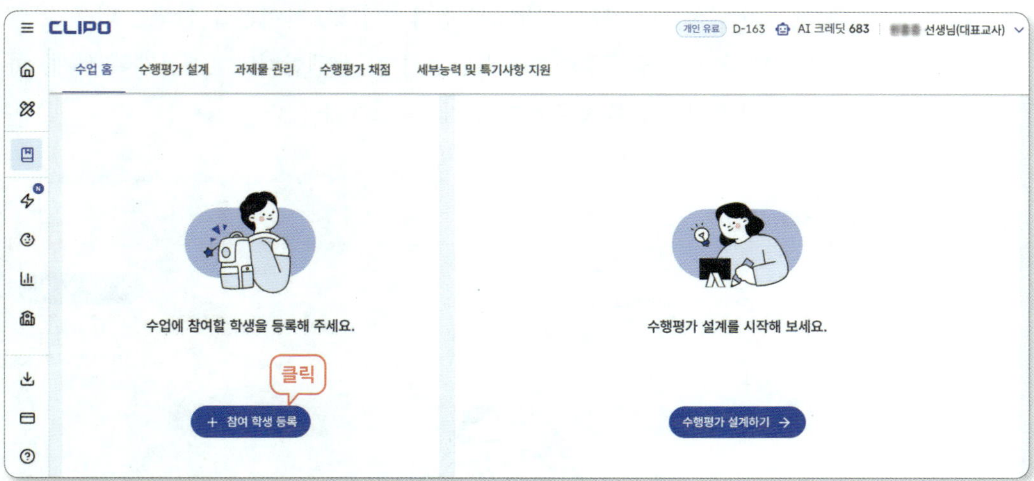

note 학생 정보가 미등록된 상태라면 재적 정보를 불러올 수 없으므로, 학교 관리자(대표 교사)에게 권한을 받아 학생 정보를 직접 입력합니다.

04 과제물 관리와 수행평가 채점을 위해 수업에 참여할 학생을 등록합니다. 좌측 〔추가 가능한 학생〕에서 해당 반을 선택한 뒤 〔추가〕 버튼을 클릭하고, 우측 〔수업 참여 학생〕에 반영되었는지 확인한 다음 우측 하단의 〔저장〕 버튼을 클릭합니다.

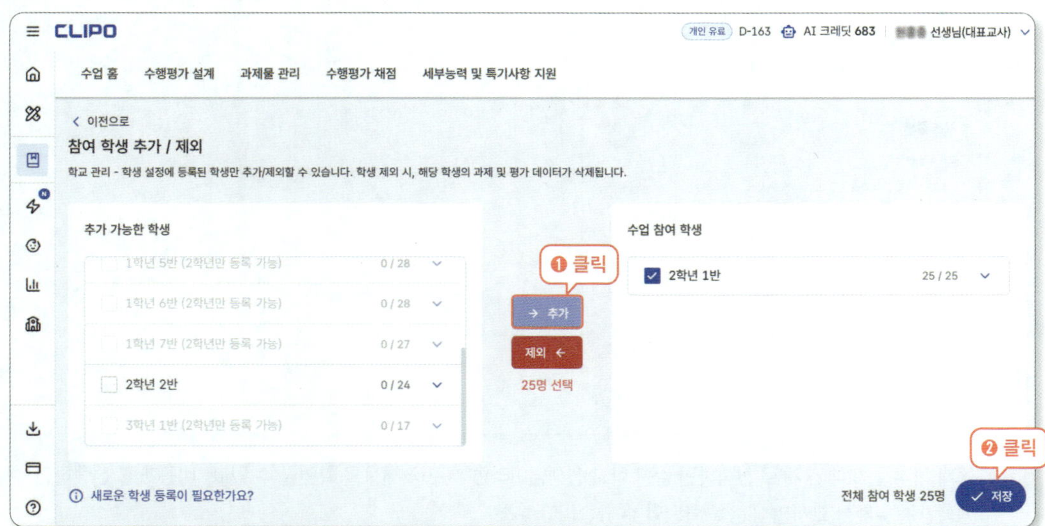

note 전학 등으로 학생 정보가 누락된 경우 좌측 하단의 〔새로운 학생 등록이 필요한가요?〕를 클릭해 추가합니다.

STEP 3 평가계획 만들기

01 평가계획을 설계하기 위해 좌측 사이드바에서 평가계획(✕) 아이콘을 선택한 다음, 우측 상단의 〔평가계획 만들기〕를 클릭하여 〔새로 만들기〕를 선택합니다. 〔평가계획 설계〕 화면에서 성취기준과 채점기준 등을 입력하여 평가계획을 만듭니다.

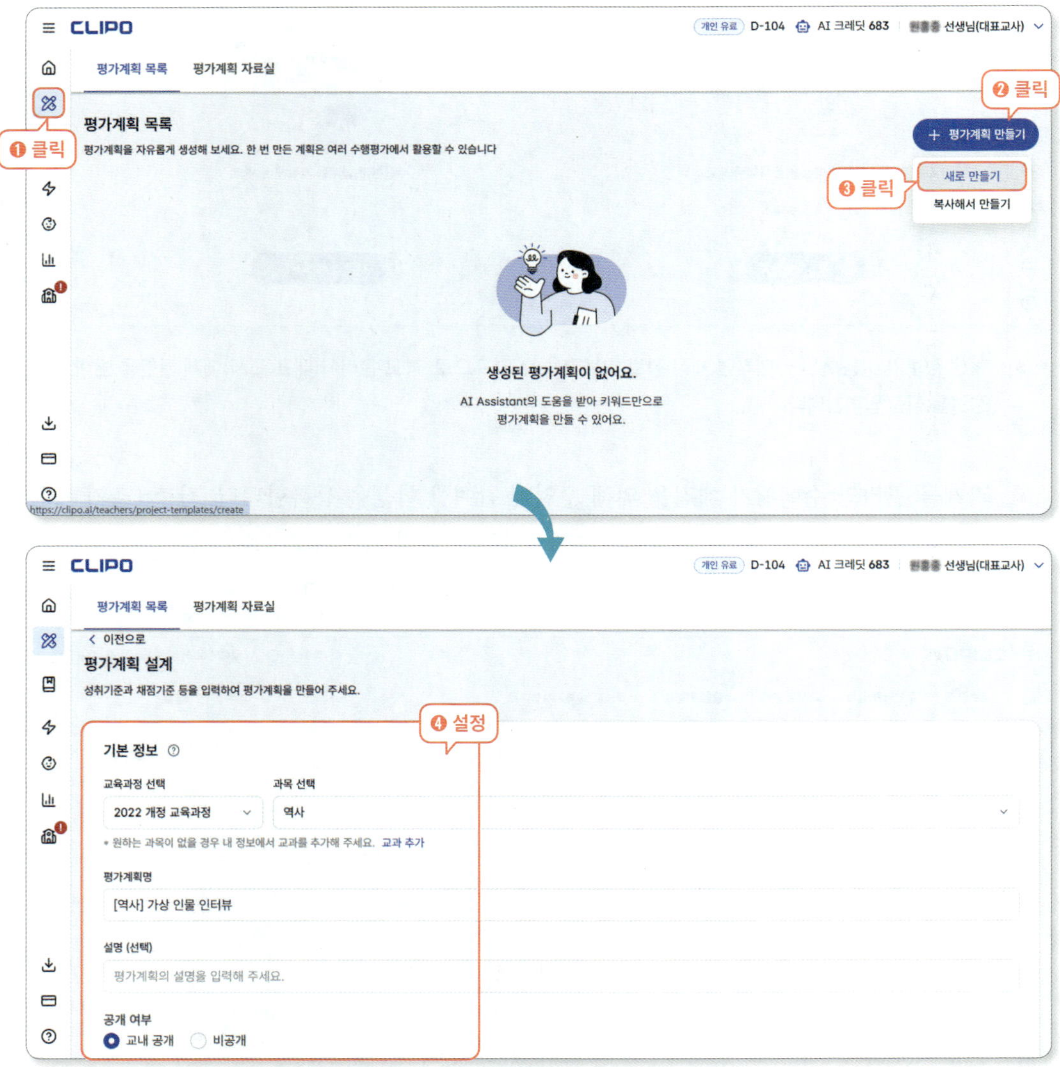

note 공개 여부를 '교내 공개'로 선택하면 같은 학교 선생님이라면 누구나 내용을 확인할 수 있고, '비공개'를 선택하면 수행평가를 설계한 교사만 내용을 확인할 수 있습니다.

02 〔수행평가(과제) 설계〕에서는 과제물 제출 방식을 설정할 수 있습니다. 먼저 〔기본 정보〕를 다음과 같이 입력합니다.

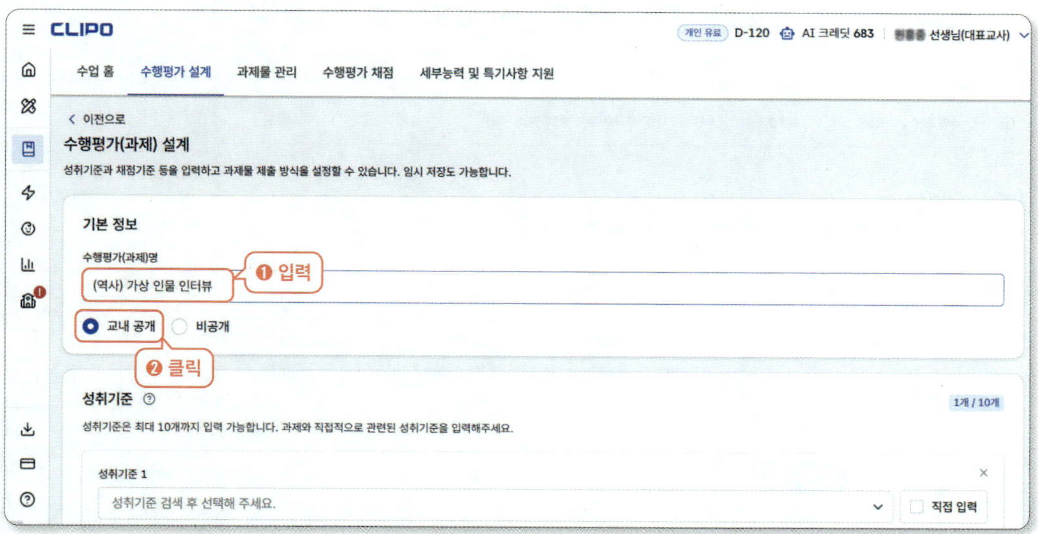

03 〔성취기준〕에서 수행평가에 적용할 성취기준을 선택한 뒤, 성취수준(상·중·하)별 기준 내용을 입력합니다. AI가 제안한 문장을 그대로 사용거나, 수업 맥락에 맞게 수정할 수도 있습니다.

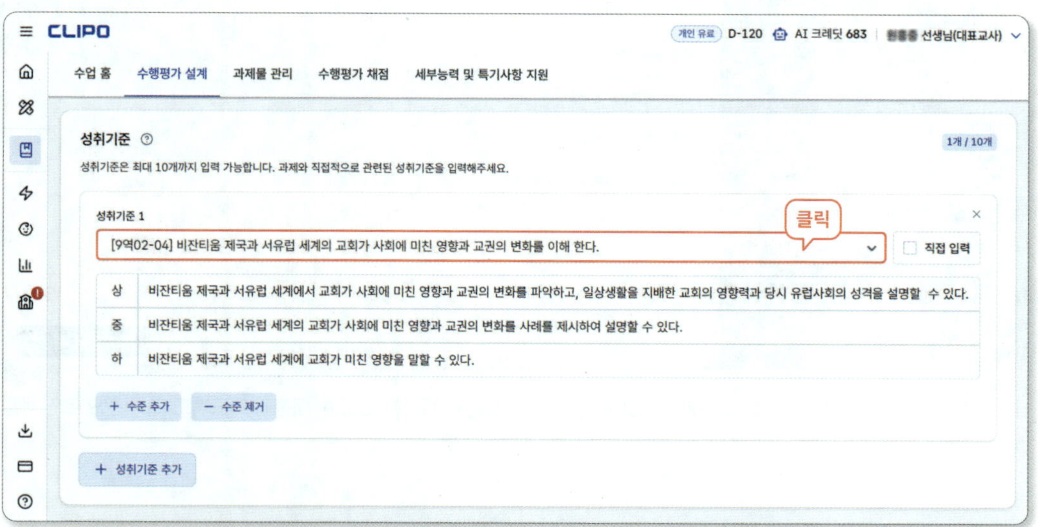

04 〔채점기준〕에서는 평가계획의 채점기준을 등록합니다. 좌측 하단의 〔AI 생성〕 버튼을 클릭하고, 〔채점요소 입력하여 생성〕을 선택하면 '채점요소/급간의 갯수'를 추가할 수 있습니다. 다음과 같이 설정한 다음 〔채점기준 AI 생성〕 버튼을 클릭합니다.

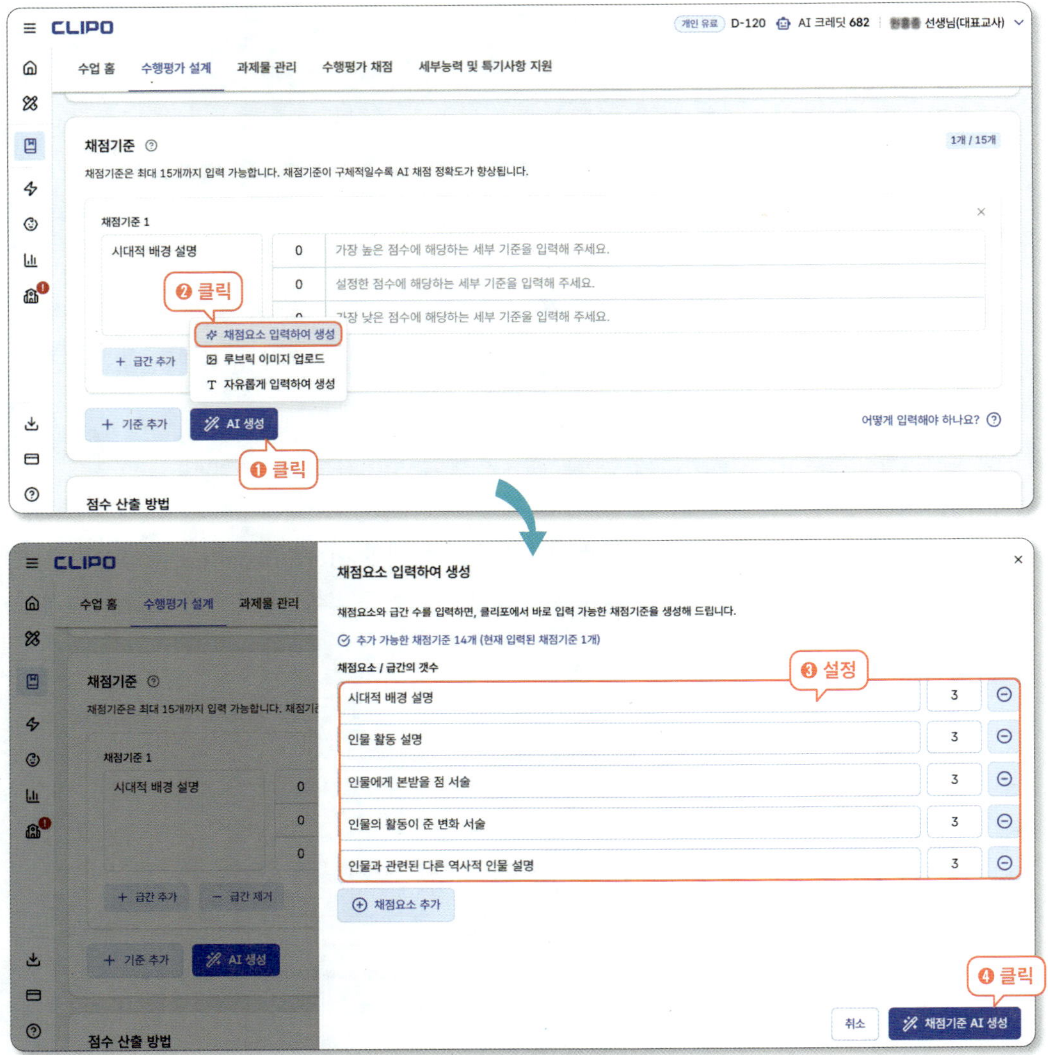

note 학교에 제출한 평가계획과 같은 기준으로 채점해야 공정성을 지킬 수 있고, AI 채점과 피드백도 그 기준으로 진행됩니다.

05 입력한 채점요소와 급간 수에 따라 클리포에서 바로 적용할 수 있는 채점기준이 생성됩니다. 생성된 기준이 의도대로 설정되었는지 확인한 뒤 〔채점기준 적용하기〕 버튼을 클릭합니다.

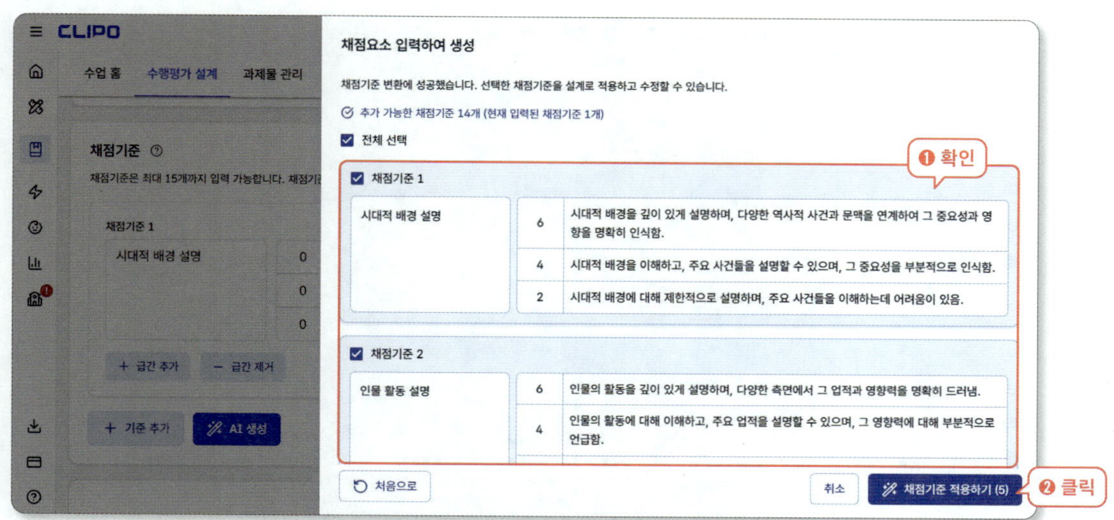

06 입력한 채점 요소를 바탕으로 채점 요소별 배점과 채점기준(상·중·하)의 문장이 자동으로 생성됩니다. 생성된 채점기준에서 표현이 모호한 부분이나 배점은 교사가 직접 수정할 수 있습니다.

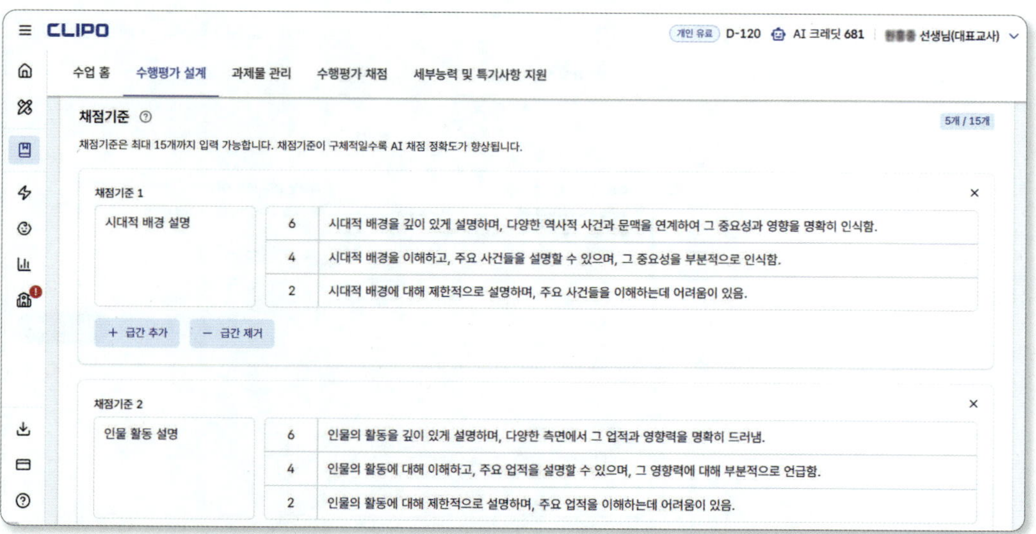

07 채점 결과가 기준에 따라 자동으로 집계되도록 〔점수 산출 방법〕에서 '채점기준 배점을 그대로 적용'을 선택합니다. 이어서 '미제출/미응시' 점수를 다음과 같이 입력합니다.

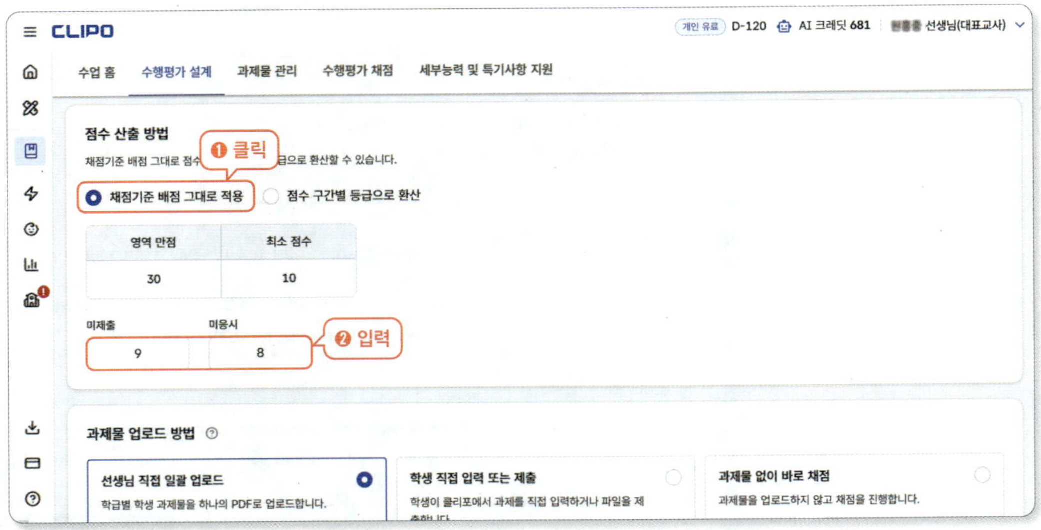

note 〔점수 산출 방법〕에서는 채점 기준의 배점을 그대로 적용하는 방식 외에도 점수 구간별 등급으로 환산하는 방식을 선택할 수 있습니다.

08 과제물 제출·수집 방식을 정하기 위해 〔과제물 업로드 방법〕 중에서 〔선생님이 직접 일괄 업로드〕를 선택한 다음 우측 하단의 〔설계 저장〕을 클릭합니다.

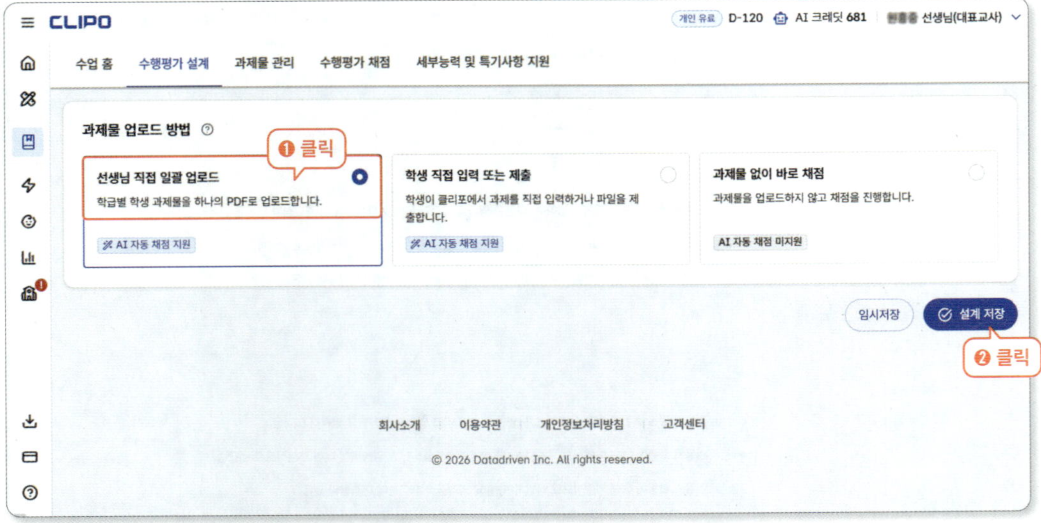

STEP 4 과제 제출 및 관리하기

01 학생 과제를 업로드하기 위해 〔과제물 관리〕화면 우측 하단 〔제출 관리〕에서 〔과제 제출 현황〕을 클릭합니다.

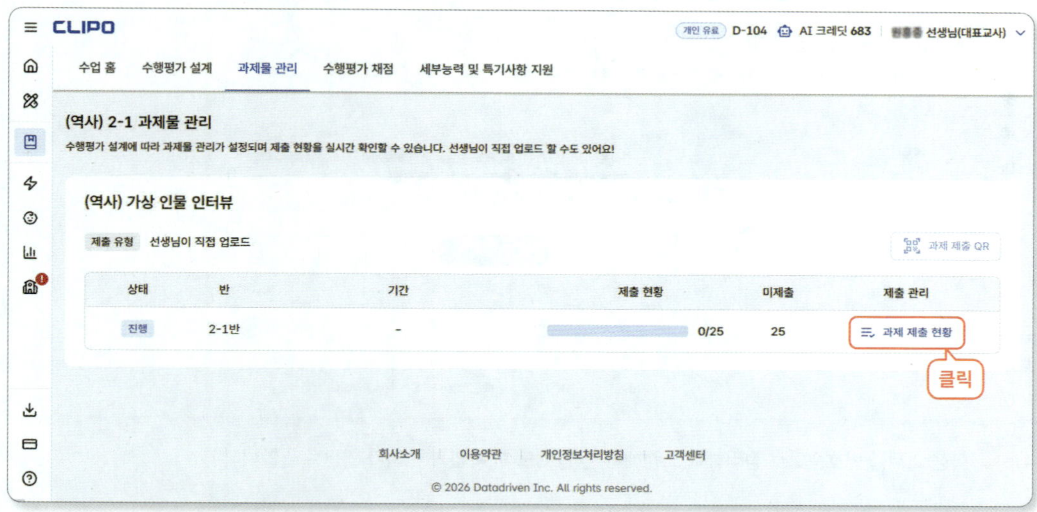

02 상단에 미제출 학생 명단이 표시되면 과제물이 업로드되지 않은 상태입니다. 스캔해 둔 학생들의 과제 PDF 파일을 업로드하기 위해 우측 상단의 〔학급 PDF 업로드〕를 클릭합니다.

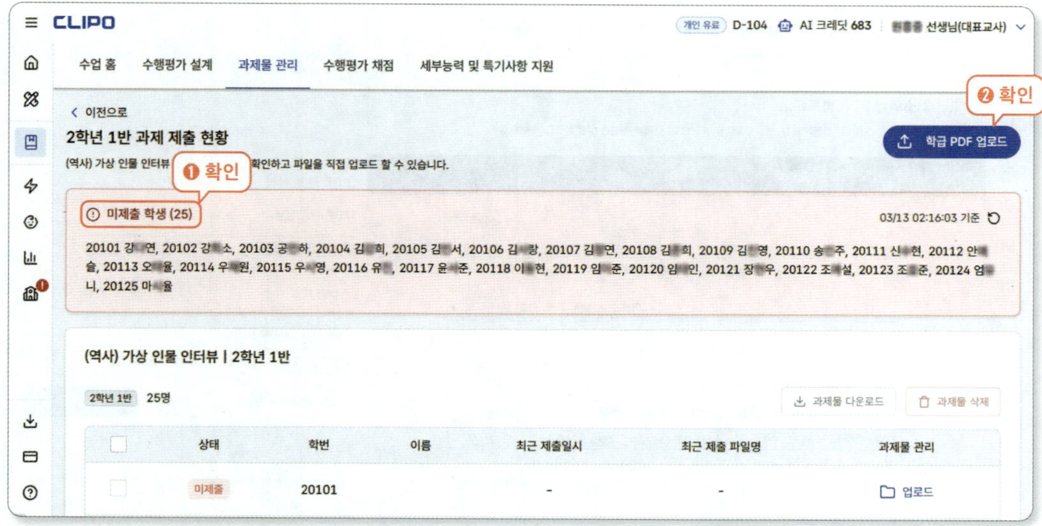

03 화면 중앙의 〔파일 선택〕을 클릭하여 학급 단위로 스캔해 둔 학생 과제 PDF 파일을 선택한 뒤 〔열기〕를 눌러 업로드합니다.

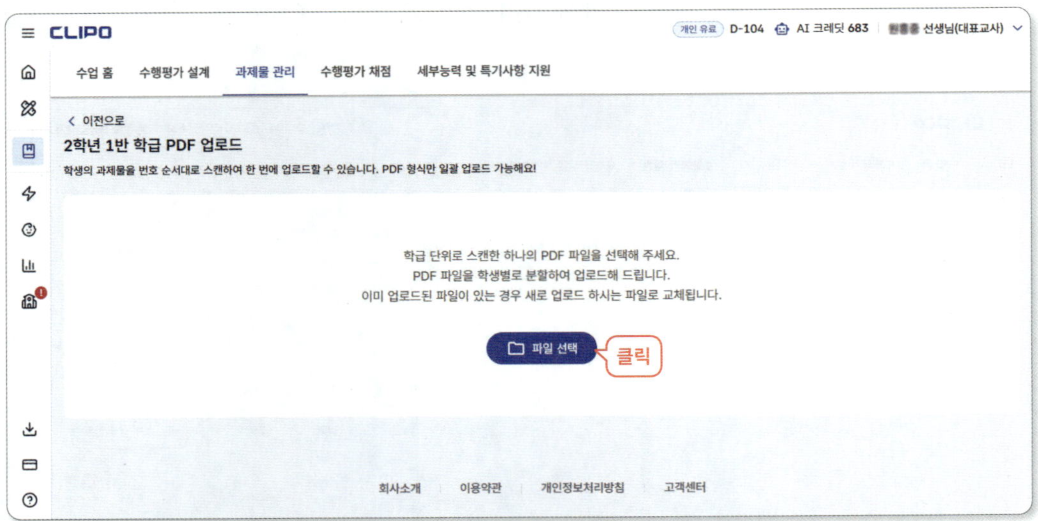

note 학생 과제를 번호순으로 정리하여 스캔해 두면 업로드 후 확인과 관리가 훨씬 수월합니다.

04 PDF를 업로드하면 미리보기 화면이 열립니다. 우측 〔PDF 분할 설정〕에서 학생 수, 스캔본 파일 수, 페이지 분할 방식을 설정합니다. 설정이 끝나면 〔파일 분할 시작〕을 클릭하여 학생별 과제를 자동으로 분할합니다.

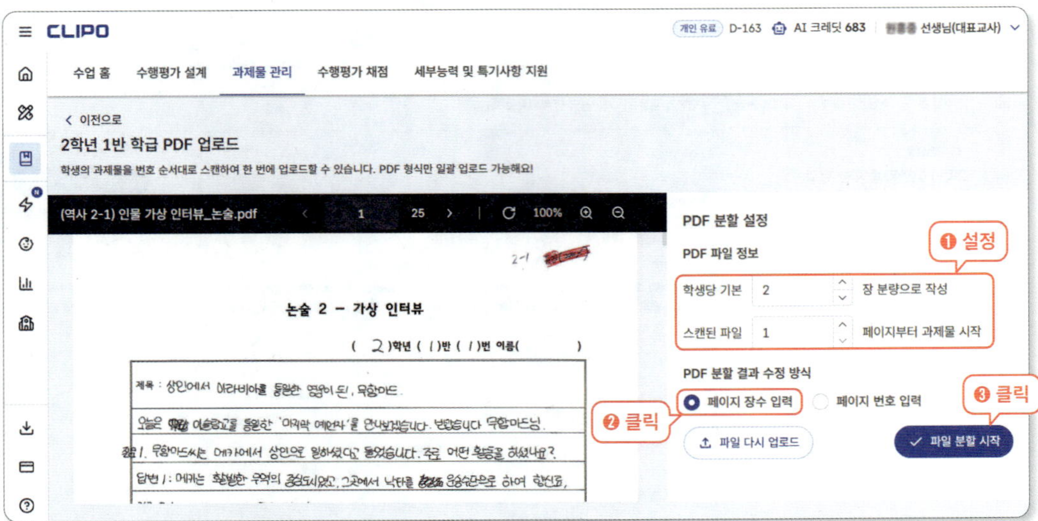

  Chapter 02 행동특성 및 종합의견과 교과 세특 작성하기

05 파일 분할이 완료되면 〔2학년 1반 과제 제출 현황〕 상단에 '모든 학생이 과제를 제출했어요!'가 표시되고, 학생별 업로드 상태 도 목록에서 확인할 수 있습니다.

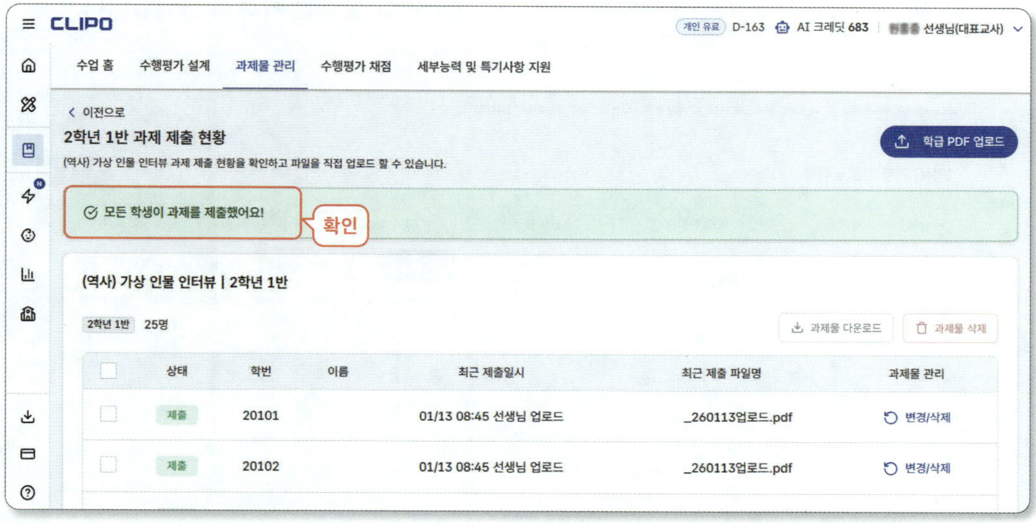

STEP 5 수행평가 채점하기

01 업로드된 학생 과제를 채점하기 위해 상단 메뉴에서 〔수행평가 채점〕으로 이동한 뒤 채점할 수행평가를 선택합니다. 채점할 학급의 〔AI 채점 실행〕 버튼을 클릭하여 자동 채점을 시작합니다.

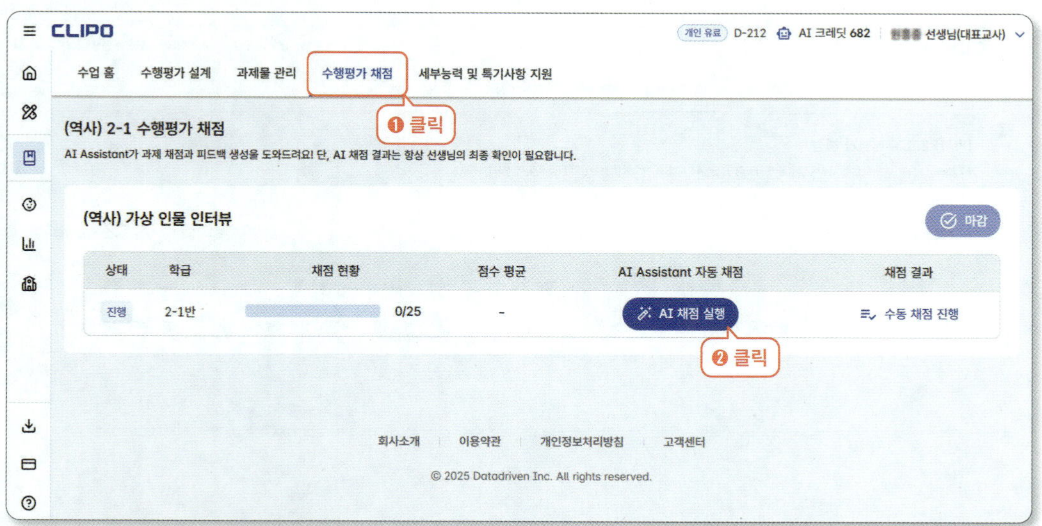

02 채점이 완료되면 〔AI 점수 확인〕을 클릭하여 〔AI Assistant 자동 채점 결과입니다〕의 요약 내용을 확인합니다. 팝업창에서 수행평가명, 대상 인원, 성공/실패 건수와 함께 항목별 점수 분포를 그래프로 확인하고 채점 누락이나 이상 분포를 빠르게 점검합니다.

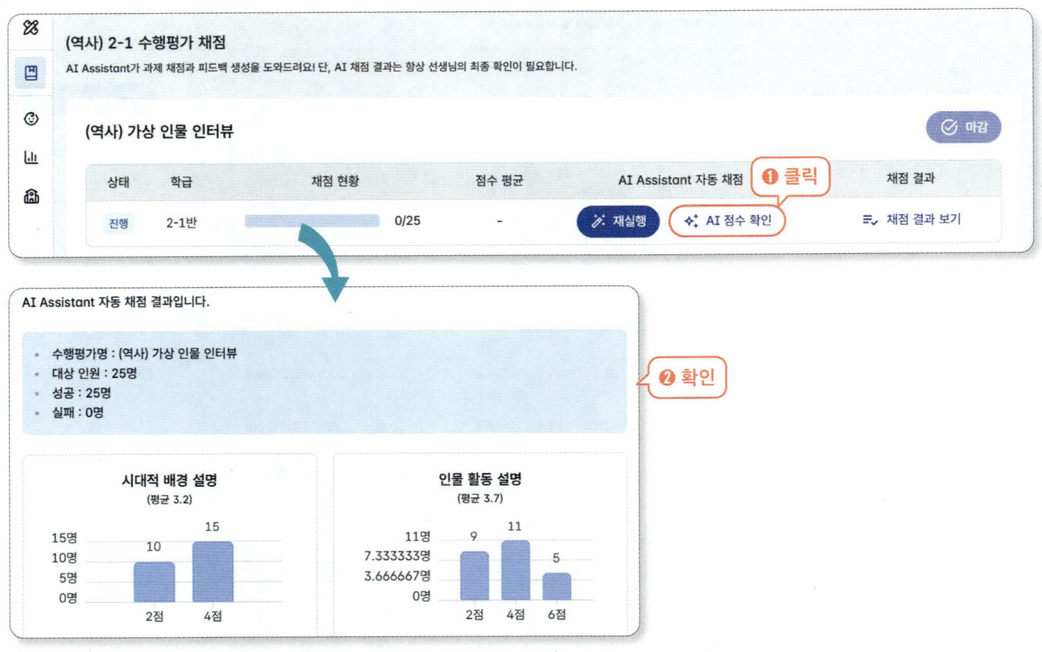

03 반별 자동 채점이 완료되면 〔채점 결과 보기〕를 클릭하여 학생별 점수와 피드백을 확인·수정합니다.

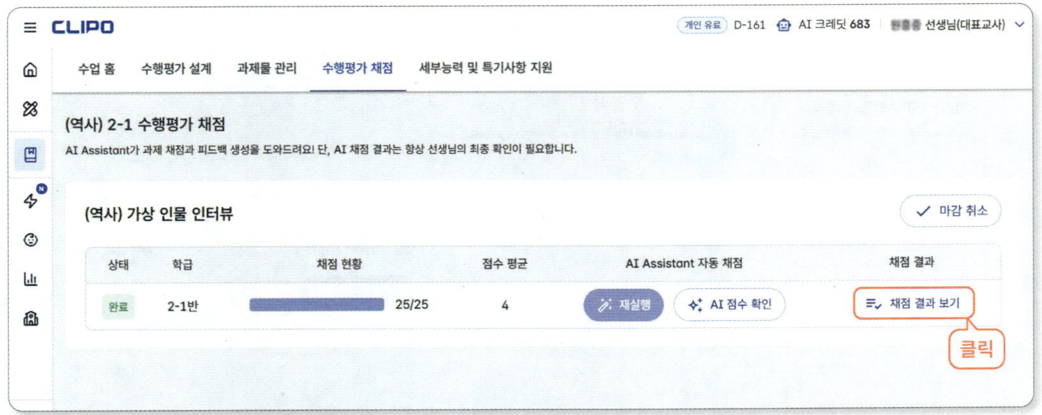

   Chapter 02 행동특성 및 종합의견과 교과 세특 작성하기

04 〔2-1반 채점 현황〕에 반별 채점 현황이 표시되면 채점 진행 결과와 학생별 점수를 한눈에 확인할 수 있습니다. 특정 학생의 채점 내용을 자세히 보려면 〔채점 진행 결과〕의 〔채점 상세〕에서 〔학생 채점 상세〕를 클릭합니다.

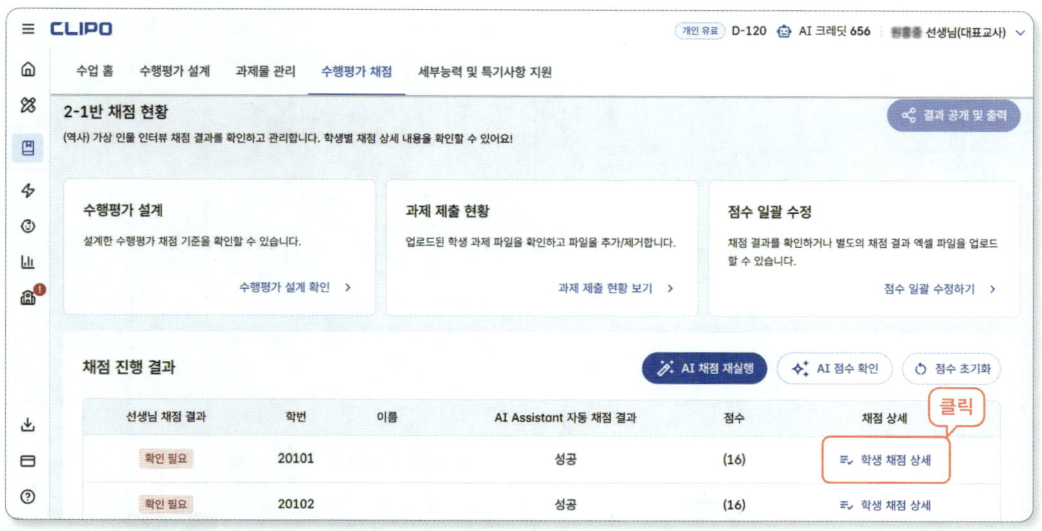

05 〔학생 채점 상세〕 화면에서 총점과 평가 기준별 점수를 확인합니다. 점수를 조정하려면 점수 값을 선택한 다음 우측 상단의 〔저장 후 다음〕 버튼을 클릭합니다.

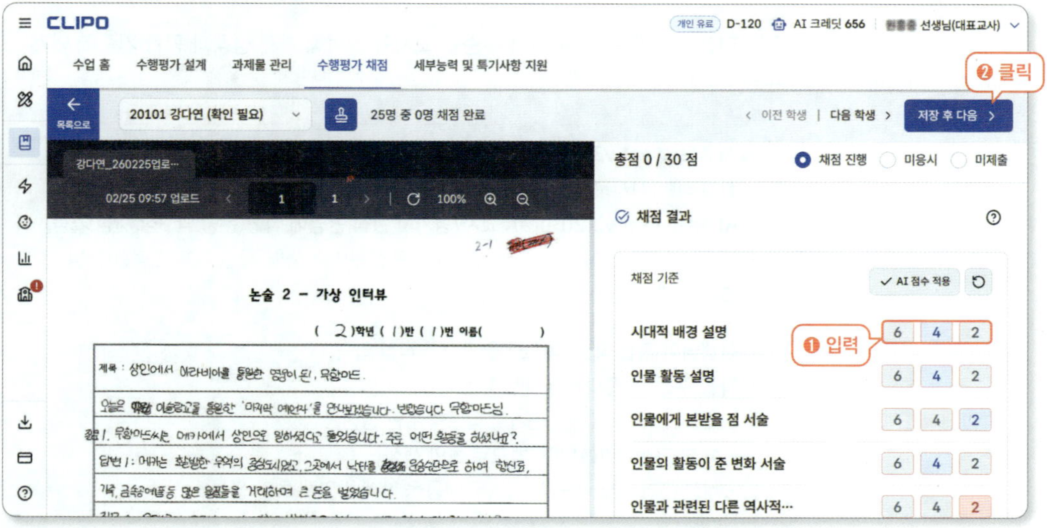

06 〔AI 채점 근거 및 피드백〕에서 점수 부여 근거와 피드백 초안을 확인합니다. 필요하면 상단 〔과제물 분석 AI〕와 〔루브릭 기반 AI〕 탭을 전환하여 근거와 표현을 점검하고, 〔선생님 직접 피드백〕에 교사 코멘트를 추가해 최종 피드백을 완성합니다.

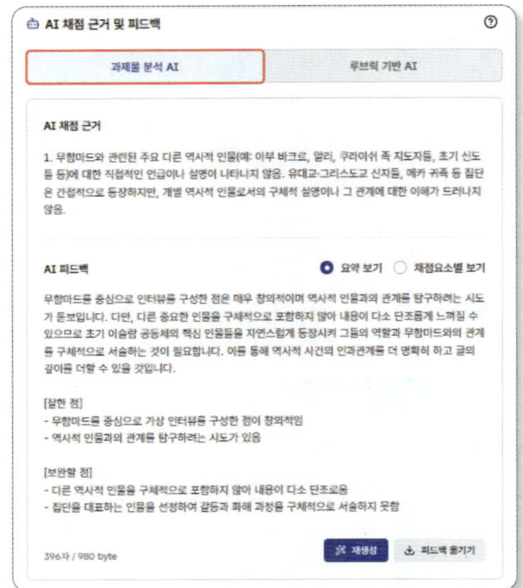
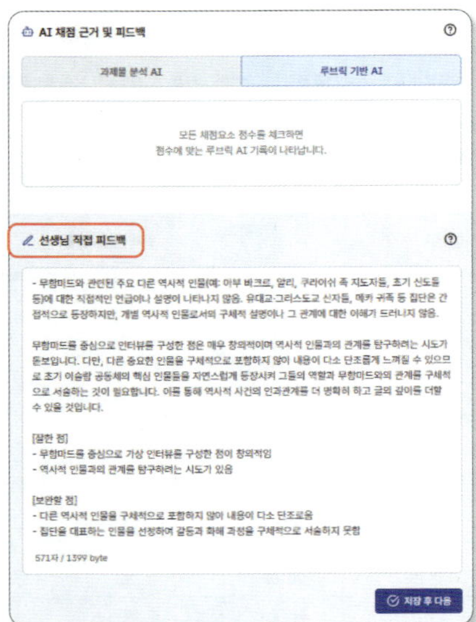

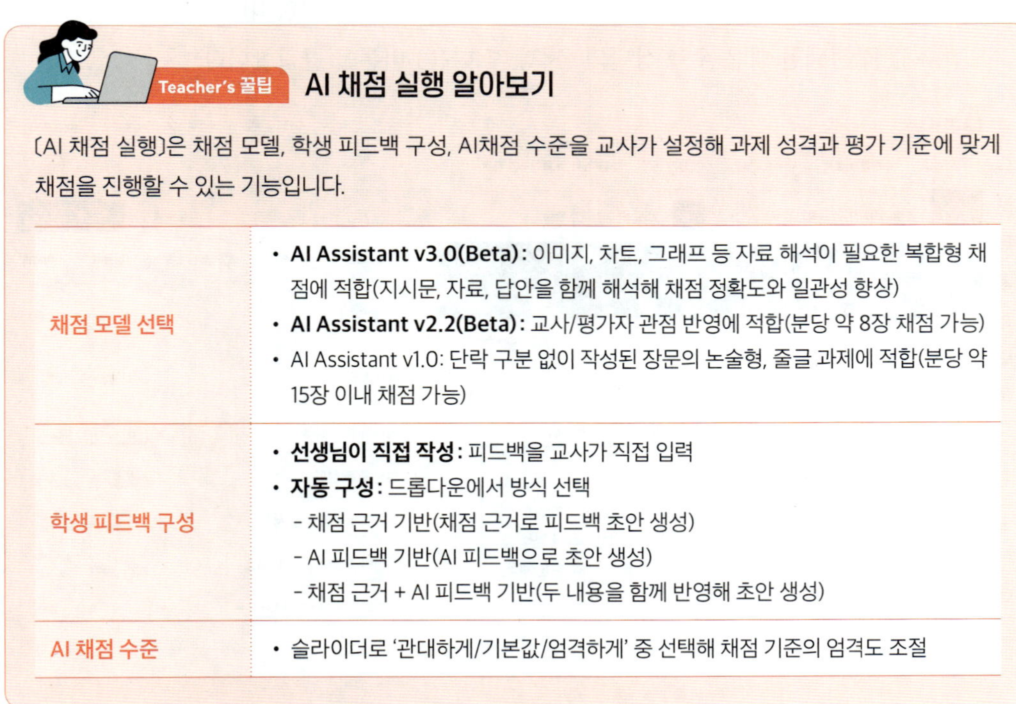

〔AI 채점 실행〕은 채점 모델, 학생 피드백 구성, AI채점 수준을 교사가 설정해 과제 성격과 평가 기준에 맞게 채점을 진행할 수 있는 기능입니다.

채점 모델 선택	• **AI Assistant v3.0(Beta)**: 이미지, 차트, 그래프 등 자료 해석이 필요한 복합형 채점에 적합(지시문, 자료, 답안을 함께 해석해 채점 정확도와 일관성 향상) • **AI Assistant v2.2(Beta)**: 교사/평가자 관점 반영에 적합(분당 약 8장 채점 가능) • AI Assistant v1.0: 단락 구분 없이 작성된 장문의 논술형, 줄글 과제에 적합(분당 약 15장 이내 채점 가능)
학생 피드백 구성	• **선생님이 직접 작성**: 피드백을 교사가 직접 입력 • **자동 구성**: 드롭다운에서 방식 선택 - 채점 근거 기반(채점 근거로 피드백 초안 생성) - AI 피드백 기반(AI 피드백으로 초안 생성) - 채점 근거 + AI 피드백 기반(두 내용을 함께 반영해 초안 생성)
AI 채점 수준	• 슬라이더로 '관대하게/기본값/엄격하게' 중 선택해 채점 기준의 엄격도 조절

STEP 6 세부능력 및 특기사항 지원받기

01 상단 메뉴에서 〔세부능력 및 특기사항 지원〕으로 이동합니다. 세부능력 및 특기사항 기록을 작성할 수행평가와 학생을 선택합니다. AI 도움을 받고 싶다면 〔AI 기록 생성하기〕를 클릭합니다.

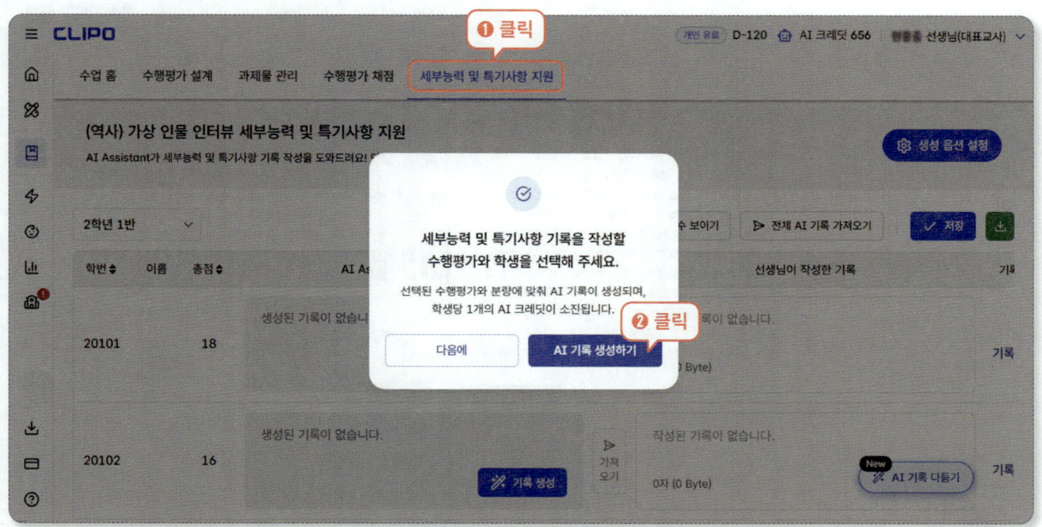

02 〔생성 옵션 설정〕에서 학생별 기록 옵션을 설정할 수 있습니다. 〔수행평가 선택〕에서 '(역사) 가상 인물 인터뷰의 과제'를 선택하고, 〔AI기록 생성 분량〕에서 생성할 기록의 분량을 선택합니다. 설정을 마무리한 다음 우측 하단의 〔기록 생성〕 버튼을 클릭합니다.

03 학생별 〔총점〕과 〔AI Assistant가 생성한 기록〕을 확인한 뒤 〔가져오기〕를 눌러 우측 〔선생님이 작성한 기록〕에 반영합니다. 이어서 필요하면 교사가 관찰한 내용을 추가해 문장을 다듬고, 〔AI 기록 다듬기〕로 표현을 정리한 뒤 〔저장〕 버튼을 클릭합니다.

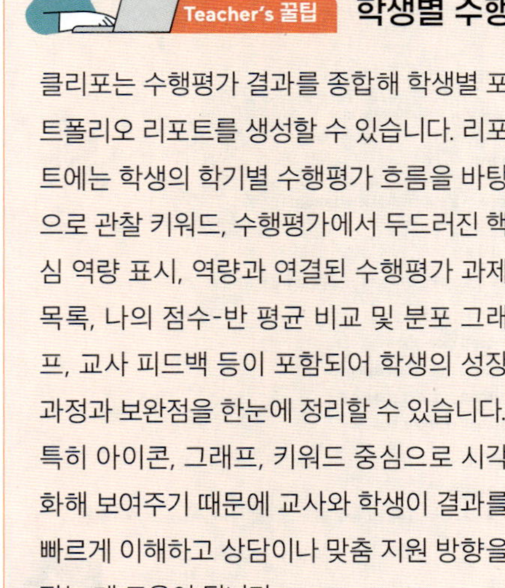

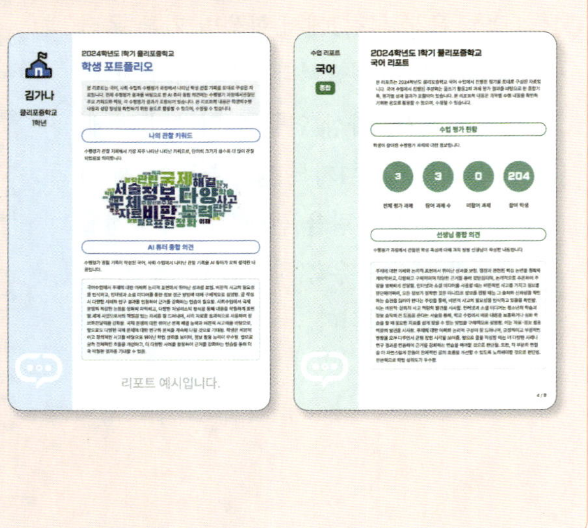

Teacher's 꿀팁 **학생별 수행평가 리포트 생성 기능**

클리포는 수행평가 결과를 종합해 학생별 포트폴리오 리포트를 생성할 수 있습니다. 리포트에는 학생의 학기별 수행평가 흐름을 바탕으로 관찰 키워드, 수행평가에서 두드러진 핵심 역량 표시, 역량과 연결된 수행평가 과제 목록, 나의 점수-반 평균 비교 및 분포 그래프, 교사 피드백 등이 포함되어 학생의 성장 과정과 보완점을 한눈에 정리할 수 있습니다. 특히 아이콘, 그래프, 키워드 중심으로 시각화해 보여주기 때문에 교사와 학생이 결과를 빠르게 이해하고 상담이나 맞춤 지원 방향을 잡는 데 도움이 됩니다.

note 유료/무료 플랜 종류에 따라 리포트 생성 기능이 제공되지 않거나 제한될 수 있으며, 리포트 예시 이미지는 클리포 공식 홈페이지(소개 자료)를 참고했습니다.

한 눈에 보는 평가 결과와 교과 세특 관리

클리포는 수행평가 채점 결과를 바탕으로 학생별 교과 세특 초안을 자동으로 생성합니다. 교사는 AI가 제안한 채점 결과와 문장을 검토한 뒤 최종 기록을 저장해 평가의 근거를 남길 수 있습니다. 저장한 결과는 엑셀 파일로 내려받아 학급별 또는 학생별로 정리하고, 필요에 따라 학교 업무 문서나 공유 자료로 다시 가공해 활용할 수 있습니다.

또한 설정에 따라 수행평가 결과를 종합한 학생별 리포트를 생성해 PDF로 출력하거나 공유할 수도 있어, 학생의 학습 과정과 보완이 필요한 지점을 빠르게 파악하고 후속 지도에 활용할 수 있습니다.

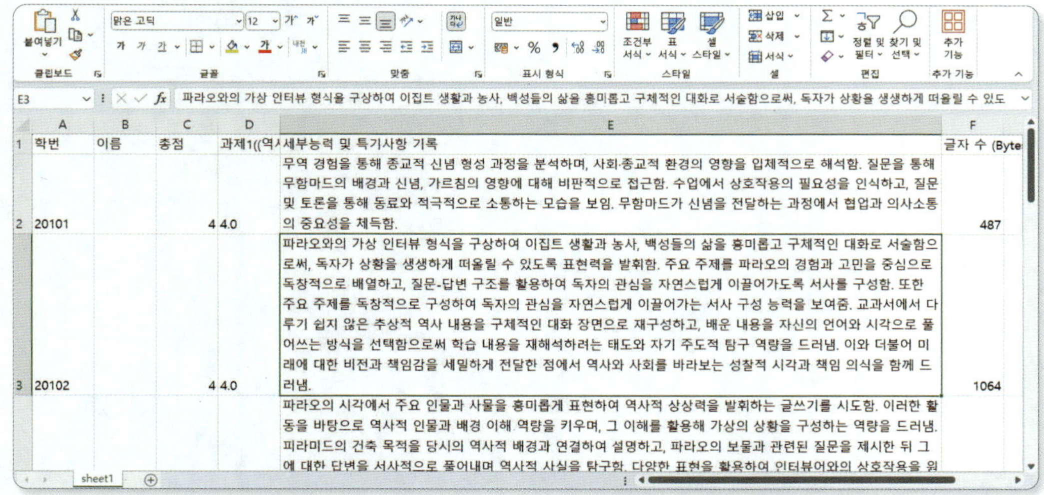

클리포는 수행평가 채점 이후의 평가 운영에도 활용할 수 있습니다. 교사는 채점 결과를 바탕으로 학생들의 공통적인 오류나 이해가 부족한 개념을 확인하고, 이를 다음 수업에서 보충 설명이나 추가 활동으로 연결해 학습 내용을 다시 점검하는 형성평가 자료로 활용할 수 있습니다.

학생들은 AI 피드백을 통해 문항별 강점과 보완점을 즉시 확인하고, 수정 및 재작성 과정까지 이어갈 수 있습니다. 이 경험을 통해 AI가 제시하는 근거 기반 피드백이 학습 이해도와 글쓰기 완성도를 높이는 데 실제로 도움이 된다는 점을 체감하게 됩니다.

- ☑ 교사의 평가 업무 효율화
- ☑ 객관적 기준을 적용한 수행평가 자동 채점
- ☑ 교과 세특 기초 자료 작성

03

학교생활기록부 관리

학교생활기록부 작성의 출발점은 학생 활동 데이터를 체계적으로 수집·관리하는 것입니다. 이 챕터에서는 AI와 에듀테크 도구로 활동 기록을 수집·정리하고, 이를 바탕으로 학교생활기록부 서술을 더 정확하고 풍부하게 완성하는 방법을 안내합니다.

패들렛 테이블로 포트폴리오 생성하고 활용하기

AI 도구 Padlet

패들렛의 테이블 형식을 활용해 학생 활동 결과물을 디지털 포트폴리오로 관리하는 방법을 안내합니다. 테이블 형식은 학생별로 행을 나누고 활동을 열로 정리해 기록·조회·피드백을 한 화면에서 체계적으로 관리할 수 있습니다. 또한 게시판 복제 기능을 활용하면 한 번 만든 포트폴리오 템플릿을 학급·과제별로 재사용할 수 있어 운영이 효율적입니다.

평가 준비 게시판 생성과 복제용 링크 준비하기

패들렛 테이블로 디지털 포트폴리오를 운영하려면 먼저 동일한 구조의 게시판 템플릿을 만들어야 합니다. 게시판을 '테이블'로 설정한 뒤 '활동 후 느낀 점', '성장한 점' 등의 맞춤 필드를 추가해 기록 항목을 표준화합니다. 이후 복제 링크로 배포하면 학생들이 같은 구조로 작성하게 되어 활동 기록을 일관되게 수집·관리할 수 있습니다.

01 포트폴리오 게시판을 만들기 위해 패들렛 웹사이트(padlet.com)에 접속하여 로그인하고 〔+ 만들기〕를 클릭한 다음 〔Padlet 만들기〕에서 '테이블'을 선택합니다. 〔새 게시판〕의 〔제목〕에 '000의 학교생활기록부 포트폴리오'처럼 입력하고, 〔형식〕이 '테이블'로 선택된 것을 확인한 다음 우측 상단의 〔완료〕 버튼을 클릭합니다.

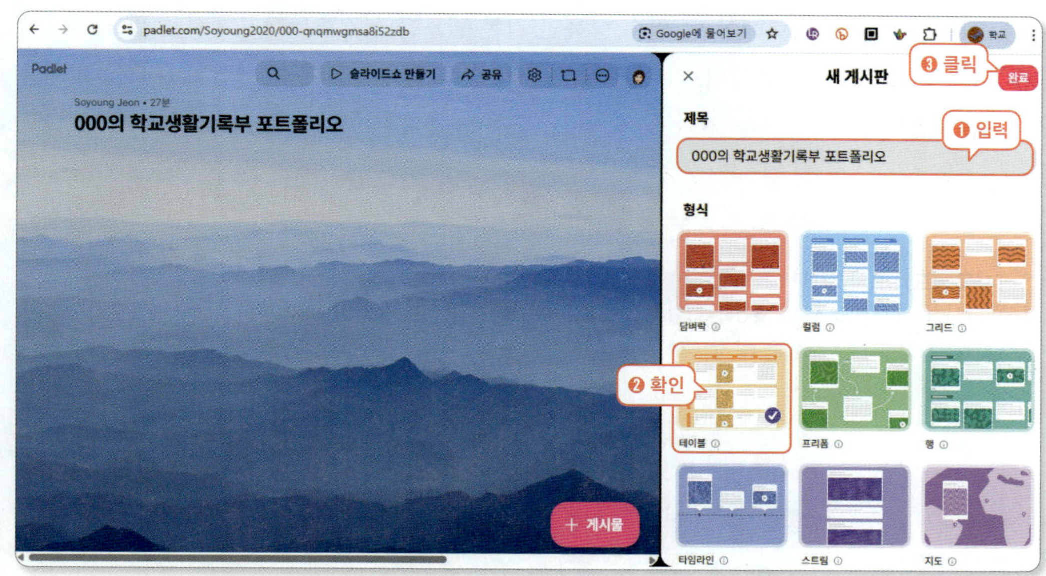

02 학생들이 동일한 양식으로 기록할 수 있도록 게시물 입력 구조를 설정합니다. 게시판 우측 상단의 Padlet 설정 열기(⚙) 아이콘을 클릭한 뒤 〔게시물〕 탭의 〔게시물 필드〕로 이동합니다.

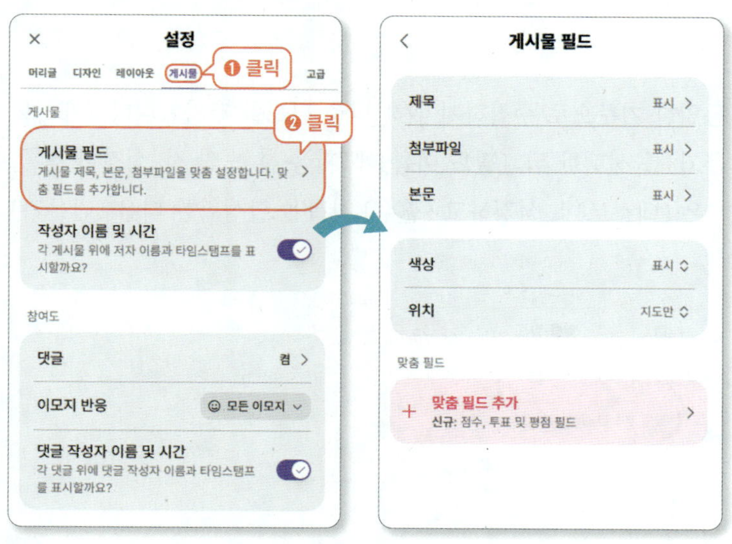

03 학생들이 매번 입력해야 할 필수 항목인 기본 필드를 설정합니다. 〔게시물 필드〕의 〔제목〕과 〔본문〕을 선택하여, 각 필드에 다음과 같이 입력하고 우측 상단의 〔저장〕 버튼을 클릭합니다.

제목	본문
• 〔제목 필드〕: '표시' 체크 • 〔제목 자리표시자 텍스트〕: ★0학년 (활동명 입력) • 〔필수〕: 활성화	• 〔본문 필드〕: '표시' 체크 • 〔본문 자리표시자 텍스트〕: ▲첨부파일 업로드 가능 ★(자율, 진로, 동아리, 교과, 봉사) 中 택1 하여 필수 입력 ★+ 내용 요약 • 〔필수〕: 활성화

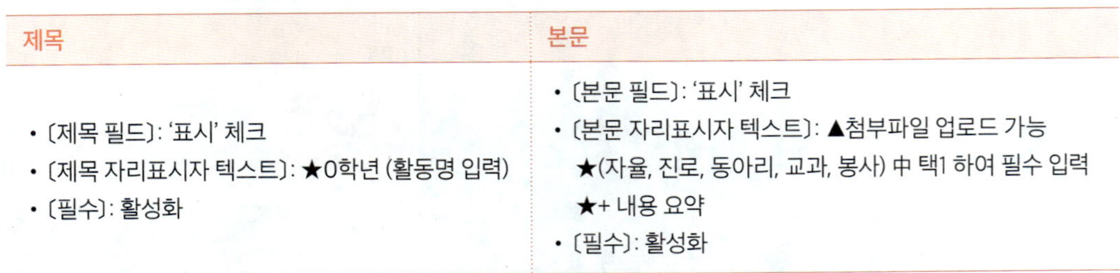

note 〔필수〕 항목을 활성화하면 해당 내용을 입력해야만 게시할 수 있으며, 미입력 시 '게시물을 게시하려면 필수 필드를 기입해야 함' 안내가 표시됩니다.

04 학생들의 성찰 기록을 동일한 기준으로 수집하기 위해 맞춤 필드를 추가합니다. 〔게시물 필드〕에서 〔맞춤 필드 추가〕를 선택한 뒤, 〔필드 이름〕에 '활동 후 느낀 점, 성장한 점'을 입력합니다. 〔필드 유형〕은 〔텍스트〕로 설정하고 〔필수〕 항목을 활성화한 다음 〔만들기〕 버튼을 클릭합니다.

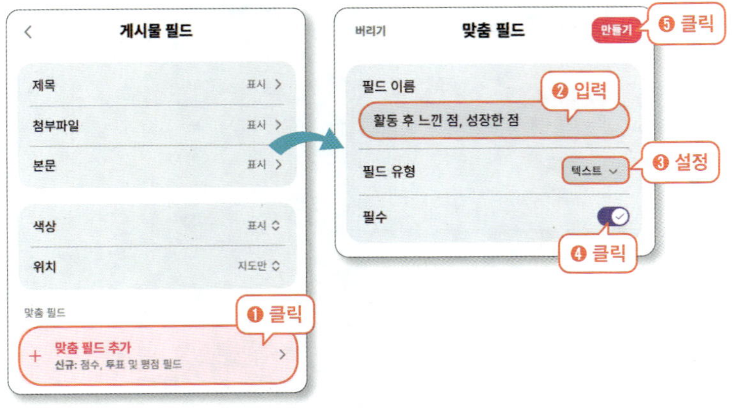

05 학교생활기록부 영역별로 활동을 구분하기 위해 영역명 필드를 추가합니다. 〔새 맞춤 필드〕에서 〔필드 이름〕에 '영역명'을 입력하고, 〔필드 유형〕은 〔단일 선택〕으로 선택한 다음 〔필수〕 항목을 활성화합니다. 이어서 〔단일 선택 옵션〕에서 〔옵션 추가〕를 누르고 필요한 항목을 다음과 같이 입력한 뒤 〔만들기〕 버튼을 클릭합니다.

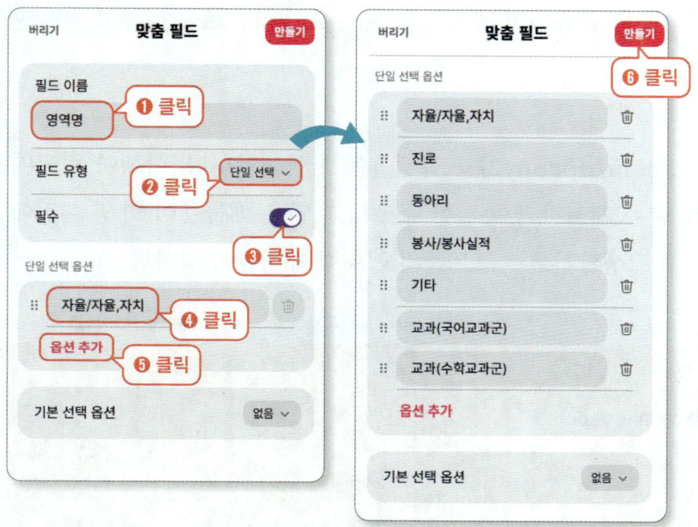

note 영역명 필드는 학생이 게시물을 작성할 때 활동 영역을 선택하도록 하는 항목입니다. 이를 설정해 두면 교사는 영역별로 활동을 모아 확인하고, 평가와 피드백을 정리하기 수월합니다.

06 같은 방식으로 '학년', '보완하고 싶은 점, 추가하고 싶은 점' 등 필요한 맞춤 필드를 추가해 게시판 양식을 완성합니다. 게시판 생성을 완료하면 자동 복제용 링크를 생성해 공유합니다.

note 자세한 내용은 154쪽의 'Section 001. 패들렛으로 디지털 학급 게시판 운영하기'를 참고해 주세요.

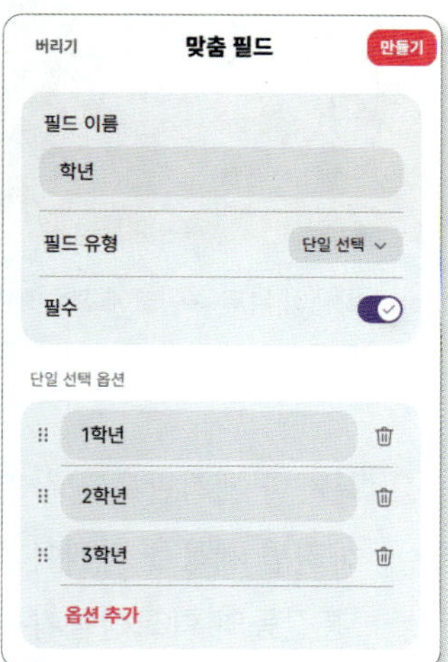

 # 패들렛으로 포트폴리오 만들기

완성된 템플릿을 바탕으로 학생들이 직접 자신만의 디지털 포트폴리오를 만들어가는 과정을 단계별로 안내합니다. 이를 통해 학생들은 스스로의 학습 과정을 기록하고 성찰하는 습관을 기를 수 있으며, 패들렛의 다양한 기능을 활용하여 축적된 기록을 효율적으로 관리하고 활용할 수 있습니다.

01 준비한 복제용 링크(tinyurl.com/dpcopy2)를 학생들에게 안내합니다. 학생이 링크에 접속해 로그인하면 교사가 만든 게시판과 동일한 구조의 개인용 패들렛이 학생 계정에 자동으로 복제되어, '000의 학교생활기록부 포트폴리오'처럼 게시판이 생성됩니다.

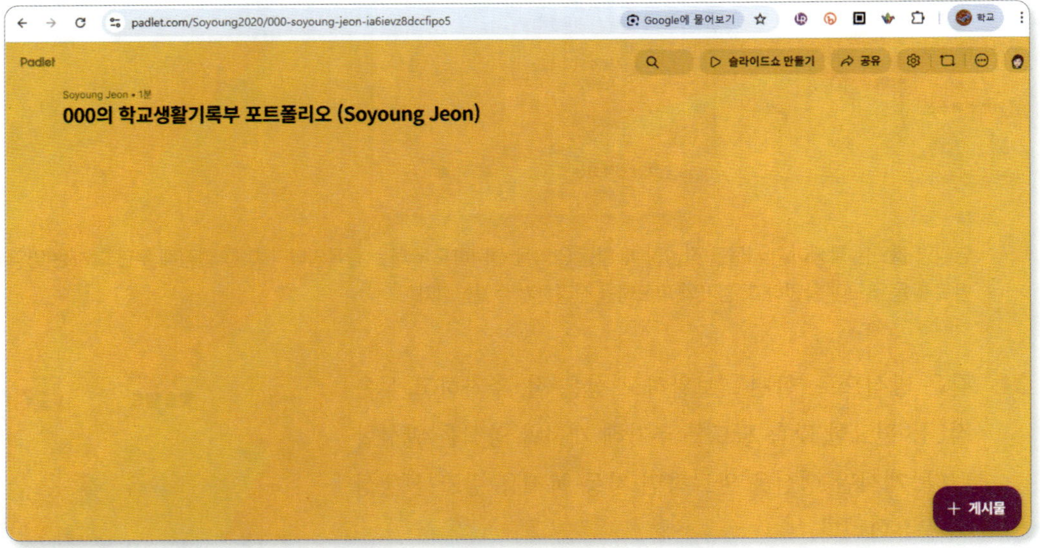

note 학생이 복제용 링크에 접속하면 '복제 진행 중' 안내가 표시되고, 잠시 기다리면 복제가 완료됩니다. 만약, 게시판을 자주 열어야 하면, 주소(URL)를 복사해 북마크에 저장해 두세요.

02 복제한 게시판은 교사 템플릿 제목이 그대로 유지되므로 학생이 개인 포트폴리오로 사용하려면 제목을 바꿔야 합니다. 게시판 상단의 제목을 클릭해 〔설정〕 창을 연 뒤 〔제목〕을 '홍길동의 학교생활기록부 포트폴리오'처럼 학생 이름이 들어가게 변경합니다.

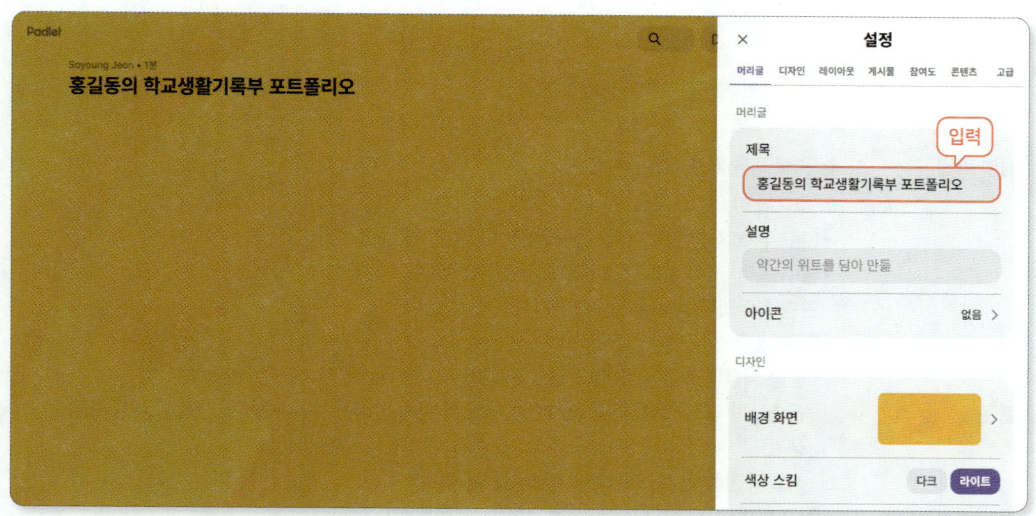

note 우측 상단의 Padlet 설정 열기(⚙) 아이콘을 클릭해도 〔설정〕 창이 열립니다.

03 '2학교 창의주제 탐구활동'의 활동 사례를 예시로 포트폴리오 작성 방법을 안내합니다. 우측 하단의 〔게시물〕 버튼을 클릭하여 새 게시물을 연 뒤, 각 필드를 다음 표처럼 입력합니다. 모든 자료를 추가한 다음 우측 상단의 〔게시〕 버튼을 클릭하여 등록합니다.

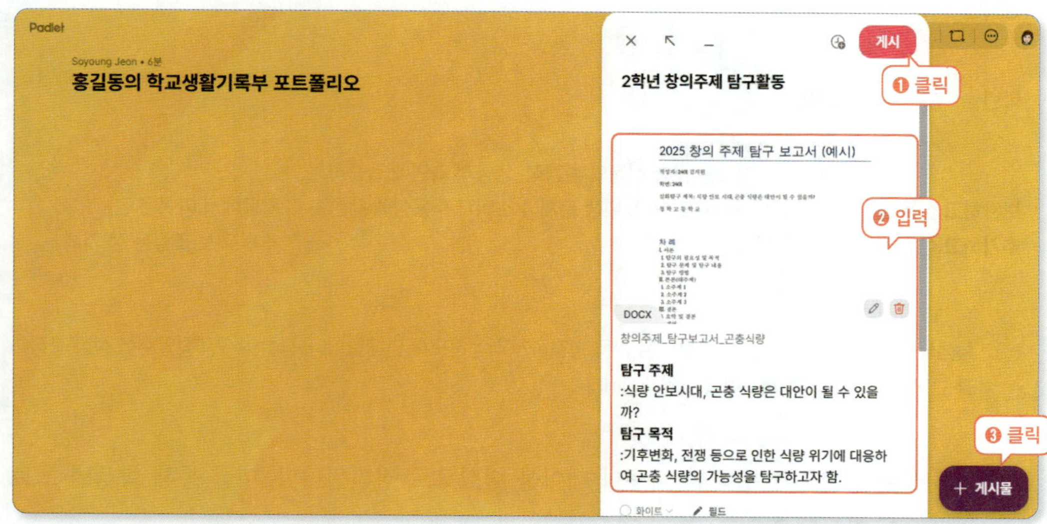

필드명	예시	설명
제목	2학년 창의주제 탐구활동	학년과 활동명 입력
첨부 파일	탐구 보고서_곤충 식량.docx	활동 관련 자료, 보고서, 발표자료 등 업로드
본문	• 탐구 주제: 식량 안보 시대, 곤충 식량은 대안이 될 수 있을까? • 탐구 목적: 기후변화, 전쟁 등으로 인한 식량 위기에 대응하여 곤충 식량의 가능성을 탐구하고자 함 • 탐구 내용 　- 곤충 식량의 활용 사례(FAO 권장, 유럽 및 국내 식품 사례) 　- 곤충 식량의 영양적 장점(고단백, 저탄소)과 한계(알러지, 위생 문제) 　- 사회적 인식 및 제도적 문제(거부감, 규제 미비) • 탐구 방법: 국제 보고서, 뉴스, 논문 조사 및 설문조사 실시 • 결론: 곤충 식량은 지속 가능성과 영양학적 장점은 크지만, 사회적 인식 개선과 위생 규제 강화가 필요함	구체적인 활동 내용 요약
활동 후 느낀 점, 성장한 점	곤충 식량에 대한 탐구를 통해 지속 가능한 식량 문제와 환경 문제를 통합적으로 이해하게 되었다. (…)	활동을 통해 배운 점과 성장 과정 기록
영역명	진로	드롭다운에서 해당하는 영역 선택
학년	2학년	드롭다운에서 해당하는 학년 선택
보완하고 싶은 점, 추가하고 싶은 점	이번 탐구에서는 곤충 식품의 환경적·영양적 측면에 집중하여 탐구를 진행하였으나, 위생 문제나 소비자 수용성에 대한 분석은 부족하였다. (…)	활동에서 아쉬운 점, 추후 해보고 싶은 점 기록

note 학생들에게 활동 당시 느낀 점과 보완할 점을 솔직하게 작성하도록 안내합니다. 성찰이 구체적일수록 성장 과정이 잘 드러나, 기록 정리와 피드백이 수월해집니다.

04 게시물이 등록되면 입력한 내용이 테이블 형식으로 정리됩니다. 이를 통해 학생별 포트폴리오를 한눈에 확인할 수 있습니다.

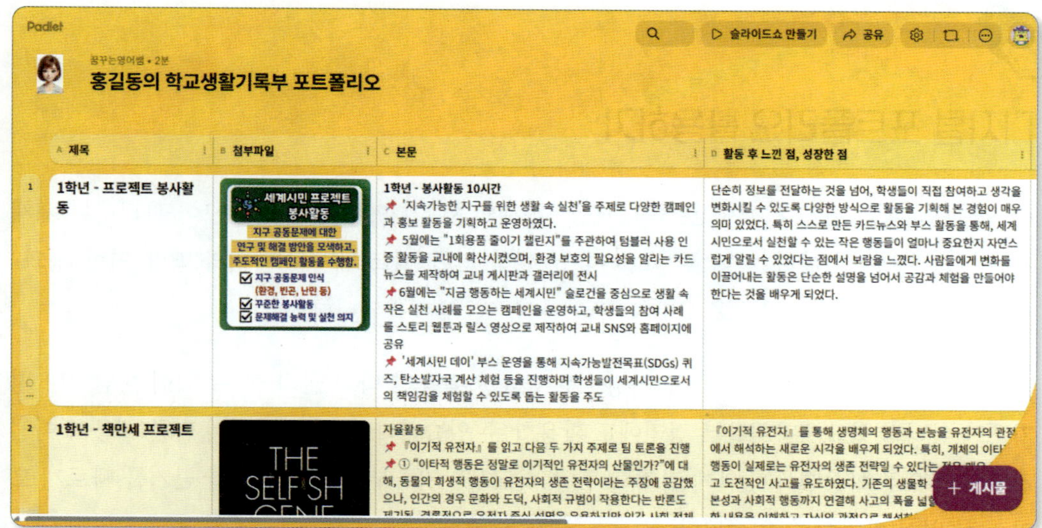

05 게시물이 많아지면 원하는 내용을 찾기 어려울 수 있습니다. 이때 우측 상단의 검색(🔍) 아이콘을 눌러 키워드를 입력하면, 해당 단어가 포함된 게시물만 표시됩니다. 예를 들어 검색창에 '탐구'를 입력하면 관련 게시물만 모아 볼 수 있습니다.

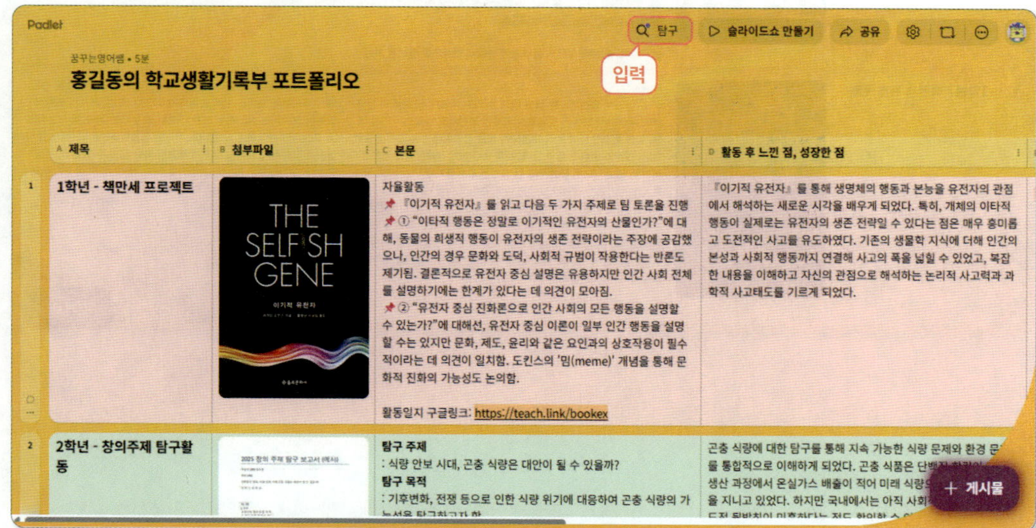

note 검색창 우측 필터(▽) 아이콘을 클릭한 뒤 〔영역명〕에서 원하는 항목 '진로'을 선택하면 해당 영역의 게시물만 화면에 표시됩니다. 필요하면 필터로 범위를 좁힌 상태에서 검색창에 키워드를 입력해 관련 게시물만 더 정확히 찾을 수 있습니다.

디지털 포트폴리오 활용하기

패들렛 테이블로 만든 디지털 포트폴리오는 학생의 3년간 활동을 한곳에 모아 관리하는 체계적인 기록 시스템입니다. 학기 초부터 꾸준히 쌓아 두면, 활동 내용뿐 아니라 맥락·역할·성과·느낀 점까지 함께 남아 학생의 성장 흐름이 자연스럽게 정리됩니다.

기록이 많아져도 키워드 검색과 필터링으로 필요한 활동만 바로 골라 볼 수 있어 상담이나 평가뿐만 아니라 학교생활기록부 정리에도 활용할 수 있습니다. 또한 수업에서 다룬 내용이 어떤 진로 관심으로 확장됐는지 함께 정리해 두면, 학교생활기록부 작성에 필요한 근거를 빠르게 모아 누락 없이 반영할 수 있습니다.

A 제목	B 첨부파일	C 본문	D 활동 후 느낀 점, 성장한 점
1 ★학년-활동명 입력		☑ 게시물 작성 시 필수 입력 (게시물 필터링에 유용) 자율,진로,동아리,봉사, 교과군, 기타 中 택1 ☑ ▼ 패들렛 포트폴리오 ● 샘플 보러 가기 https://teach.link/soyoung2025 ☑ (광고) 저자로 참여한 ● 탐구주제 바이블 ● 책 보러 가기 https://teach.link/bookad2025 ⛔ (중요)★ 우측 상단의 돋보기 부분에서 키워드로 필터링 가능	(★학생이 직접 활동 끝난 직후에 직접 입력★) 활동 후 느낀 점, 성장한 점 입력
2 1학년 - 책만세 프로젝트		자율활동 ★『이기적 유전자』를 읽고 다음 두 가지 주제로 팀 토론을 진행 ★ ① "이타적 행동은 정말로 이기적인 유전자의 산물인가?"에 대해, 동물의 희생적 행동이 유전자의 생존 전략이라는 주장에 공감했으나, 인간의 경우 문화와 도덕, 사회적 규범이 작용한다는 반론도 제기함. 결론적으로 유전자 중심 설명은 유용하지만 인간 사회 전체를 설명하기에는 한계가 있다는 데 의견이 모아짐. ★ ② "유전자 중심 진화론으로 인간 사회의 모든 행동을 설명할 수 있는가?"에 대해선, 유전자 중심 이론이 일부 인간 행동을 설명할 수는 있지만 문화, 제도, 윤리와 같은 요인과의 상호작용이 필수적이라는 데 의견이 일치함. 도킨스의 '밈(meme)' 개념을 통해 문화적 진화의 가능성도 논의함.	『이기적 유전자』를 통해 생명체의 행동과 본능을 유전자의 관점에서 해석하는 새로운 시각을 배우게 되었다. 특히, 개체의 이타적 행동이 실제로는 유전자의 생존 전략일 수 있다는 점은 매우 흥미롭고 도전적인 사고를 유도하였다. 기존의 생물학 지식에 더해 인간의 본성과 사회적 행동까지 연결해 사고의 폭을 넓힐 수 있었고, 복잡한 내용을 이해하고 자신의 관점으로 해석하는 논리적 사고력과 과학적 사고태도를 기르게 되었다.

활동 확장과 평가 활용

학생들은 자신의 포트폴리오를 정기적으로 점검하며 진로 방향을 구체화할 수 있습니다. 영역별 활동 분포를 확인하여 부족한 부분을 파악하고, 관심 분야의 활동을 더 깊이 있게 탐구하는 계획을 세울 수 있습니다. 이는 단순히 스펙을 쌓는 것이 아니라, 자신의 강점과 관심사를 발견하고 발전시키는 성찰 중심의 진로 탐색 과정이 됩니다.

AI 경험 제공

종이 자료의 분실 위험 없이 모든 기록이 디지털로 안전하게 보관됩니다. 또한 자신의 게시물을 체계적으로 관리하여, 필요할 때마다 자신의 활동 증빙 자료를 즉시 찾을 수 있어 개인 이력 관리의 효율성이 크게 향상됩니다.

기대 효과

- ☑ 꾸준한 기록과 성찰을 통해 스스로의 성장 과정을 주도적으로 관리 가능
- ☑ 진학 상담 및 면접 대비를 위한 체계적인 개인별 맞춤 자료 확보
- ☑ 에듀테크 도구를 활용한 정보 조직 및 자료 구조화 능력 함양

+ PLUS 자료실

수업에 바로 적용할 수 있는 자동 복제 링크와 완성된 페이지 미리보기를 제공합니다. QR 코드를 스캔해 바로 활용해 보세요.

자동 복제 링크 주소
(tinyurl.com/copy2025s)

페이지 미리보기
(tinyurl.com/soyoung2025dp)

노트북LM으로
활동 소감문 개별화하여 기록하기

AI 도구 NotebookLM

일반 생성형 AI는 여러 학생 정보를 동시에 처리할 경우 이름이나 활동 내용이 섞이거나, 실제로 존재하지 않는 내용을 생성하는 오류가 발생할 수 있습니다. 반면 노트북LM은 업로드한 자료를 근거로 답변을 생성하므로, 입력한 정보 범위를 벗어난 내용이 만들어질 가능성이 상대적으로 낮습니다. 이 섹션에서는 이를 활용해 학생별 교과 세특을 안전하고 효율적으로 작성하는 방법을 안내합니다.

평가 준비 및 과정 ## 지침과 근거로 완성하는 교과 세특 작성 프로세스

교과 세특을 정리할 때는 기준과 근거 두 가지 자료가 필요합니다. 하나는 문체·구조·분량의 기준을 잡아 주는 '작성지침서', 다른 하나는 학생의 활동 소감문처럼 개인 경험이 담긴 '근거 자료'입니다. 두 자료를 함께 넣으면 노트북LM은 지침서의 형식을 따르면서, 근거 자료에 기반해 학생별 특징이 드러나는 초안을 빠르게 정리해 줍니다.

STEP 1 작성 지침서 준비하기

01 문체와 품질을 유지하기 위한 작성 지침서를 준비합니다. 이 지침서는 공통 기준으로 만들어 두고 반복 활용하며, 필요 시 상황에 맞게 수정해 사용합니다. 지침서에 포함될 내용은 다음과 같습니다.

1. **역할과 작성 목표 정의**
   - 전문가(20년 경력의 고등학교 교사) 시점
   - 200~300자 분량
   - 활동 + 활동 결과 + 역량 및 변화 + 교사 총평 구조

2. **평가 기준: 핵심 역량 반영**
   - 2022 개정 교육과정의 6대 핵심 역량 포함

3. **문장 패턴 명시**
   - 명사형 종결(~함, ~임)
   - 실제 활동 참여 내용 + 소감문 근거
   - 교사가 관찰한 입장에서 작성
   - 학교생활기록부 과목별 세부능력 및 특기사항 작성 시 입력 불가 용어 및 특수 기호 명시

4. **단계별 절차 안내**
   - 학생 자료분석 → 초안 생성 → 피드백 반영(총 3단계 구성)

5. **실제 예시 포함**
   - 인문학 북토크 예시 5개로 문체 일관성 유지

note 한 번 만든 지침서는 학년·과목별로 변형해 재사용할 수 있습니다. 매 학기 새로 만드는 대신, 수정·보완하는 방식으로 관리하면 효율적입니다

02 작성 지침서 예시는 분량이 많아 교재에는 수록하지 않고, 링크 주소를 입력하거나 QR 코드를 스캔해 파일을 내려받을 수 있도록 제공합니다.

 작성 지침 예시 다운로드(PDF)

 작성 지침 예시 다운로드(한글)
(tinyurl.com/notebooklm-p)

STEP 2 학생 소감문 수집하기

01 패들렛 테이블로 학생들의 소감문을 수집합니다. 열에는 '인상 깊었던 점, 느낀 점, 생각한 점' 등의 항목을, 행에는 학생의 이름과 번호를 입력합니다.

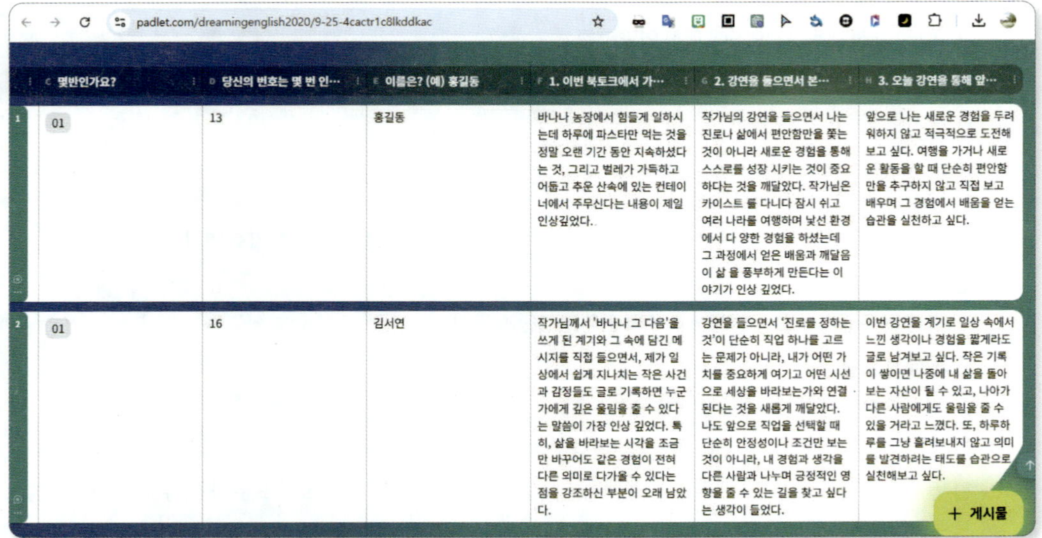

note 패들렛 테이블 양식은 주소창에 tinyurl.com/booktalk2025s를 입력해 접속한 뒤, 복제하여 사용할 수 있습니다.

02 수집한 내용을 엑셀로 저장하려면 공유 패널 열기 (⌃공유) 아이콘을 클릭한 뒤 〔내보내기〕 → 〔Excel 스프레드시트로 내보내기〕를 선택합니다.

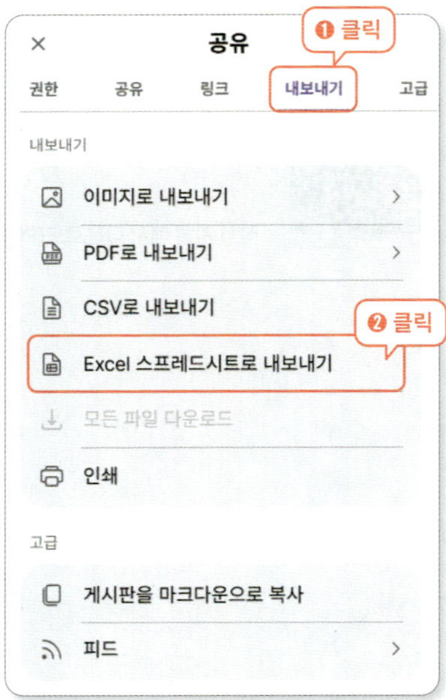

03 내보내기가 완료되면 엑셀 파일이 다운로드되며, 패들렛 테이블에서 입력한 소감문이 동일한 표 형태로 정리된 것을 확인할 수 있습니다.

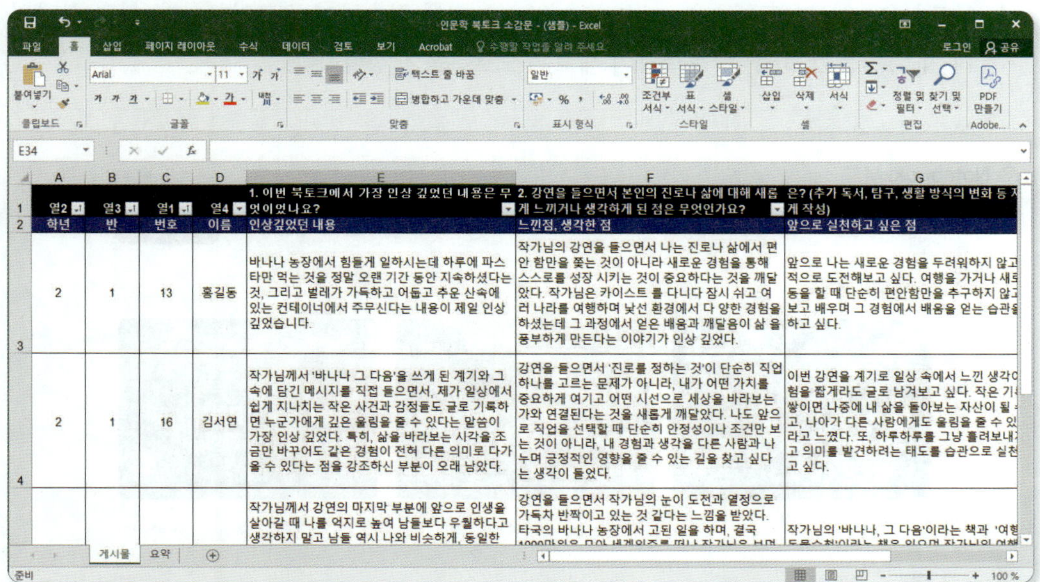

04 엑셀로 내려받은 소감문 파일은 노트북LM에 바로 업로드할 수 없는 형식이므로, 열 너비와 행 높이를 간단히 정리한 뒤 PDF 파일로 변환합니다.

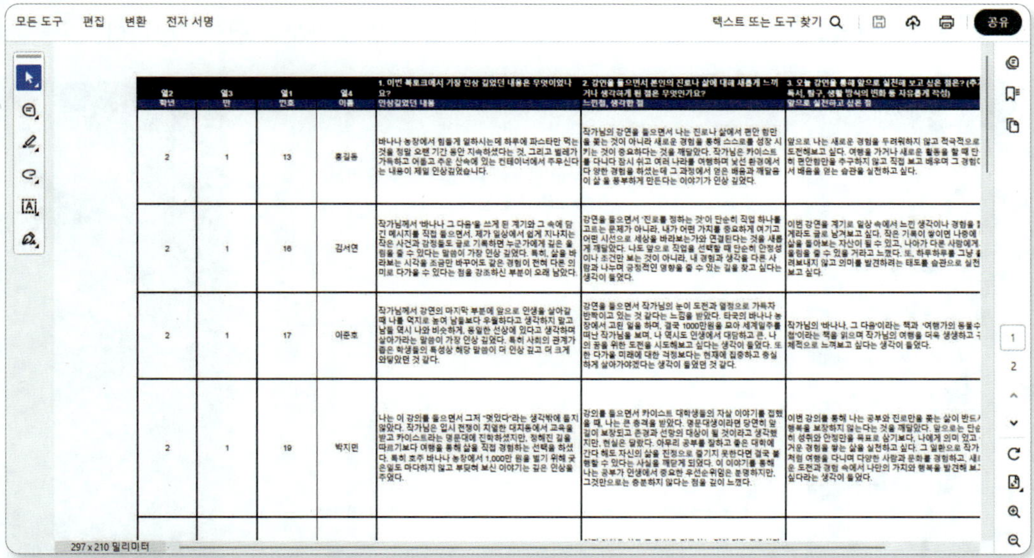

01 노트북LM 웹사이트(notebooklm.google.com)에 접속하여 로그인합니다. 화면 상단의 〔+ 새로 만들기〕 버튼을 클릭하여 새로운 노트북을 생성합니다.

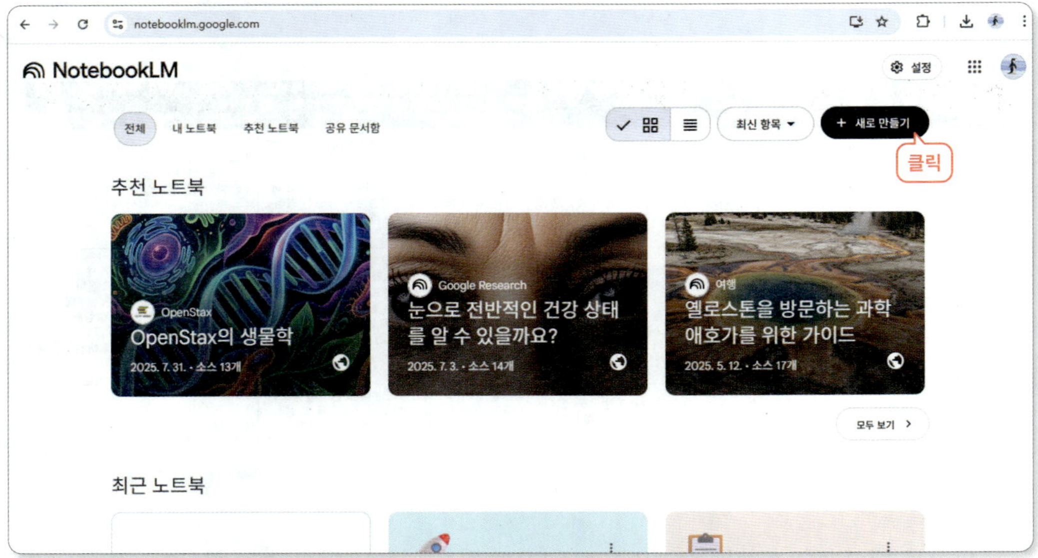

02 노트북LM이 업로드한 자료를 근거로 답변을 생성하도록 〔소스 추가〕를 누르고, 〔파일 업로드〕를 클릭한 다음 PDF로 준비한 작성 지침서와 학생 소감문을 업로드합니다.

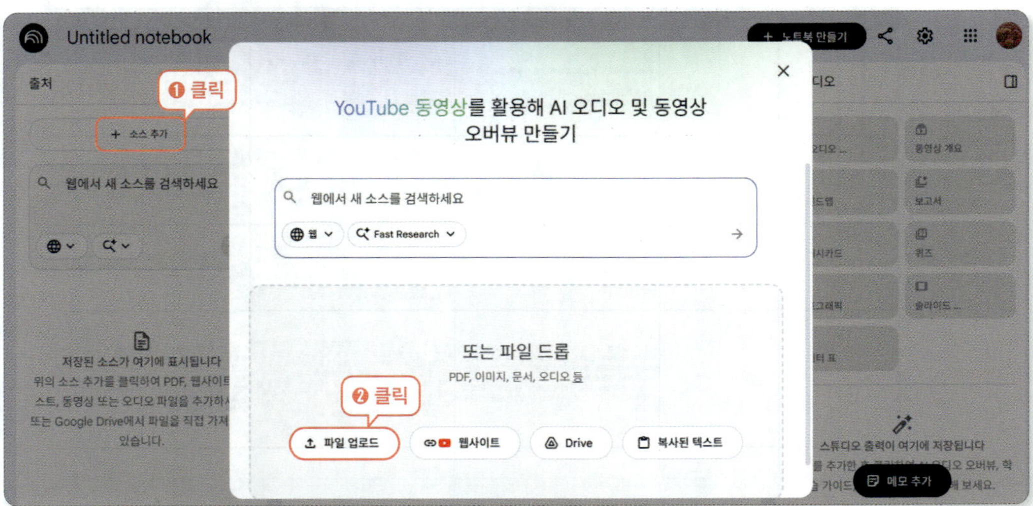

03 업로드가 완료되면 좌측 〔출처〕에 '작성 지침서'와 '학생 소감문'이 소스로 표시됩니다. 가운데 〔채팅〕에는 업로드한 출처를 근거로 한 답변 '학교생활기록부 특기사항 작성 전문가 지침'이 생성되며, 우측 〔스튜디오〕에는 활용 메뉴가 나타납니다.

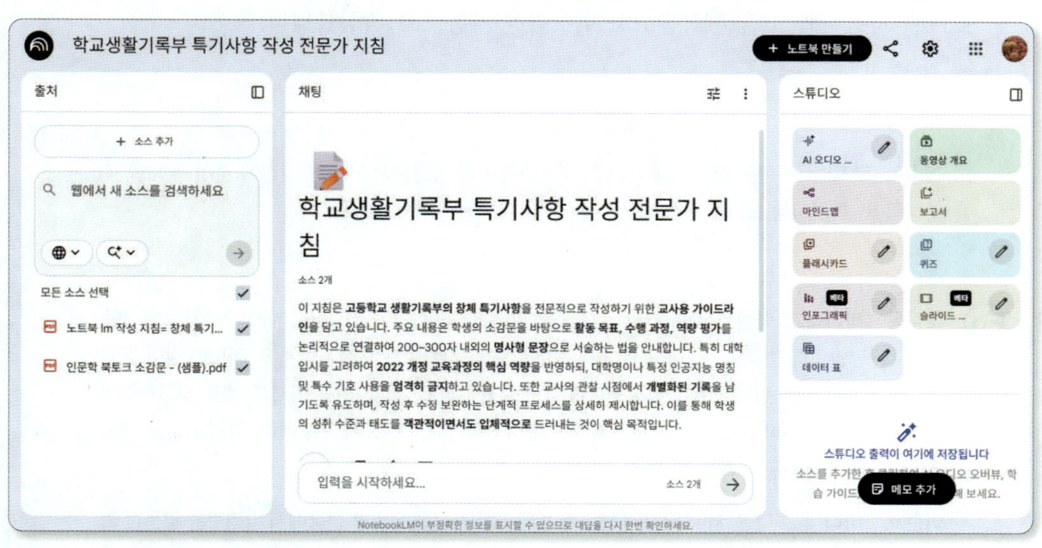

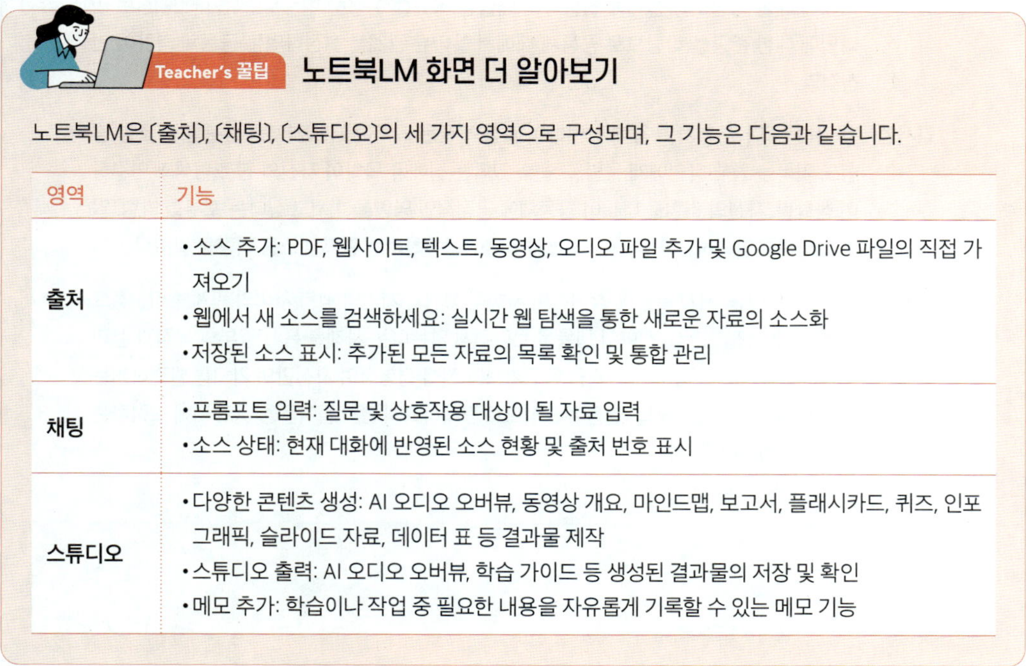

Teacher's 꿀팁 노트북LM 화면 더 알아보기

노트북LM은 〔출처〕, 〔채팅〕, 〔스튜디오〕의 세 가지 영역으로 구성되며, 그 기능은 다음과 같습니다.

영역	기능
출처	• 소스 추가: PDF, 웹사이트, 텍스트, 동영상, 오디오 파일 추가 및 Google Drive 파일의 직접 가져오기 • 웹에서 새 소스를 검색하세요: 실시간 웹 탐색을 통한 새로운 자료의 소스화 • 저장된 소스 표시: 추가된 모든 자료의 목록 확인 및 통합 관리
채팅	• 프롬프트 입력: 질문 및 상호작용 대상이 될 자료 입력 • 소스 상태: 현재 대화에 반영된 소스 현황 및 출처 번호 표시
스튜디오	• 다양한 콘텐츠 생성: AI 오디오 오버뷰, 동영상 개요, 마인드맵, 보고서, 플래시카드, 퀴즈, 인포그래픽, 슬라이드 자료, 데이터 표 등 결과물 제작 • 스튜디오 출력: AI 오디오 오버뷰, 학습 가이드 등 생성된 결과물의 저장 및 확인 • 메모 추가: 학습이나 작업 중 필요한 내용을 자유롭게 기록할 수 있는 메모 기능

STEP 4 프롬프트로 교과 세특 초안 만들기

01 〔채팅〕영역에 교과 세특 생성을 위해 다음과 같이 프롬프트를 입력하면, 노트북LM이 업로드된 지침서와 소감문을 참고하여 초안을 자동으로 생성합니다.

> '바나나 그 다음' 인문학 북토크를 듣고 작성한 소감문을 바탕으로 제공한 지침에 맞게 과목별 세부능력 및 특기사항 초안을 작성해줘.

홍길동 '바나나 그 다음' 인문학 저자 특강에 참여하여 낯선 환경에서의 경험이 지닌 가치를 탐색함. 편안함에 안주하기보다 고된 환경 속에서도 배움을 얻는 도전적인 삶의 태도에 깊이 공감함. 성장을 위해 새로운 활동을 주도적으로 계획하고 실천하려는 의지를 보임. 자기관리역량을 발휘하여 자신의 삶을 주체적으로 이끌어가려는 태도가 우수하며, 경험을 통해 배움을 얻는 습관을 체득하려는 모습이 인상적임.

이준호 '바나나 그 다음' 저자 특강에 참여하여 타인과 자신을 동일한 선상에서 바라보는 평등한 가치관을 고찰함. 고된 노동을 거쳐 목표를 달성한 사례를 통해 도전과 열정의 가치를 분석함. 미래에 대한 걱정보다 현재에 집중하며 대담한 목표를 설정하려는 주도적인 태도를 보임. 타인에 대한 존중을 바탕으로 공동체 내에서 올바른 관계를 설정하려는 공동체 역량이 인상적임.

김서연 '바나나 그 다음' 저자 특강에 참여하여 일상의 작은 기록이 지닌 가치를 탐구함. 사소한 경험도 기록을 통해 타인에게 울림을 줄 수 있다는 점에 주목하여 자신의 진로 탐색과 연결하여 성찰함. 자신의 경험을 나누어 공동체에 긍정적인 영향을 미치고 싶다는 포부를 밝힘. 일상의 의미를 발견하고 이를 타인과 효과적으로 공유하려는 협력적 소통 역량을 발휘함.

박지민 '바나나 그 다음' 저자 특강에 참여하여 사회적 성취와 개인의 행복 사이의 관계를 비판적으로 수용함. 특정 명문대 진학이 행복을 보장하지 않는다는 사례를 통해 공부의 목적과 삶의 우선순위를 재정립함. 정해진 길을 따르기보다 직접 경험하며 자신만의 가치를 발견하려는 성찰적 태도를 보임. 자신의 삶을 주도적으로 탐색하고 내면의 즐거움을 찾기 위해 노력하는 자기관리 역량이 돋보임.

02 다음 '검토 체크리스트'를 기준으로 노트북LM이 생성한 교과 세특 초안을 확인합니다. 문장 끝에 표시된 출처 번호(1)를 클릭하면 해당 근거가 좌측 〔소스 가이드〕에 표시되므로, 어떤 학생의 응답을 참고했는지 확인할 수 있습니다.

검토 체크리스트

☐ 학생 이름이 정확한가?

☐ 각 학생의 개별적 특성이 드러나는가?

☐ 소감문의 내용이 제대로 반영되었는가?

☐ 문체와 분량이 적절한가?

☐ 핵심 역량이 포함되어 있는가?

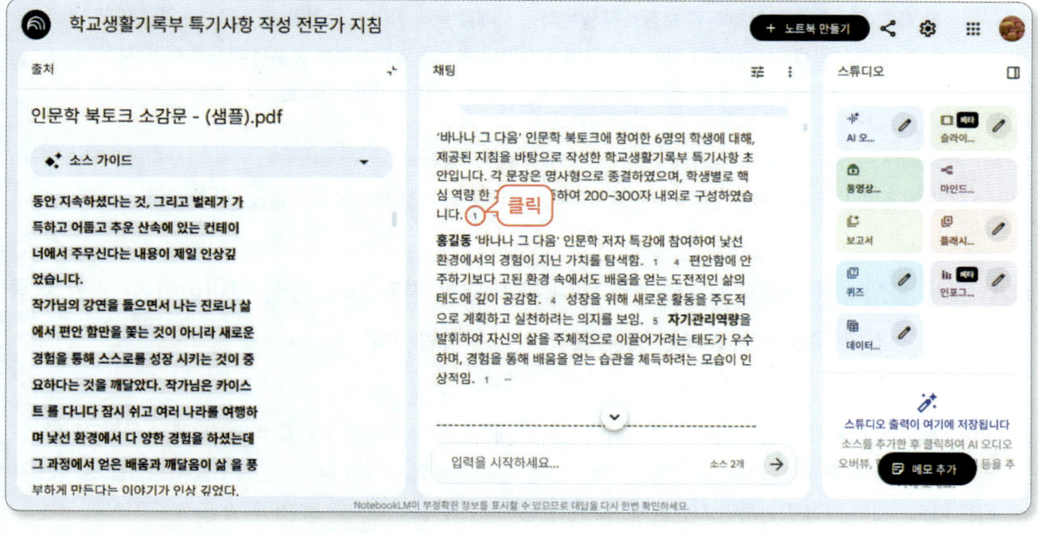

03 수정이 필요한 경우 프롬프트를 추가로 입력해 초안을 다듬을 수 있습니다. 예를 들어, 역량 명칭이나 형식적 표현이 과하면 한 번만 언급하거나, 역량을 직접 쓰지 말고 학생의 행동·결과로 풀어 쓰면 자연스럽습니다.

> 짧은 특기사항이다 보니 역량 명칭을 그대로 쓰기 보다는 생략하는 편이 자연스러울 거 같아. 역량은 1개만 포함하거나 구체적인 언급 없이 작성해줘.

〔학생명: 박지민〕

'바나나 그 다음' 저자 특강에 참여하여 사회적 성취와 개인의 행복 사이의 관계를 비판적으로 수용함. 특정 명문대 진학이 행복을 보장하지 않는다는 사례를 통해 공부의 목적과 삶의 우선순위를 재정립함. 정해진 길을 따르기보다 직접 경험하며 자신만의 가치를 발견하려는 성찰적 태도를 보임. 자신의 삶을 주도적으로 탐색하고 내면의 즐거움을 찾기 위해 노력하는 모습을 보임.

note 초안에 있던 '노력하는 자기관리 역량이 돋보임'이 '노력하는 모습을 보임'으로 수정됩니다.

04 교사는 생성된 초안에서 과도한 수식어나 막연한 평가 표현 등을 정리하여 학생 활동 중심의 간결한 문장으로 최종으로 검토하고 마무리합니다.

> '바나나 그 다음' 저자 특강에 참여하여 사회적 성취와 개인의 행복 사이의 관계를 ~~비판적으로 수용함~~ 고민함. 특정 명문대 진학이 행복을 보장하지 않는다는 사례를 통해 공부의 목적과 삶의 우선순위를 재정립함. 정해진 길을 따르기보다 직접 경험하며 자신만의 가치를 발견하려는 ~~성찰적 태도를 보임~~ 의지를 드러냄. 자신의 삶을 주도적으로 탐색하고 내면의 즐거움을 찾기 위해 노력하는 모습을 보임.

note '비판적으로 수용함'처럼 과도한 평가 표현은 '고민함'으로 완화하고, '성찰적 태도를 보임'처럼 추상적 평가는 '의지를 드러냄'처럼 구체적 행동으로 수정해 문장을 정리합니다.

작업 효율을 높이는 배지 처리와 메모 저장

학생 수가 많을 때는 채팅에서 10~15명씩 나눠 초안을 생성하고, 결과는 〔메모에 저장〕 해두면 다시 찾아 수정·보완하기 쉽습니다. 저장한 메모는 우측 〔스튜디오〕의 〔메모〕에서 확인할 수 있습니다. 또 초안을 문서로 옮길 때는 〔채팅〕 창에 '출처를 빼고 다시 작성해줘'처럼 요청하면 출처 번호가 빠져서 복사하기 편리합니다.

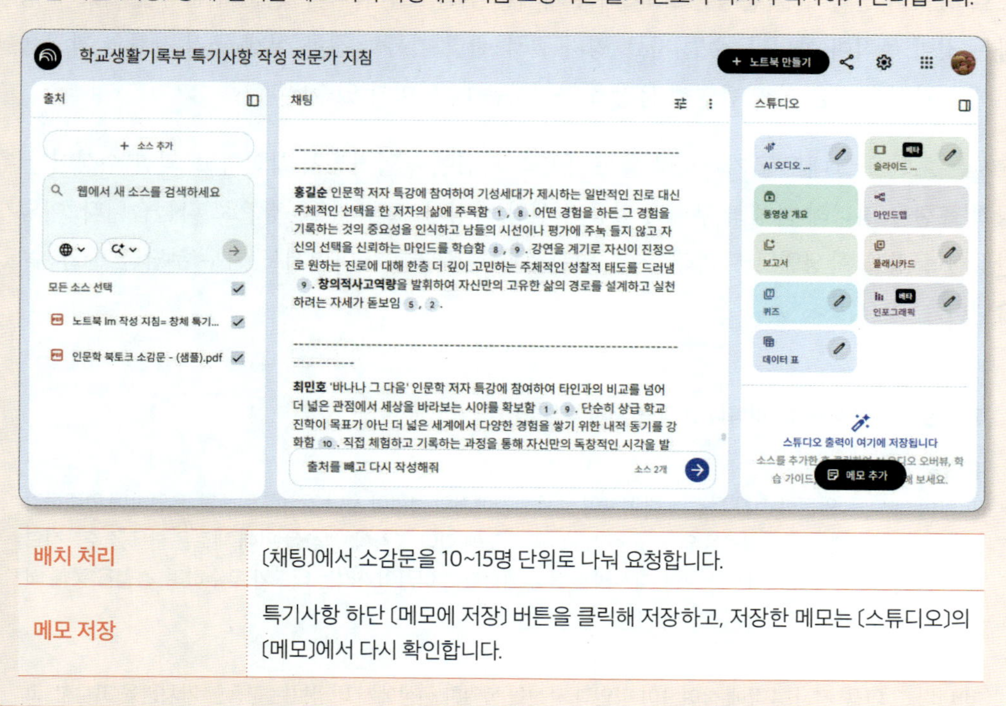

배치 처리	〔채팅〕에서 소감문을 10~15명 단위로 나눠 요청합니다.
메모 저장	특기사항 하단 〔메모에 저장〕 버튼을 클릭해 저장하고, 저장한 메모는 〔스튜디오〕의 〔메모〕에서 다시 확인합니다.

노트북LM으로 작성한 교과 세특 초안

노트북LM이 만들어 준 문장은 교과 세특 기재를 위한 초안입니다. 단순히 문장을 빠르게 생성하는 것이 목적이 아니라, 수업 자료·평가 결과·관찰 기록과 같은 실제 근거 자료와 학교생활기록부 기재 지침을 함께 반영해 문장을 구성하는 데 의미가 있습니다.

교사는 초안을 그대로 옮기기보다 활동 내용과 지침에 부합하는지 확인하고, 과한 수식어나 추상적 표현을 정리해 학생의 구체적 활동과 성장 과정이 드러나는 문장으로 다듬습니다. 이렇게 완성한 문장을 학생별로 관리해 두면, 일관성과 신뢰도를 높이면서도 업무 부담을 줄일 수 있습니다.

활동명: 인문학 북토크 - 바나나 그 다음(저자 박성호)

홍길동

'바나나 그 다음' 인문학 저자 특강에 참여하여 낯선 환경에서의 경험이 지닌 가치를 탐색함. 편안함에 안주하기보다 고된 환경 속에서도 배움을 얻는 도전적인 삶의 태도에 깊이 공감함. 성장을 위해 새로운 활동을 주도적으로 계획하고 실천하려는 의지를 보임. 자신의 삶을 주체적으로 이끌어가려는 태도가 우수하며, 경험을 통해 배움을 얻는 습관을 체득하려는 모습이 인상적임.

이준호

'바나나 그 다음' 저자 특강에 참여하여 타인과 자신을 동일한 선상에서 바라보는 평등한 가치관을 고찰함. 고된 노동을 거쳐 목표를 달성한 사례를 통해 도전과 열정의 가치를 분석함. 미래에 대한 걱정보다 현재에 집중하며 대담한 목표를 설정하려는 주도적인 태도를 보임. 타인에 대한 존중을 바탕으로 공동체 내에서 올바른 관계를 설정하려는 태도가 인상적임.

김서연

'바나나 그 다음' 저자 특강에 참여하여 일상의 작은 기록이 지닌 가치를 탐구함. 사소한 경험도 기록을 통해 타인에게 울림을 줄 수 있다는 점에 주목하여 자신의 진로 탐색과 연결하여 성찰함. 자신의 경험을 나누어 공동체에 긍정적인 영향을 미치고 싶다는 포부를 밝힘. 일상의 의미를 발견하고 이를 타인과 효과적으로 공유하려는 소통 역량을 발휘함.

박지민

'바나나 그 다음' 저자 특강에 참여하여 사회적 성취와 개인의 행복 사이의 관계를 고민함. 특정 명문대 진학이 행복을 보장하지 않는다는 사례를 통해 공부의 목적과 삶의 우선순위를 재정립함. 정해진 길을 따르기보다 직접 경험하며 자신만의 가치를 발견하려는 의지를 드러냄. 자신의 삶을 주도적으로 탐색하고 내면의 즐거움을 찾기 위해 노력하는 모습을 보임.

노트북LM을 활용하면 여러 학생의 세부능력 및 특기사항 초안을 빠르게 확보할 수 있어 업무 부담을 줄이면서도 기록의 완성도를 높이는 데 도움이 됩니다. 또한 이러한 방식은 다양한 수업, 프로젝트, 학교 활동에 적용해 활용할 수 있습니다.

단순히 결과물을 받아 쓰는 것이 아니라, AI가 만든 초안을 검토·수정하고 교사의 교육적 판단을 더하는 과정에서 AI의 강점과 한계를 함께 파악할 수 있습니다. 이러한 경험은 이후 다양한 교육 현장에서 AI 도구를 목적에 맞게 활용하는 역량으로 이어집니다.

- ☑ 학생별 맞춤형 교과 세특 작성
- ☑ AI 협업 기반 교사 업무 효율성 향상
- ☑ 일관된 문체와 완성도 높은 학교생활기록부 작성
- ☑ 학생 관찰 및 평가에 집중할 수 있는 시간 확보

+ PLUS 자료실

패들렛 테이블 형식과 노트북LM 활용 방법 안내 영상을 제공합니다. QR 코드를 스캔해서 바로 활용해 보세요.

Part

4

AI로 가볍게 끝내는
학교 행사 기획 및 행정 업무

쏟아지는 공문 처리와 보고서 작성 때문에 수업 준비는 퇴근 후로 미뤄본 경험이 있나요? 행정 업무에 치여 학생들 한 명 한 명과 눈을 맞추며 깊이 있는 대화를 나누지 못했던 순간들도 분명 있었을 겁니다. AI·에듀테크 도구는 이런 반복적인 업무를 줄여주는 데 도움이 됩니다. 이 챕터에서는 교사가 자신의 시간을 더 가치 있는 곳에 쓸 수 있도록 돕는 활용법을 소개합니다.

학교 행사 및
연수 운영

학교 행사와 연수 운영은 안내·기획·홍보까지 할 일이 많아질수록 정보가 흩어지고 업무가 늘어납니다. 이 챕터에서는 노션, 패들렛, 캔바를 활용해 가장 효율적인 방식으로 공지를 정리하고 아이디어를 수집하며 안내 자료를 빠르게 완성하는 방법을 소개합니다. 메신저를 뒤지거나 '다시 보내주세요'에 반복 대응하는 시간을 줄이고, 행사 및 연수 운영을 더 가볍게 만드는 것이 목표입니다.

노션으로
스마트한 온라인 교무실 만들기

에듀테크 도구 Notion

교내 공지와 업무 요청은 대부분 메신저로 전달되는데, 수업을 다녀오면 메시지가 한꺼번에 쌓여 필요한 파일을 다시 찾기 어려울 때가 많습니다. 이 경우 노션(Notion)에 부서별 안내 문서와 링크를 정리해 두면 담당자가 쉽게 확인할 수 있어 재전송 요청이 줄어듭니다. 특히 노션은 캘린더, 데이터베이스, 자료 모음 등을 원하는 구조로 구성할 수 있어 온라인 교무실처럼 운영하기에 적합합니다.

업무 준비 노션 가입하고 새 페이지 추가하기

학교 행사와 연수 안내를 체계적으로 관리하려면, 먼저 기록을 남길 '공간'부터 준비해야 합니다. 여기에서는 노션에 가입하고 새 페이지를 생성해 온라인 교무실의 기본 틀을 만드는 과정을 안내합니다.

STEP 1 노션 가입하기

01 노션은 기본 기능만으로도 학교 업무 정리에 충분하기 때문에 가입 단계에서는 별도 결제없이 무료 플랜으로 시작합니다. 노션 웹사이트(notion.com/ko)에 접속한 뒤〔Notion 무료 체험하기〕버튼을 클릭합니다.

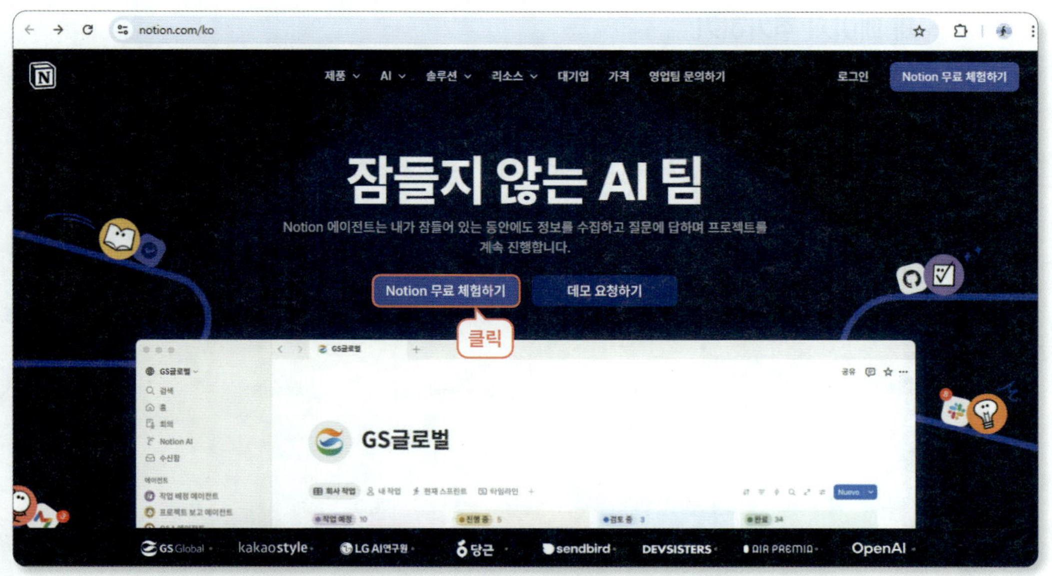

02 기존 계정을 이용해 바로 로그인하거나, 업무용 이메일을 입력하여 새 계정을 만들 수도 있습니다. 화면 하단의 〔계속〕 버튼을 누른 후 사용 목적 중 하나를 선택합니다. 여기에서 는 온라인 교무실을 만들고 활용하기 위해 〔업무용〕을 선택하고 〔계속하기〕 버튼을 클릭 합니다.

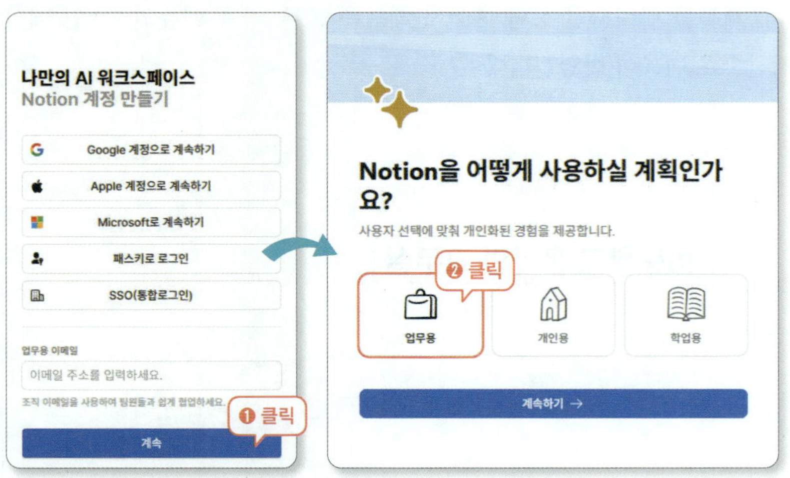

note 교사 개인 용도라면 〔업무용〕 또는 〔개인용〕을 선택하면 됩니다. 〔업무용〕을 선택하면 팀원 추가도 가능합니다. 반면, 〔학업용〕은 여러 선생님들이 함께 사용하는 것으로 유료 요금이 발생할 수 있습니다.

STEP 2 새 페이지 추가하기

01 온라인 교무실을 만들기 위해 좌측 메뉴의 〔개인 페이지〕 아래 〔+ 새 페이지 추가〕를 클릭합니다. 이어지는 팝업창에서 〔빈 페이지〕를 선택하여 새로운 작업 공간을 생성합니다.

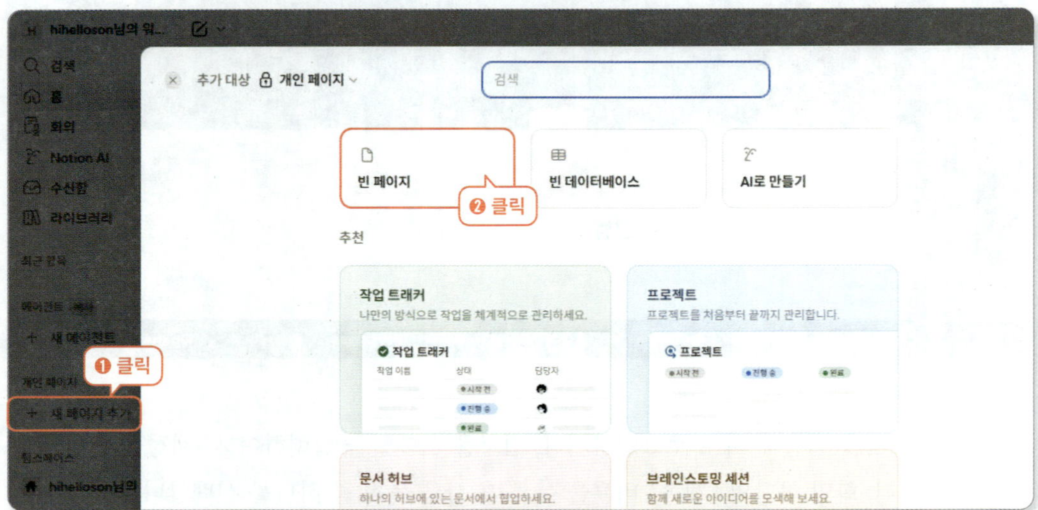

02 생성된 화면의 '새 페이지' 영역을 클릭한 뒤, '00중학교 온라인 교무실'과 같이 원하는 이름을 입력합니다. 제목을 입력하면 상단 페이지 제목은 물론, 좌측 메뉴의 〔개인 페이지〕 목록에도 실시간으로 이름이 반영됩니다.

note 제목 근처에 마우스를 올리면 〔아이콘 추가〕, 〔커버 추가〕, 〔댓글 추가〕가 나타납니다. 이를 활용해 페이지 상단을 꾸밀 수 있습니다.

맞춤형 협업 공간 완성하기

효과적인 온라인 교무실을 운영하려면 학사 일정, 부서별 업무 안내, 각종 파일과 서식 등 학교 자료를 한곳에 정리해 두는 것이 좋습니다. 자료를 체계적으로 구조화하면 필요한 문서를 빠르게 찾을 수 있고, 공지사항과 부서별 업무 대시보드를 분리하면 정보가 시각적으로 정리되어 업무 접근성이 높아집니다.

STEP 1 학사일정 캘린더 만들기

01 각 부서에서 기획한 월중 행사 계획들을 캘린터로 정리하면 어떤 부서가 언제 행사를 진행하는지 한눈에 확인할 수 있습니다. 일정 관리용 캘린더를 삽입하려면 제목 아래 빈 공간을 클릭해 명령어 입력창을 엽니다. 여기에서 '/캘린더'를 입력하여 〔캘린더 보기〕 블록이 나타나면, 이를 클릭합니다.

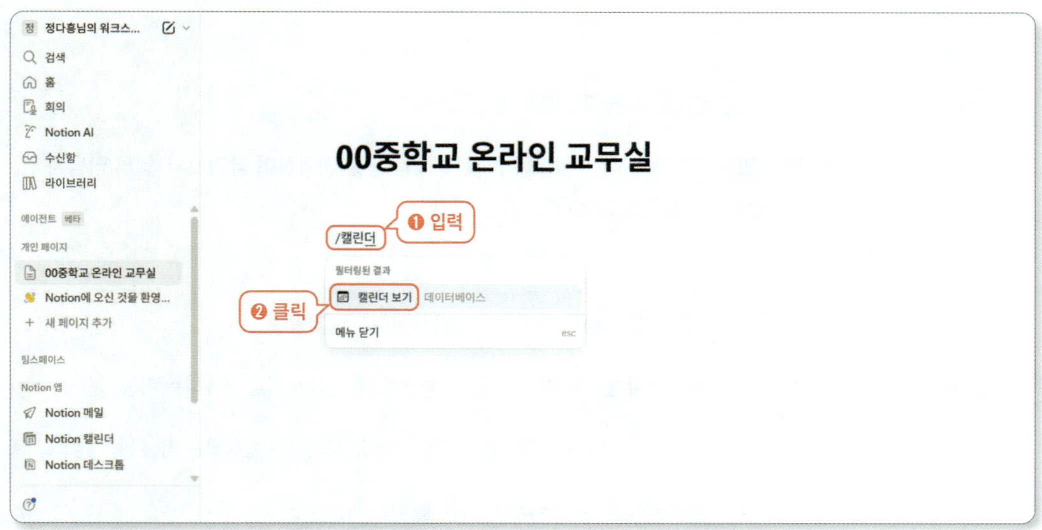

note 노션에서 AI 기능은 '스페이스 키'로, 명령어는 '/'로 실행할 수 있습니다.

02 기본 캘린더가 페이지에 추가되면, 이제 일정을 입력해 학사일정을 체계적으로 정리할 수 있습니다.

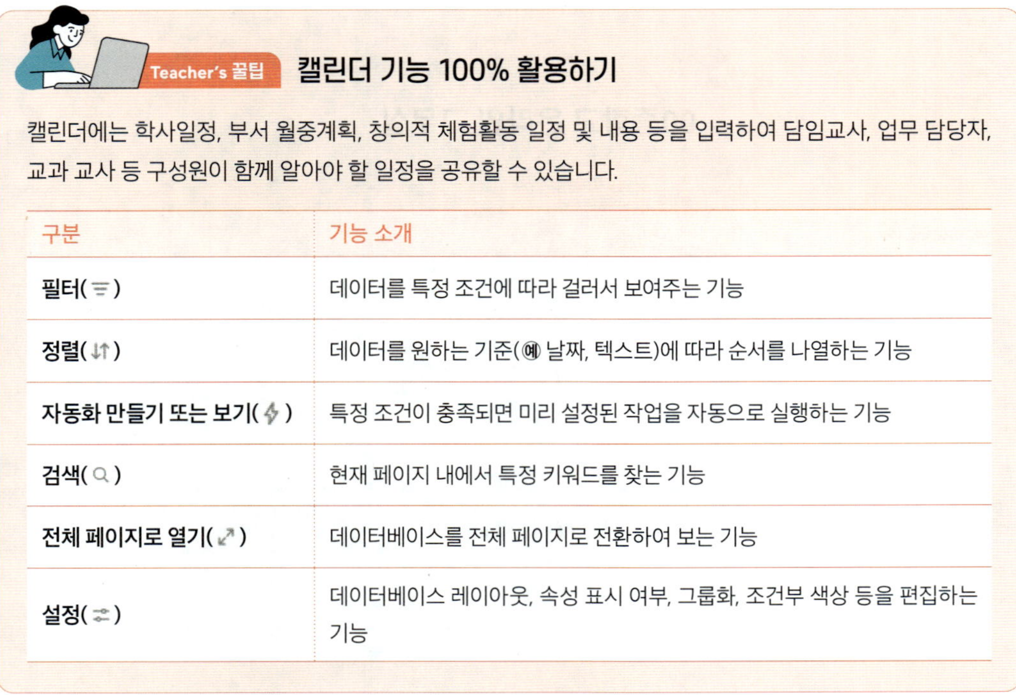

캘린더 기능 100% 활용하기

캘린더에는 학사일정, 부서 월중계획, 창의적 체험활동 일정 및 내용 등을 입력하여 담임교사, 업무 담당자, 교과 교사 등 구성원이 함께 알아야 할 일정을 공유할 수 있습니다.

구분	기능 소개
필터(≡)	데이터를 특정 조건에 따라 걸러서 보여주는 기능
정렬(↓↑)	데이터를 원하는 기준(예 날짜, 텍스트)에 따라 순서를 나열하는 기능
자동화 만들기 또는 보기(⚡)	특정 조건이 충족되면 미리 설정된 작업을 자동으로 실행하는 기능
검색(🔍)	현재 페이지 내에서 특정 키워드를 찾는 기능
전체 페이지로 열기(⬈)	데이터베이스를 전체 페이지로 전환하여 보는 기능
설정(⚬)	데이터베이스 레이아웃, 속성 표시 여부, 그룹화, 조건부 색상 등을 편집하는 기능

01 화면 상단에 회색 글씨로 표시된 '새 데이터베이스'에 '학사일정'을 입력해 제목을 변경합니다. 이후 일정을 추가할 날짜에 마우스를 올리면 왼쪽 상단에 항목 추가(+) 아이콘이 나타나며, 이를 클릭해 일정을 입력합니다.

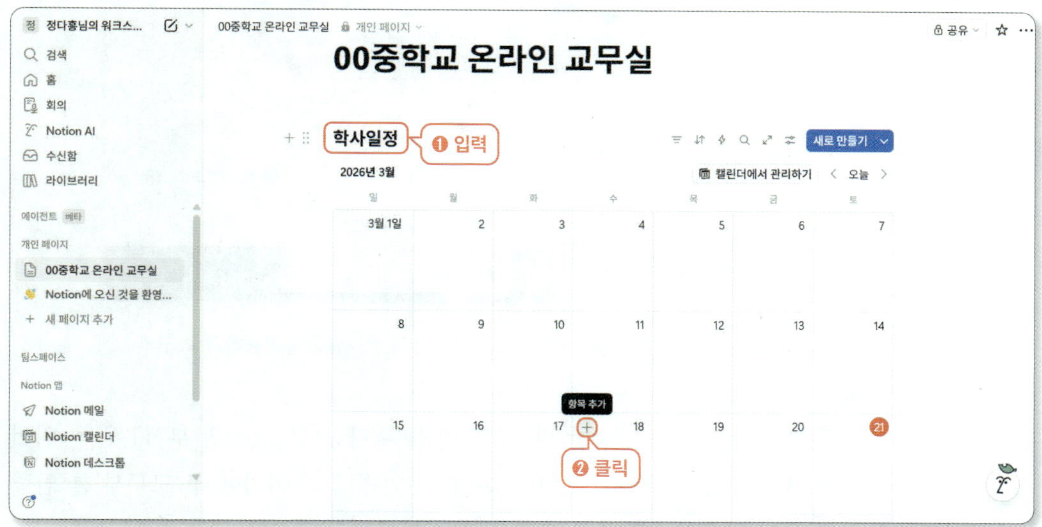

02 새 창이 열리면 제목 입력란에 회색 글씨로 표시된 '새 페이지'를 클릭한 뒤 '학부모 총회'를 입력합니다. 이어서 화면에 표시된 날짜도 확인합니다.

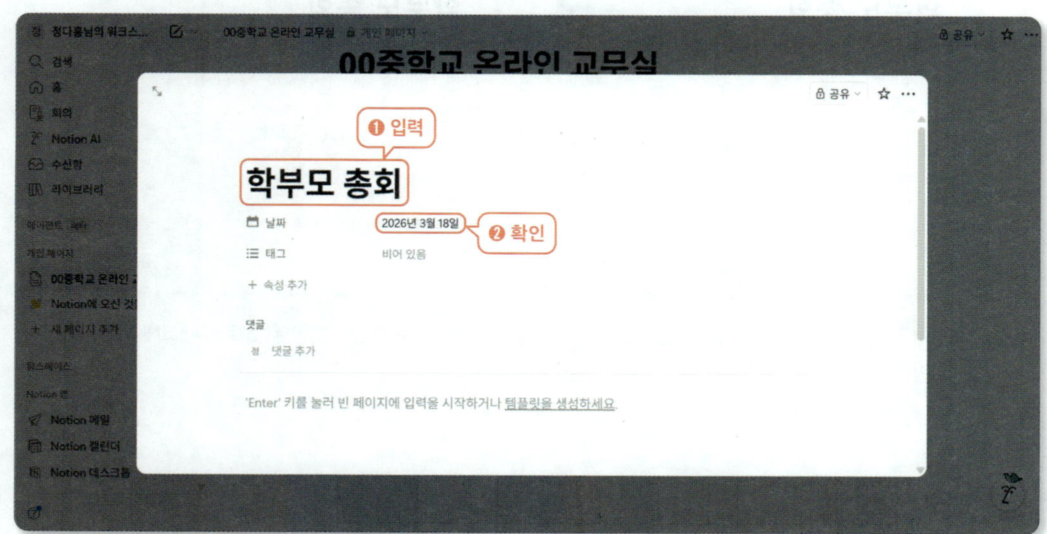

03 일정의 담당 부서를 구분할 수 있도록 속성 이름을 변경합니다. 화면에 〔태그〕로 표시된 부분을 클릭한 뒤 〔이름 바꾸기〕를 선택하고 속성명을 '주관 부서'로 변경합니다. 이어서 〔유형〕은 〔다중 선택〕을 선택합니다.

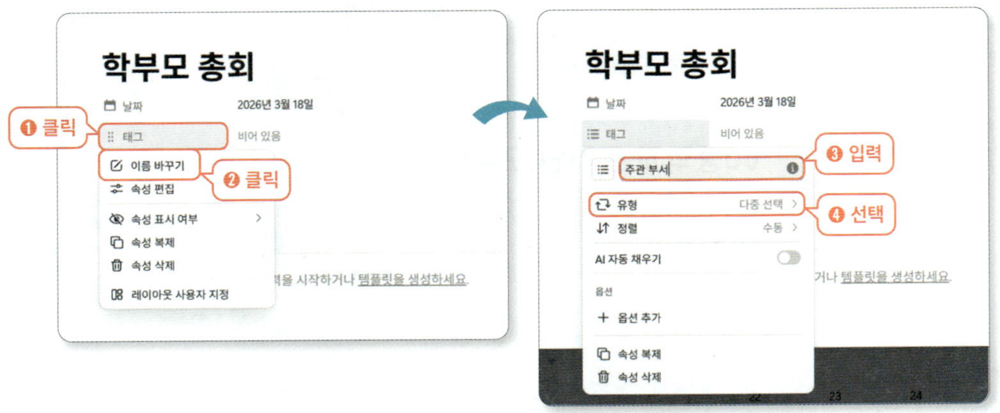

note '다중 선택' 유형은 여러 부서를 동시에 지정할 수 있어, 주관 부서가 복수인 일정에 활용하기 좋습니다.

04 주관 부서 항목에서 각 일정을 담당할 세부 부서명을 추가합니다. 〔주관 부서〕 우측 '비어 있음'을 클릭하면 옵션을 선택하거나 새로 만들 수 있습니다. 여기에서 '교무부'를 입력한 뒤 〔생성〕을 누르면 옵션으로 등록되며, 필요한 부서는 같은 방식으로 추가합니다.

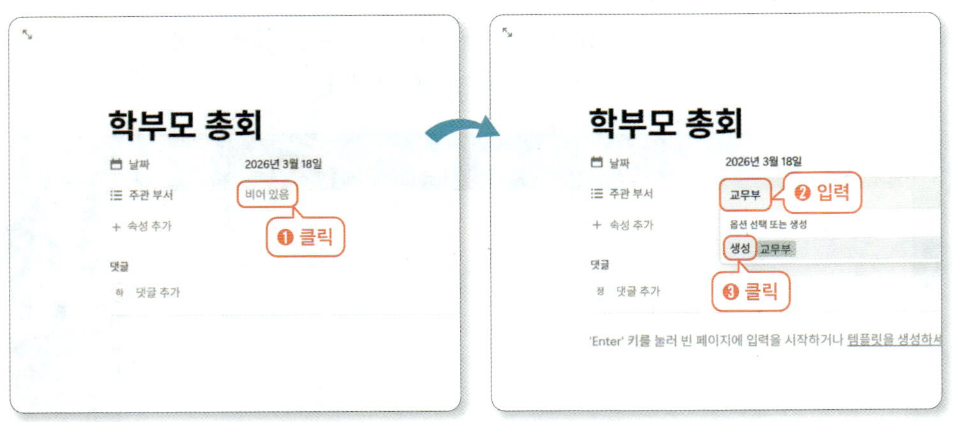

note 〔속성 추가〕를 눌러 상태, 이메일 등 필요한 속성을 더할 수 있으며, 속성 순서는 마우스로 드래그해 자유롭게 정렬할 수 있습니다.

05 일정이 어느 교시에 운영되는지 표시하려면 〔속성 추가〕 버튼을 클릭하여 새 속성을 만듭니다. 이름은 '교시'로 변경하고, 유형은 〔다중선택〕으로 선택한 다음 〔옵션 추가〕를 클릭합니다.

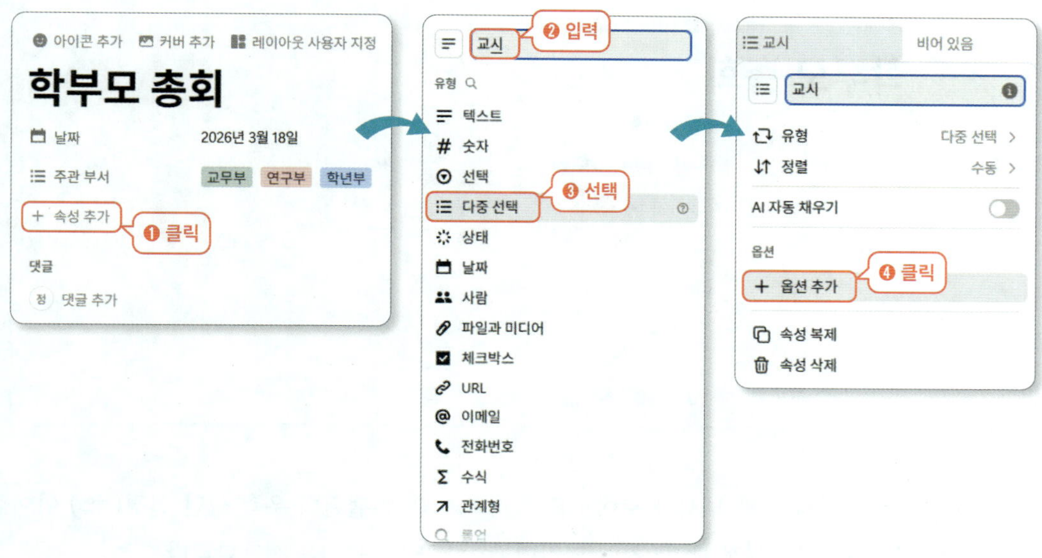

06 1~6교시를 각각 등록하려면 〔옵션 추가〕를 눌러 옵션 입력칸을 만든 뒤, '1'을 입력한 다음 Enter 키를 누릅니다. 동일한 방식으로 '2', '3', '4', '5', '6'까지 입력하면 아래쪽 목록에 옵션이 자동으로 추가되며, 각 항목은 서로 다른 색상으로 구분됩니다.

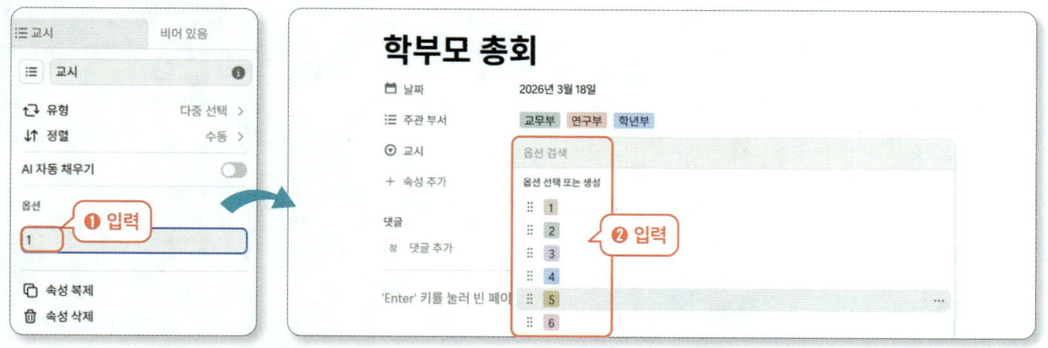

note 생성된 옵션의 우측 더 보기(⋯)를 클릭하면, 옵션명을 변경하거나 삭제할 수 있고, 색도 변경할 수 있습니다.

07 '학부모 총회' 페이지 제목 아래에 〔날짜〕, 〔주관 부서〕, 〔교시〕 정보가 모두 표시되며, 이 화면이 캘린더의 기본 형태가 됩니다.

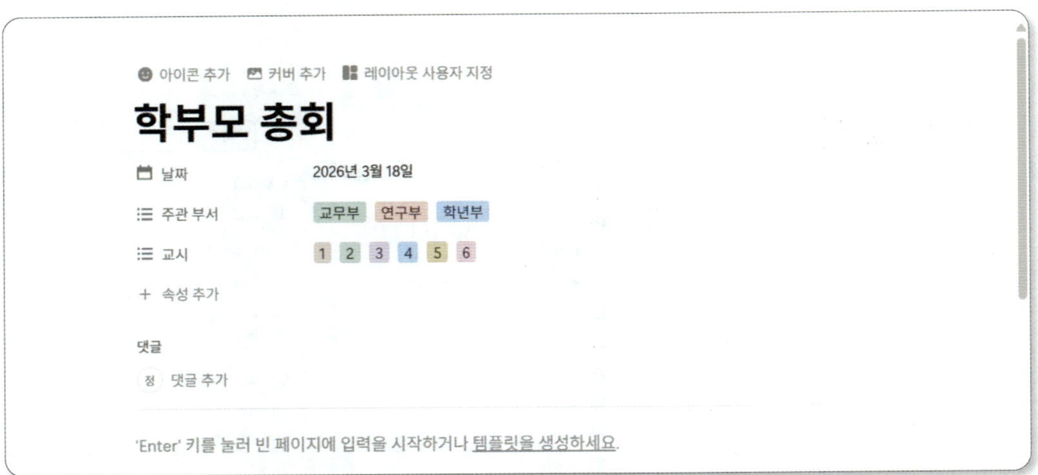

08 캘린더 화면에서 주관 부서가 보이도록 설정하기 위해 캘린더 우측 상단 설정(⚙) 아이콘을 클릭합니다. 〔설정 보기〕 창이 열리면 〔속성 표시 여부〕를 선택합니다.

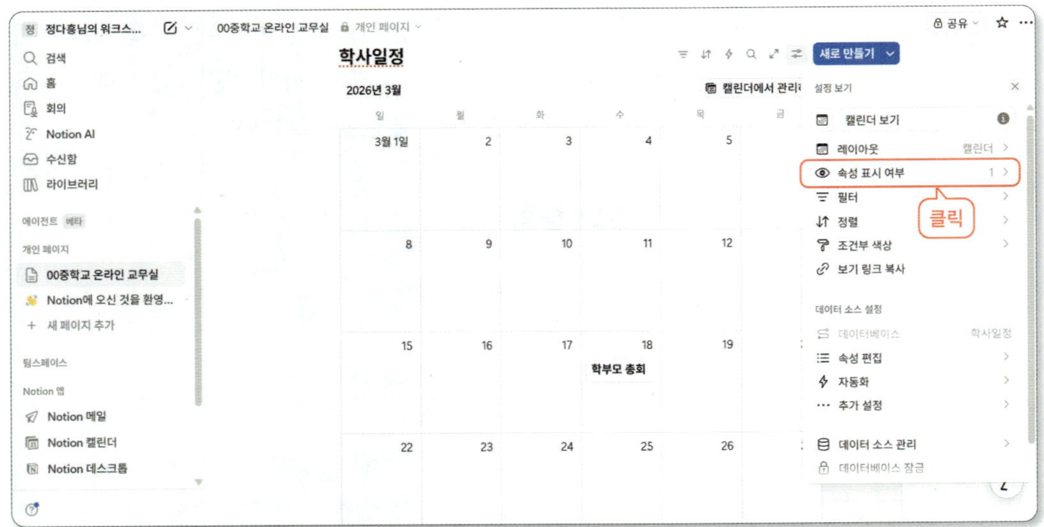

 Chapter 01 학교 행사 및 연수 운영

09 〔속성 표시 여부〕 창에서 〔교시〕와 〔주관 부서〕를 찾아 각 항목 우측 표시하기(◉) 아이 콘을 클릭하여 활성화합니다.

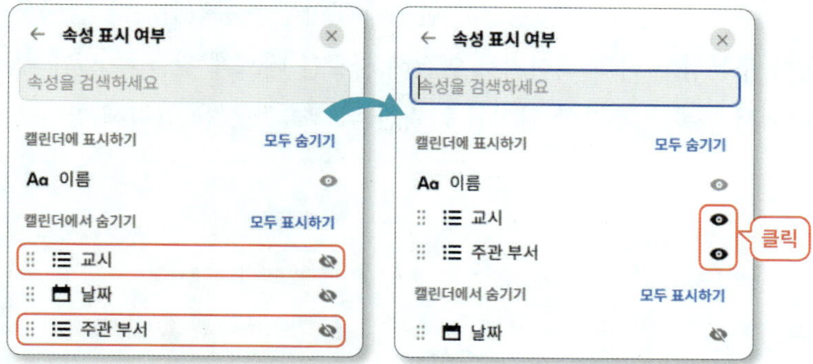

10 설정한 교시와 주관 부서가 캘린더에 반영된 것을 확인할 수 있습니다. 동일한 방법으로 다른 행사와 학교 일정을 추가하면, 학사일정을 한눈에 체계적으로 관리할 수 있습니다.

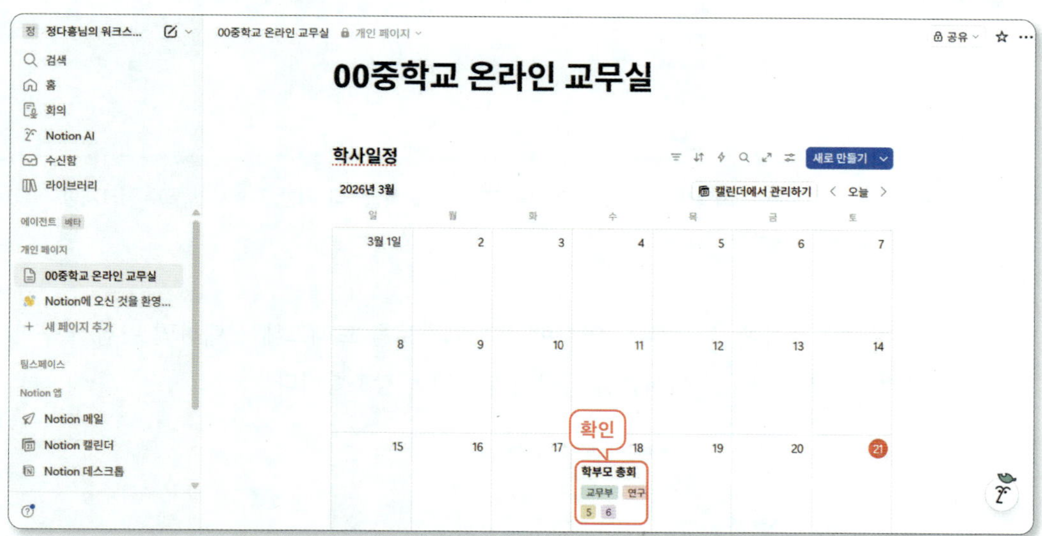

01 부서별 업무 자료실은 자주 쓰는 문서·파일·링크를 한곳에 모아두는 공간입니다. 콜아웃 블록으로 부서별 항목을 구분하고 하위 페이지로 연결해 자료를 빠르게 찾을 수 있게 구성합니다. 캘린더 아래에서 블록을 추가할 위치를 클릭한 뒤 '/콜아웃'을 입력해 콜아웃 블록을 삽입합니다.

note 콜아웃(Callout)은 아이콘과 배경색으로 중요한 안내를 강조하는 블록입니다. 기한, 주의사항, 필수 링크처럼 꼭 확인해야 하는 정보에 활용하는 것을 추천합니다.

02 삽입한 콜아웃 블록에 '교무부'를 입력합니다. 텍스트를 드래그해 선택하면 편집 도구가 나타나며 여기서 굵게(B) 아이콘을 클릭해 부서명을 강조합니다.

03 부서 자료를 주제별로 분리해 정리하고, 필요할 때 바로 찾아볼 수 있도록 '교무부' 아래에 하위 페이지를 추가합니다. '교무부' 콜아웃 블록 아래에서 블록을 추가할 위치를 클릭한 뒤 '/페이지'를 입력해 새 페이지를 만듭니다. 생성된 새 페이지 제목에 '전결규정'을 입력합니다.

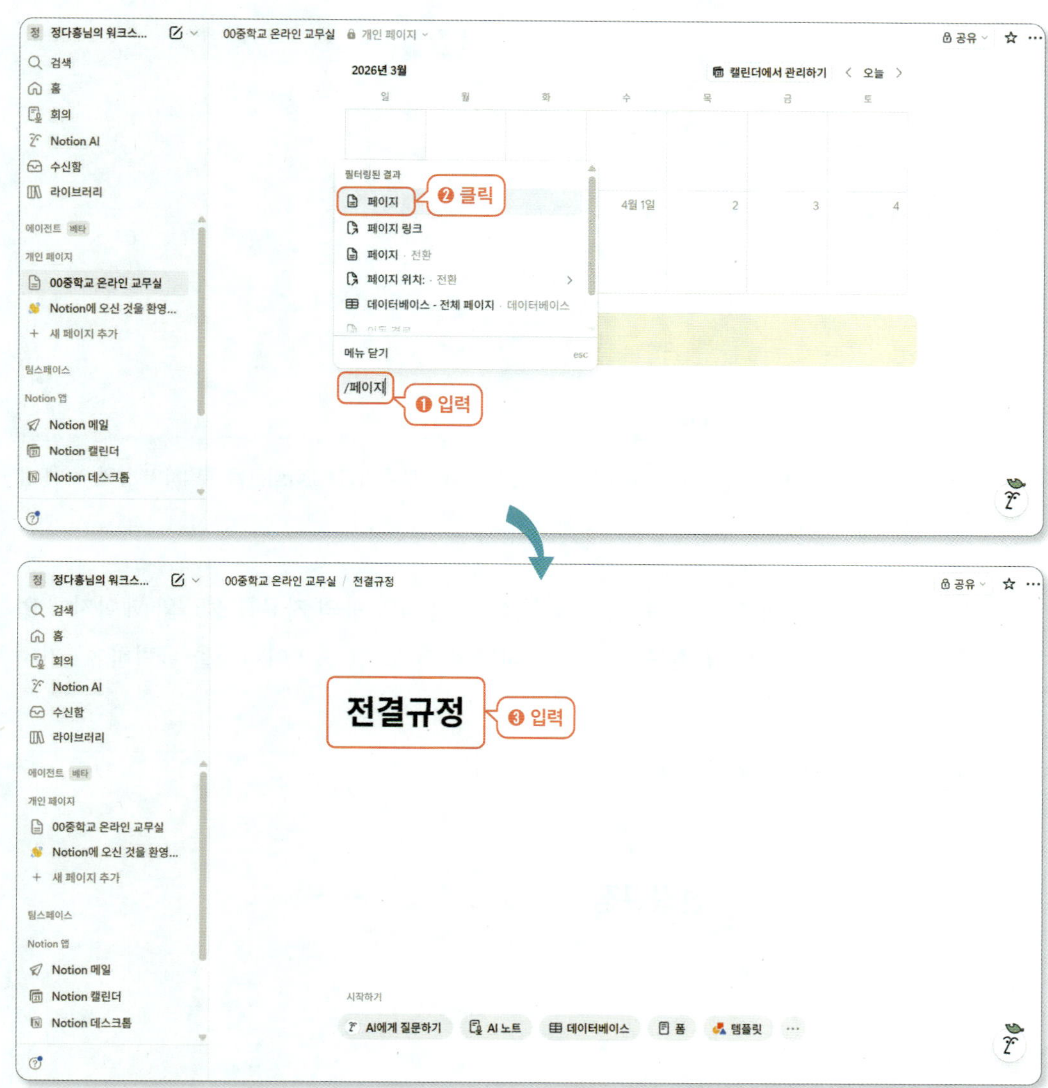

04 하위 페이지를 더 추가하려면 화면 상단의 〔00중학교 온라인 교무실〕을 눌러 상위 페이지로 돌아가서 추가합니다. 내선번호, 업무분장 등의 하위 페이지를 생성합니다.

note 좌측 메뉴 목록에서 〔00중학교 온라인 교무실〕 우측의 하위 페이지 추가(+) 아이콘을 클릭하여 하위 페이지를 추가할 수도 있습니다.

05 이미 가지고 있는 PDF, 워드 문서, 구글 독스, 엑셀 파일 등의 자료를 불러와 페이지에 업로드합니다. 새로 만든 '전결규정' 페이지 하단의 더 보기(...) 아이콘을 클릭하여 〔가져오기〕를 선택합니다.

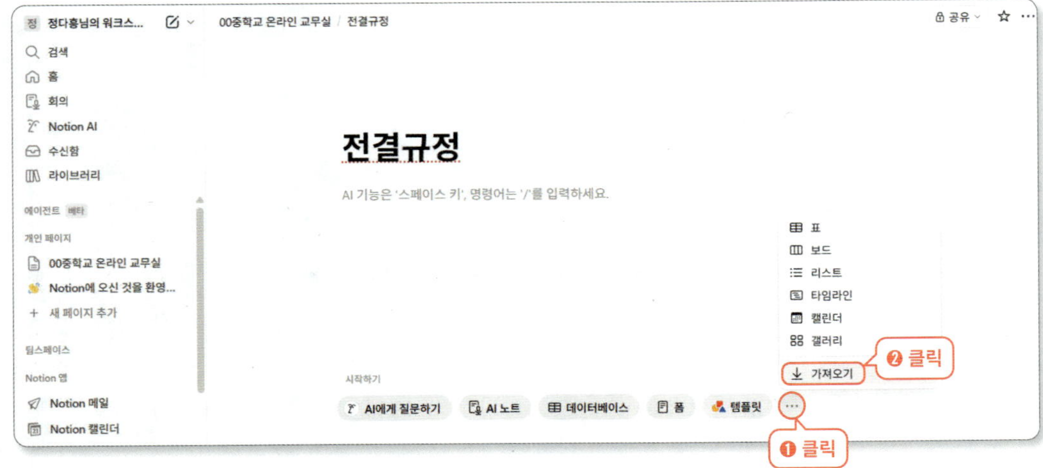

01 노션의 공유 기능을 활용해 각 부서 담당자가 직접 내용을 수정할 수 있도록 권한을 부여할 수 있습니다. 페이지 우측 상단의 〔공유〕 버튼을 누르고, 팝업창이 뜨면 하단의 〔일반 사용 권한〕에서 〔링크가 있는 웹의 모든 사용자〕를 클릭합니다.

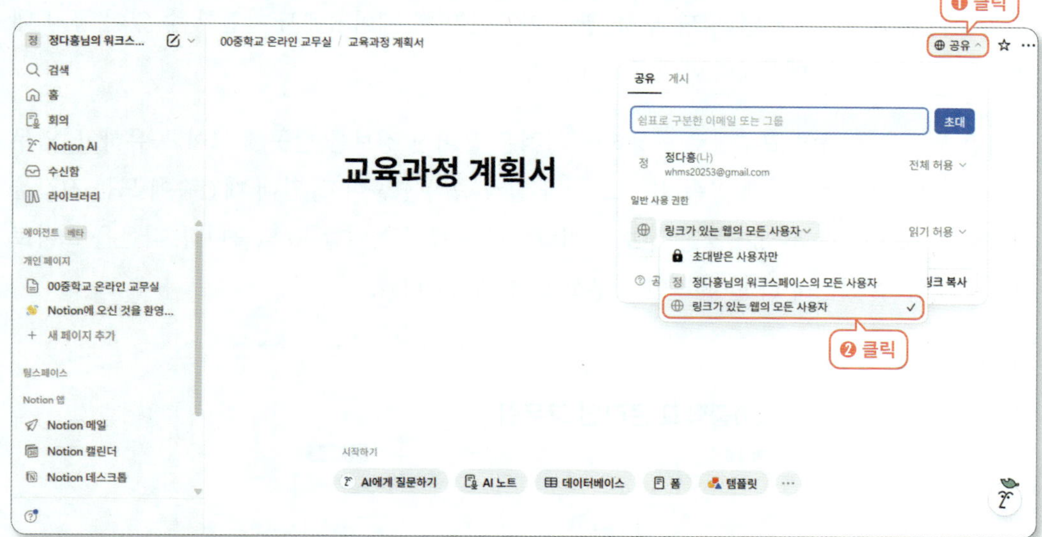

02 〔링크가 있는 웹의 모든 사용자〕 우측의 권한 설정 드롭다운 버튼를 클릭하여 〔편집 허용〕을 선택하면 노션 계정이 있는 모든 사용자가 이 페이지를 편집할 수 있습니다.

note 공개 링크 공유 시 보안이 걱정된다면 [편집 허용]을 활성화하는 대신, 상단 이메일 입력란에 협업할 선생님의 이메일을 입력하고 [초대] 버튼을 클릭합니다. 이렇게 하면 초대받은 특정 인원만 해당 페이지를 편집할 수 있어 더욱 안전합니다.

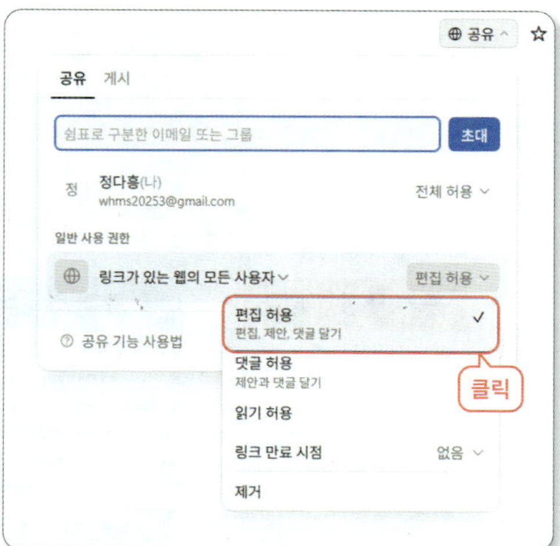

주요 일정과 자료를 공유하는 온라인 교무실

노션에서 학사일정을 캘린더 보기로 구성하면 월별 일정을 한눈에 확인할 수 있습니다. 각 일정 카드를 클릭하면 행사명, 담당 부서, 관련 자료까지 한 페이지에서 확인할 수 있어 공지 내용을 다시 찾기 위해 메신저를 재확인할 필요가 없습니다.

이처럼 노션을 온라인 교무실로 활용하는 목적은 흩어진 정보를 한곳에 모아 공유하고, 업무 흐름을 기록으로 남기는 데 있습니다. 그 결과 일정 중복을 줄이고, 안내 재전송에 드는 시간을 절약하며, 교원과 각 부서가 같은 정보를 기반으로 빠르게 협업할 수 있습니다. 다음은 스마트하게 운영할 수 있는 우리 반 온라인 교무실 모습 예시입니다.

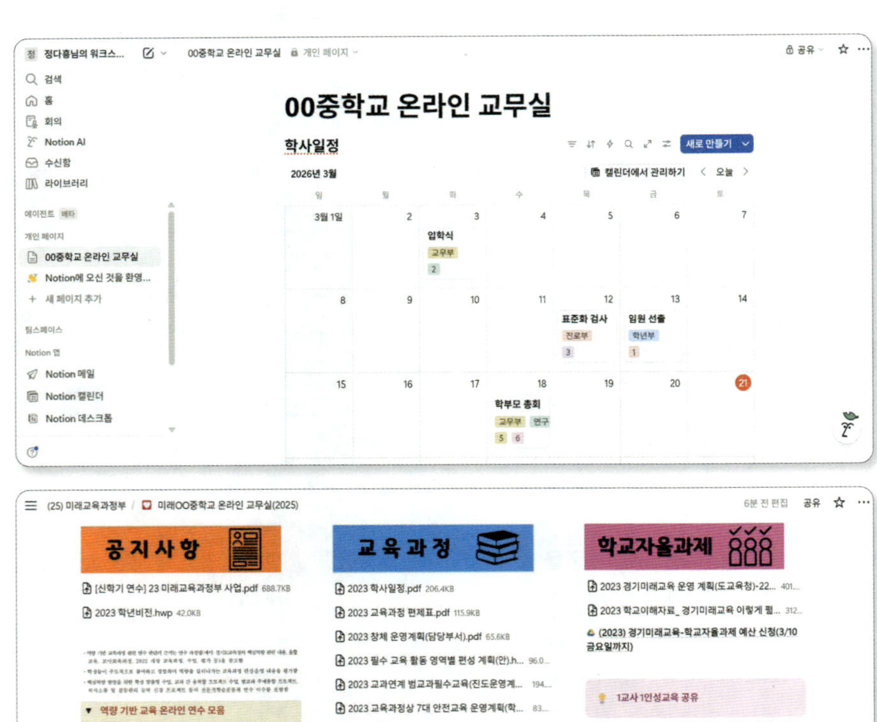

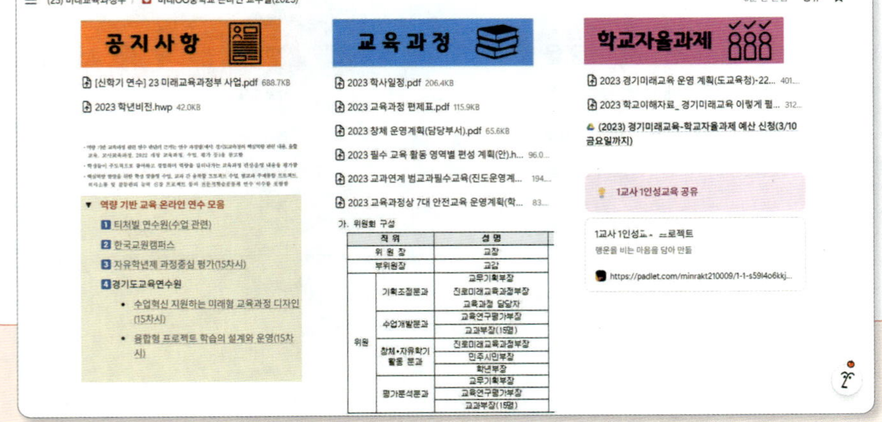

노션으로 구축한 온라인 교무실은 교내 교사용 홈페이지뿐만 아니라 학급·학년 홈페이지로도 쉽게 확장하여 활용할 수 있습니다. 학급 활동 사진을 모아 '앨범(e북 형태)'으로 꾸미거나 자료실, 과제 게시판, 협업 공간 등으로 재구성할 수 있습니다. 노션은 블록 기반으로 페이지를 자유롭게 디자인할 수 있어, 상황에 맞게 얼마든지 확장할 수 있다는 것이 가장 큰 장점입니다.

업무 효율화 및 체계화

부서별 담당자가 직접 내용을 입력하므로 메신저나 유선으로 취합하는 번거로움이 사라집니다. 또한 각 부서의 업무 자료실을 부서 특성에 맞게 실시간으로 관리할 수 있어 운영 효율이 높아집니다.

기대 효과

- ☑ 교원 간의 원활한 업무 소통 및 정보 교류
- ☑ 학급 온라인 공지사항을 통한 신속한 안내
- ☑ 온라인 앨범을 통한 학급별 사진 공유
- ☑ 각종 파일 및 서식 안내 등 담당교사들의 업무 경감

패들렛으로
워크숍 기획하고 운영하기

에듀테크 도구 **Padlet**

워크숍·연수·교과 설명회에서는 참여자의 의견을 모으고 공유하는 과정이 핵심입니다. 하지만 설문지, 구글 폼 등 도구가 분산되면 참여 흐름이 끊기고 결과 정리도 번거로워집니다. 패들렛(Padlet)을 활용하면 의견 수집부터 시각적 분류, 정리까지 한 공간에서 진행할 수 있어 전체 과정을 효율적으로 운영할 수 있습니다. 이 섹션에서는 2022 개정 교육과정 영어 교과 설명회 사례를 바탕으로, 패들렛으로 의견을 모으고 워크숍을 구성하는 방법을 안내합니다.

업무 준비 및 과정 워크숍 기획하고 안내하기

워크숍을 설계할 때는 참가자가 의견을 바로 게시하고, 다른 사람의 아이디어를 즉시 확인하며 확장할 수 있는 구조가 필요합니다. 여기에서는 패들렛에서 게시판을 만들고 템플릿을 선택한 뒤, 모인 의견을 이동·분류해 결과물로 정리하는 흐름을 단계별로 따라가며 익힙니다. 이를 통해 온·오프라인 어디서든 활용 가능한 브레인스토밍 공간을 만들 수 있습니다.

STEP 1 새 게시판 생성하고 기본 정보 설정하기

01 패들렛 웹사이트(padlet.com)에 접속합니다. 로그인 후 첫 화면 상단에서 〔+ 만들기〕 버튼을 클릭하고 〔컬럼〕 보드를 선택합니다. 〔컬럼〕 창이 열리면 〔제목〕에 '2022 개정 교육과정 영어 과목 교과 설명회 게시판'처럼 내용을 입력하고 〔형식〕이 〔컬럼〕으로 선택되어 있는 것을 확인한 뒤 〔완료〕 버튼을 클릭합니다.

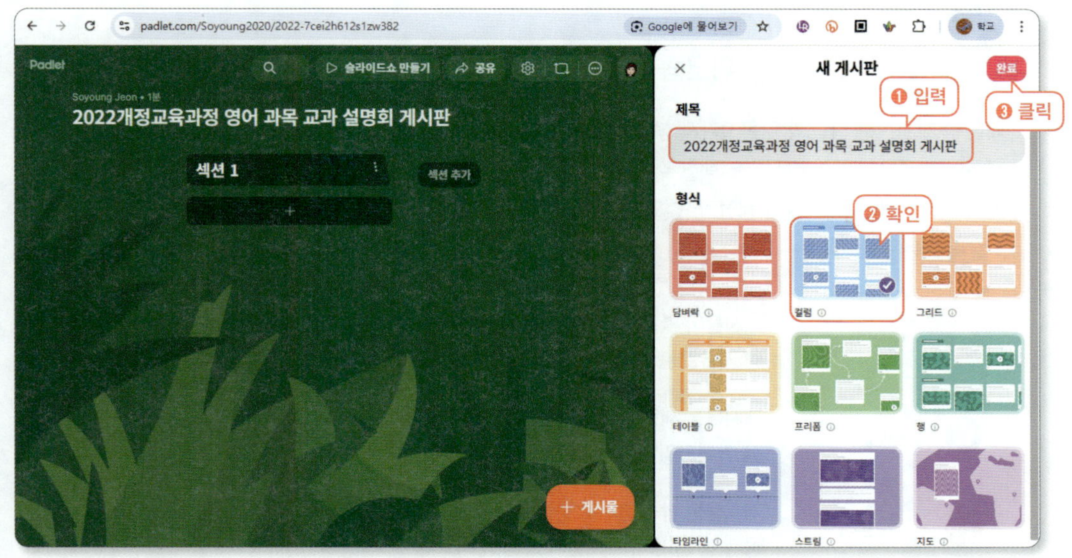

note 패들렛 가입 및 게시판 생성 방법에 대한 자세한 내용은 20쪽의 'Section 001. 패들렛 게시판으로 자기소개 공유하기'를 참고해 주세요.

02 생성된 게시판의 제목을 클릭하면 화면 우측에 〔설정〕 창이 열립니다. 〔설명〕에 참여자가 게시판의 용도를 바로 이해하고 활동에 집중할 수 있도록, '2022 개정 교육과정 영어 교과 관련 다양한 정보와 자료를 확인하세요'와 같이 해당 게시판의 목적을 간단히 작성합니다.

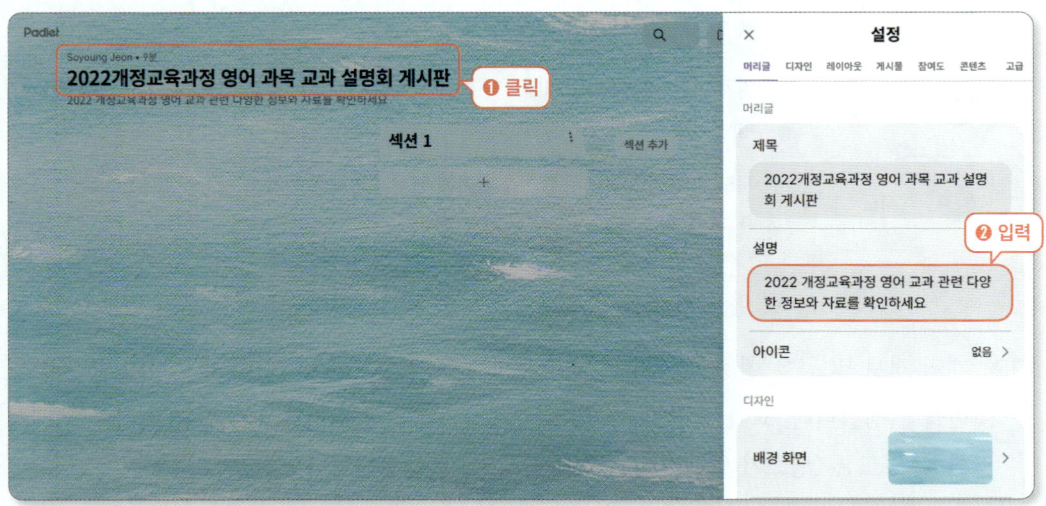

note 〔설명〕에 입력한 내용은 패들렛 게시판의 제목 아래에 표시됩니다.

워크숍 목적에 맞는 레이아웃 선택하기

패들렛 게시판은 다음과 같은 9가지 형식을 제공합니다. Padlet 설정 열기(⚙) 아이콘을 클릭한 다음의 형식에서 게시물의 배치 방식을 선택할 수 있습니다. 다음 표에 정리한 게시판 형식 아이콘과 활용 예시를 참고하여 목적에 맞는 게시판을 생성하고 활용합니다.

아이콘		설명 및 활용 예시
	담벼락	게시물이 벽돌처럼 자유롭게 흩어져서 배치 ㉇ 자유로운 아이디어 나열, 창의적 아이디어 발산 활동 등
	컬럼	게시물을 세로 열(컬럼) 단위로 쌓아 배치 ㉇ 카테고리별 분류, 워크플로우 정리 등
	그리드	게시물을 박스 형태로 정렬해 배치 ㉇ 작품 갤러리, 포트폴리오, 항목 비교 등
	테이블	미디어를 함께 넣을 수 있는 스프레드시트형 표 ㉇ 표 형식 데이터 정리, 목록 관리 등
	프리폼	게시물을 자유롭게 이동·그룹화·연결 ㉇ 마인드맵, 관계도, 자유 배치 등
	행	게시물을 가로 방향으로 정렬 ㉇ 가로 흐름 정리, 단계 요약 등
	타임라인	시간 순서를 강조하기 위해 가로로 한 줄에 배치 ㉇ 일정표, 시간 순서 정리 등
	스트림	읽기 쉬운 하향식 피드 형태 ㉇ 시간순 게시판, 공지사항 등
	지도	지도 위 특정 지점에 콘텐츠를 추가해 위치 기반으로 정리 ㉇ 장소 기반 활동, 지역 정보 공유 등

03 개인 정보 및 공유 설정을 하기 위해 공유 패널 열기(↷공유) 아이콘 클릭하여 방문자 권한을 설정합니다. 교과 설명회 게시판은 모든 참여 교사가 자유롭게 필요한 자료를 게시할 수 있도록 〔링크가 있는 방문자〕를 〔작성자〕로 설정합니다.

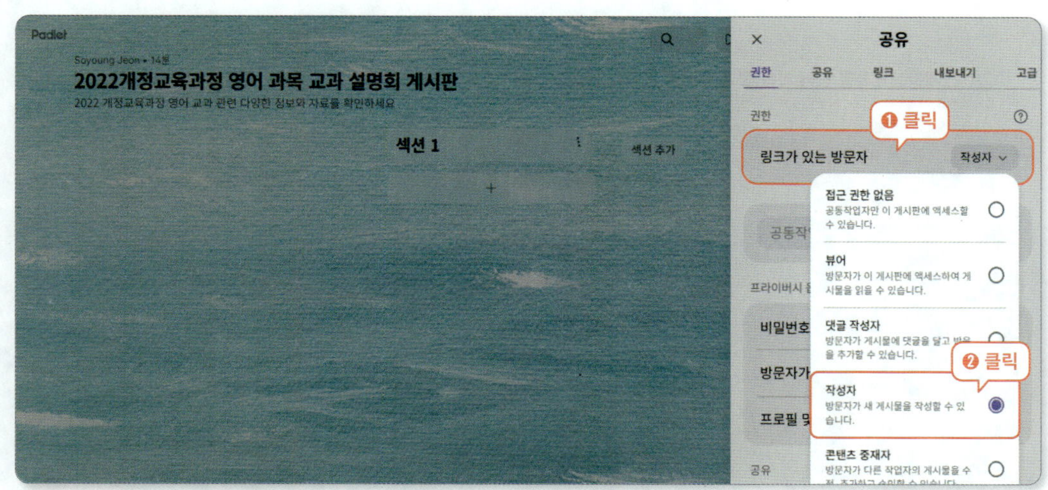

note 방문자 권한은 5가지입니다. '접근 권한 없음'은 공동작업자만 접근할 수 있고, '뷰어'는 보기만 가능합니다. '댓글 작성자'는 기존 게시물에 댓글만 달 수 있으며, '작성자'는 새 게시물을 올릴 수 있습니다. '콘텐츠 중재자'는 다른 사람 게시물을 수정하거나 승인할 수 있는 관리 권한을 가집니다.

STEP 2 섹션 구성하기

01 영어 교과 설명회 내용을 주제별로 정리하려면 레이아웃을 〔컬럼〕으로 설정하고, 섹션을 7개로 나눕니다. 레이아웃을 컬럼으로 선택하면 〔섹션 1〕이 기본으로 생성됩니다. 우측 〔섹션 추가〕 버튼을 눌러 섹션을 더 만든 뒤, 각 섹션 제목을 클릭해 다음 표를 참고하여 주제에 맞게 이름을 바꿉니다.

구분	섹션명	설명
섹션 1	협의사항	교과 설명회에 관해 논의할 안건과 협의된 내용
섹션 2	참고사이트, 자료	교육과정 문서, 가이드라인 등 참고 자료 업로드
섹션 3	1. 홍보 자료(플로터)	플로터 출력용 홍보 자료
섹션 4	2. 홍보 자료(교실용)	교실 게시용 홍보 자료
섹션 5	3. 발표 자료(PPT)	발표에 사용할 PPT 및 발표 자료 링크
섹션 6	4. 세계 문화 영어(퀴즈, 학생)	학생 진행 퀴즈: 세계 문화 영어
섹션 7	5. 영어 발표와 토론(퀴즈, 학생)	학생 진행 퀴즈: 영어 발표와 토론

02 〔협의사항〕 섹션에서 이 섹션에 포스트 추가(☐ + ☐)를 클릭하여 게시물 작성 창을 연 뒤, 다음 예시처럼 각 담당자의 업무를 입력하고 〔게시〕 버튼을 클릭합니다.

1. **교과 설명회 진행 장소**: 3층 스마트 AI 교실
2. **도우미 학생 선정**: 5~6교시, 2학년 2명, 3학년 2명
3. **역할분담**
   - 최길동T, 이수정T: 1학년 홍보, 교실 세팅, 교과 소개자료 플로터 출력 및 게시, 설명회용 학생 간식 구입
   - 홍길순T: 과목 소개 PPT 자료 제작 및 소개
   - 이성준T: 교실용 홍보물 제작, 입시에서 영어 선택의 필요성 코멘트
   - 김주영T: '세계 문화와 영어' 학생 2명 섭외, 학생 진행 퀴즈 준비
   - 박지혜T: '영어 발표와 토론' 학생 2명 섭외, 학생 진행 퀴즈 준비
4. **설명회 당일 진행 순서**(동일 내용으로 5타임 진행)
   - (4분)입시에서 영어 선택의 필요성 -------- (▶이성준T)
   - (과목당 3분, 총 6분)과목 소개 ----------- (▶홍길순T)
   - (5분)퀴즈 진행 ------------------------ (▶학생들)

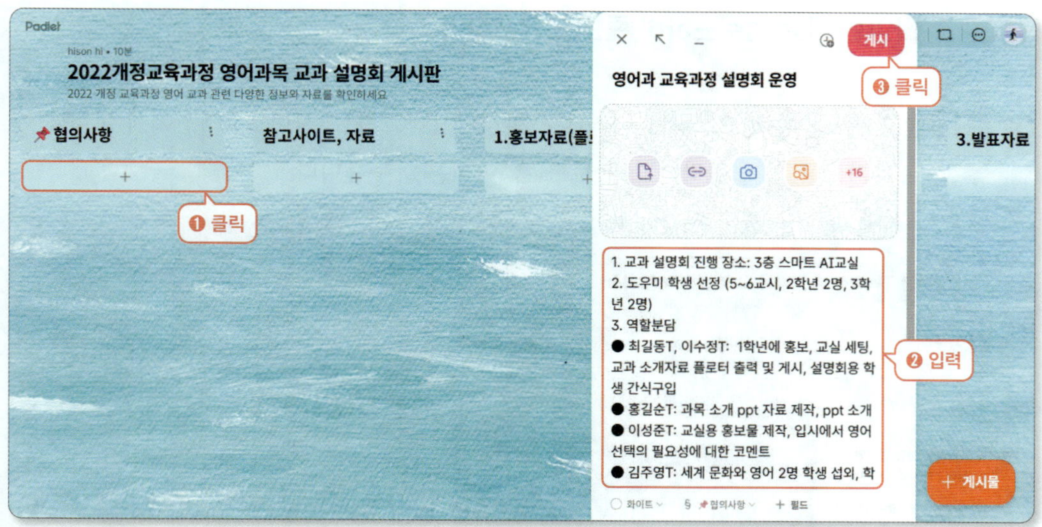

03 게시판 구성이 완료되면 참여 교사들과 링크를 공유합니다. 우측 상단의 공유 패널 열기 (공유) 아이콘을 클릭한 뒤 〔링크〕에서 〔게시판으로 링크 복사〕를 선택합니다. 복사된 링크를 메신저로 공유합니다.

STEP 3 다양한 자료 업로드하여 콘텐츠 게시하기

01 섹션별로 워크숍에 필요한 자료를 업로드합니다. 〔참고자료, 사이트〕 섹션에서 이 섹션에
포스트 추가(☐+☐)를 클릭하고, 업로드(⬆)아이콘을 누릅니다.

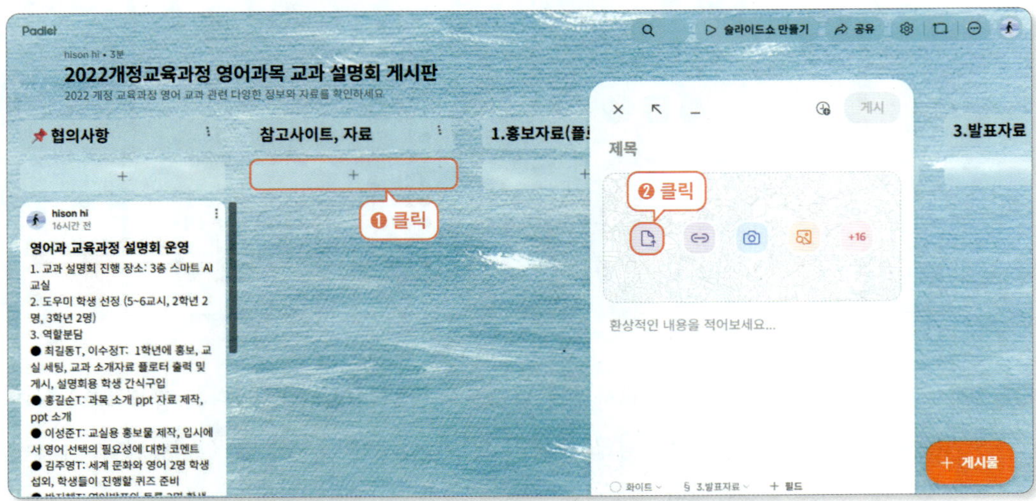

02 업로드 창에서 내 컴퓨터에 저장된 '영어과 교육과정 PDF' 파일을 선택해 첨부합니다.
제목을 입력한 뒤 우측 상단의 〔게시〕 버튼을 눌러 게시판에 올립니다.

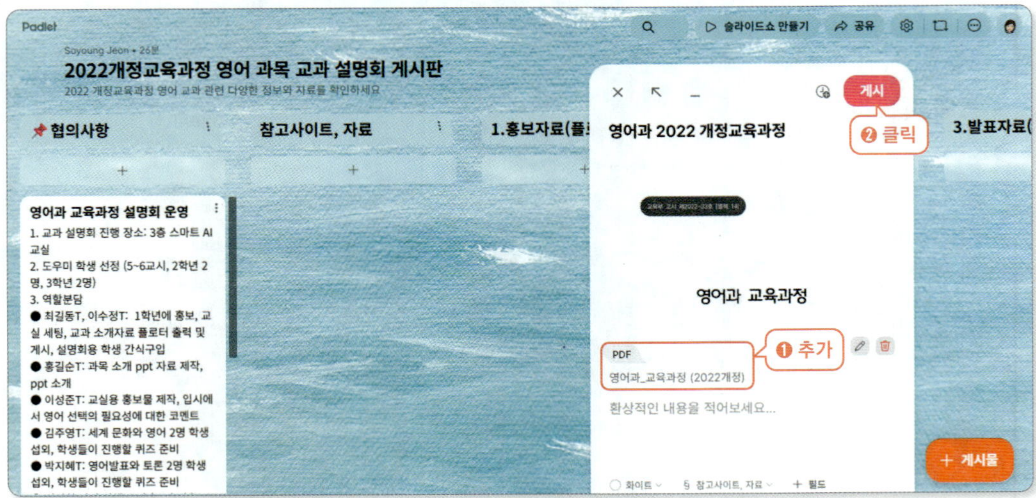

note 게시물 색상 선택 대화상자 열기(○ 화이트)로 게시물 색상을 다르게 지정하면 자료 종류나 중요도를 한눈에 구분할 수
있습니다

03 '영어과 2022 개정 교육과정' PDF 자료가 〔참고사이트, 자료〕 게시판에 업로드되면 자료를 공유할 수 있습니다.

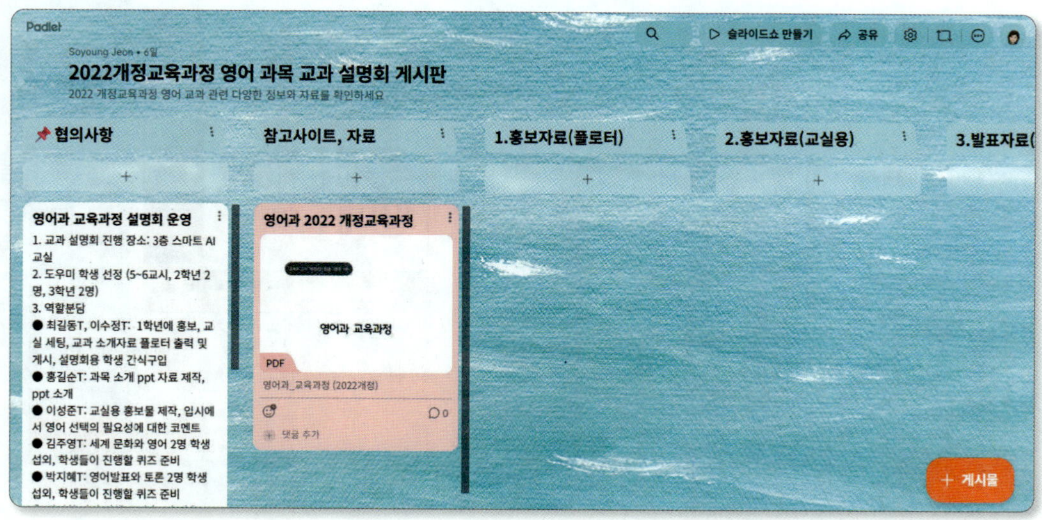

04 유튜브 등 외부 사이트의 링크도 게시할 수 있습니다. PDF 업로드와 같은 방식으로 이 섹션에 포스트 추가(□ + □) 아이콘을 클릭하고, 첨부파일 유형 더 보기(+16) 를 누른 다음 〔링크〕를 선택합니다. 상단 '여기에 링크 붙여넣기 또는 직접 입력'에 주소를 붙여넣거나 직접 입력해 추가합니다.

note 패들렛에서 클립보드에 복사된 텍스트 및 이미지 공유 권한 요청 팝업창이 열리면, 〔허용〕을 클릭합니다.

05 추가한 영상의 섬네일이 표시되면 〔게시〕 버튼을 클릭합니다.

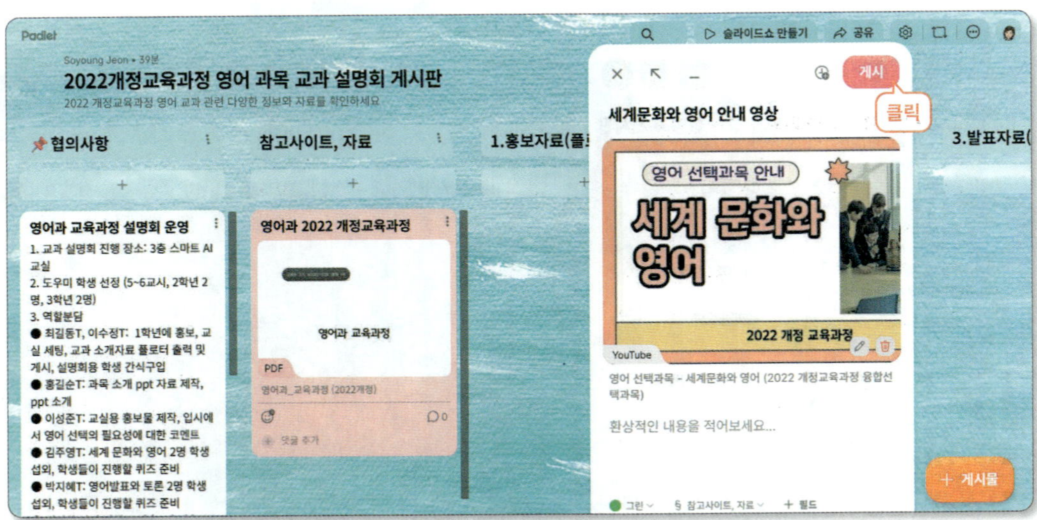

06 첨부파일 유형 더 보기(+16)를 클릭하여 〔설문조사〕를 선택하면 학습 내용을 점검하는 퀴즈를 만들 수 있습니다. 동일한 방법으로 워크숍 기획과 브레인스토밍에 필요한 자료도 예시처럼 다양하게 업로드합니다.

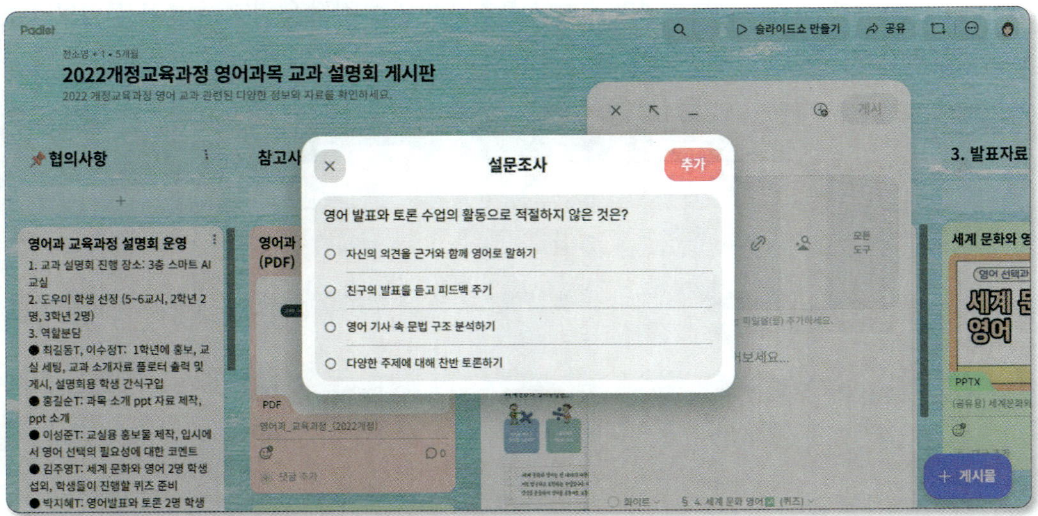

구분	업로드 자료 예시
1. 홍보 자료(플로터)	2022 개정 교육과정 영어과 안내문.jpg, 워크숍 진행 순서표.png
2. 홍보 자료(교실용)	영어 교과 설명회 안내서.png, 학기별 영어과 주요 행사.jpg
3. 발표 자료(PPT)	세계문화와 영어 안내 자료.pptx, 영어와 입시(대입과 영어 선택과목).pptx
4. 세계 문화 영어(퀴즈)	교과 프로그램 우선순위 투표, 2022 개정 교육과정 핵심 내용 이해도 체크

STEP 4 워크숍 활용 및 결과물 관리하기

01 설명회 자료는 패들렛에 모아 두면 당일에는 게시물을 바로 열어 발표에 활용하고, 종료
후에는 결과물을 저장해 공유·보관할 수 있습니다. 우측 상단의 공유 패널 열기(⟨↗⟩공유)
아이콘을 클릭한 뒤 〔내보내기〕에서 〔PDF로 내보내기〕를 클릭하여 저장합니다.

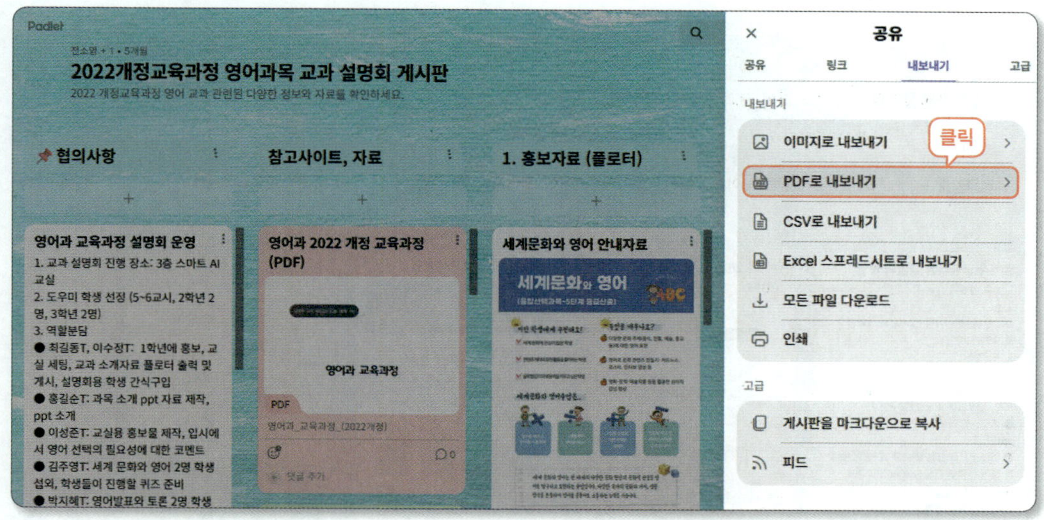

note 활용 목적에 따라 이미지, PDF, CSV, 엑셀 스프레드시트 등으로 저장할 수 있습니다.

02 패들렛을 활용하면 사전 안내부터 현장 발표, 참여 유도, 설명회 이후 자료 정리까지 교과
설명회 전 과정을 하나의 흐름으로 운영할 수 있습니다. 패들렛은 사용자 이름을 바꾸거
나 보드를 이동해도 기존 링크가 사라지지 않도록 URL을 관리하기 때문에 보드를 삭제
하거나 공개 설정을 바꾸지 않는 한 설명회 이후에도 같은 링크로 게시판을 다시 활용할
수 있습니다.

2022 개정 교육과정 영어 과목 교과 설명회 게시판

아래는 '2022 개정 교육과정 영어 과목 교과 설명회'를 위해 실제로 운영한 패들렛 게시판 예시입니다. 기획을 위한 '협의사항', 운영에 필요한 '홍보 및 발표 자료', 학생 참여를 위한 '퀴즈' 섹션으로 구성해 준비 과정에서 자료를 한곳에 모으고 실시간으로 공유할 수 있도록 했습니다. 설명회 당일에는 게시판을 그대로 발표 화면으로 활용해 자료 전환 없이 매끄럽게 진행할 수 있었습니다.

또한 이 게시판은 행사 후에도 그대로 남아 다음 업무로 이어집니다. '복제(Remake)' 기능으로 보드를 템플릿처럼 재사용할 수 있고, '아카이브' 기능으로 활동 기록을 정리해 보관할 수도 있습니다.

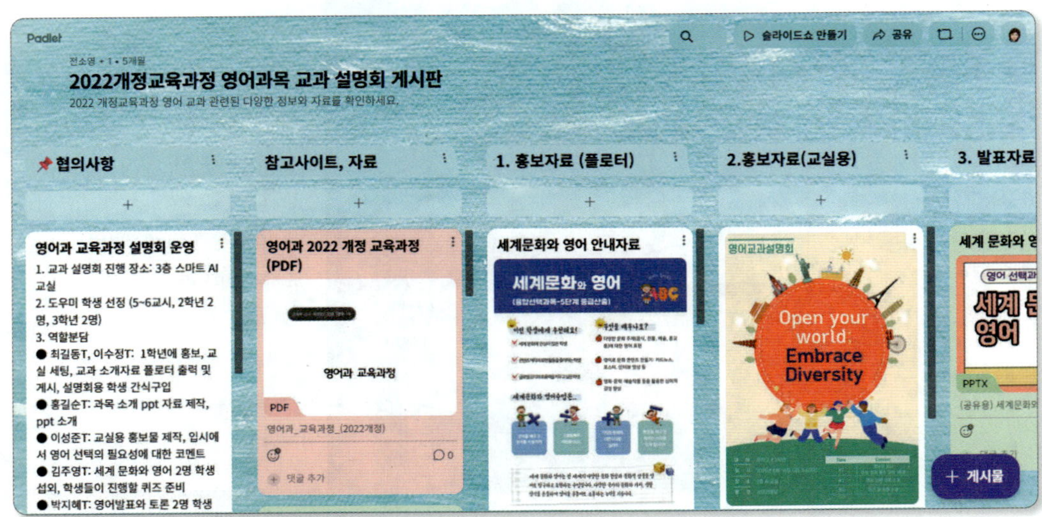

패들렛 워크숍 보드는 학년·교과 협의회, 학생 프로젝트, 학부모 소통처럼 협업이 필요한 다양한 교육 상황으로 확장해 활용할 수 있습니다. 하나의 보드에서 의견 수렴, 자료 공유, 실시간 토론을 함께 진행할 수 있어 준비부터 운영, 기록 관리까지 흐름이 끊기지 않습니다. 필요에 따라 레이아웃과 멀티미디어 기능을 조합해 목적에 맞는 협업 공간으로 구성하면 됩니다.

자료 공유, 의견 수집, 결과 정리를 하나의 공간에서 처리함으로써 도구 간 이동과 중복 작업을 줄이고, 업무 흐름을 단순화합니다.

- ☑ 실시간 협업을 통한 의견 수렴 효율화
- ☑ 모든 참가자의 적극적인 참여 유도
- ☑ 설명회, 협의회, 프로젝트 결과물의 체계적인 기록 및 보관
- ☑ 다음 연도 기획 시 템플릿으로 재활용 가능

+ PLUS 자료실

패들렛 게시판 자동 복제 링크, 완성된 페이지 미리보기, 관련 내용을 정리한 블로그 포스팅을 제공합니다. QR 코드를 스캔해 바로 활용해 보세요.

자동 복제 링크 (tinyurl.com/copyp402)

완성 페이지

블로그 포스팅

캔바로
학교 행사 안내 웹사이트 제작하기

에듀테크 도구 **Canva**

학교 행사와 프로그램 자료가 문서·이미지·링크로 흩어져 있으면 안내도 어렵고, 최신 정보로 유지하기도 번거롭습니다. 캔바의 웹사이트 기능을 활용하면 코딩 없이도 하나의 URL에 자료를 모아 제공할 수 있고, 이미지·영상·문서를 직관적으로 배치해 보기 좋게 안내할 수 있습니다. 이 섹션에서는 학교 부서의 연간 프로그램을 한눈에 안내하는 웹사이트를 캔바로 만드는 방법을 소개합니다.

업무 준비 및 과정 캔바로 웹사이트 제작하고 공유하기

인문사회부의 연간 8개 프로그램을 소개하는 웹사이트를 페이지 구성부터 자료 배치, 수정·업데이트까지 제작하는 과정을 단계별로 안내합니다. 이 방법은 학급 운영 안내, 동아리 소개, 업무 인수인계 자료 등 다양한 웹사이트 제작에도 그대로 활용할 수 있습니다.

STEP 1 캔바에서 웹사이트 템플릿 선택하기

01 캔바 웹사이트(canva.com)에 접속해 로그인합니다. 홈 화면에서 〔웹사이트〕를 클릭하면 새 탭이 열리며 웹사이트 제작 모드로 이동합니다. 무료 버전으로도 충분히 활용할 수 있지만, 교사용 계정을 사용하면 워터마크 없이 다양한 템플릿을 활용할 수 있습니다.

note 캔바 회원가입과 기본 사용 방법은 56쪽 'Section 004. 캔바 AI 바이브 코딩으로 게임 만들기'를 참고해 주세요.

02 좌측 사이드바 〔추천 템플릿〕 탭에서 섬네일을 스크롤하며 레이아웃, 색상, 섹션 구성을 미리 확인합니다. 원하는 템플릿을 클릭하면 오른쪽 편집 화면에 해당 템플릿이 바로 적용됩니다.

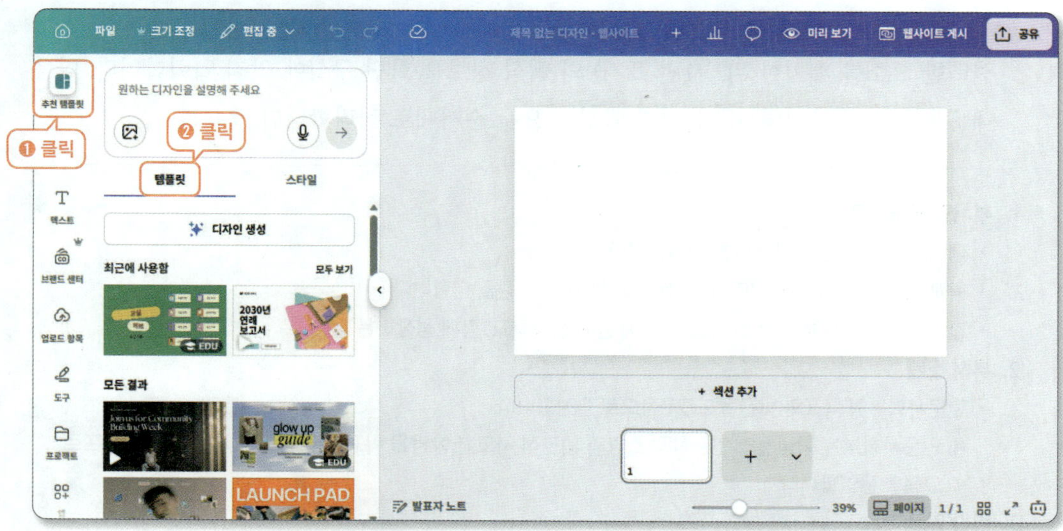

note 좌측 패널 상단 검색창에 '웹사이트 템플릿', '수업 허브 웹사이트', '기업보고서 웹사이트' 등의 키워드를 입력해 원하는 템플릿을 빠르게 찾을 수 있습니다.

01 메인 페이지는 방문자가 처음 보는 화면이므로 핵심 정보가 한눈에 보일 수 있게 배치해야 합니다. '(1번 표지) 부서 소개와 월별 활동 일정'을 구성하기 위해 좌측 사이드바에서 〔요소〕를 선택한 뒤 상단 검색창에 '타임라인'처럼 필요한 키워드를 입력합니다. 검색 결과에서 원하는 요소를 클릭해 편집 화면에 적용합니다.

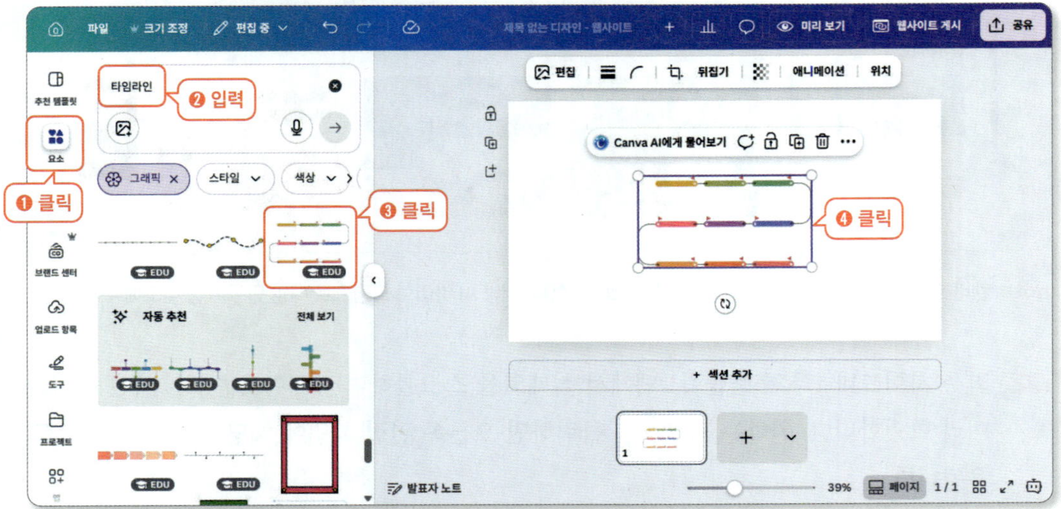

02 선택한 요소를 배치한 뒤, '(1번 표지)'의 핵심 정보를 화면 구성에 맞춰 입력합니다. 다음 내용을 참고해 부서명, 소개, 연간 일정 개요를 순서대로 정리합니다.

1. **부서명 및 슬로건**
   - 페이지 상단에 '인문사회부'를 배치합니다.
   - 학교 로고나 부서 상징 이미지를 함께 삽입하여 신뢰감을 더합니다.
   - 간단한 슬로건을 추가할 수 있습니다. 예 함께 생각하고, 함께 성장하는
2. **부서 소개**
   - 인문사회부의 목표와 비전을 2-3문장으로 작성합니다.
     - ⑩ 인문사회부는 학생들의 인문학적 소양과 비판적 사고력 함양을 목표로 다양한 독서·토론·탐구 프로그램을 운영합니다.
3. **연간 일정 개요**
   - 월별 주요 행사를 달력 형식으로 간단히 표시하거나, 분기별 핵심 일정을 요약합니다.
   - 타임라인 형태로 구성하면 한눈에 보기 좋습니다.

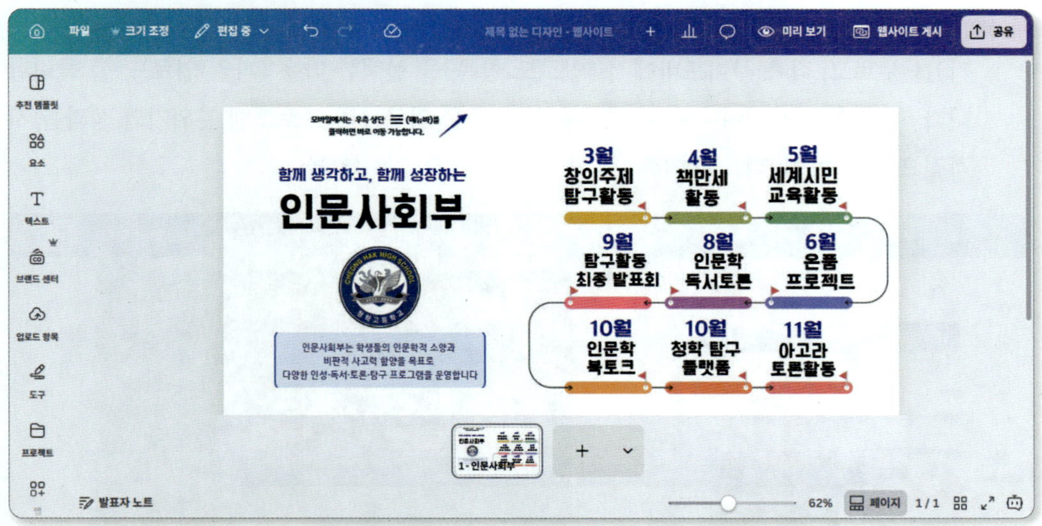

03 '(2번 표지) 8가지 핵심 프로젝트'를 구성합니다. '부서 소개와 월별 활동 일정' 구성이 끝나면 하단의 〔섹션 추가〕를 누르고, 새 섹션에 '8가지 핵심 프로젝트'를 그리드(격자) 형태로 배치합니다. 좌측 〔요소〕에서 도형이나 프레임을 추가해 카드 형태로 구성하고 각 카드에 프로젝트명과 링크 아이콘 이미지(🔗)도 추가합니다.

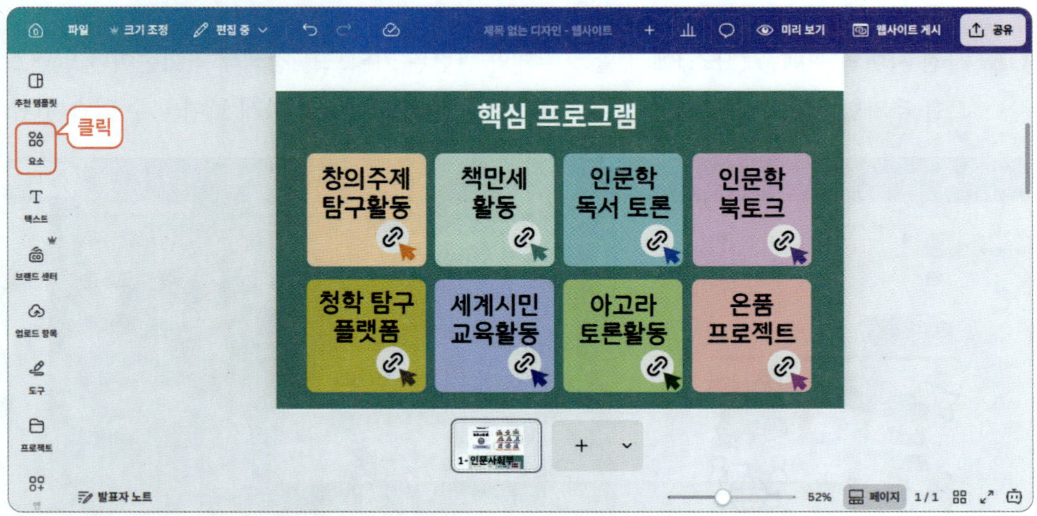

note 프로젝트 카드에 실제 링크 추가는 STEP 5에서 진행하므로, 이 단계에서는 링크 아이콘 이미지만 추가하고 연결하지 않습니다.

04 '(3번 표지) 활동 갤러리'를 구성합니다. '8가지 핵심 프로그램' 섹션 아래에서 〔섹션 추가〕를 누르고, 좌측 사이드바에서 〔업로드 항목〕을 선택한 다음 〔파일 업로드〕를 클릭합니다. 학생 활동 사진이나 우수 결과물 영상 등을 업로드해 프로그램 분위기와 성과를 시각적으로 보여줍니다.

note 캔바에서도 사진이나 영상은 복사한 뒤, 편집 화면에 바로 붙여넣을 수 있습니다.

05 사진 사이의 여백은 〔요소〕에서 활동 주제와 관련된 키워드를 검색해 아이콘이나 일러스트를 추가합니다. 화면 균형을 맞추면서 페이지 주제도 더 분명하게 보여줄 수 있습니다.

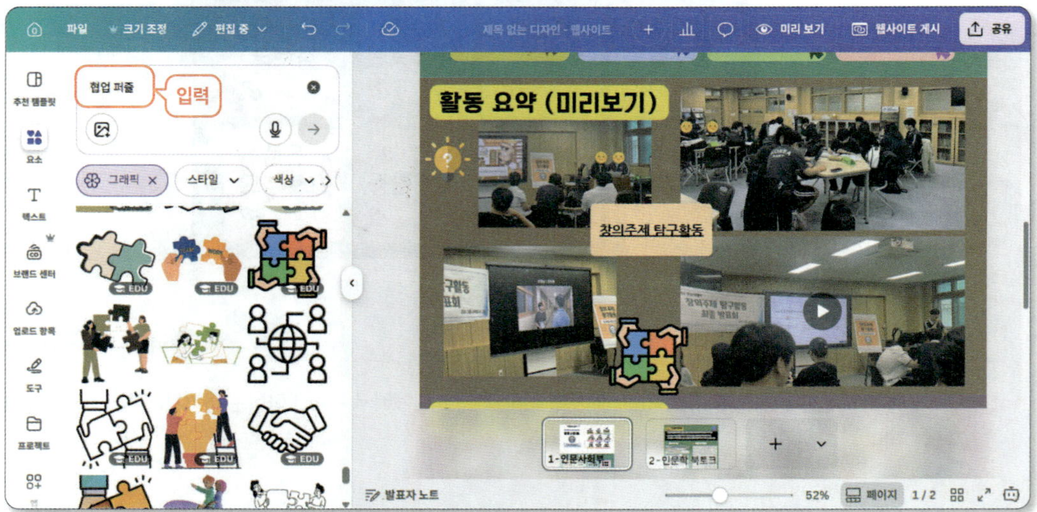

〔페이지 추가〕와 〔섹션 추가〕 무엇이 다른가요?

웹사이트 구성 시 〔페이지 추가〕와 〔섹션 추가〕는 헷갈리기 쉬우니 다음 표를 참고해 차이를 정리해 보세요.

페이지 추가	• 프레젠테이션의 새 슬라이드처럼 완전히 새로운 화면을 만듭니다. • 주제가 다른 별도의 탭이나 페이지를 만들 때 사용합니다. ⑩ 8개의 활동을 각각 소개하기 위해 총 8개의 페이지를 추가
섹션 추가	• 현재 작업 중인 페이지 안에서 공간을 늘려 구역을 나눕니다. • 하나의 긴 화면 안에서 내용을 시각적으로 구분하고 싶을 때 유용합니다. ⑩ 활동 목적, 활동 방법, 활동 사진 등 여러 가지 활동 내용을 한 페이지 안에 담기 위해 섹션을 추가

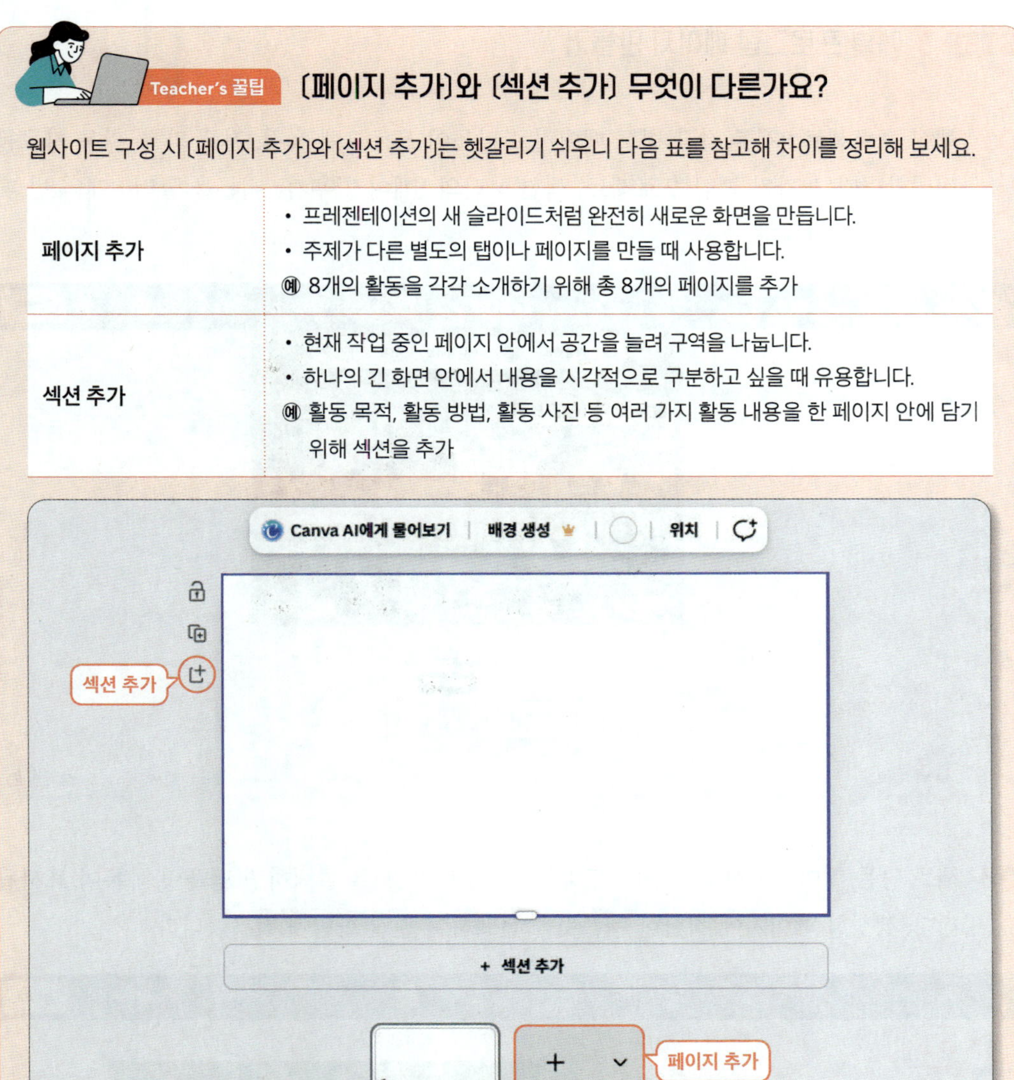

01 핵심 프로젝트 8개를 각각 별도 페이지로 만들어 프로그램 목적, 진행 과정, 활용 자료를 정리합니다. '8가지 핵심 프로젝트' 섹션 하단의 〔페이지 추가〕 버튼을 눌러 8개의 빈 페이지를 추가합니다.

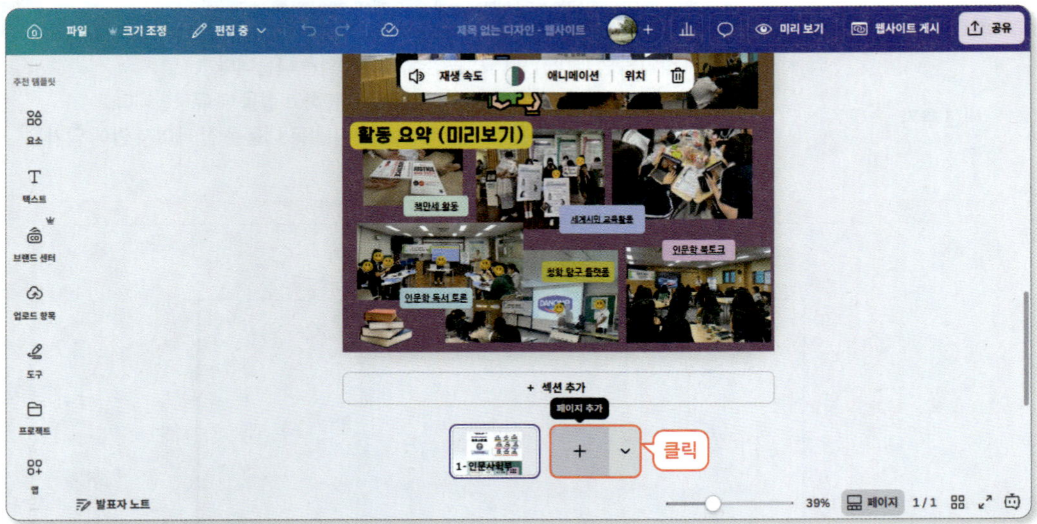

02 새로 만든 페이지에서 좌측 사이드바의 〔추천 템플릿〕을 클릭하면 템플릿 목록이 표시됩니다. 생성할 페이지에 적합한 템플릿을 선택하여 편집 화면에 적용합니다.

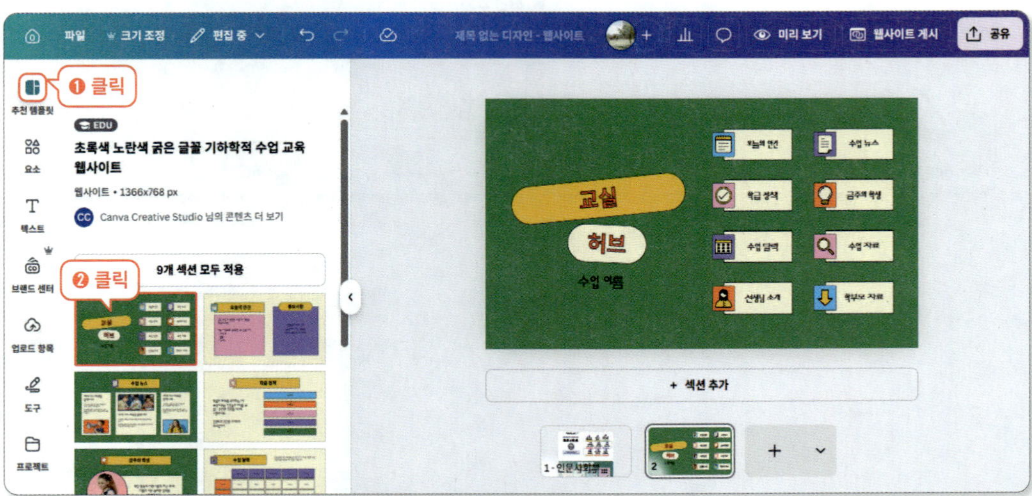

03 각 페이지 상단의 〔페이지 제목 추가〕에 '인문사회부'처럼 제목을 입력합니다. 웹사이트로 게시하면 이 제목이 페이지 메뉴(내비게이션)에 표시됩니다. 우측 상단의 〔미리보기〕를 클릭하면 제작 중인 웹사이트가 실제 화면에서 어떻게 보이는지 확인할 수 있습니다.

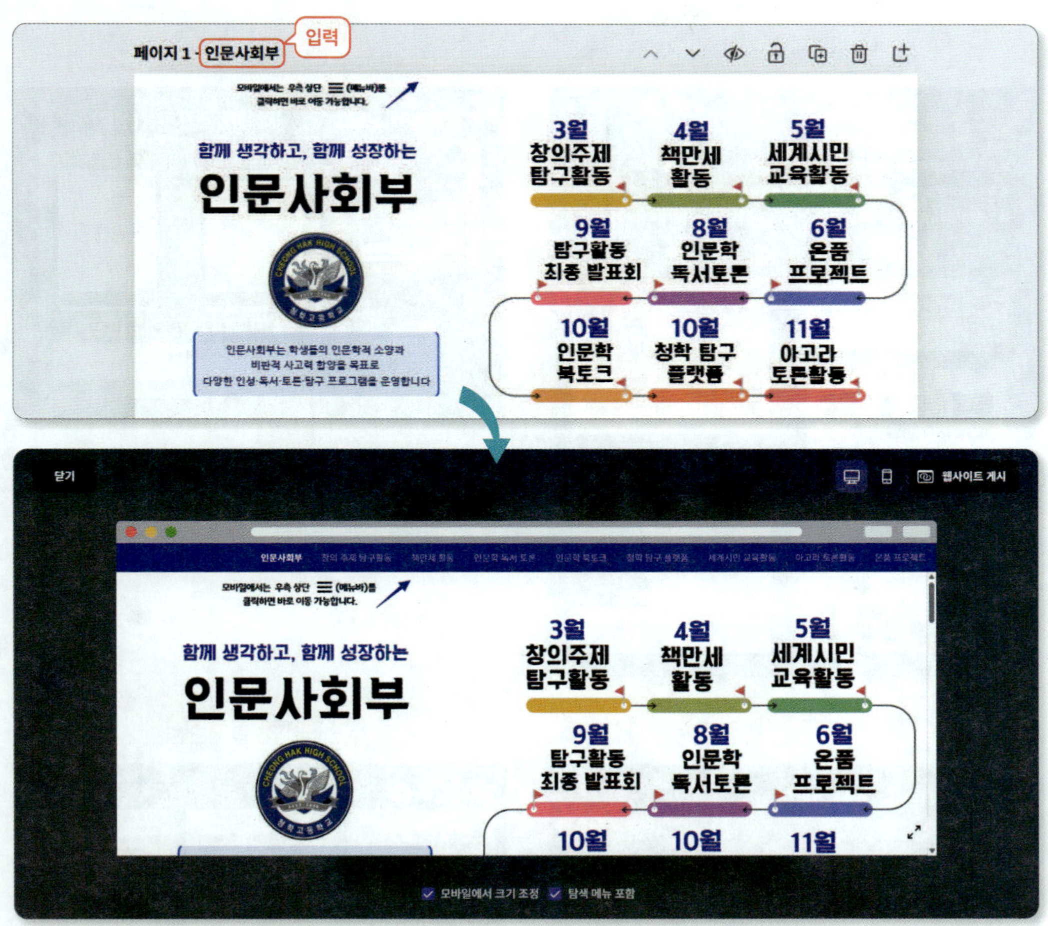

04 각 페이지에 섹션을 추가하여 내용을 블록 단위로 구성합니다. 텍스트, 이미지, 파일, 갤러리 등을 배치하면 페이지를 주제별로 깔끔하게 정리할 수 있고, 섹션 단위로 이동하거나 수정하기도 편리합니다. 섹션 세부 구조는 다음과 같이 구성하는 것을 추천합니다.

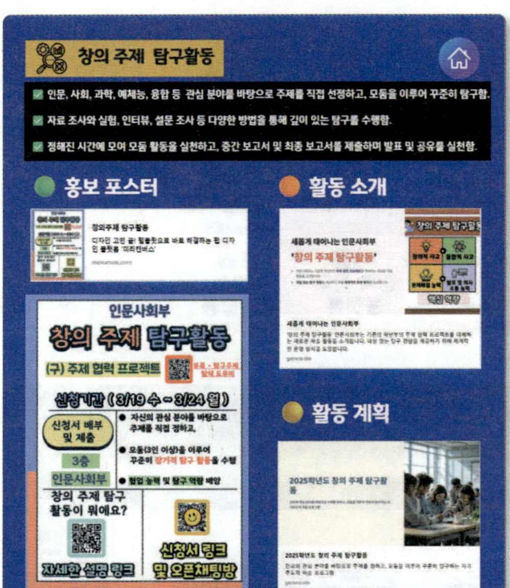

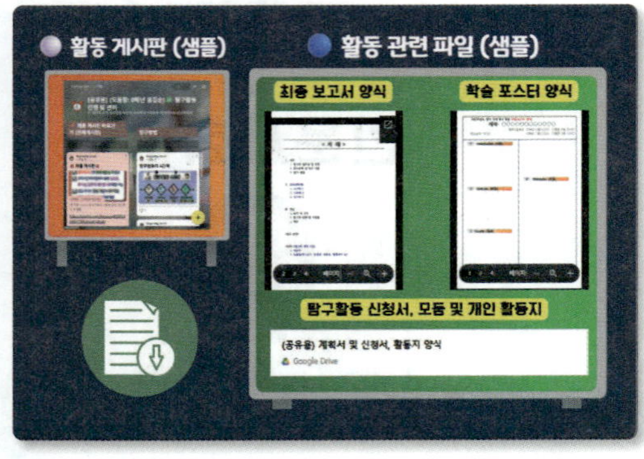

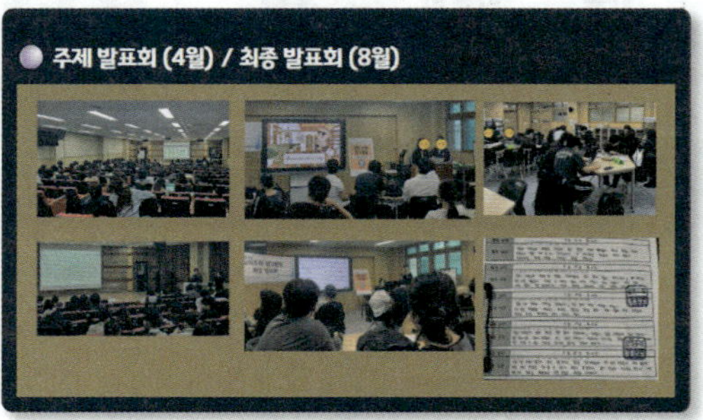

메인 페이지로 돌아가는 '홈 버튼' 만들기

홈 버튼을 활용하면 복잡한 페이지 경로 속에서도 언제든지 메인 페이지로 빠르게 이동할 수 있어 작업 효율이 높아집니다. 모든 페이지의 같은 위치에 배치하면 탐색이 빨라지고 사용성이 좋아집니다. 홈 버튼 이미지를 각 섹션 시작 페이지의 우측 상단에 배치합니다. 실제 연결 방법은 STEP 5에서 설명합니다.

STEP 4 다양한 유형의 콘텐츠 삽입하기

01 이제 앞에서 만든 8개의 프로그램 페이지에서 각 섹션에 6가지 유형의 콘텐츠를 업로드하여 실제 웹사이트를 구성합니다. 다음 표는 섹션별로 넣을 콘텐츠와 해당 콘텐츠가 6가지 유형 중 무엇에 해당하는지 정리한 것입니다.

섹션	섹션 세부 구조	콘텐츠 유형
섹션 1	• 홍보 포스터 • 활동 소개 • 활동 계획(세부 안내 등)	• 유형 1. 안내문 이미지 삽입 • 유형 2. 안내 공고문 링크
섹션 2	• 활동 게시판(샘플) • 활동 관련 파일(샘플) • 활동 결과물&발표 자료(PPT) • 활동사진 갤러리	• 유형 3. 활동 관련 파일 다운로드 링크 삽입 • 유형 4. 활동 소개 발표 자료 링크, 활동용 패들렛 게시판 링크 삽입
섹션 3	• 활동사진 갤러리	• 유형 5. 활동 결과(예 활동 사진, 활동 영상)
섹션 4	• 활동 소감문	• 유형 6. 활동 소감문(예 캡처한 이미지)

02 이미지와 영상을 삽입하는 방법을 알아봅니다. 좌측 사이드바에서 〔업로드 항목〕을 클릭한 뒤 〔파일 업로드〕 버튼을 누릅니다. 컴퓨터에서 원하는 이미지 또는 영상 파일을 선택하면 해당 콘텐츠가 페이지에 바로 삽입됩니다.

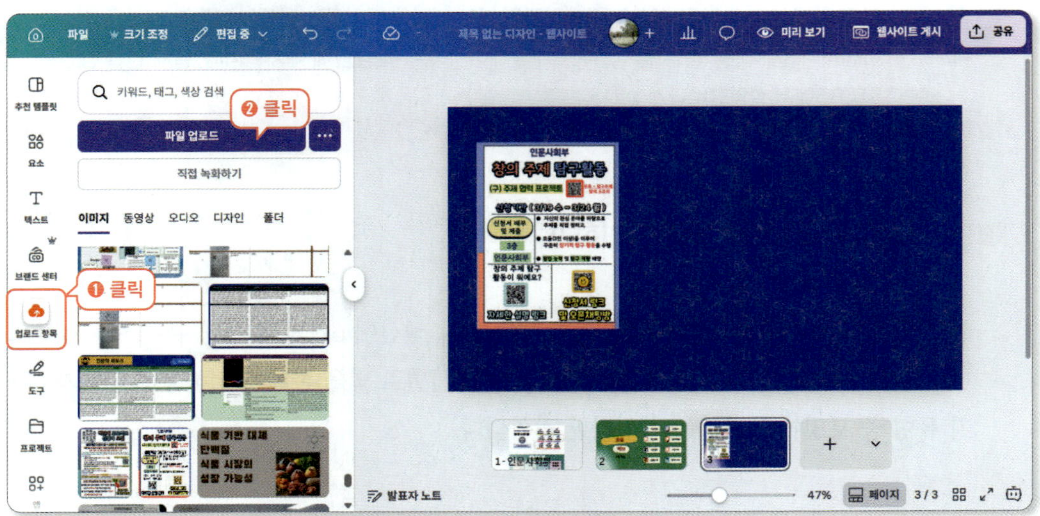

note 이미 준비된 파일이 있다면, 이미지를 복사한 뒤 페이지에 붙여넣기만 해도 손쉽게 추가할 수 있습니다.

03 이미지에 링크를 연결하여 관련 자료로 바로 이동하도록 설정합니다. 링크를 연결할 이미지를 클릭한 뒤 마우스 오른쪽 버튼을 눌러 〔링크〕를 선택합니다. 팝업 창에 학교 홈페이지, 공고문 페이지, 미리캔버스·캔바 슬라이드 공유 주소, 활동에 필요한 파일 링크 등을 붙여넣고 적용하면 해당 이미지에 링크가 연결됩니다.

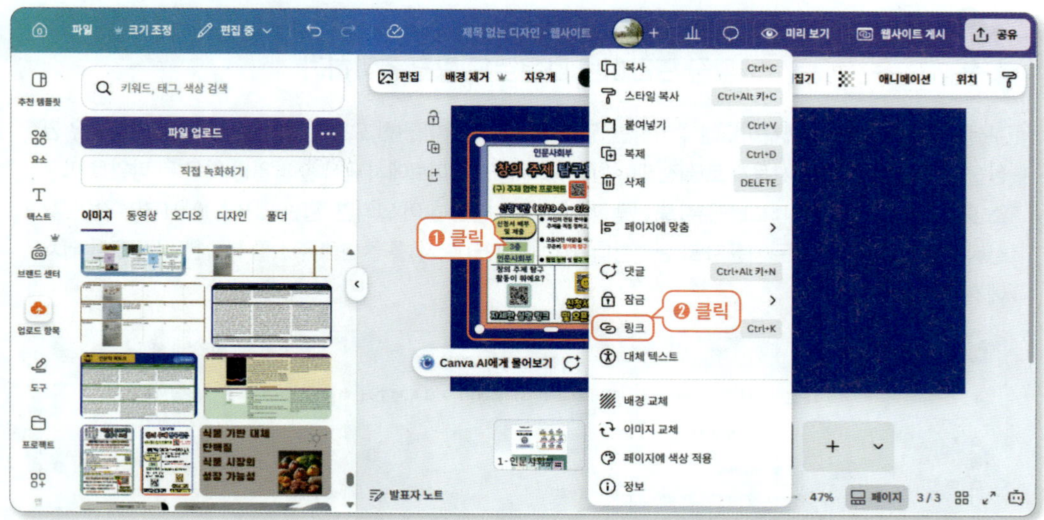

note 학교 홈페이지나 디자인 툴에 게시된 공고문의 링크 주소를 복사한 뒤, 페이지에 그대로 붙여넣으면 미리보기 섬네일 형태의 하이퍼링크로 자동 삽입됩니다.

04 웹사이트에 다운로드 링크를 추가하기 위해 파일을 구글 드라이브에 업로드한 뒤 공유 권한을 '링크가 있는 모든 사용자'로 설정합니다. 이후 생성된 링크를 복사하여 해당 페이지에 붙여넣으면 업로드한 문서가 미리보기 카드 형태로 삽입됩니다. 해당 카드를 클릭하면 파일을 다운로드할 수 있습니다.

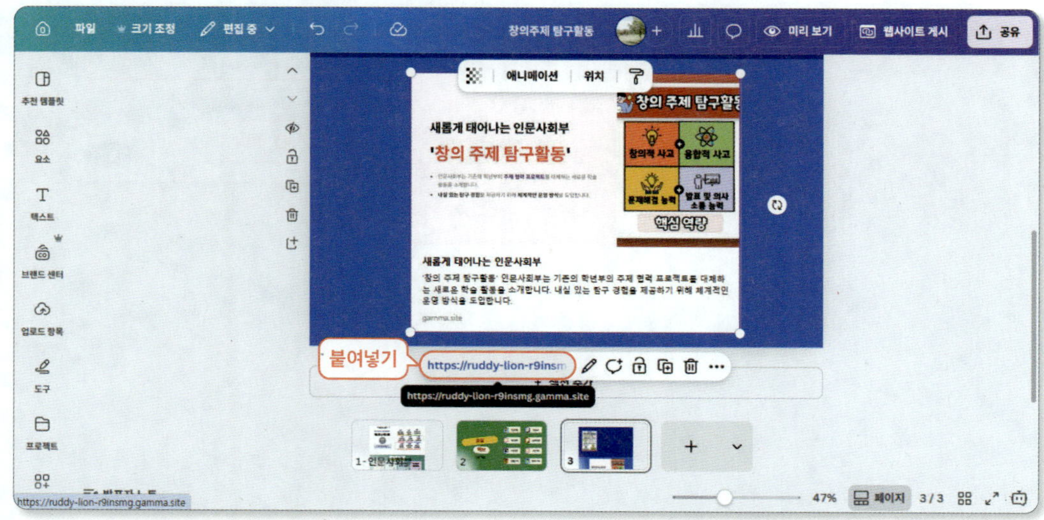

note 구글 드라이브 다운로드 링크를 추가하는 방법은 368쪽 Teacher's 꿀팁을 참고해 주세요.

구글 드라이브 다운로드 링크 추가하기

구글 드라이브 파일을 웹사이트에 추가하면, 링크를 가진 사람이 권한 요청 없이 바로 열 수 있도록 공유 권한을 '링크가 있는 모든 사용자'로 설정해야 합니다. 구글 드라이브에서 공유할 파일을 찾은 뒤 파일을 마우스 오른쪽 버튼으로 클릭하고 〔공유〕를 선택합니다. 공유 설정 창이 열리면 〔일반 액세스〕에서 기본값인 '제한됨'을 '링크가 있는 모든 사용자'로 변경합니다. 이후 〔링크 복사〕를 클릭해 주소를 복사한 뒤 필요한 위치에 붙여넣습니다.

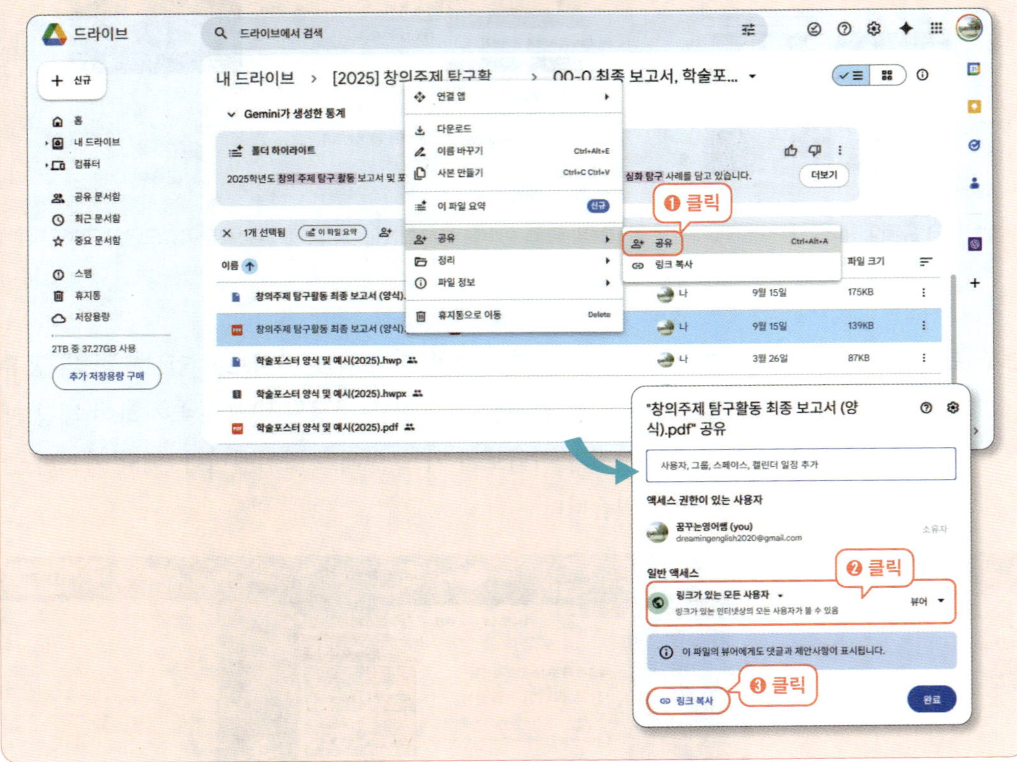

   Chapter 01 학교 행사 및 연수 운영

05 위와 같은 방식으로 각 섹션에 필요한 콘텐츠를 삽입하여 첫 번째 페이지를 완성합니다. 이후 상단의 페이지 복제(🗐) 아이콘을 눌러 페이지를 복사한 뒤, 복제된 페이지에서 내용만 수정하면 나머지 페이지도 쉽게 만들 수 있습니다.

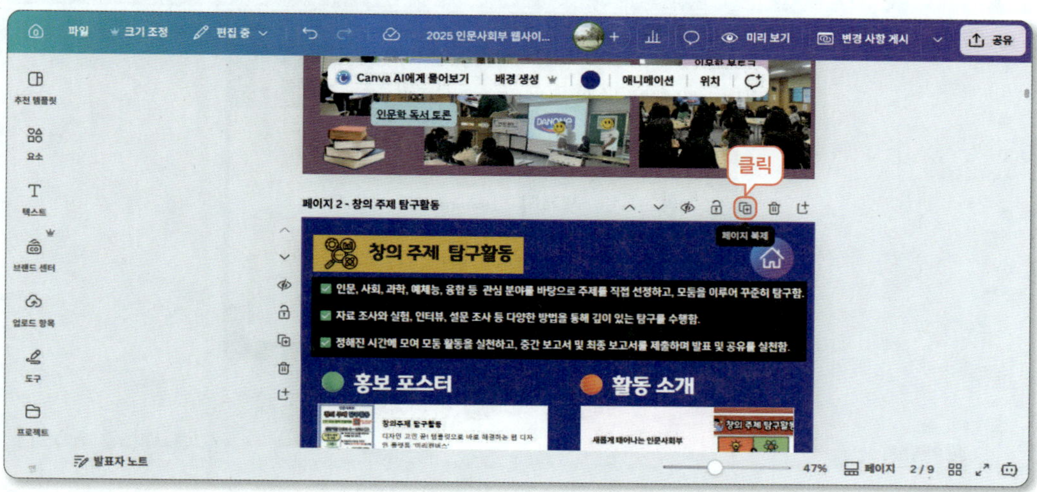

STEP 5 링크 연결 설정하기

01 방문자가 소개 페이지에서 원하는 프로그램으로 바로 이동할 수 있도록 핵심 프로그램 아이콘에 링크를 설정합니다. 미리보기 화면에서 추가했던 '링크 아이콘 이미지'를 누르고 상단 편집 메뉴의 더 보기(…) 아이콘을 클릭한 다음 〔링크〕를 선택합니다.

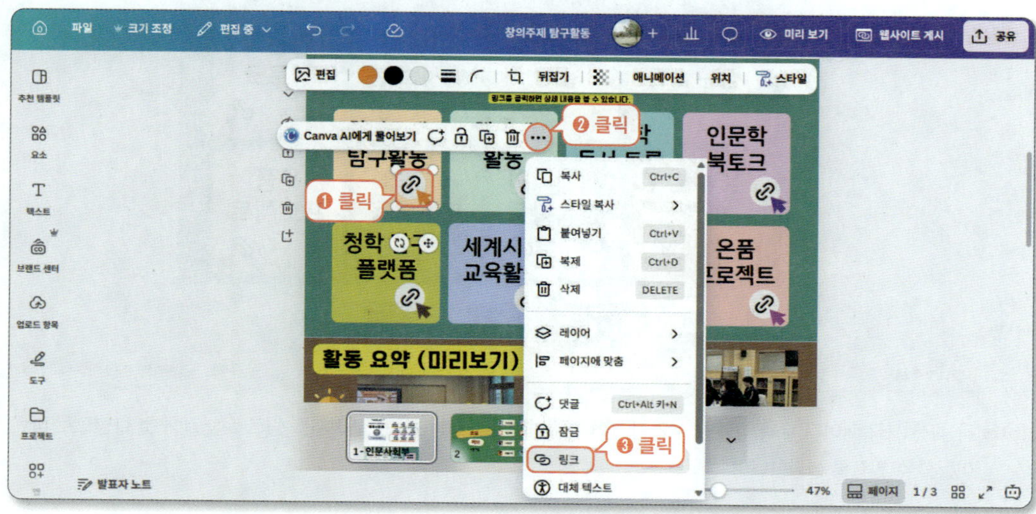

02 〔링크를 입력하거나 검색하세요〕 창이 열리면 〔현재 문서 내 페이지〕 목록이 표시됩니다. 목록에서 연결할 프로그램 페이지를 선택하면 링크가 자동으로 적용됩니다.

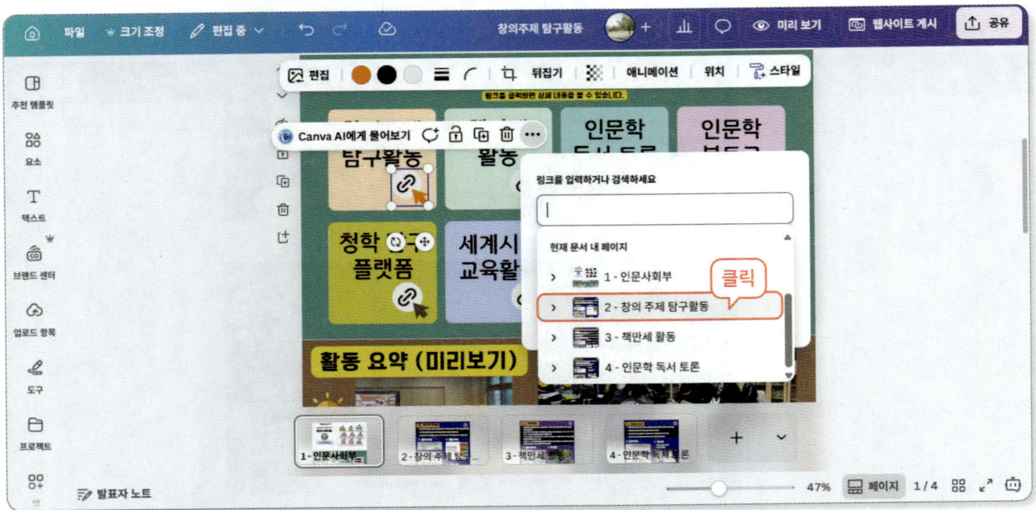

03 링크가 적용되면 '링크 아이콘 이미지' 위에 연결된 페이지 제목이 말풍선으로 표시되고, 이를 클릭하면 해당 페이지로 바로 이동합니다. 동일한 방식으로 8개 활동 모두 링크를 연결합니다.

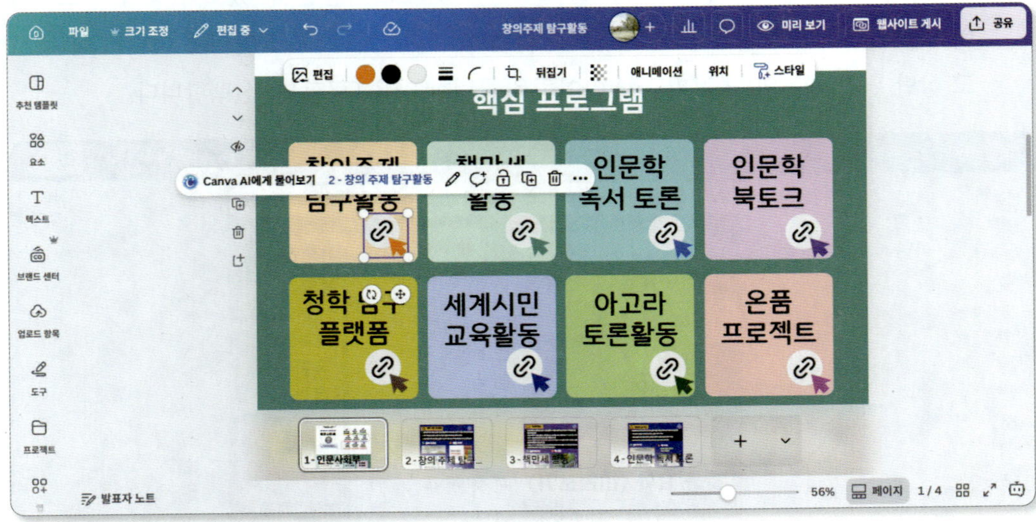

note 각 섹션 시작 페이지 우측 상단에 추가한 '홈 버튼' 이미지에 '(1번 표지)' 페이지를 링크로 연결해 첫 화면으로 바로 이동할 수 있도록 설정합니다.

01 완성한 페이지를 웹사이트로 활용하기 위해 상단의 〔웹사이트 게시〕 버튼을 눌러 URL을 생성합니다. 설정 화면에서 주소 이름을 필요에 맞게 변경한 뒤 하단의 〔게시〕 버튼을 누르면 즉시 웹사이트가 게시되며, 공유 가능한 링크를 사용할 수 있습니다.

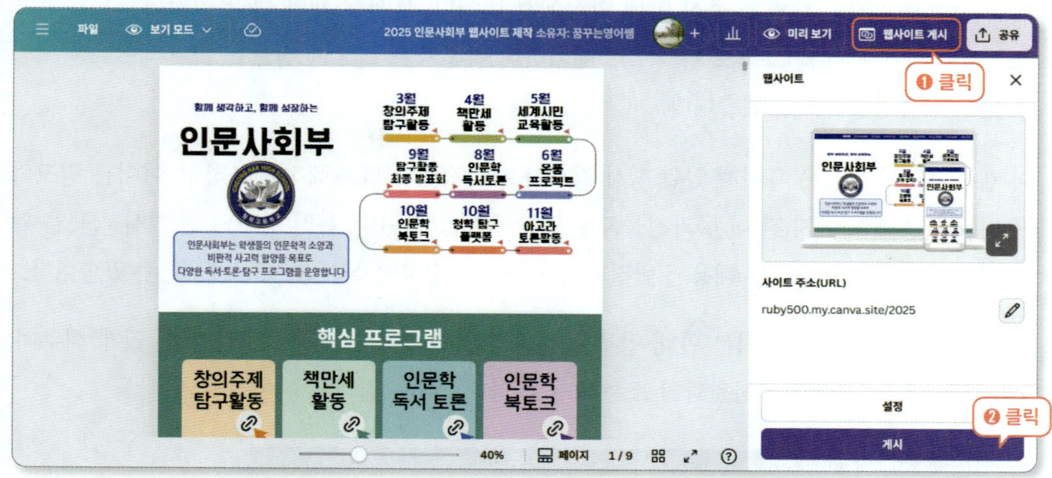

02 사이트 기본 옵션을 조정하려면 〔설정〕 버튼을 클릭합니다. 게시 전 확인 화면에서 필요한 항목을 설정한 뒤 〔게시 과정 계속 진행〕을 눌러 다음 단계로 이동합니다. 마지막으로 〔변경 사항 게시〕 버튼을 클릭하면 잠시 후 웹사이트가 생성됩니다.

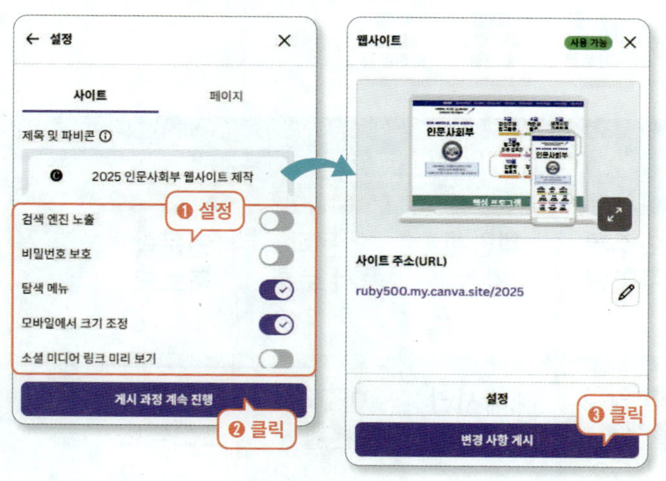

note 웹사이트(URL) 접근을 제한하려면 〔비밀번호 보호〕를 활성화하여 비밀번호를 설정합니다.

인문사회부 8개 프로그램 소개 웹사이트

인문사회부의 8개 핵심 프로그램을 효과적으로 안내하기 위한 학교 행사 전용 웹사이트를 설계했습니다. 기존의 텍스트 중심 안내 방식에서 벗어나, 부서 소개와 연간 일정, 그리고 각 프로그램의 상세 내용을 그리드 형식으로 배치하여 방문자가 필요한 정보를 직관적으로 탐색할 수 있도록 동선을 최적화했습니다.

이 웹사이트의 핵심은 흩어져 있던 행사 정보를 시각적인 콘텐츠로 체계화하고, 아이콘 링크와 홈 버튼을 통해 페이지 간 이동 과정을 단순화한 점에 있습니다. 특히 캔바의 웹 게시 기능을 활용하면 행사 일정이나 세부 내용이 변경되어도 즉시 수정하여 실시간으로 반영할 수 있습니다.

이러한 방식은 매번 반복되는 안내 업무를 전문적인 웹페이지 형태로 관리할 수 있게 해주며, 학부모와 학생 등 학교 구성원과의 소통 효율을 극대화하는 결과로 이어집니다.

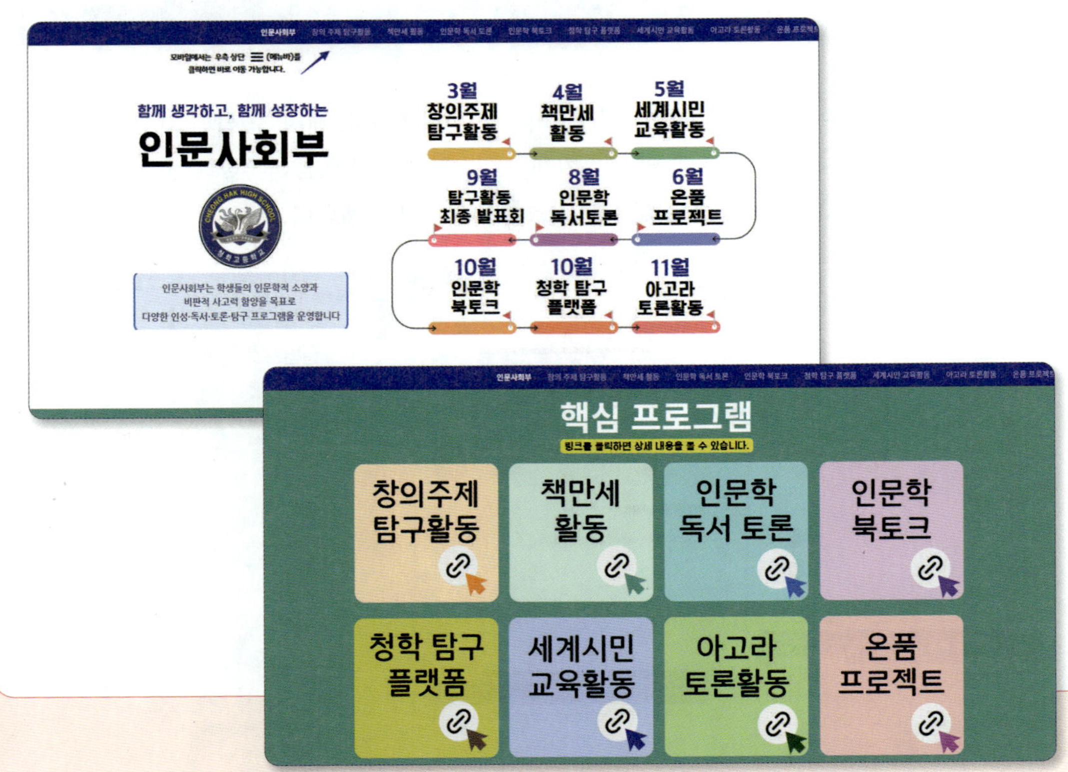

캔바 웹사이트를 활용하면 학교 프로그램을 한곳에 모아 체계적으로 안내하고 기록할 수 있습니다. 학급·동아리·부서별 페이지로 확장하여 공지, 일정, 자료, 활동 결과물을 구조적으로 공유할 수 있으며, 필요할 때 빠르게 업데이트할 수 있어 업무 부담을 줄입니다. 또한 축제, 진로 박람회 등 행사 안내 페이지로도 응용할 수 있습니다.

여러 자료를 하나의 URL로 통합해 관리할 수 있어 전달 과정이 단순해지고, 사용자도 필요한 정보만 빠르게 찾아볼 수 있습니다. 또한 수정 내용이 즉시 반영되기 때문에 별도의 재배포 없이 최신 상태를 유지할 수 있습니다.

- 정보 접근성 향상 및 업무 효율화
- 체계적인 프로그램 기록 및 관리
- 학부모와의 원활한 소통 채널 확보
- 지속 가능한 자료 관리 시스템 구축

+ PLUS 자료실

완성된 웹사이트 예시를 미리보기로 제공합니다. QR 코드를 스캔해 바로 활용해 보세요.

교무·행정 문서와 발표 자료 만들기

공문 작성과 행정 기획, 자료 제작까지 교무·행정 업무는 많은 시간과 집중을 요구합니다. AI 기반 도구는 이러한 반복 업무를 보다 빠르고 체계적으로 처리할 수 있도록 돕습니다. 이 챕터에서는 노트북LM으로 업무 챗봇을 만들고, 챗GPT로 공문서를 작성하며, 펠로 AI로 교무·행정 기획과 발표 자료를 준비하는 방법을 살펴봅니다

노트북LM으로
나만의 업무 챗봇 만들기

AI 도구 NotebookLM

교무·행정 업무는 규정과 안내 문서가 많아 필요한 정보를 제때 정확히 찾기가 어렵습니다. 노트북LM을 활용하면 업무 자료를 한곳에 모아 두고, 질문만으로 핵심 내용을 빠르게 확인할 수 있어 업무 부담을 줄이고 실수를 예방하는 데 도움이 됩니다.

업무 준비 및 과정 · 감염병에 따른 출결 및 성적 처리 도우미 만들기

감염병 상황에서는 출결 인정 기준과 성적 처리 규정을 신속하게 확인해야 하는 경우가 많습니다. 관련 공문과 가이드를 노트북LM에 업로드해 자료 기반 도우미 챗봇을 구성하고, 필요한 규정과 절차를 빠르게 확인하는 방법을 실습한 다음 챗봇을 공유해 동료들과 함께 활용하는 방법까지 안내합니다.

STEP 1 노트북LM으로 나만의 AI 업무 챗봇 만들기

01 노트북LM은 내가 업로드한 자료 안에서만 답을 찾아주기 때문에 업무 매뉴얼과 지침을 근거로 확인하기에 적합합니다. 평소 참고하던 업무 매뉴얼·지침 파일을 준비한 뒤 노트북LM 웹사이트(notebooklm.google.com)에 접속합니다. 구글 계정으로 로그인한 다음 챗봇 생성을 위해 상단의 〔새로 만들기〕 버튼을 클릭합니다.

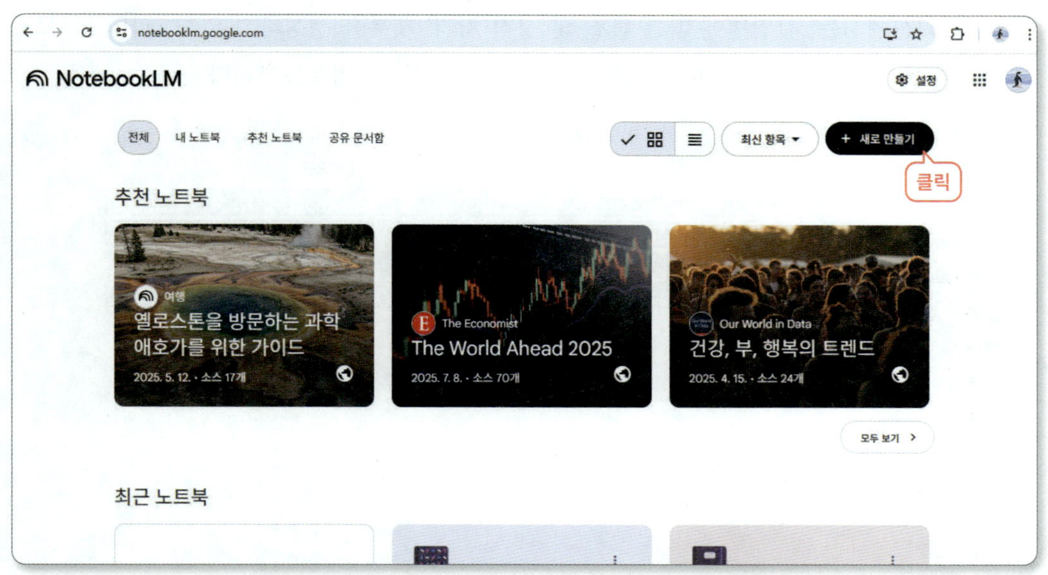

02 소스는 두 가지 방법으로 추가할 수 있습니다. 상단 검색창의 〔웹에서 새 소스를 검색하세요〕에 키워드나 URL을 입력해 웹 자료를 불러 오거나, 가운데 〔또는 파일 드롭〕 영역에 파일을 드래그해 놓으면 업로드됩니다. 필요하면 하단의 〔파일 업로드〕, 〔웹사이트〕, 〔Drive〕, 〔복사된 텍스트〕 버튼을 클릭해 원하는 방식으로 소스를 추가할 수도 있습니다.

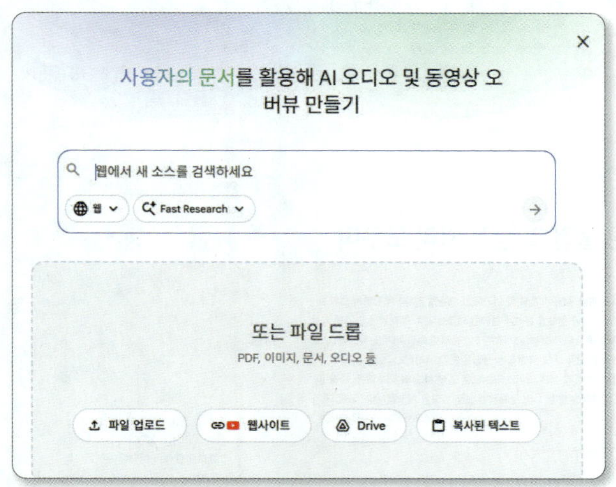

note 챗봇은 최신 가이드라인과 학교별 세부 규정을 함께 업로드하면 답변의 정확도가 높아집니다. 자주 개정되는 업무는 최신본 여부를 확인한 뒤 추가하는 것을 추천합니다.

03 이 섹션에서는 ‘감염병에 따른 출결 및 성적 처리’ 챗봇을 생성하기 위해 〔파일 업로드〕
버튼을 클릭하고 관련 가이드라인과 안내 자료를 한번에 업로드합니다.

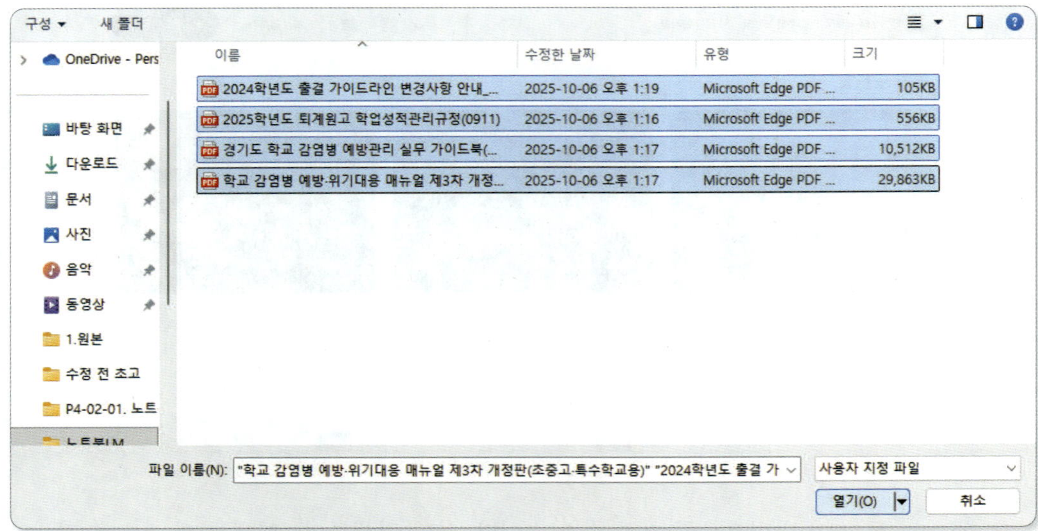

04 노트북LM에 소스를 업로드하면 기본 챗봇이 자동 생성됩니다. 좌측 상단의 제목란을 클
릭하여 ‘감염병에 따른 출결 및 성적 처리 도우미’처럼 수정하고, 〔채팅〕 영역 하단의 ‘입
력을 시작하세요’에 질문을 입력해 바로 활용할 수 있습니다.

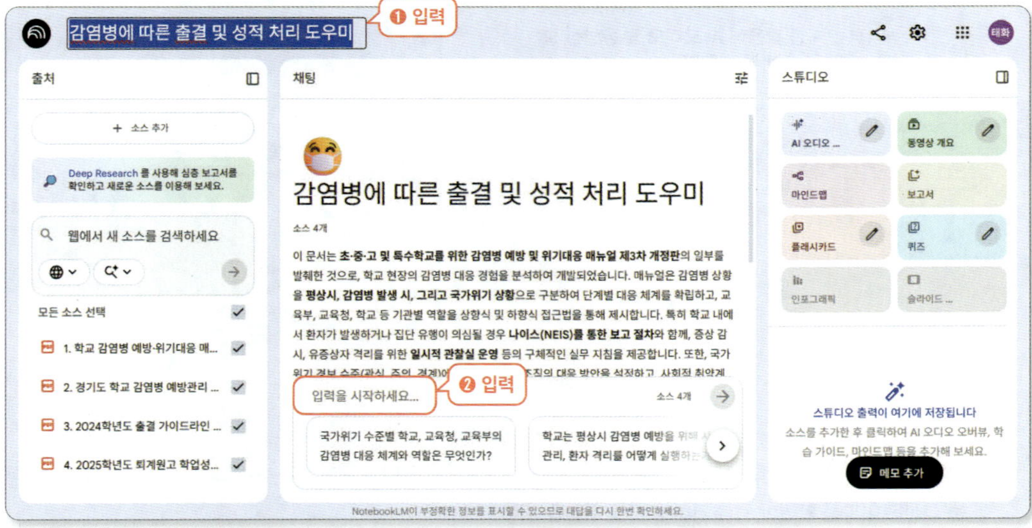

   Chapter 02 교무·행정 문서와 발표 자료 만들기

05 실제 상황을 반영한 질문으로 챗봇의 답변을 확인합니다. 답변 문장 뒤 숫자에 마우스를 올리면 근거가 팝업창으로 표시되므로, 이를 확인해 적용 조건의 적절성을 점검합니다.

> 장티푸스에 감염된 경우, 출결 처리 및 성적 처리 방법 알려줘.

1. 출결 처리(등교 중지 및 출석 인정)

장티푸스는 보건소에 즉시 신고해야 하는 법정 감염병 중 하나입니다. 학생이 장티푸스 확진 또는 의심으로 인해 등교 중지 조치를 받는 경우, 해당 기간은 출석으로 인정됩니다.

가. 등교 중지 및 기간

- **확진된 경우**: 등교 중지가 필요한 감염병으로 확진되면 격리 기간 동안 등교를 중지해야 합니다. 이 격리 기간은 원칙적으로 의사의 소견을 따릅니다.
- **의심되는 경우**: 등교 중지가 필요한 감염병이 의심되는 경우에도 확진 여부를 확인할 때까지 등교를 중지해야 합니다.
- 보호 및 불이익 방지: 학교장은 감염병에 걸린 학생이 불이익을 받지 않도록 조치해야 하며, 학생의 경우 출석 인정 결석으로 처리됩니다.

나. 등교 재개 및 증빙 서류

- **등교 재개**: 등교 중지 기간이 지나고 감염병 증상이 소실되면 등교를 재개할 수 있습니다. 등교 중지 종료 시점 이전이라도 감염성이 소실되었다는 의사의 진료확인서 또는 소견서를 제시하면 등교가 가능합니다.

(…)

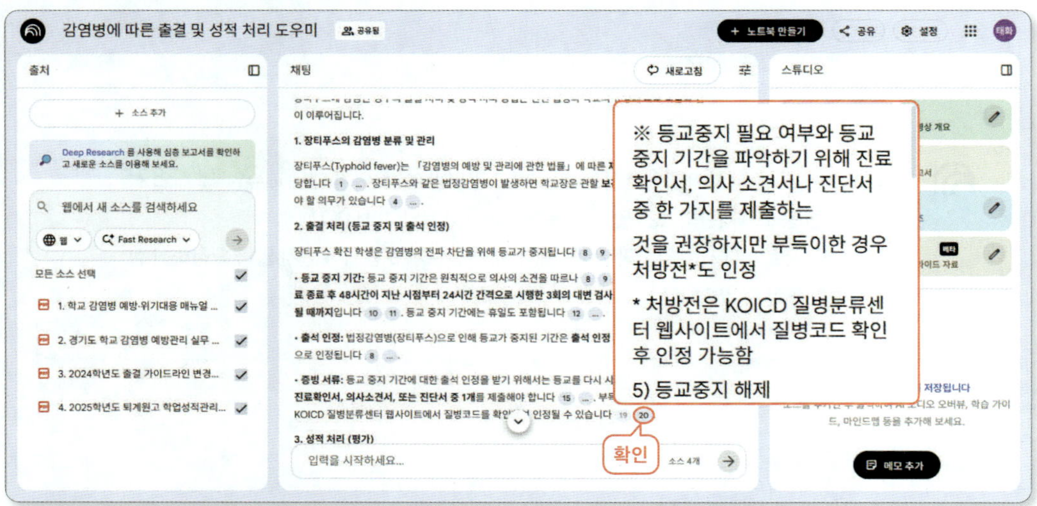

06 더 자세한 내용은 답변 문장 뒤의 숫자를 클릭해 확인합니다. 그러면 좌측 〔출처〕 영역의 〔소스 가이드〕에서 근거 문서와 해당 위치, 원문 내용까지 확인할 수 있습니다.

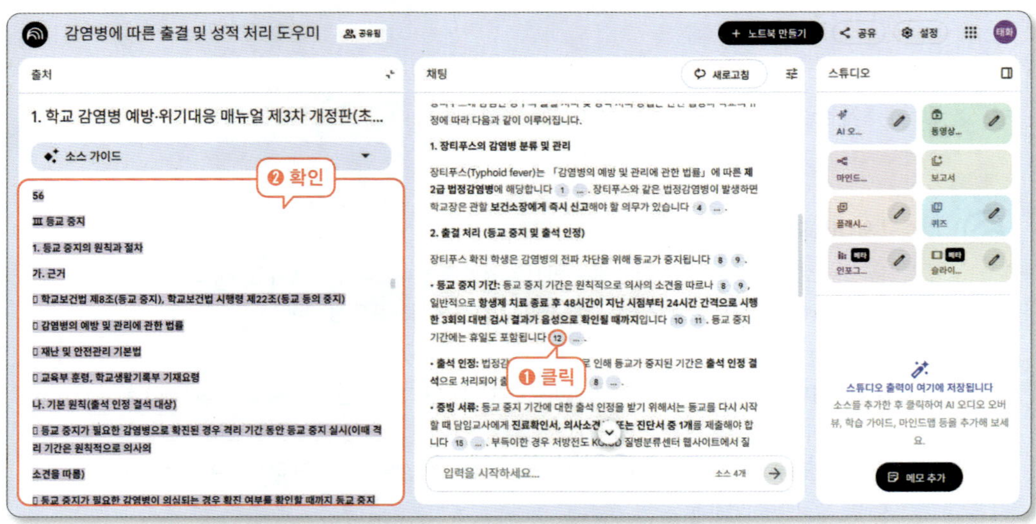

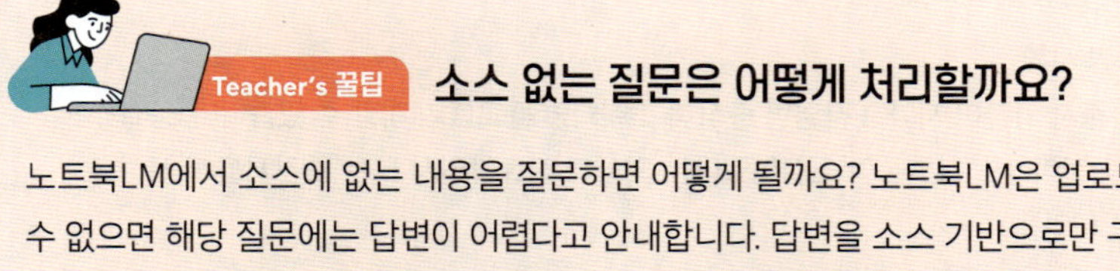

Teacher's 꿀팁 · **소스 없는 질문은 어떻게 처리할까요?**

노트북LM에서 소스에 없는 내용을 질문하면 어떻게 될까요? 노트북LM은 업로드한 자료에서 근거를 찾을 수 없으면 해당 질문에는 답변이 어렵다고 안내합니다. 답변을 소스 기반으로만 구성하기 때문에, 근거가 분명한 정보만 제공한다는 점에서 신뢰도가 높으며, 업무용 챗봇으로 활용하기에 적합합니다.

> 죄송합니다. 고객님께서 제공해주신 자료는 '학교 감염병 예방·위기 대응 매뉴얼' 및 학업 성적 관리 규정 등 교육기관의 보건 및 학사 운영에 관한 내용입니다.〔1〕〔2〕
> 따라서 해당 자료 내에서는 김치찌개 레시피에 대한 정보가 포함되어 있지 않아 요청하신 질문에 답변을 드릴 수 없습니다.

 Chapter 02 교무·행정 문서와 발표 자료 만들기

STEP 2 노트북LM으로 생성한 챗봇 공유하기

01 노트북LM 챗봇은 개인용으로 활용할 뿐만 아니라 동료 교사와 공유해 업무 처리 기준과 정보를 통일하는 데도 활용합니다. 우측 상단의 공유(☍) 아이콘을 클릭한 뒤 〔노트북 액세스〕를 〔제한됨〕에서 〔링크가 있는 모든 사용자〕로 변경하고 〔저장〕 버튼을 눌러 적용합니다. 마지막으로 〔링크 복사〕 버튼을 클릭해 챗봇 링크를 공유합니다.

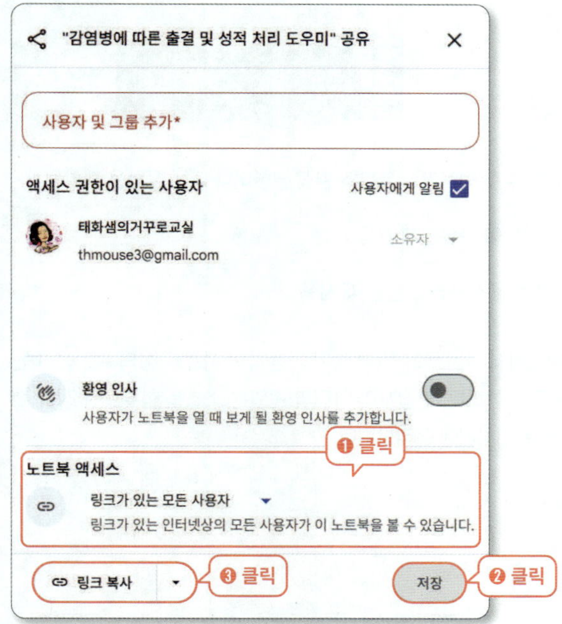

note 개인 계정은 공유 대상의 이메일을 추가해 편집 권한을 부여하면 공동 편집이 가능합니다. 또는 〔노트북 액세스〕를 〔링크가 있는 모든 사용자〕로 설정한 뒤 링크만 공유해도 함께 작업할 수 있습니다.

02 교육용(또는 기업용) 계정에서는 보안 설정으로 링크 공유가 제한될 수 있습니다. 이 경우 우측 상단 공유(<) 아이콘을 클릭한 뒤, 공유창의 〔사용자 및 그룹 추가〕에 이메일을 입력하고 권한을 선택해 공유합니다.

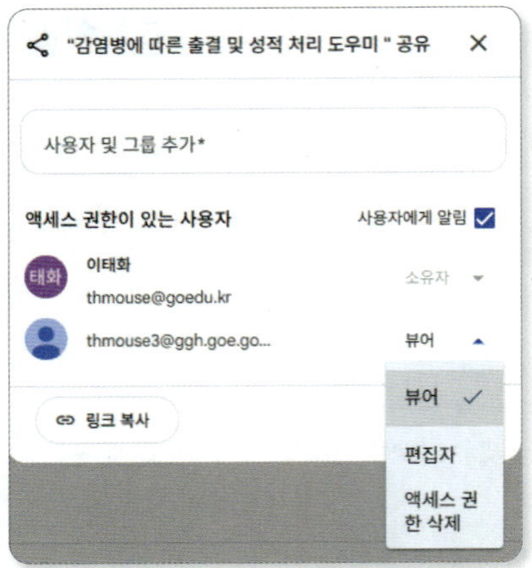

뷰어	노트북의 소스를 확인하고 채팅을 할 수는 있지만 노트북의 편집 권한이나 다른 작업은 제한됨
편집자	노트북의 원래 소유자와 같이 모든 기능을 자유롭게 사용 가능
엑세스 권한 삭제	사전에 부여했던 '뷰어'나 '편집자' 권한을 삭제하고 싶을 때 사용

note 일반 유료 계정은 링크를 통한 빠른 공유와 소스 데이터의 완전한 제어(편집)가 가능하여 자료 구성의 유연성이 높습니다. 교육용 계정은 이메일 기반의 폐쇄적 공유를 지향하며, 편집자라 하더라도 원본 소스를 함부로 수정할 수 없도록 제한되어 있어 공동 작업 시 데이터 무결성을 유지하기에 유리합니다.

감염병에 따른 출결 및 성적 처리 도우미

업무 자료를 업로드해 만든 챗봇이 있으면 필요한 내용을 질문하여 빠르게 확인할 수 있습니다. 자주 다루지 않는 사안도 매뉴얼을 뒤지지 않고 자료 기반으로 절차와 조치를 정리할 수 있으며, 답변의 근거를 함께 확인해 처리 기준을 문서로 검증할 수 있습니다. 또한 동료와 공유하면 안내 기준을 통일할 수 있고, 지침이 개정되면 소스만 최신본으로 교체해 쉽게 업데이트할 수 있습니다.

노트북LM으로 생성한 '감염병에 따른 출결 및 성적 처리 도우미' 챗봇을 제공합니다. QR 코드를 스캔하면 해당 챗봇 화면으로 바로 이동해 질문할 수 있습니다. 직접 활용해 보세요.

감염병에 따른 출결 및 성적 처리 도우미 챗봇

활동 확장

노트북LM은 소스 기반 챗봇을 넘어 스튜디오에서 결과물을 재구성해 활용할 수 있습니다. 예를 들어 인수인계용 FAQ·체크리스트를 생성해 누락을 점검하고, 복잡한 절차는 슬라이드형 요약(비디오 개요)으로 만들어 안내 자료로 공유합니다.

기대 효과

☑ 매뉴얼, 규정을 찾는 시간을 줄여 행정 업무 효율 상승
☑ 정확한 근거가 필요한 주요 업무 처리에서 강점 발휘
☑ 다양한 스튜디오 기능으로 수업 및 개인 학습에 효율적으로 활용
☑ 콘텐츠 생성의 기본이 되는 자료 분석을 빠르고 쉽게 진행할 수 있음

AI 경험 제공

노트북LM의 가장 큰 장점은 사용자의 질문에 대한 답변을 구성할 때 대화형 AI처럼 확률에 근거하여 답변을 생성하는 것이 아니라, 사용자가 업로드 한 소스 내에서 찾아 답변해준다는 것입니다. 생성형 AI의 고질적인 단점인 환각(Hallucination) 현상을 없애고, 근거에 기반한 답변을 생성하는 믿음직한 AI를 경험할 수 있습니다.

노트북LM 스튜디오 활용 가이드

노트북LM 스튜디오는 업로드한 자료를 바탕으로 AI 오디오 오버뷰, 슬라이드 자료, 동영상 개요, 마인드맵, 보고서, 플래시카드, 퀴즈, 인포그래픽, 데이터 표 자료 같은 다양한 형식의 결과물을 자동으로 만들어 주는 '콘텐츠 제작 허브'입니다. 한 번 소스를 올려두면, 같은 자료로 수업 자료, 평가 문항, 요약본 등 다양한 형태로 활용할 수 있다는 장점이 있습니다.

✏️ 고등학교 '확률과 통계' 교과서 파일을 이용한 노트북 생성

먼저 고등학교 '확률과 통계' 교과서 파일을 업로드하며 '노트북'을 생성합니다. 이어서 화면 우측 〔스튜디오〕 영역에서 원하는 템플릿을 선택하면 업로드한 소스를 바탕으로 보고서, 퀴즈, 플래시카드, 슬라이드 등 다양한 형태의 수업 자료를 자동으로 만들 수 있습니다.

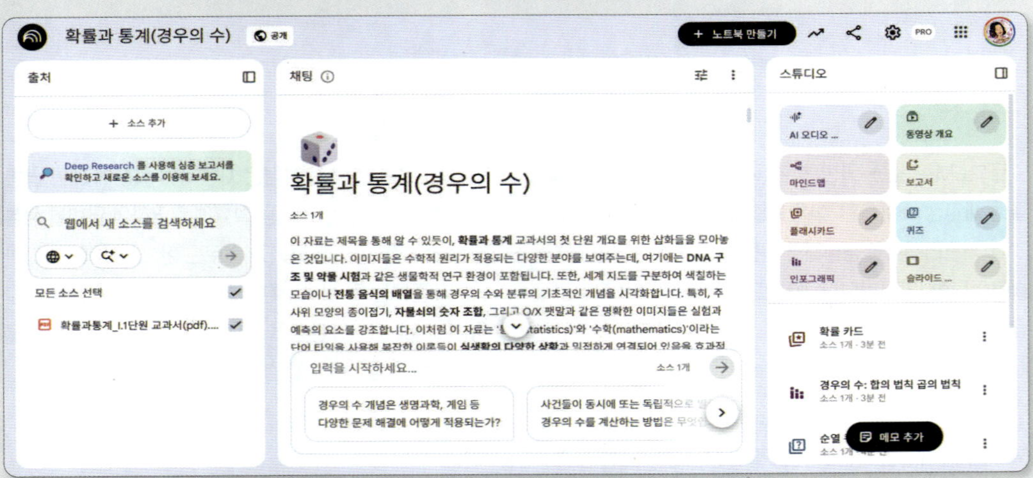

'확률과 통계' 노트북 바로가기

✏️ 스튜디오 메뉴 살펴보기

스튜디오의 각 메뉴가 생성하는 자료의 유형을 미리 확인하면, 이후 어떤 수업 자료를 어떤 순서로 제작할지 전체 활용 흐름을 보다 체계적으로 설계할 수 있습니다.

스튜디오 메뉴	기능 및 예시
AI 오디오 오버뷰	• 자료의 핵심 주제를 AI 호스트 간의 토론 형식 오디오로 정리해 줍니다. • 멀티태스킹과 청각적 학습에 유용합니다. 예) 출퇴근길에 긴 문서를 오디오로 들으며 핵심 내용을 빠르게 파악합니다.
슬라이드 자료	• 문서를 분석하여 발표에 사용할 수 있는 슬라이드(PPT) 개요와 내용을 자동으로 구성해 줍니다. 예) 방대한 조사 자료를 바탕으로 발표용 슬라이드 초안을 빠르게 제작합니다.
동영상 개요	• 오디오 오버뷰에 관련 이미지나 텍스트를 더해 영상 형태의 브리핑을 제공합니다. • 시청각적 요소를 통해 몰입도를 높입니다. 예) 오디오만으로는 이해하기 힘든 내용을 화면과 함께 시청하며 학습합니다.
마인드맵	• 자료의 개념과 연결 고리를 분석하여 시각적인 트리 구조로 자동 생성합니다. • 정보의 전체적인 맥락과 구조 파악을 돕습니다. 예) 복잡한 단원의 내용을 마인드맵으로 시각화하여 전체 구조를 한눈에 정리합니다.
보고서	• 업로드한 소스를 기반으로 브리핑, 학습 가이드, 블로그 등 다양한 형식의 글을 자동으로 작성합니다. 예) 수업 준비를 위한 요약 브리핑 문서나 주제 탐구 보고서 초안을 생성합니다.
플래시카드	• 핵심 용어와 질문을 추출하여 학습용 카드를 만듭니다. • 난이도 조절 및 퀴즈 기능으로 능동적인 암기 학습을 지원합니다. 예) 시험 기간에 주요 개념을 플래시카드로 만들어 반복적으로 암기하고 테스트합니다.
퀴즈	• 자료 내용을 바탕으로 '예상 문제(객관식/주관식)'를 자동 생성합니다. • 학습 이해도를 점검하는 데 최적화되어 있습니다. 예) 공부를 마친 후 생성된 퀴즈를 풀며 부족한 부분을 확인하고 복습합니다.
인포그래픽	• 텍스트 정보를 분석하여 이해하기 쉬운 시각적 이미지(도표, 다이어그램 등)로 자동 변환해 줍니다. 예) 복잡한 통계나 역사적 흐름을 인포그래픽으로 변환하여 직관적으로 이해합니다.
데이터 표	• AI가 생성한 복잡한 텍스트 데이터를 한눈에 보기 편한 표 형식으로 자동 정렬하여 시각화하고, 이를 외부 도구에서 활용할 수 있도록 관리합니다. 예) 데이터 유형에 따른 교과서 자료를 빠르게 정리해줍니다.

✏️ '마인드맵, 플래시카드, 퀴즈' 만들어 보기

'확률과 통계' 교과서 파일을 이용하여 간단한 마인드맵, 플래시카드, 퀴즈를 만드는 방법을 소개합니다. 노트북LM의 스튜디오 기능은 단순히 정보를 암기하는 것을 넘어, 능동적인 학습을 유도하고 개인에게 최적화된 학습 경험을 제공하는 데 중점을 두고 있습니다.

01 〔스튜디오〕 메뉴에서 〔마인드맵〕를 클릭합니다. 업로드한 소스를 바탕으로 마인드맵을 자동 생성합니다. 생성된 마인드맵의 노드(>)를 클릭하면 가지가 확장됩니다.

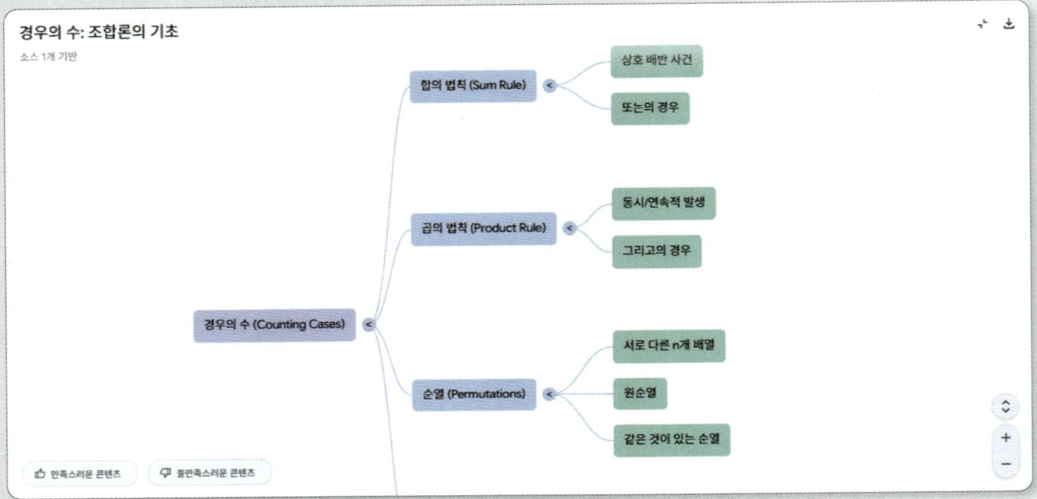

note 마인드맵은 노드를 클릭해 개념을 확장하거나 축소하며 깊이 있게 탐색할 수 있습니다. 복잡한 교과서나 문서 내용을 트리 구조로 시각화해 전체 흐름과 핵심 개념을 한눈에 파악할 수 있어, 학습 자료로 활용하기에도 효과적입니다.

02 스튜디오 메뉴 중 〔플래시카드〕를 클릭합니다. 플래시카드는 앞면에 질문이나 용어가, 뒷면에 답변이 표시되며 카드를 넘기는 애니메이션으로 구동되어 능동적인 학습을 지원합니다. 업로드한 소스에서 핵심 정보를 추출하여 플래시카드가 자동으로 생성됩니다.

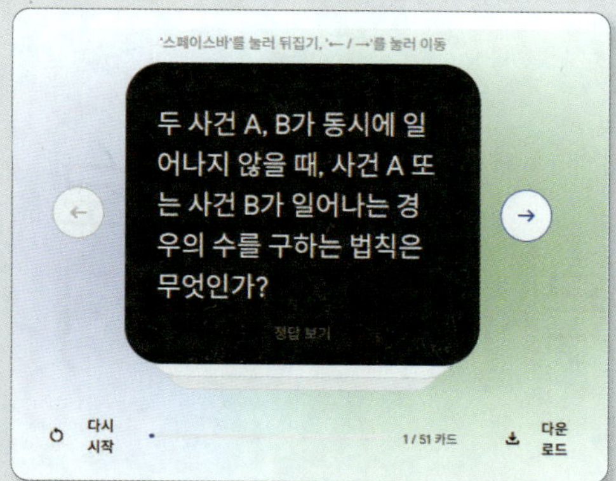

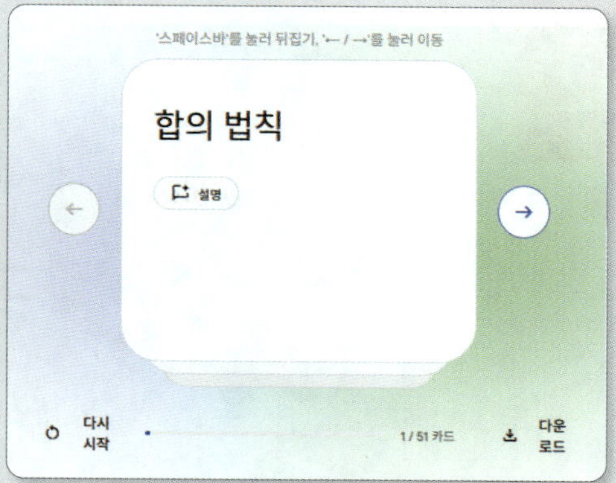

note 플래시카드는 이미지, 그래프가 포함된 PDF 문서에서도 정보를 추출하여 생성할 수 있습니다. 카드 수, 문제 수, 난이도 등을 조절하여 시험 대비, 암기, 개념 점검 등 다양한 학습에 활용할 수 있습니다.

03 스튜디오 메뉴 중 〔퀴즈〕를 클릭합니다. 주어진 소스를 이용한 10개의 퀴즈 문항이 자동으로 생성됩니다.

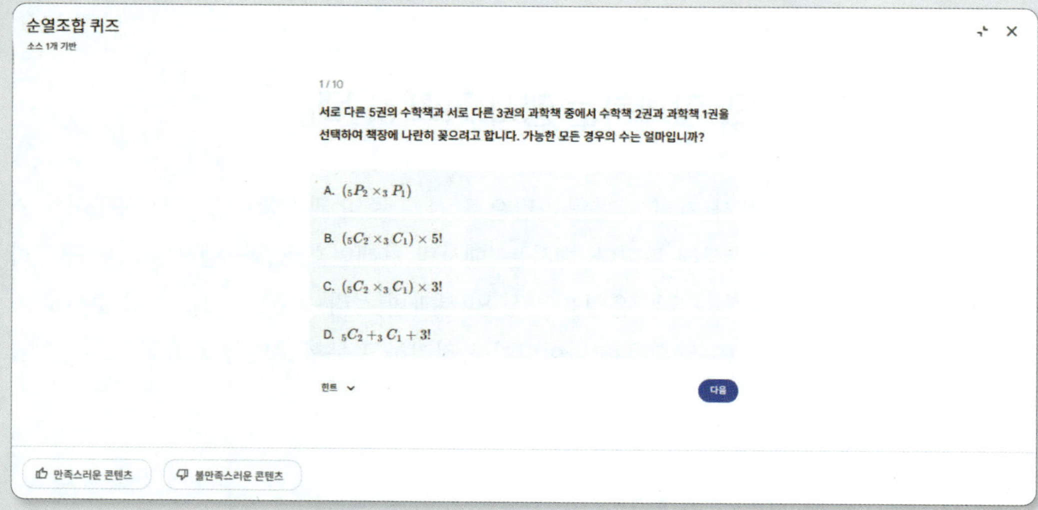

note 객관식·주관식 문제를 생성할 수 있으며, 난이도 조절도 가능합니다. 생성된 퀴즈를 통해 학습 내용을 점검하고, 정답과 출처를 확인하며 이해도를 높일 수 있습니다.

챗GPT로
공문서 쉽게 작성하기

AI 도구 ChatGPT

학교 행사를 기획할 때 가장 부담이 되는 작업은 공문서 작성입니다. 행사명 선정부터 운영 계획서, 세부 운영표, 홍보 자료까지 대부분의 준비 과정이 반복적인 문서 업무로 이루어지기 때문입니다. 챗GPT는 이러한 문서 작업을 빠르고 효율적으로 도와주는 협업 파트너입니다. 이 섹션에서는 실제 '청학 탐구 플랫폼' 행사 기획 사례를 통해 챗GPT로 행사 기획 흐름에 맞춰 공문서를 단계별로 작성하는 방법을 살펴봅니다.

업무 준비 및 과정 AI와 함께하는 행사 기획 5단계

실제 '청학 탐구 플랫폼' 행사 기획 사례를 바탕으로, 행사 준비 과정에서 필요한 공문서를 기획 흐름에 맞춰 단계별로 작성해 봅니다. 행사는 '행사명 브레인스토밍→행사명 의미 구체화→운영 계획서 작성 및 수정→세부 운영표 작성 및 분과별 정리→홍보 자료 제작' 순서로 기획되며, 각 단계에서는 챗GPT를 활용해 아이디어를 정리하고 문서 초안을 효율적으로 완성합니다.

STEP 1 행사명 브레인스토밍하기

01 먼저 행사의 목적과 성격 등을 정리한 뒤 이를 바탕으로 행사명을 도출하는 과정을 진행합니다. 실제 사례를 바탕으로 행사 기획의 첫 단계인 행사명 브레인스토밍을 챗GPT와 함께 시작합니다.

- **실제 사례:** 청학 탐구 플랫폼
- **행사 기획 배경:** 1학기 중순, 학교에서 특별한 미션을 받았습니다. 인문사회부의 '창의 주제 탐구 활동'과 융합과학부의 '과학 과제 연구'를 하나로 묶어 전체 학생이 발표를 듣고 피드백을 나눌 수 있는 공유의 장을 만들어달라는 것이었습니다. 금요일 1~4교시를 활용하여 학생들이 서로의 탐구 과정과 결과를 공유하며 함께 성장하는 공유의 장을 만드는 것이 목표였습니다.

02 행사명 추천 프롬프트를 다음과 같이 입력한 뒤 제안된 결과를 비교·검토하여 최종 행사명을 선정합니다. 이때 행사 목적과 조건을 구체적으로 제시해야 활용 가능한 결과를 얻을 수 있습니다.

나는 고등학교 부장으로서 1,2학년이 함께 참여하는 탐구 발표회를 기획하고 있어.
인문사회부의 '창의 주제 탐구'와 융합과학부의 '과학 과제 연구'를 통합하는 행사야.
다음 조건을 반영해서 행사명을 추천해줘.
- 원하는 느낌: '컨퍼런스, 포럼' 같은 학문적이고 공식적인 분위기
- 목적: 두 부서의 활동 통합(공유와 성장)
- 학교명: '청학'을 포함
- 핵심 가치: 학생들이 서로의 탐구를 듣고, 질문하고, 함께 성장하는 의미

1. 청학 탐구 컨퍼런스 – 학문적이지만 약간 딱딱함
2. 융합 탐구 포럼 - '융합과학부'와 혼동 우려
3. 청학 탐구 플랫폼 - 지식이 모이고 교류하는 현대적 공간
4. 청학 탐구 콜로키움 - 전문적이지만 고등학생에게 생소함
5. 지식나눔 탐구 페어 - 페어는 너무 캐주얼한 느낌

(…)

note 아이디어 작업은 한 가지 AI만 쓰면 결과가 비슷해질 수 있습니다. 필요하면 제미나이 등 다른 AI에도 같은 질문을 던져 후보를 늘리고, 괜찮은 표현은 다시 챗GPT로 가져와 정리하고 다듬는 것을 추천합니다.

STEP 2 행사명 의미 구체화

01 행사명 브레인스토밍을 통해 최종 행사명을 '청학 탐구 플랫폼: 공유·탐구·성장'으로 선정합니다. 구성원이 행사의 취지를 동일하게 이해할 수 있도록 행사명의 의미를 한 문장으로 정리해 공문서, 안내문, 개회사 작성에 활용할 공식 슬로건(핵심 메시지)으로 확정합니다.

> - **플랫폼**: 탐구 결과를 공유하고 질문과 토론이 이루어지는 교류의 장
> - **공-탐-성**: 학생들이 쉽고 친근하게 부를 수 있는 핵심 키워드

02 다음은 행사명에 담긴 의미를 구체화하기 위해 챗GPT에 입력한 프롬프트와 답변 예시입니다. 프롬프트는 행사 취지와 활용할 문서 유형을 함께 제시하여 답변을 실제 공문서 작성 시 바로 활용될 수 있게 요청합니다.

> '청학 탐구 플랫폼: 공유·탐구·성장'이라는 이름에 담긴 의미를 설명해줘. 학생 안내문과 공문서에 활용할 수 있도록 각 단어의 의미를 구체적으로 풀어서 설명해줘.

- **청학**: 학교의 정체성을 담은 말로, 우리 학교만의 고유한 탐구 문화임을 나타냅니다.
- **탐구**: 단순한 공부를 넘어 스스로 질문하고 답을 찾아가는 능동적 과정입니다.
  과학 과제 연구의 실험도, 창의 주제 탐구의 인문사회 주제도 모두 포함합니다.
- **플랫폼**: 연결과 공유의 장입니다. 발표하고 끝나는 것이 아니라, 질문이 오가고 새로운 아이디어가 탄생하는 역동적인 공간입니다.
- **공유·탐구·성장**: 행사의 흐름을 나타냅니다. 먼저 결과를 공유하고 함께 질문하며 탐구하며, 그 과정에서 모두가 성장합니다.

note 행사명 의미를 구체화하면 학생·학부모·교사가 행사의 취지와 목적을 명확히 이해할 수 있습니다. 제목만 제시하기보다 핵심 단어의 교육적 의도를 풀어 설명하면 공감대와 참여 동기를 높일 수 있습니다.

STEP 3 운영 계획서 작성 및 수정하기

01 운영 계획서는 행사의 목적과 운영 방식을 정리하는 기본 문서로, 기존 계획서의 구조를 활용하면 작성 시간은 줄이고 형식도 통일할 수 있습니다. 이 사례에서는 2025학년도에 '창의 주제 탐구활동 운영 계획서'를 챗GPT에 제공해 기존 구조는 유지하고 변경 사항만 '추가조건'으로 제시해 이번 행사에 맞게 수정합니다.

2025학년도 창의 주제 탐구활동 운영 …
PDF

2025학년도에 진행했던 창의 주제 탐구활동 계획서를 보내줄게. 참고하여 2026학년도 '청학 탐구 플랫폼' 운영 계획서를 작성해줘.

추가 조건:
- '공유-탐구-성장' 슬로건을 목적과 방침에 자연스럽게 녹이기
- 인문사회부와 융합과학부 통합 명시
- 1학년: 1~4교시, 2학년: 1~3교시 + 4교시 인문학 특강
- 발표는 분과별 진행, 학생들이 관심 분과 선택 가능

청학 탐구 플랫폼 운영 계획(안)

I. 개요
- 행사명: 청학 탐구 플랫폼
- 부제: 공유·탐구·성장
- 대상: 1·2학년 전체 학생
- 시기: 2026년 ○월 ○일(금요일) ※ 1학년: 1~4교시 1학년: 1~3교시, 4교시 인문학 특강
- 장소: 송천홀, 다목적실, 각 분과별 발표실

II. 목적
1. 학생 주도적 탐구 경험 공유를 통해 학문적 소양 및 발표 역량 강화
2. 다양한 탐구 주제(인문·사회·과학·예술)를 아우르는 학문적 스펙트럼 체험
3. '공유-탐구-성장'이라는 학습 가치 실현을 촉진하는 자기주도적 성장
4. 협업과 토론 경험을 바탕으로 문제 해결 및 창의적 사고력 증진

III. 기본 방침
1. 모든 학생이 탐구 성과를 토론, 발표, 경청하는 과정에 참여하도록 운영
2. 학생 발표자는 모든 형태(포스터, PPT, 영상 등 다양한 방식)로 발표
3. 참가 학생은 관심 분야를 선택해 발표를 경청하고, Q&A·피드백 작성에 참여
4. 1학년은 발표와 함께 개인 탐구 주제 초안을 작성하여 플랫폼 참여 경험을 내년 활동으로 연결

(…)

02 계획서 초안이 완성된 뒤에는 실제 학교 상황에 맞게 일부 조정이 필요합니다. 예를 들어, 교감 선생님과 협의한 변경 사항을 프롬프트로 전달해 수정을 요청하면, 수정된 타임 테이블을 포함한 운영 계획을 정리해 줍니다.

일단 20분간 방송을 송출하면서 이번 대회의 취지를 밝힐 거야. 과학 과제 연구, 창의주제 탐구활동에 대한 소개를 하면서 어떤 활동을 하는지 소개할 거야.

- 09:10-09:30(교실)
- 09.30-09:40(이동)
- 09:40-11:00(발표 및 공유) 15분씩*5팀
- 11:00-11:10(이동) - 1학년은 교실로, 2학년은 2층 송천홀로 이동
- 11:10-13:00(1학년 탐구활동 기획) - 소감문 작성 및 탐구 주제 탐색
- 11:10-13:00(2학년 인문학 북토크)

그리고 신청은 방과 후 시스템으로 전체 1,2학년 학생이 신청하게 할 예정(발표자 학생 포함) 총 20팀이 참여하고 과학 과제 연구 발표 장소는 송천홀·물리/지학실·화학실, 창의주제 탐구활동 발표 장소는 세미나실·스마트 AI교실·생명과학실이야.

청학 탐구 플랫폼 운영 계획(수정안)

I. 개요
- 행사명: 청학 탐구 플랫폼
- 부제: 공유·탐구·성장
- 대상: 1·2학년 전체 학생(발표자 포함)
- 신청 방법: 방과 후 학교 시스템을 통한 사전 신청
- 시기: 2026년 ○월 ○일
- 장소: 각 교실, 송천홀, 분과별 발표실

II. 목적
- 과학 과제 연구·창의 주제 탐구 활동 등 학생 주도적 탐구의 과정을 전 학년이 공유
- 학생들이 탐구 성과를 듣고 질문하며, 스스로 탐구 주제를 구상하는 경험 제공
- 인문학·사회·과학·예술을 아우르는 다양한 발표를 통해 학문적 스펙트럼 확장
- '공유-탐구-성장'이라는 가치 실현을 통해 자기주도적 성장 촉진

III. 기본 방침

시간	내용	장소	비고
09:10 - 09:30	개회 방송 (20분) •대회 취지 설명 •과학 과제 연구·창의 주제 탐구 활동 소개	교실	방송실 송출

09:30 - 09:40	분과별 발표 교실로 이동		학생 사전 신청 기준
09:40 - 11:20	분과별 탐구 발표&공유 • 발표 15분 × 5팀(질의응답 및 정리시간 5분) • 인문 / 사회 / 과학 / 예술 분과 병행 운영 • 소감문 작성(QR 코드)	각 분과별 발표 교실 (송천홀, 세미나실, 물리·지학실, 생명과학실, 화학실, 스마트 AI 교실)	PPT, 포스터, 영상 등
11:20 - 11:25	이동		
11:25 - 13:0	• 1학년: 탐구 기획 활동 - 소감문 작성 - 탐구 주제 탐색 • 2학년: 인문학 북토크	1학년 → 각 교실 2학년 → 송천홀	결과물 제출 (소감문 탐구 주제 초안)

(…)

STEP 4 세부 운영표 작성 및 분과별 정리하기

01 행사 당일 운영 흐름과 교사 임장 지도 장소를 한눈에 확인할 수 있도록 세부 운영표를 작성합니다. 세부 운영표는 교시별 운영 내용, 장소 등 필수 정보만 담는 방식으로 구성안을 검토하고 제시된 표 형식 중 행사에 가장 적합한 형태를 선택해 활용합니다.

주제	1교시, 4교시 실별 임장지도 안내						
	10:00 - 11:00						
	11:00 - 12:00						
	10:00 - 11:00						
	11:00 - 12:00						

주제	장소	2교시, 3교시 실별 임장지도 안내	
과학과제연구 분과 1	2층 송천홀	10:00 - 11:00	
		11:00 - 12:00	
과학과제연구 분과 2	2층 물리.지학실	10:00 - 11:00	
		11:00 - 12:00	

이제 계획표에서 첨부 이미지와 같이 세부 일정을 짜고 있는데 선생님들이 1교시 4교시에는 각 교실에 들어가고 나머지는 6개의 분과별로 나눠서 들어가는 것을 감독표로 짜고 싶어. 어떤 식으로 표를 그려야 할지 모르겠어. 아이디어를 좀 줘.

 지금 구성하려는 게 교사 감독표이니까, 핵심은 시간·장소·분과·담당 교사 4가지를 한눈에 볼 수 있어야 합니다. 아래 3가지 방식 중 하나로 표를 짜시면 깔끔할 것 같아요.

ChatGPT가 제안한 표 구성 방식

① 시간속 중심 표(가장 직관적)

- ✓ 행(row): 시간(1교시, 2교시, 3교시, 4교시)
- ✓ 열(column): 각 교실/분과/발표실
- ✓ 교사 이름을 칸에 배치

교시	교실 감독	송천홀 (과제연구 1)	물리·지학실 (과제연구 2)	화학실 (과제연구 3)	세미나실 (창의탐구 1)	스마트AI실 (창의탐구 2)	생명과학실 (창의탐구 3)
1교시	담임	-	-	-	-	-	-
2교시	-	OOO	OOO	OOO	OOO	OOO	OOO

교사들이 본인 담당 칸만 확인하면 됩니다.

② 교사별 배정표(교사 기준)

- ✓ 행(row): 교사 이름
- ✓ 열(column): 시간대별 담당 장소

교사명	1교시	2교시	3교시	4교시
홍길동	1-1 교실	송천홀	송천홀	1-1 교실
김영희	1-2 교실	물리·지학실	물리·지학실	1-2 교실

③ 분과별 명단표(운영진 관리용)

- ✓ 행(row): 발표 분과
- ✓ 열(column): 교시별 담당 교사

분과	장소	2교시	3교시
과학 과제 연구 1	송천홀	OOO	OOO
과학 과제 연구 2	물리·지학실	OOO	OOO
창의탐구 1	화학실	OOO	OOO

02 제출된 탐구 주제 중 발표 추천으로 표시된 주제를 중심으로 유사한 주제끼리 묶어 분과를 구성합니다. 이후 분과별 주제 수와 성격이 한쪽으로 치우치지 않도록 분류 기준을 조정해 최종 구성을 확정합니다.

이제 분과를 나눌건데 내가 보낸 주제 중에 발표 추천에 표기 된 친구들을 비슷한 주제끼리 묶어서 5가지씩 3개 분과로 만들고 싶어. 어떻게 묶으면 좋을지 추천해줘.

학년	팀 번호	발표 추천	주제
2	팀1	●	도파민 디톡스 실험을 통한 도파민 중독 해결 방안 모색 (조장: 한　　)
2	팀2	○	가짜뉴스와 만델라 효과가 대중 기억에 미치는 영향 (조장: 손
2	팀3	●	에듀테크 기반 학습을 고등학교 외국어 학습에 적용한 사례 연구 (조장: 고　　)
2	팀4		환수 문화유산의 현황 및 법적근거를 기반으로한 환수 방안 모색(조장: 장　　)
2	팀5	○	식물 기반 대체 단백질 식품 시장의 성장 가능성 (조장: 이　　)
2	팀6	○	AI의 발전과 그에 따른 청소년들의 학업 역량의 변화 (조장: 김　　)
2	팀7	○	코로나 19가 학업 성취도에 끼친 영향을 바탕으로 다음 펜데믹 상황에서 적용 가능한 대안 만들기 (조장: 박　　)

챗GPT가 제안한 분과 구성

✅ **1분과 : 과학·기술·의학**

1. 도파민 디톡스 실험을 통한 도파민 중독 해결 방안 모색

2. 반도체 기술의 한계를 극복하기 위한 노력

3. 장내 미생물을 이용한 노화 치료의 가능성

4. 어떤 방식을 통해 반도체 산업의 경쟁력을 상승시킬 수 있을까?

5. ADHD에 대한 약제의 화학구조 분석과 체내 작용기전 탐구

👉 **특징 : 뇌과학·의학·생명과학·반도체 등 실험적·기술적 탐구**

(…)

note 발표 추천으로 표시된 주제는 분과의 성격을 대표할 수 있는 사례이므로, 분류 기준을 설정할 때 우선적으로 참고합니다.

01 행사 참여를 높이기 위해 학생이 한눈에 이해할 수 있는 홍보 문구를 제작합니다. 완성된 운영 계획서를 챗GPT에 업로드한 뒤, 행사 목적과 특징만 추려 짧고 직관적인 포스터 문구로 바꾸도록 요청합니다. 이렇게 정리하면 공식 문서의 핵심을 학생 눈높이로 전달할 수 있어 홍보에 활용하기 좋습니다.

2026학년도 창의 주제 탐구 활동 운영...
PDF

계획서를 보고 간단한 행사 안내 포스터를 만들어줘.

📌 **청학 탐구 플랫폼**
　공유·탐구·성장

📌 **행사 개요**
- 일시: 2026년 ○월 ○일(금) 09:10 ~ 13:00
- 대상: 1·2학년 전체 학생
- 장소: 송천홀, 세미나실, 물리·지학실, 화학실, 생명과학실, 스마트 AI 교실

📌 **프로그램**
- 09:10 ~ 09:30 개회 방송 → 행사 취지 & 탐구 활동 소개
- 09:40 ~ 11:20 분과별 탐구 발표(총 30개 팀) → 인문·사회·과학·예술 분야 학생 발표
- 11:25 ~ 13:00
  - 1학년: 탐구 주제 기획 & 소감문 작성
  - 2학년: 인문학 북토크

📌 **행사 의미**
 학생들이 탐구 성과를 공유하고, 질문하며, 함께 성장하는 배움의 장

📌 **참여 방법**
　방과 후 시스템에서 분과별 발표실 선택 신청

02 캔바나 미리캔버스 같은 디자인 도구를 활용하여 포스
터로 제작합니다. 행사 핵심 정보를 강조하고, 학생들의
시선을 끌 수 있는 색상과 이미지를 활용해 완성합니다.

2026학년도 탐구 플랫폼 운영 계획

다음은 챗GPT를 활용해 작성한 실제 계획서 예시입니다. 챗GPT를 활용하면 행사 기획과 공문서 작성 과정을 단계별로 정리할 수 있어, 처음부터 혼자 구성해야 하는 부담을 줄일 수 있습니다. 브레인스토밍, 운영 계획서 초안 작성, 세부 운영표 정리, 홍보 포스터 문구 작성 등 필요한 작업의 초안을 빠르게 만들고, 이후 교내 협의 내용에 맞춰 수정·보완하는 방식으로 활용할 수 있습니다. 이를 바탕으로 학교 행사를 보다 체계적으로 기획하고, 완성도 높은 공문서를 작성할 수 있습니다.

2026학년도 탐구 플랫폼 운영 계획

I 개요

- 행사명: 청학 탐구 플랫폼
- 부제: 공유 - 탐구 - 성장
- 참여 대상: 1·2학년 전체 학생
- 날짜: 2026년 9월 25일 (금)
- 장소: 2층 송천홀, 세미나실, 물리·지학실, 생명과학실, 화학실, 3층 스마트 AI교실

II 목적

- 과학과제연구·창의주제탐구 활동 등 학생 주도적 탐구의 과정을 전체 학생이 공유
- 학생들이 탐구 성과를 듣고, 질문하며, 스스로 탐구 주제를 구상하는 경험 제공
- 인문학·사회·과학·예술을 아우르는 다양한 발표를 통해 학문적 스펙트럼 확장
- '공유-탐구-성장'이라는 가치 실현을 통해 자기주도적 성장 촉진
- 학교 전체 탐구 문화를 플랫폼 형식으로 확산

III 세부운영계획

시간	내용	장소	비고
09:10 - 09:30	개회 방송 송출 (20분) - 대회 취지 설명 - 과학과제연구·창의주제탐구 활동 소개	교실	방송실 송출
09:30 - 09:40	분과별 발표 교실로 이동	각 분과별 발표 교실 (송천홀, 세미나실, 물리·지학실, 생명과학실, 화학실, 스마트AI교실)	학생 사전 신청 기준
09:40 - 11:20	분과별 탐구 발표 & 공유 - 발표 15분 × 5팀 (질의응답 및 정리시간 5분) - 인문 / 사회 / 과학 / 응용 분과 병행 운영 - 소감문 작성 (QR코드)		PPT, 포스터, 영상 등
11:20 - 11:25	이동		
11:25 - 13:00	● 1학년: 탐구 기획 활동 - 소감문 작성 - 탐구 주제 탐색 ● 2학년: 인문학 북토크 (박성호 작가님)	1학년 → 각 교실 2학년 → 송천홀	결과물 제출 (소감문, 탐구 주제 초안)

- 1 -

IV 사전준비

- 발표 준비
  - 가. 총 30개 팀 선정 (과학과제연구 15팀, 창의주제탐구 15팀)
  - 나. 발표 자료는 포스터·PPT·영상·실물 결과물 등 자유 형식
- 학생 참여
  - 가. 전체 1·2학년 학생은 방과후 시스템으로 분과별 발표실 선택 및 신청
  - 나. 발표 참관 후 질의응답 및 소감문 작성
- 추후 활동
  - 가. 모든 학생은 소감문을 작성하여 담임 교사에게 제출 → 학교생활기록부 기록 활용
  - 나. 1학년: 자신의 탐구 주제를 직접 설정해봄으로써 2학기 또는 차년도 활동으로 확장
  - 다. 2학년: 인문학 북토크 참여 후 피드백 공유
  - 라. 발표 자료 및 탐구 사례집은 편집·정리 후 학교 홈페이지 업로드
- 세부 안내 및 운영 일정

일정	내용	비고
9월 16일 (수)	청학 탐구 플랫폼 안내 및 공지	교내 게시판 및 학급게시판 학교 홈페이지
9월 17일 (목) ~ 9월 18일 (금)	청학 탐구 플랫폼 분과 선택	방과후 프로그램 접속 후 신청
9월 22일 (화)	분과실별 인원 정리 및 안내	담임선생님께 최종 명단 및 교실 안내
9월 23일 (수)	분과실별 임장 지도 계획 안내	행사 당일 교실별 임장 안내
9월 25일 (금)	청학 탐구 플랫폼 행사 진행	

V 기대효과

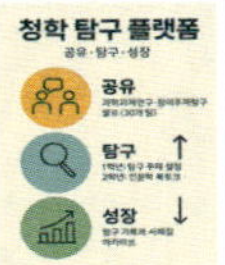

- 30개 팀의 다양한 탐구 성과 공유로 학문적 스펙트럼 확대
- 분과별 발표와 Q&A를 통한 비판적 사고·의사소통 능력 강화
- 1학년은 자기 탐구 주제 발굴, 2학년은 인문학적 성찰을 통한 탐구 역량 강화
- 학생 탐구 기록과 자료집을 모아 정리하여 지속 가능한 탐구 문화 구축

- 3 -

주제	장소	세부 일정 및 팀별 주제		
과학과제 연구 분과 1 공학·환경 응용 분과	2층 송천홀 [75명]	09:40 - 10:00	1	구조물의 진동 세기에 따라 압전 소자에서 발생하는 전력을 활용한 진동 감쇠 방안 탐구
		10:00 - 10:20	2	도시 내 숲과 수로에 의한 열섬현상 완화 탐구
		10:20 - 10:40	3	기존 교량 구조를 바탕으로 한 최적의 교량 구조 탐구
		10:40 - 11:00	4	교량의 구조에 따른 무게하중 견딤, 변형 정도 견딤 비교
		11:00 - 11:20	5	V2X를 활용한 자율 주행 자동차 사고율 감소 탐구
과학과제 연구 분과 2 생명·화학 실험 분과	2층 물리 지학실 [40명]	09:40 - 10:00	1	레몬 즙과락 유래 항균, 항산화 물질이 산소 필요에 따른 세균 번식 과정에 미치는 영향
		10:00 - 10:20	2	유산균이 식물 성장에 미치는 영향
		10:20 - 10:40	3	당근에 포함된 항산화 물질 '베타카로틴'이 식물 성장에 미치는 영향 탐구
		10:40 - 11:00	4	식물 기공 탐구
		11:00 - 11:20	5	질산 칼륨과 술비톨의 연소 반응에서의 최적의 효율 탐구
과학과제 연구 분과 3 의학·바이오 AI 응용 분과	2층 화학실 [36명]	09:40 - 10:00	1	항생제 투여 주기에 따른 내성 세균 발생 속도 비교
		10:00 - 10:20	2	섭취한 음식 온도에 따른 구강 내 세균 증식 탐구
		10:20 - 10:40	3	CNN 기반 다종의 새 소리 데이터를 적용한 조류 인식모델 구축
		10:40 - 11:00	4	미세먼지 농도가 천체 사진의 시상 값에 미치는 영향 탐구
		11:00 - 11:20	5	신경 퇴행성 질환 관련 단백질 응집 억제 방안
창의주제 탐구 분과 1 미래·사회 교육 분과	2층 세미나실 [50명]	09:40 - 10:00	1	도파민 디톡스 실험을 통한 도파민 중독 해결 방안 모색
		10:00 - 10:20	2	에듀테크 기반 학습을 고등학교 외국어 학습에 적용한 사례 연구
		10:20 - 10:40	3	식물 기반 대체 단백질 식품 시장의 성장 가능성
		10:40 - 11:00	4	빙그레와 Danone의 ESG 경영 비교 및 전략 전환 방안: 포터 5경쟁 요소를 중심으로
		11:00 - 11:20	5	AI의 발전과 그에 따른 청소년들의 학업 역량의 변화
창의주제 탐구 분과 2 과학 기술 분과	2층 생명과학실 [36명]	09:40 - 10:00	1	코로나 19가 학업 성취도에 끼친 영향을 바탕으로 다음 팬데믹 상황에서 적용 가능한 대안 만들기
		10:00 - 10:20	2	반도체 기술의 한계를 극복하기 위한 노력
		10:20 - 10:40	3	장내 미생물을 이용한 노화 치료의 가능성
		10:40 - 11:00	4	어떤 방식을 통해 반도체 산업의 경쟁력을 상승시킬수 있을까?
		11:00 - 11:20	5	ADHD에 대한 약제의 화학구조 분석과 체내 작용기전 탐구 ADHD의 현대 사회의 인식과 원인 해결 방안
창의주제 탐구 분과 3 인문·사회 분과	3층 스마트 AI 교실 [45명]	09:40 - 10:00	1	가짜뉴스와 만델라 효과 : 허위정보가 대중 기억에 미치는 영향
		10:00 - 10:20	2	기업 마케팅 전략 분석을 통한 새로운 마케팅 전략 도출
		10:20 - 10:40	3	평화를 이루는 과정에서 필요한 미디어의 역할 - 고등학생의 역할을 중심으로 -
		10:40 - 11:00	4	청소년 도박의 원인과 해결 방안
		11:00 - 11:20	5	다문화 가정 학생들은 평등한 교육을 받고 있을까?

- 2 -

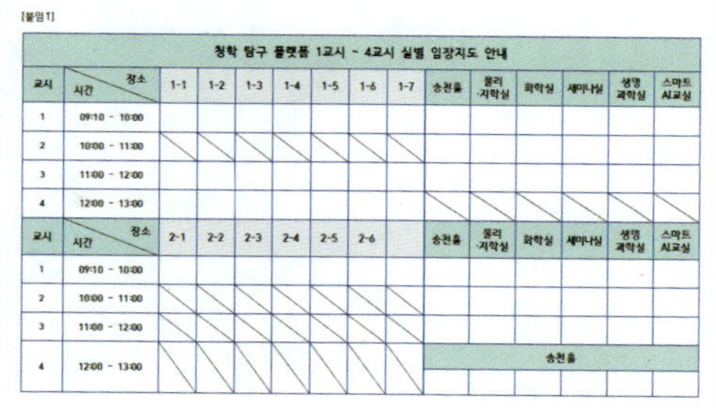

[붙임1]

청학 탐구 플랫폼 1교시 ~ 4교시 실별 임장지도 안내														
교시	시간 / 장소	1-1	1-2	1-3	1-4	1-5	1-6	1-7	송천홀	물리·지학실	화학실	세미나실	생명과학실	스마트 AI교실
1	09:10 - 10:00													
2	10:00 - 11:00													
3	11:00 - 12:00													
4	12:00 - 13:00													
교시	시간 / 장소	2-1	2-2	2-3	2-4	2-5	2-6		송천홀	물리·지학실	화학실	세미나실	생명과학실	스마트 AI교실
1	09:10 - 10:00													
2	10:00 - 11:00													
3	11:00 - 12:00													
4	12:00 - 13:00								송천홀					

- 4 -

활동 확장

챗GPT나 제미나이 같은 AI도구를 활용하면 학교 행사뿐 아니라 학급 활동, 학년 프로젝트, 교과 연계 프로그램 등 다양한 상황에 적용할 수 있습니다. 예를 들어 가정통신문·안내문·운영 계획서·타임테이블·체크리스트처럼 반복되는 문서를 빠르게 초안화하고, 협의 내용을 반영해 수정·정리하는 데 활용합니다.

업무 효율화 및 체계화

챗GPT를 활용한 공문서 작성은 AI와의 대화를 통해 기획 의도를 구체화하고, 초안을 반복적으로 개선하는 과정에서 AI를 업무 파트너로 활용하며, 이러한 흐름을 하나의 업무 루틴으로 정착시키는 경험을 제공합니다.

기대 효과

- ☑ AI와의 협업을 통한 교사 업무 효율성 향상
- ☑ 일관된 문체와 높은 질의 공문서 작성
- ☑ 창의적 아이디어 발굴

펠로로
행정 업무 기획하고
발표 자료 만들기

AI 도구 Felo

교무 행정 업무는 자료를 찾고 정리하는 데 시간이 많이 들고, 이를 보고서나 발표 자료로 옮기는 과정이 번거롭습니다. 펠로(Felo) AI는 웹 기반 검색 결과를 요약·정리하고, 마인드맵으로 구조화한 뒤 발표 자료(슬라이드) 형태로 변환하는 흐름을 지원해 업무 기획과 자료 제작 시간을 줄이는 데 도움이 됩니다. 또한 메뉴 구성이 직관적이어서 AI 도구가 익숙하지 않은 사용자도 접근하기 쉽습니다.

업무 준비 및 과정 공문서 검색부터 발표 자료까지 만들기

펠로 AI는 공문서, 보고서 등 필요한 문서를 빠르게 찾아 핵심을 요약하고, 그 결과를 발표 자료(슬라이드)와 마인드맵으로 재구성하는 데까지 이어지도록 돕습니다. 여기에서는 실제 행정 업무 상황을 기준으로 '공문서 검색 → 발표 자료 구성 → 마인드맵으로 정리' 과정을 단계별로 살펴봅니다.

STEP 1 펠로 가입하고 첫 화면 열기

구글에서 '펠로(Felo)'를 검색하거나 펠로 웹사이트(felo.ai)에 접속합니다. 구글, 애플, 이메일 계정 중 하나로 회원가입을 완료한 뒤 우측 상단의 〔로그인〕을 클릭합니다.

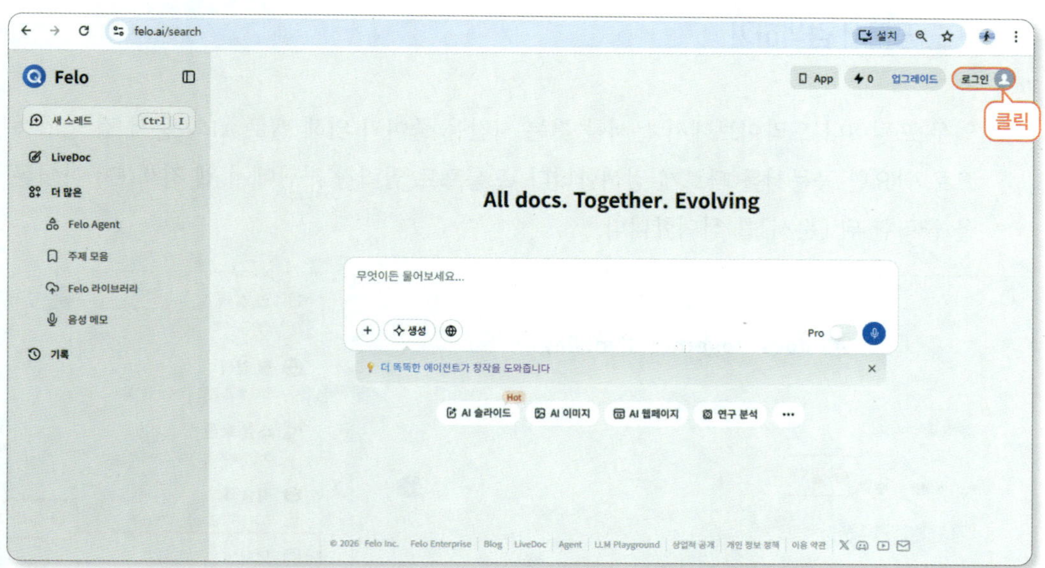

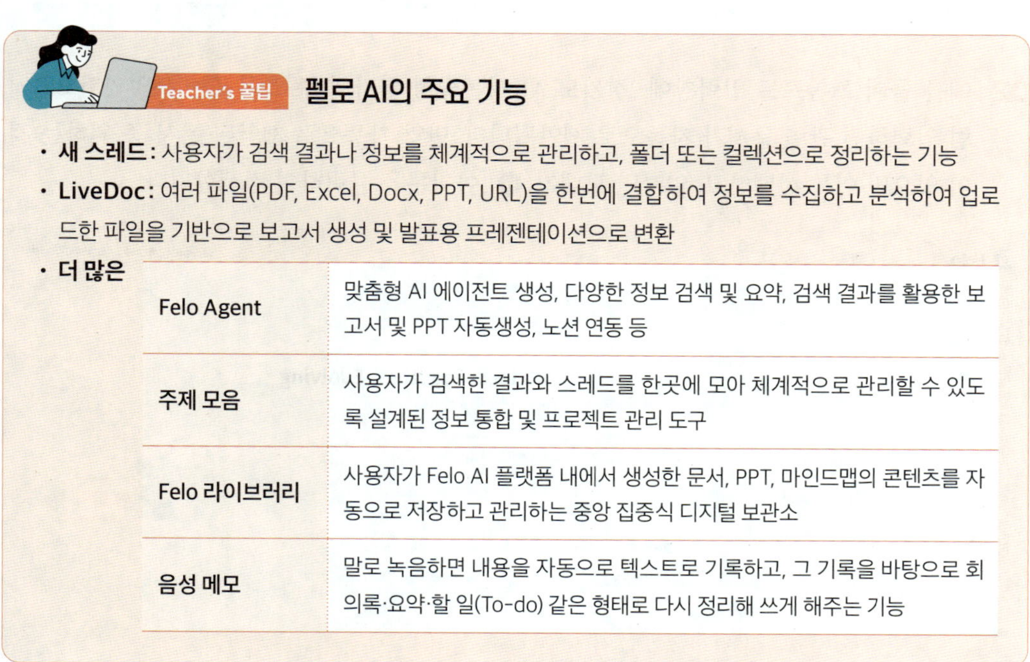

펠로 AI의 주요 기능

- **새 스레드**: 사용자가 검색 결과나 정보를 체계적으로 관리하고, 폴더 또는 컬렉션으로 정리하는 기능
- **LiveDoc**: 여러 파일(PDF, Excel, Docx, PPT, URL)을 한번에 결합하여 정보를 수집하고 분석하여 업로 드한 파일을 기반으로 보고서 생성 및 발표용 프레젠테이션으로 변환
- **더 많은**

Felo Agent	맞춤형 AI 에이전트 생성, 다양한 정보 검색 및 요약, 검색 결과를 활용한 보고서 및 PPT 자동생성, 노션 연동 등
주제 모음	사용자가 검색한 결과와 스레드를 한곳에 모아 체계적으로 관리할 수 있도록 설계된 정보 통합 및 프로젝트 관리 도구
Felo 라이브러리	사용자가 Felo AI 플랫폼 내에서 생성한 문서, PPT, 마인드맵의 콘텐츠를 자동으로 저장하고 관리하는 중앙 집중식 디지털 보관소
음성 메모	말로 녹음하면 내용을 자동으로 텍스트로 기록하고, 그 기록을 바탕으로 회의록·요약·할 일(To-do) 같은 형태로 다시 정리해 쓰게 해주는 기능

STEP 2 공문서 검색하기

01 업무 포털이나 드라이브에서 문서를 찾는 시간을 줄이기 위해 펠로 AI의 문서 검색 기능으로 필요한 공문서를 빠르게 검색합니다. 프롬프트 입력창 하단에서 웹 검색(⊕) 아이콘을 클릭한 뒤 〔문서〕를 선택합니다.

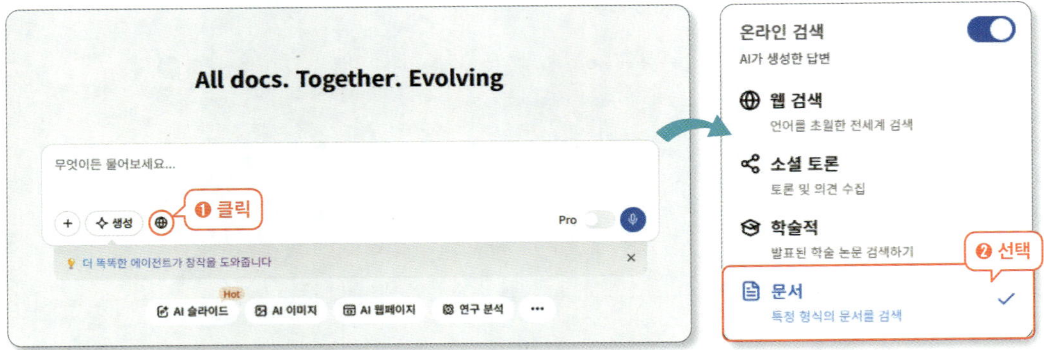

02 예를 들어 프롬프트 입력창에 '경기도 AI 서논술형 평가의 주요 목표는 무엇인가요?'처럼 입력하면 관련 문서가 자동으로 제안됩니다. 만약 자동으로 제안된 문서 중 원하는 것이 있으면 이를 선택하고, 없다면 보내기(→) 아이콘을 클릭하여 검색합니다.

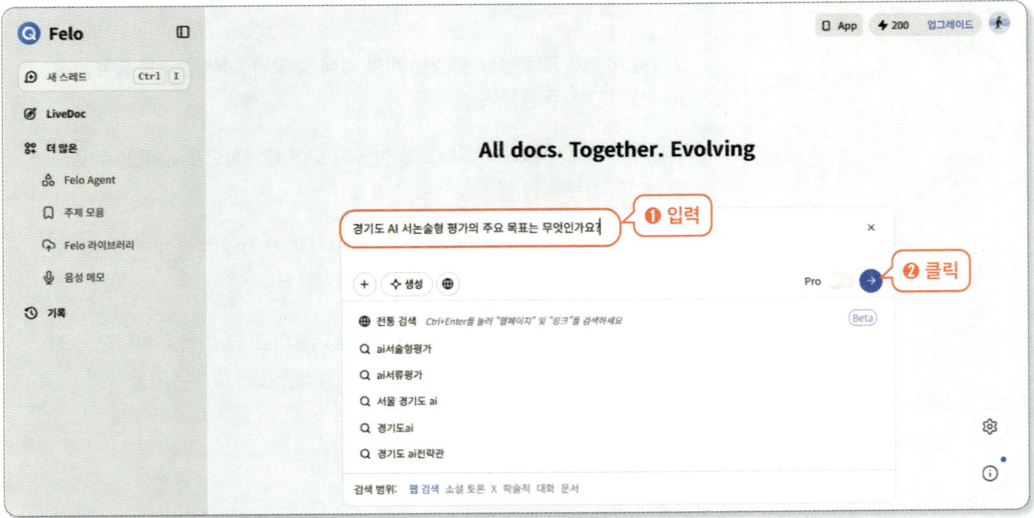

03 검색 결과에는 문서에 대한 간단한 요약과 함께 각 문장 끝에 출처 번호가 표시됩니다. 화면 상단에는 〔답변〕·〔이미지〕·〔비디오〕 탭이 있으며, 필요에 따라 탭을 전환해 같은 내용을 다른 형태로 확인할 수 있습니다.

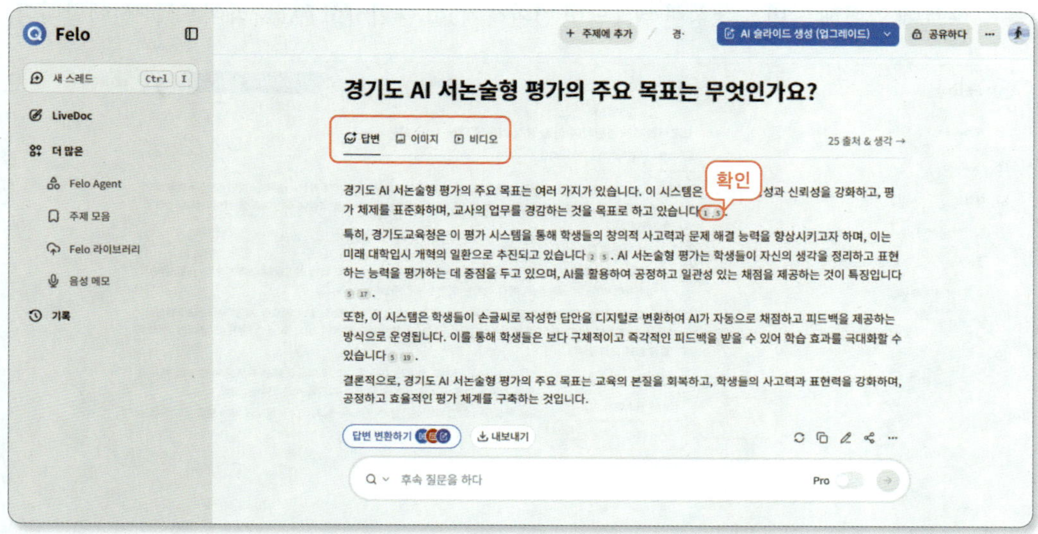

04 출처 번호(1 5)에 마우스를 올리면, 해당 정보의 근거가 된 문서를 미리보기로 확인할 수 있습니다. 출처 번호를 클릭하면 연결된 사이트로 이동하거나 문서를 다운로드할 수 있습니다.

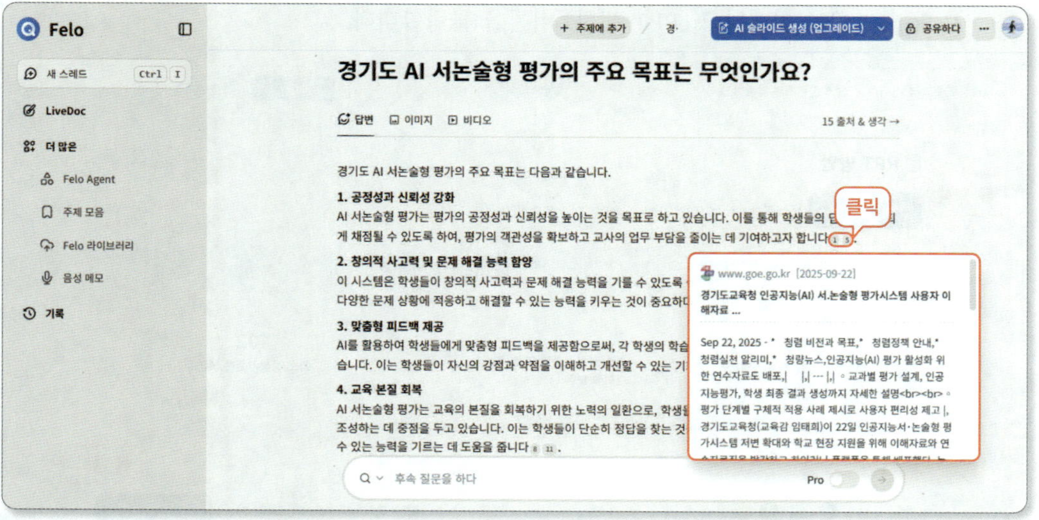

STEP 3 발표 자료 구성하기

01 문서 내용을 발표 자료로 정리하기 위해 AI 슬라이드 기능을 활용합니다. 발표 주제를 프롬프트에 입력해 답변을 생성한 뒤, 〔답변 변환하기〕를 클릭하고 〔AI 슬라이드〕를 선택합니다.

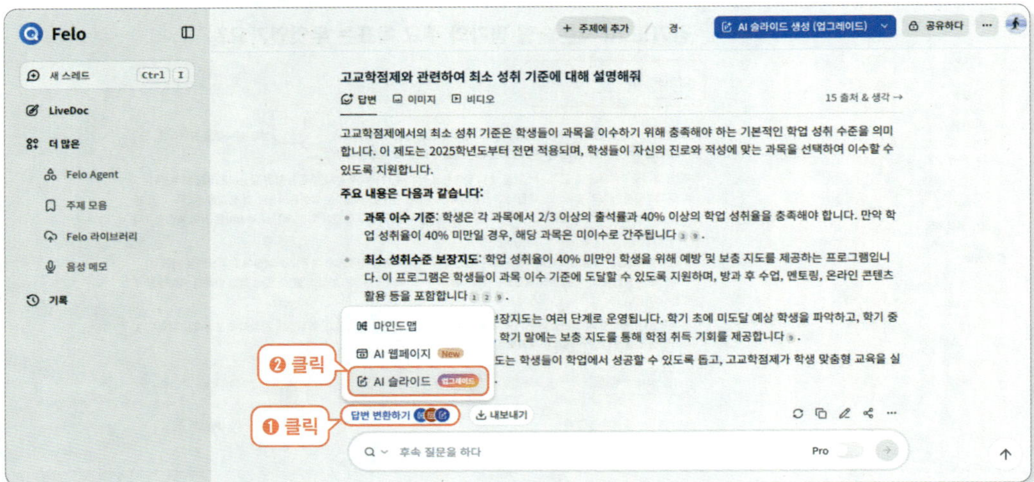

02 〔PPT 방안〕 화면에서 AI가 만든 슬라이드 개요가 카드 형태로 표시됩니다. 상단의 솔루션 탭에서 〔솔루션 1: For You〕, 〔솔루션 2: For 학교 관리자〕, 〔솔루션 3: For 학생·학부모〕 중 하나를 선택하면 대상에 맞춘 구성안을 확인할 수 있습니다. 여기에서는 〔솔루션 1: For You〕을 선택하고 〔PPT 생성〕 버튼을 클릭합니다.

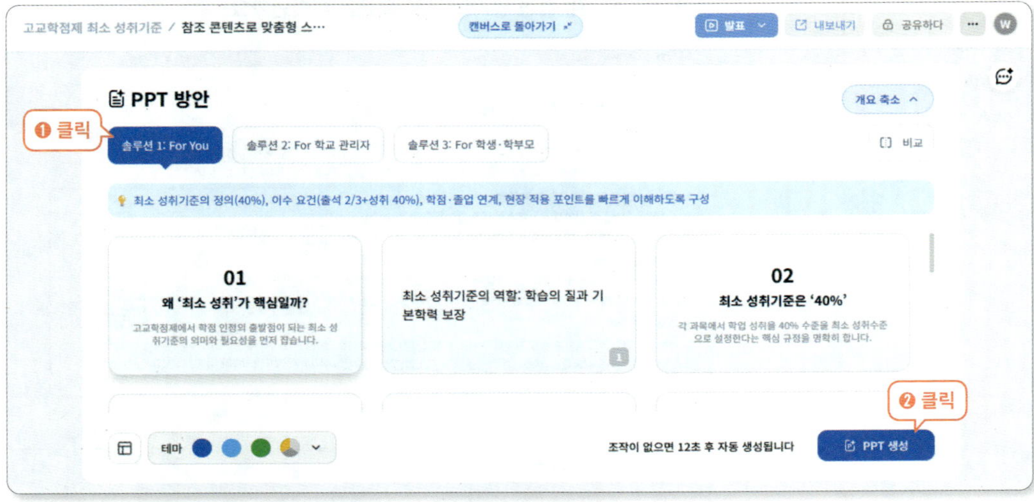

 우측 상단의 〔개요 축소/개요 확장〕을 클릭하여 전체 흐름만 볼 때는 〔개요 축소〕를, 슬라이드 설명까지 확인할 때는 〔개요 확장〕을 활용합니다.

03 슬라이드 생성이 완료되면 편집 화면으로 전환됩니다. 좌측에는 전체 슬라이드를 한눈에 볼 수 있는 '미리보기' 목록, 가운데에는 선택한 슬라이드가 '편집 화면'으로 나타납니다.

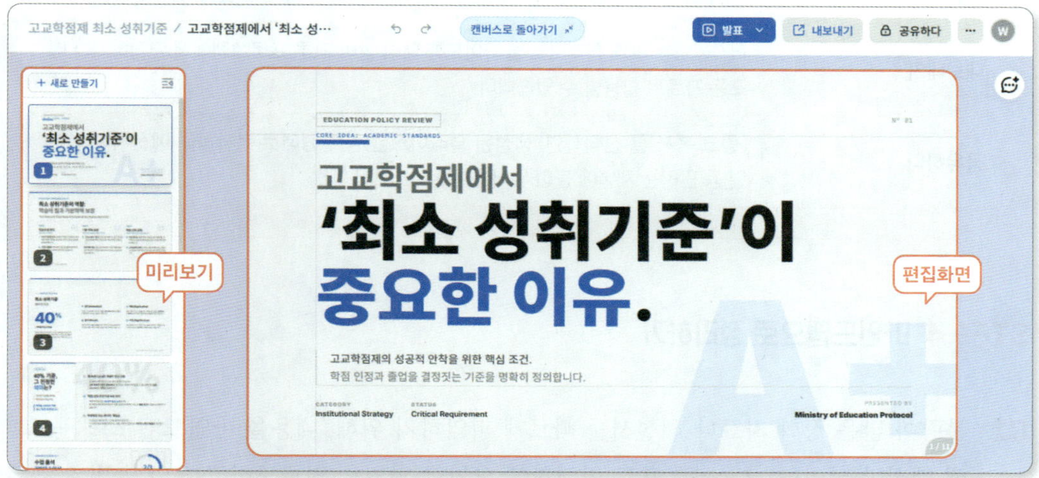

04 슬라이드에 수정할 부분을 클릭하면 제목과 본문 등 텍스트를 직접 편집할 수 있습니다. 좌측 이미지 추가(🖼) 또는 텍스트 삽입(🗔) 아이콘을 눌러 요소를 추가할 수 있습니다. 또한 우측의 다시 생성(↻) 아이콘을 누르면 해당 슬라이드를 AI가 새 내용으로 재구성해 마음에 들지 않는 슬라이드를 한 번에 교체할 수 있습니다.

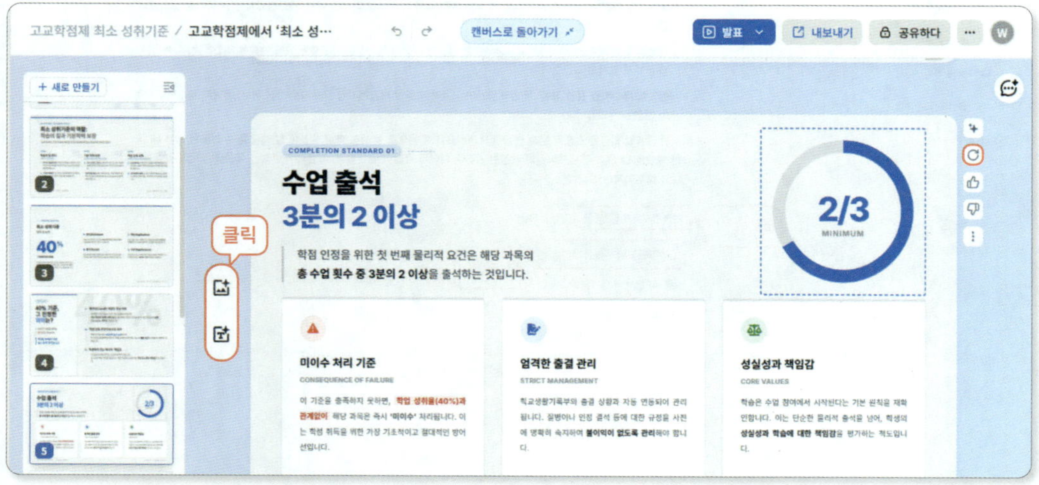

슬라이드가 완성되면 우측 상단의 [발표], [내보내기], [공유하다] 버튼을 활용해 발표를 진행하거나 파일을 내보내고 공유할 수 있습니다.

발표	'전체 화면' 모드로 전환되어 바로 프레젠테이션을 진행할 수 있습니다.
내보내기	PPTX 또는 PDF 형식으로 슬라이드를 내려 받아 다른 프로그램에서 편집하거나 배포용 자료로 활용할 수 있습니다.
공유하다	[링크 복사]를 선택하면, 생성된 슬라이드를 링크 형태로 복사하여 메신저나 이메일 등 원하는 채널에 붙여 넣어 공유할 수 있습니다.

STEP 4 마인드맵으로 정리하기

01 분량이 많은 장학 자료나 해설서를 빠르게 파악하기 위해, 내용을 마인드맵으로 구조화해 핵심만 확인합니다. 프롬프트 입력창에 요약할 파일을 업로드하고 요약할 범위를 입력해 답변을 생성합니다. 이후 [답변 변환하기]를 클릭한 뒤 [마인드맵]을 선택합니다.

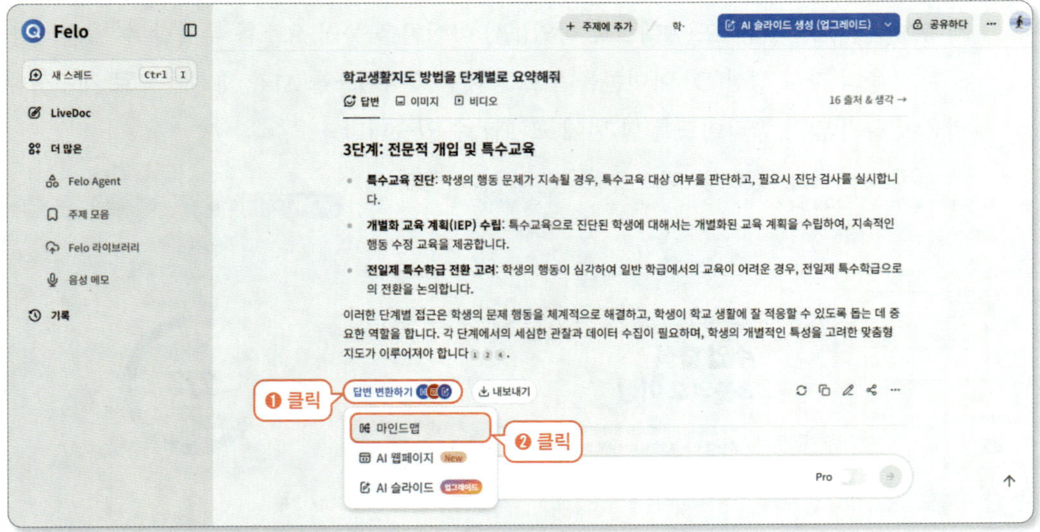

02 업로드한 공문서와 장학 자료를 바탕으로 AI가 마인드맵을 자동 생성합니다. 가운데에는 핵심 주제가 배치되고, 요소·유의사항·절차 등 주요 항목이 가지 형태로 확장되어 전체 구조를 한눈에 확인할 수 있습니다.

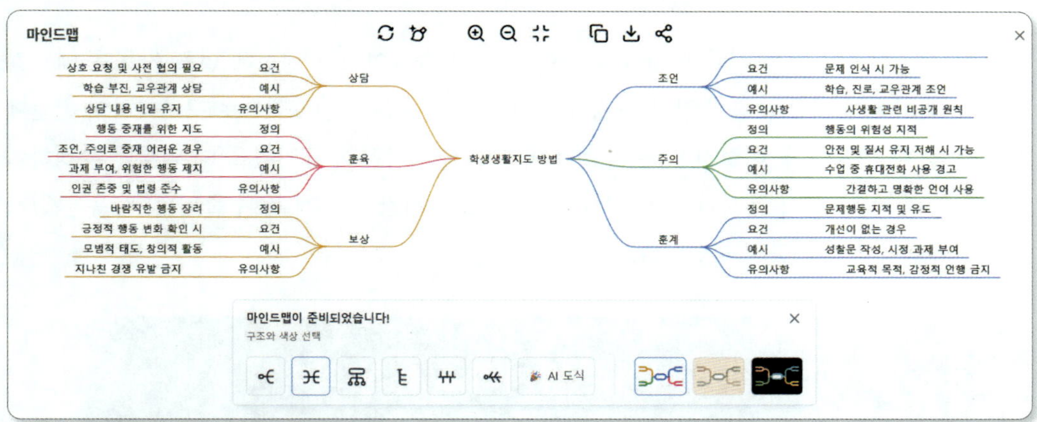

note 화면 하단의 (마인드맵이 준비되었습니다!)에서 마인드맵의 구조와 색상을 원하는 형태로 변경할 수 있습니다.

슬라이드와 마인드맵 발표 자료로 활용하기

펠로에서는 검색한 검색 결과와 자료를 바탕으로 AI 슬라이드를 생성해 발표 자료를 빠르게 만들고, 이어서 방대한 분량의 장학 자료와 긴 공문서 내용을 마인드맵으로 구조화하여 한눈에 요약해 볼 수 있습니다. 이렇게 만든 자료는 이후 유사한 공문이 내려왔을 때 일부만 수정하여 재사용할 수 있어 문서 분석과 발표 자료 준비에 드는 시간을 크게 줄여 줍니다. 다음은 실제 업무에서 활용한 결과물 예시입니다.

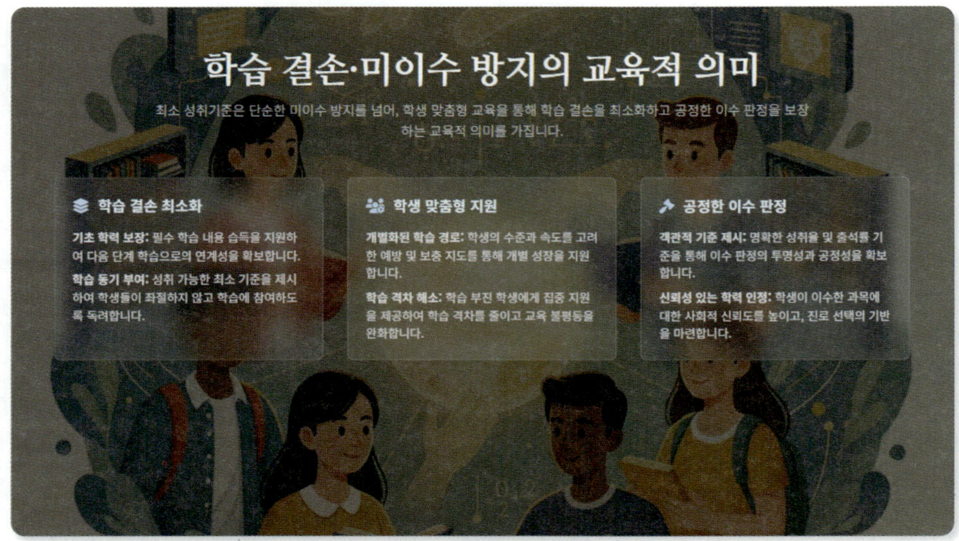

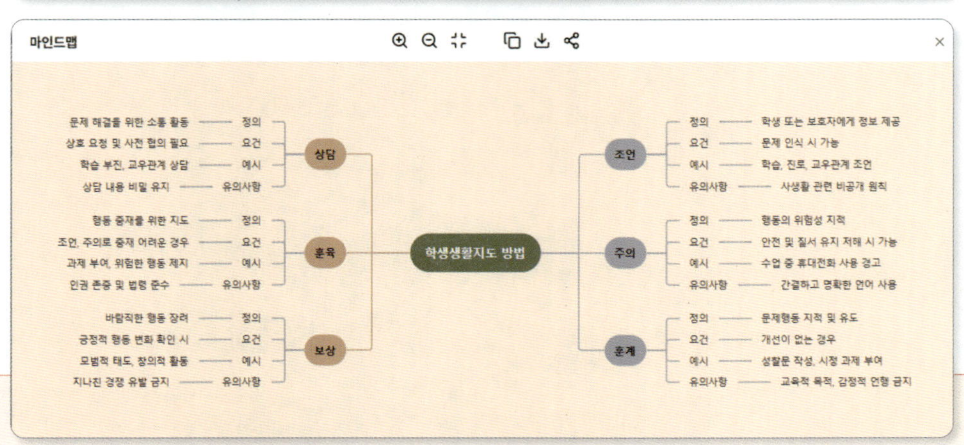

업무 관련 문서 뿐만 아니라 수업에서도 학습 자료를 제작하거나, 교과서 단원 해설을 마인드맵으로 구조화하여 제시하는 데 활용할 수 있습니다. AI가 생성한 슬라이드를 그대로 수업 자료로 사용해 설명 수업을 진행하는 것도 가능합니다. 또한 학교 행사나 프로젝트 기획 시 아이디어를 AI에게 제안 받아 회의용 슬라이드를 생성하고, 이를 바로 협의회나 연수에서 발표 자료로 활용할 수 있습니다.

펠로는 단순한 검색을 넘어 정보를 시각화하고 자동화하는 데 특화된 도구입니다. 복잡한 정보를 마인드맵으로 정리하고, 리서치 결과를 바탕으로 슬라이드까지 자동 생성할 수 있어 정보 검색부터 발표 자료 제작까지 이어지는 AI 활용 과정을 직접 경험할 수 있습니다.

- ☑ 업무 자동화 및 생산성 향상
- ☑ AI와 자연스러운 채팅형 대화
- ☑ 각종 보고서 및 발표 자료 제공
- ☑ 다양한 문서의 데이터 처리 및 시각화 제공

+ PLUS 자료실

펠로에서 만든 슬라이드 예시와 마인드맵 전체 내용을 확인할 수 있습니다. QR 코드를 스캔해 바로 확인해보세요.

마인드맵

슬라이드 예시